U0029501

★ 美國首次獲得外交承認的獨立故事 ★

第一響禮砲

A View of the American Revolution

THE FIRST SALUTE

Barbara W. Tuchman

芭芭拉·塔克曼——著 鄭煥昇——譯

各界盛譽

「緊密的論述，精巧的架構……她以本書的寫成為美國有所成的一切發出了一響禮砲，但也為其有所失的地方吐露了深沉的一嘆。」

——《基督教科學箴言報》

「沒有哪本小說可以比這段光輝歷史中的那一幕更令人起雞皮疙瘩：當法國士兵搭船於一七八一年抵達賓州的卻斯特，望向碼頭並看到一名挺拔而熟悉的身影：喬治．華盛頓……能夠精準中不失熱情的手法重建這些場景，是塔克曼的才華的一環……一本講述人性貪婪、愚昧與勇氣的精彩作品。」

——《時人雜誌》

「這本書堪稱『鼓號』歷史寫作的巔峰（或許在此例中我們應該說這是『帆桅』歷史比較切題）……以出人意表與炫目耀眼的行文呈現了微觀的細節與宏觀的理論，芭芭拉．塔克曼的作品再度展露光華。」

——《休士頓郵報》

「清新、生趣……作者敏銳的人性洞察與她對十八世紀政府與軍事戰術的淵博知識，解鎖了這場歷史衝突中，處於基本事實背後的詭計與與動機。」

——《匹茲堡新聞報》

「本書作者以宏觀的視野，說明美國獨立戰爭，不單是英美之間的衝突，更是英法傳統強權間的博弈，以及英荷兩國爭奪海上貿易主導權的過程。本書難得之處，是將看似影響當時世局甚微的北美洲殖民地抗爭，置於英、法、荷等陸權與海權強國間長期的權力競逐，所交織而成的歷史框架內，凸顯十八世紀的英國縱有強權之名，但並無強權之實，英國海軍內部問題叢生，加以政治人物過度自信與戰略錯誤，導致其在爭奪歐洲霸權及壓制殖民地動亂間左支右絀，終至失去北美洲殖民地的控制權。」

——盧令北，東吳大學歷史系副教授

「只看書的內容，會認為這是一本構思精密的小說，其精彩之處讓人覺得應該要拍成電影或做成線上遊戲呢！作者告訴我們一場打了八年的獨立戰爭，其中，國際外交角力的重要性甚至高於各地戰役的勝負。這是段浸潤於兩千年帝制文化的老百姓們需要認識的重要歷史，從中去思考權力從貴族與君主的聖心獨斷，移轉到憲法與人民代表的手中所需要的心理裝備和國際視野。嘻！所有令人震懾的歷史佳作其實都是當代時事的精準評論。」

——黃惠貞，歷史教師深根聯盟發言人

目次

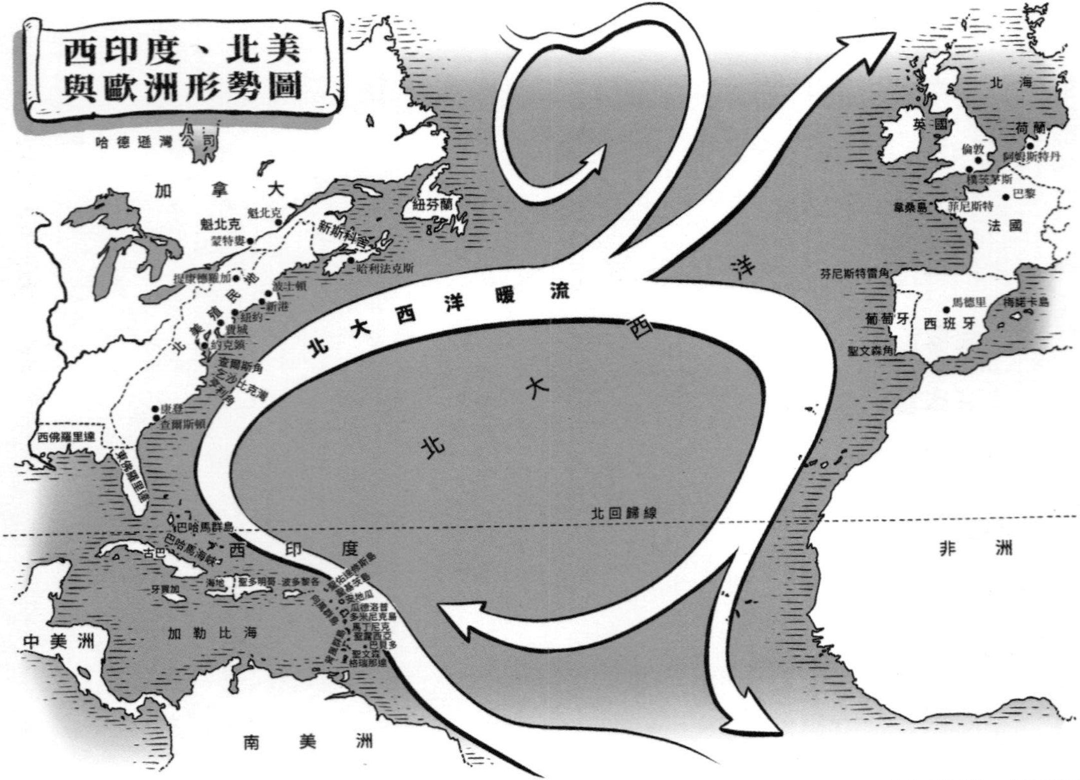

西印度、北美
與歐洲形勢圖
哈德遜灣公司
加拿大
魁北克
魁北克
蒙特婁
新斯科舍
哈利法克斯
紐芬蘭
提康德羅加
波士頓
新港
紐約
費城
約克鎮
查爾斯角
乞沙比克灣
亨利角
康登
查爾斯頓
西佛羅里達
東佛羅里達
巴哈馬群島
巴哈馬海峽
古巴
西印度
牙買加
海地
聖多明哥
波多黎各
安地瓜
瓜德洛普
多米尼克島
馬丁尼克
巴貝多
聖文森
格瑞那達
向風群島
加勒比海
中美洲
南美洲
北大西洋暖流
北大西洋
北回歸線
非洲
英國
北海
荷蘭
倫敦
阿姆斯特丹
樸茨茅斯
巴黎
韋桑島
菲尼斯特
法國
芬尼斯特雷角
馬德里
梅諾卡島
葡萄牙
西班牙
聖文森角

地圖繪製：鍾語桐

1781年華盛頓與羅尚博遠征路線。來源：wikimedia公版圖片

推薦序

不只是華盛頓與獨立宣言：看見美國獨立背後的外交角力

翁稷安　國立暨南大學歷史系助理教授

當人們談論歷史，在過往為了因應考試的教學下，很容易陷入了只知背誦事件「骨幹」，而不知過去「血肉」的誤讀。此處的骨幹，指的是構成事件的人、時、地、物這類專有名詞，以及簡單扼要的因果關係，也就是在書寫考卷時所需的標準答案。這類記憶不能說不重要，但在這凡事都第一時間上網的年代，生吞活剝的硬記死背效益有限。更重要的，這些考試的重點，只關乎答案對錯或分數高低的判斷，而非試圖析解過去的繁雜與幽微。

過去是如同巨獸般龐大的混亂集合，事件提供了抽絲剝繭的切入，釐清方向，並提供了輕重緩急的參照。然而，這就像是取得了遊戲攻略亦或習武秘笈，並不等同能了解遊戲樂趣或成為一代宗師。這些指引雖然能令人知所大概，但箇中的體驗和秘訣，終究還有賴使用者更進一步的思索。這也正是歷史學者存在的意義與肩負的使命，必須將這些生硬的專有名詞，一一連結，在這些點與點對接而成的骨幹處，以史家專業的技藝，嘗試加以復原或說明，細細挖掘，填補中間的血肉，讓事件能由點而線，進而成為立體的圖像。

要將過去化約為可供考試的標準知識，是一門對過去「減法」的刪削與突顯，把過去變得簡潔而易懂。對於想了解過去，進而從中汲取出不受時空所限之普世意義的研究者來說，則是對這些歷史知識或常識「加法」的逆向工程，正視甚至刻意還原過去的複雜，思索複雜之中每一個人物的動向，是如何不自覺的牽引著全局，又或受大局所左右。藉由細細考察這無數的路徑選擇，慢慢打磨「過去」這塊原石，呈現蘊藏在其中那閃耀的多面晶體，通過不同的角度，化為故事，訴說著不同面向散發的光與暗。

美國史學名宿芭芭拉·塔克曼的《第一響禮砲：美國首次獲得外交承認的獨立故事》（或者更精準的說，她的所有著作）即是最好的例子，這本書講述十八世紀美國獨立戰爭的歷史，是無人不知無人不曉的重大歷史事件，諸如華盛頓、富蘭克林亦或獨立宣言……都是課本上會出現的名詞，有些人則對戰爭的艱辛有模糊印象，或記得法國給予的協助。但這些都只是片面的「知道」而非整體的「理解」，更遑論對這段「過去」脈絡和意義的探索。《第一響禮砲》以塔克曼一貫流暢精彩的敘事筆調，重新由國際角力的視角，補上了新的骨幹，並在這樣的延伸上，提供美國獨立和當時世界時勢之間，深度的解釋與反思。

作者並沒有選擇從那些美國的「國父們」，或波士頓、費城等被視為革命起源地的城市開始敘述，而是將鏡頭拉到一七七六年十一月十六日，位於西印度群島中的荷屬聖佑達修斯島（St. Eustatius）上，島上的奧蘭治堡要塞，對著駛入港口，在船桅上高懸著大陸會議紅白條紋旗的安德魯・多利亞號發砲回禮。換句話說，當地總督約翰尼斯・德・葛拉夫，以荷蘭官員的身分，向這個正在努力尋求獨立的國家，以禮砲致意，間接允以承認。全書以此為起點，不只是因為奧蘭治堡禮砲是美利堅旗幟與國家地位，獲外國官員承認的首例，更非作者刻意的立異鳴高，而是藉由荷蘭和美國的對比與呼應，彰顯出那屬於革命的時代精神。

十七世紀剛建國的荷蘭與十八世紀尋求獨立的美國，兩國命運看似相似，結局又大不相同。奧蘭治堡的禮砲可視為新興的共和國向後起革命者的致意，在強權角力的世界舞台，和共同的敵人英國對決。在作者的筆下，十六、十七世紀對抗西班牙謀求獨立的荷蘭，幾乎是日後美國的寫照。荷蘭看似實力有限、立足未穩，卻直接挑戰當時雄霸世界的西班牙王國，在史稱「八十年戰爭」的戰火中，以小搏大，取得勝利，繼而快速崛起，成為世界最大的貿易國家。之所以如此，除了荷蘭自身在商業上的積極經營，將地理位置和天然條件的優勢最大化，更關鍵的，是荷蘭承繼著十六世紀後半以來時代精神的新氣象，依循著自由思想與印刷普及所帶來的新資訊，主動迎接新世界的無限可能，將資源投入海洋冒險，全國團結一心，在新舊世界的往返中，獲取利益，成為以商業立國的代表。

到了美國獨立時，荷蘭內外開始出現敗象，內部意見的分裂、上下階級的隔閡和疊床架屋的行政系統，再加上英國的海上霸權，使得國家失去了原有的朝氣。葛拉夫的禮砲，或荷蘭商人偷偷提供美方的軍火走私，以及荷蘭許多政要對美國革命的支持，看似對英國的挑釁，日後也激起英國的報復，但更深層的心理，是荷蘭長年受英國壓制的不滿，不只要擺脫英國的操控，更想要恢復立國初年的氣象。象徵十八世紀時代新精神的美國，自然而然，就成為他們支持的對象。不同於美國最後在種種天時、地利、人和的幸運下，成功建國；荷蘭在敗給英國的報復作戰後，人們對於領導層的無作為，甚或投降心態感到失望，轉投向法國的懷抱，而後在一七九五年被法國併入，國運畫上了短暫的逗點。領導對荷戰事獲勝的英國海軍上將羅德尼，也成為英國在海戰上，封鎖美軍的領導者，他也成為日後左右戰局勝敗的核心人物。

在獨立戰爭的交戰中，華盛頓領導的美軍多半處於劣勢，然而在華盛頓本人堅毅的人格特質，以及富蘭克林等人在法國的宣傳下，這樣一位人格者吸引了法國王公貴族，同時美方又巧妙利用了法、英的對峙，獲得了法國的陸、海軍力上的支援。但獨立的完成，終究還是要靠己身的付出，書中寫下了當時美方軍隊所面臨的各種艱難，但也在這些艱困甚或血腥殺戮之中，誕生了共同體的融合與認同。逐漸替這場革命定調，不再只是一群不服從英國的暴民，而是跳脫貴族權勢，體現民主、自由和平等價值的新政體。

美方最後的勝利，或許可歸結於幸運，但幸運是留給準備好的人，在這場獨立建國之路上，美方從領導者、軍人到百姓，以堅毅和決心，不僅撐過戰事失利、資源不足的低潮，爭取了更多的時間，慢慢凝聚，建立了共同的信念。如作者所描寫的，當費城響起了鐘聲，不只慶祝勝利，更是標誌了即將到來的新世界，「為了從極權與壓迫中獲得的救贖而響，為了一個名為美國的希望與夢想而響，且這些希望與夢想並非僅由掀起革命戰端的美國人獨享，而是也屬於那些義助美國，與其並肩作戰的法國人，屬於荷蘭的異議份子，屬於於英國在野的輝格黨人，屬於成長於啟蒙時代，在人類可以臻於完美的樂觀中耳濡目染，每一個角落的每一個靈魂。」

以上，只是本書大略的梗概，塔克曼的筆下有更多精彩的描述，事實上她從不畏懼在書中放入細節，一則精彩的歷史故事絕對不是用省略或簡化來降低閱讀的門檻。成功的關鍵在於視角的選擇，如同英文原文的副標「一個美國革命的觀點」（A View of the American Revolution），她由國際強權角力的視角，不僅將美國革命置於世界的舞台加以理解，並勾勒荷蘭與美國這一前一後追求國家獨立的傳承，也進而呼應了最後美國的勝利，不單是一個國家的誕生，而是全球人類共同進入民主階段的轉折。作者在最後也不忘提出警告，這看似光榮的一刻，並非「從此過著幸福快樂日子」的童話，兩百年經過，有太多的不公不義掩蓋了革命純粹的理想，所幸在錯誤中，「總也不乏有人為了改革而捲起衣袖或勇於夢想」，革命理想不是一蹴可幾的美夢，有待人們在反省中持續前進。

從觀點的選擇、情節的舖陳、細節的描繪，到最後蘊藏的意義，每個環節緊密相扣，呈現出一流史家敘事的手筆。也唯有經由這樣一層又一層的堆疊，才能在骨幹上點出過去的血肉，指出普世的價值和意義。藉由從荷蘭到美國，說明著革命與獨立，在對付強權時所要付出的毅力和勇氣，一方面要應用國際的局勢，尋求志同道合者的支持；另一方面，「自己的國家自己救」，只有化解內部的分裂，團結一心，並且擁有呼應時代信念與價值的共同體，才是勝利的根本基石，是毅力和勇氣的來源，是國際願意支持的動力。

這或許才是本書所想要傳達的普世主題，也因此，這則近兩百五十年前的歷史故事，對於任何時間或地點，渴望追求民主的人們來說，都將是最好的借鑑和鼓勵。

獻給我的孫子跟孫女
珍妮佛、尼爾、奧利佛跟喬登
你們是新一代的光

誌謝

我想要致上謝忱給在這樣一個我不熟悉的領域中幫助了我，讓我能順利找到資料來源，乃至於以其他方式協助了我的個人與機構。

首先，給我的丈夫，萊斯特·塔克曼（Lester Techman），他可靠的存在，與對眼神愈來愈不好使的我之扶持，是這棟屋子能建立起來的基石。

荷蘭駐美國大使理查·H·費恩閣下（H. E. Richard H. Fein）給了我初始的寫作動機，主要是他在一九八五年紀念荷蘭獲得解放四十週年時，邀請了我發表演說。

荷蘭外交部的弗列德·德·布魯因博士（Dr. Fred de Bruin）。

特別要感謝我的女兒艾爾瑪·塔克曼（Alma Tuchman），是她堅持不懈地替我排除困惑、搜索錯誤，跟釐清事實，還有要額外感謝我的外孫女珍妮佛·艾森柏格（Jennifer Eisenberg），是她替我整理了參考資料。

我要感謝康乃狄克州格林威治的A・B・C・惠珀（A. B. C. Whipple），著有《帆船之戰》（Fighting Sail）的他幫我理解了航海事務，也搞懂了航海用語。

道妮塔・布萊森（Dawnita Bryson），我的秘書兼打字員，感謝妳在讓人頭疼的迷宮中努力不懈。

感謝人在海牙的漢・喬登（Han Jordaan），感謝你提供了約翰尼斯・德・葛拉夫在西印度公司資料庫中的紀錄。

感謝G・W・凡・德・梅登（G. W. Van der Meiden），荷蘭國家檔案館資料庫（Netherlands Rijks Archive）第一區的主管。

感謝崔佛・迪皮伊（Trevor Dupuy）上校在美國革命的軍事史上給我指導。

感謝哈佛大學的賽蒙・沙瑪（Simon Schama）教授在荷蘭史方面的問題上給我的回答。

感謝紐澤西普林斯頓高等研究院（Institute for Advanced Study）的費里曼・戴森（Freeman Dyson）教授提供我航海家哈克盧伊特（Hakluyt）在航海教育上的發言。

感謝蓋倫・威爾森（Galen Wilson）作為密西根大學威廉・L・克雷門茲圖書館（William L. Clements Library）的手稿館館長提供亨利・柯林頓爵士的記錄。

感謝瑪莉・迪溫博士（Dr. Marie Devine）、瓊・蘇斯勒（Joan Sussler）、凱瑟琳・賈斯汀（Catherine Justin）與安娜・馬利卡（Anna Malicka）諸位耶魯大學路易斯・沃波爾圖書館（Lewis

Walpole Library）的館員，各位對其館藏的熟稔程度與信手拈來的能力令人嘖嘖稱奇。

感謝馬克・皮爾（Mark Piel）作為紐約社會圖書館的館長，偕其同仁在許多方面的大力協助。

感謝紐約公共圖書館（New York Public Library）的羅德尼・菲利浦（Rodney Phillips）、伊莉莎白・迪芬多夫（Elizabeth Diefendorf）與喬伊絲・朱爾傑維奇（Joyce Djurdjevich）在書目上的協助與在參考資料部門的指引。另外我要感謝魅力十足且效率一流的布里迪・瑞斯（Bridie Race）作為紐約公共圖書館的董事會秘書為了我穿針引線，居中進行了各種協調。

感謝馬里蘭州葛林貝爾特（Greenbelt）的陶德・埃利森（Todd Ellison）在馬里蘭州檔案館（Maryland Archives）中找到凡・畢伯的書信，同時也要感謝他對於（威廉・）克拉克（William Clark）之《美國革命之海軍文件》（Naval Documents of the American Revolution）一書的詳盡分析。

感謝身在倫敦的桃樂絲・休斯（Dorothy Hughes）在英國國家檔案館所提供的研究相關協助。

感謝瓊・柯爾（Joan Kerr）、理查・史諾（Richard Snow）與亞瑟・尼爾森（Arthur Nielsen）三位《美國傳統》（American Heritage）雜誌的同仁在照片搜尋上的協助。

感謝國會圖書館（Library of Congress）音樂部門的傑若丁・奧斯特洛夫（Geraldine

Ostrove）與查爾斯・森斯（Charles Sens）提供關於《世界上面翻到下》的參考資料。

感謝聖佑達修斯利史博物館（Historical Museum of St. Eustatius）的全體同仁。

感謝康乃狄克州格林威治圖書館（Greenwich Library）的同仁不厭其煩地為我解惑，也感謝他們在處理館際借閱上的服務效率。

感謝賓夕凡尼亞歷史協會（Historical Society of Pennsylvania）提供由瑪格麗特・曼尼所製大陸會議旗的相關記錄。

感謝康乃狄克州新倫敦郡（New London）歷史學會與倫敦之國家海事博物館（National Maritime Museum）提供海軍方面的文獻紀錄。

感謝麥道威爾藝術村（MacDowell Colony）體貼地安排了條件無可挑剔的處所，讓我可以長時間不受打擾地離家工作。

感謝哈佛大學的達娜・帕瑪招待所（Dana Palmer House）提供我隔壁就是一流圖書館的寫作據點。

感謝阿爾弗雷德・A・克諾夫出版社（Alfred A. Knopf）的瑪麗・麥奎爾（Mary Maguire）與南西・克萊門茲（Nancy Clements），以及芭芭拉・德沃爾夫（Barbara DeWolfe）給予我在出版流程中不可或缺的援助。

1 「美利堅合眾國的主權，在此首次獲得承認」

一七七六年十一月十六日，藍綠色的海面上飄散著陣陣白色硝煙，後頭緊接著轟隆砲響。而砲聲源起的那座不起眼的要塞，就坐落在西印度群島中的一座小島，荷屬聖佑達修斯島（St. Eustatius）上。聖佑達修斯島上的奧蘭治堡（Fort Orange）之所以發砲回禮，是在向進入外國港口的一艘美國船隻致意。那艘船，便是船桅上飄揚著大陸會議紅白條紋旗，正在駛入錨泊區的安德魯·多利亞號（Andrew Doria）。聖佑達修斯的回禮聲音雖小，卻不啻是迎接十八世紀最重大事件，第一道屬於官方的聲音。國際社會迎來了一個注定要改變歷史走向的新大西洋國家。

自美國革命成為事實的瞬間，歐洲社會便認識到了革命對政府性質的影響。美國革命之後，聖佑達修斯的母國，「廣大荷蘭人民的內心產生了非比尋常的變化」，在美國革命成功那幾年，派駐海牙的英國大使馬姆斯伯里伯爵，詹姆斯·哈里斯（Sir James Harris, Earl of

聖佑達修斯島上一景。圖片來源：Wikimedia Commons

Malmesbury）回憶道。他在回憶錄中寫著，「荷蘭省督的威信開始受到懷疑」（省督即是尼德蘭的君主暨奧蘭治親王）……「實際上所有的權威都在美利堅的英國殖民叛變成功後，受到了衝擊。」哈里斯大使所見證——即便只是觀念上而非實際上——的發展，是權力的轉移，是權力從貴族與君主的聖心獨斷，移轉到憲法與人民代表的手中。這段與其職業生涯重疊的權力轉移期間，從一七六七到一七九七年，是他認為「歐洲歷史上最風起雲湧的多事之秋」。奧蘭治堡向安德魯・多利亞號致意，事出聖佑達修斯總督約翰尼斯・德・葛拉夫（Johannes de Graaff）授意，是北美叛亂殖民地在發表「獨立宣言」後，美利堅旗幟與國家地位接獲外國官員承認的首例。惟荷蘭首創先例並非這個事件最大的亮點，因為也有不少人認為他們比荷蘭更早。真正的亮點且容我指出，是在其他國家宣稱比荷蘭早的異議中，奧蘭治堡禮砲所代表的外交承認獲得了美國總統的確認。須知在美國於一九三九年致贈聖佑達修斯島的銘牌上，鐫刻有時任美國總統富蘭克林・德拉諾・羅斯福（Franklin D. Roosevelt）的親簽。那面銘牌上是這麼寫的，「謹此紀念一七七六年十一月十六日，在聖佑達修斯島總督約翰尼斯・德・葛拉夫的命令下，此堡以對美國國旗致敬的砲響回應了雙桅橫帆戰船安德魯・多利亞號發出的國禮禮砲……美利堅合眾國的主權在此經由國有的船艦，首次接獲了外國官員授予的正式承認」。由此德・葛拉夫在美國的史冊中覓得了一個或許並不起眼，但確實無法抹滅的歷史定位。

而這齣好戲的主角，安德魯・多利亞號，亦非等閒之輩，而是注定要名留青史的名船。在一七七五年十月十三日由大陸會議授權創立的大陸海軍中，一共有四艘商船經改裝而得以在其中服役，安德魯・多利亞號便是其中之一，而她也未經許久就在實際作戰中初試啼聲。

聖佑達修斯總督約翰尼斯・德・葛拉夫（Johannes de Graaff）。圖片來源：Wikimedia Commons

她如前所述是一艘不算大的橫帆雙桅船，經過裝修而改頭換面，得以在新立的美國海軍中成為一股戰力。十月二十三日，她從距離費城不遠，紐澤西的濱海城鎮格洛斯特（Gloucester）揚帆出航，銜大陸會議之命要前往聖佑達修斯島，任務是接收軍需並致送給德．葛拉夫總督一份獨立宣言。憑藉其相當有限的帆面，她能只用三週多一點點的時間就乘著西風切穿大西洋洋面，於十一月十六日抵達終點，堪稱是一項壯舉。當時從北美航行到歐洲的往返時間會因為各種因素而相差懸殊。若論船型，較重型的戰艦會耗時多於較小較快的巡防艦（frigate）與商船；若論風向，則原本的盛行西風帶會偶爾一百八十度改吹東風，毫無道理可言。在美國獨立戰爭的當時，向東前往歐洲被稱為「下坡路」，一般需要耗時約三週到一個月，而朝西航向美洲則是逆著風向與墨西哥灣流（Gulf Stream）前進的「上坡路」，正常得費時三個月。

佑達修斯的禮砲本身輕如鴻毛，但其所導致的結果則重如泰山。經由刻意與自家政府唱反調，鼓勵荷蘭與美洲殖民地之間的軍火貿易，德．葛拉夫總督確保了聖佑達修斯會提供源源不絕的出貨，而這對讓美國革命免於才剛啟動就因為火力不繼而胎死腹中，是一項關鍵的因素。革命的頭一年，喬治．華盛頓寫道整個獨立陣營「一人最多就是九顆子彈」。到了十月份，也就是美洲殖民地讓他們的叛意接受實戰檢驗的六個月後，華盛頓向他的親兄弟坦承，「我們只能任由敵人砲火幾乎是天天伺候，卻毫無還擊的能力，畢竟我們的火藥庫阮囊羞澀，由此我們的選擇只剩下趁紅衣的英軍踏出壕溝工事時，與其進行較近距離的接戰，用槍砲遠距射擊已無可能。」在一七七五年六月的邦克山（Bunker Hill）激戰中，美國的彈藥幾已山窮水盡，士兵們只得用其火繩槍的槍托與英軍肉搏。殖民地長年依靠母國獲取軍事物資，是因為英國始終對蠢蠢欲叛的北美有一分揮之不去的猜忌，由此各州並未發展出獨立自主的武器或火藥產能，同時也欠缺硝石作為原料，乃至於加工硝石所不可少的工藝與設施。從歐洲輸出而經西印度群島中轉的彈藥，成了美洲殖民地僅存的軍火來源。作為中立者，體內流淌著經商血液而遠航探險是家常便飯的荷蘭人，成了供應者裡的重中之重。至於聖佑達修斯島作為這條秘運軍需給殖民地的物流樞紐，更成了各國貨品的倉庫。英國人窮盡了各種辦法要阻斷貨運，包括不惜一路追進佑達修斯的港中，只不過身為地頭蛇的荷蘭貨主深諳在地的風勢與潮汐，所以動點腦筋就可以把人甩掉，然後自顧自地繼續運貨。英國人抗議說殖民地這些「不忠的叛徒」絕不能得到任何友美勢力的「協助與奶水」，而且愈抗議火氣愈大。至於如此出言不遜的那名英國大臣是誰呢？他是比詹姆斯．哈里斯爵士早一任的英國駐海牙大使，被約翰．亞當斯[1]說「眼睛長在頭頂上」的喬瑟夫．約克爵士（Sir Joseph Yorke）。喬瑟夫爵士身為御前大臣（Lord Chancellor）菲利浦．約克（Philip Yorke），第一代哈德威克伯

1 譯註：John Adams，1735-1826，麻塞諸塞州人，律師出身，曾參與獨立宣言的共同簽署，被美國人視為開國元勳之一。一七八九到一七九七年任美國第一任副總統，一七九七到一八〇一年任美國第二任總統。

爵（Earl Hardwicke）之子，在海牙的外交圈是一號響噹噹的人物。按照威廉．烏拉克索爵士（Sir William Wraxall）這名英國訪客的描述，喬瑟夫會擺出來者是客的華美排場來款待眾人，但那傳遞出來的效果並不誠摯，反倒是有點高高在上，因為他的儀容「正式而隆重」，顯然為的是要討好荷蘭省督奧蘭治親王，烏拉克索說那會讓省督感受到「某種孝敬之心」。這種出使在外的手腕或許對省督吃得開，但在商言商的船家可不吃這一套。比起外交上的榮寵，他們更放在心上的是將本求利的生意。

英國的紐約副總督卡德瓦拉德．柯爾登（Cadwallader Colden）曾在一七七四年的十一月警示過倫敦說「此地與荷蘭之間的違禁品貿易極為氾濫……這些走私者不能再被坐視，但真要反制也非易事，因為來自荷蘭或聖佑達修斯的船隻並不進港，而是會取道沿海多如牛毛的海灣與溪流，再於那些地方分裝違禁品乘小船上岸」。

違禁品輸送系統的運作方式，曝光於約克之線人上呈的報告。其中一名格外囂張的船家據稱是個叫做埃薩克．凡．達姆（Isaac Van Dam）的傢伙，他是聖佑達修斯島的荷蘭居民。作為美國走私交易的中間人，他平日會把大量的貨物與金錢送往法國來換取火藥，接著把火藥運至聖佑達修斯島，最後再以那兒為中繼站，將火藥轉送赴美。對英國的使節而言，看著違禁品在自個兒眼皮底下出貨，真可謂是可忍孰不可忍。「我們引以為傲的海上帝國，完全沒被當回事，」喬瑟夫．約克嘆曰。「我們或許捕到了殼，但牡蠣卻進了鄰國的肚子。」

憤慨於軍火走私之猖獗，英國於一七七四年下了一道對北美殖民地出口「戰爭物資」的禁令，由此軍武一經截獲，英國便可以主張交戰國的權利而加以扣押。這之後英國追加恐嚇了荷蘭政府，要求他們禁止荷蘭臣民的軍火出貨。此時早已不是一百年前，須知一世紀前，荷蘭人與英國人曾陷於一系列爭奪海上霸權的鬥爭中，包括有則傳奇說的是荷蘭海軍的德·魯伊特將軍（Admiral de Ruyter）曾沿泰晤士河而上，來到敵人首都的大門前，並在其座艦桅桿頂端釘上了一把掃帚來象徵他想把英國從英吉利海峽掃地出門的雄心。但他並沒有意思到了便見好就收，他燒毀了英國的船隻，拖走了作為皇家海軍中流砥柱之一的查理國王號（Royal Charles）。這樣的禍事讓英國海軍部的秘書長塞繆爾·皮普斯（Samuel Pepys）內心十分煎熬。「我心滿是哀愁，」他在一六六七年六月十二日的日記中寫道，「我滿腦子都是這個壞消息……因為荷蘭人破壞了鎖鏈，燒毀了我們的船艦，尤其是查理國王號，而事實是我非常擔心整個王國都會賠進去。」河面上船艦付之一炬的火光，從倫敦望去一目了然。但即便如此，十七世紀的英荷戰爭仍僅不分勝負地持續到兩造都意識到這樣爭霸下去根本得不償失，且由於雙方都使盡了全力在對抗法王路易十四的進逼，共同的利害讓他們發現合則兩利。一六七八年，英國與荷蘭*以共同防禦聯盟的概念簽署了若干條約，規定彼此必須在其

* 荷蘭（Holland）一詞原本指的是尼德蘭七省聯合共和國（United Provinces of the Netherlands）中的最大省分，十八世紀時的慣例是將之借為整個國家的代稱。

一面臨第三方攻擊時以借兵或其他手段提供援助。在維持了一百年這樣的關係之後，英國相當不滿於荷蘭沒有按舊約之默契應聲出借其六千兵力就算了，還變本加厲地解除了美國彈藥空虛的燃眉之急，使美洲得以繼續與英國為敵，也繼續推動獨立革命。

在意識到其相對英國處於弱勢的海軍實力後，荷蘭政府開始有了不得不遵照英國的意思去中止對北美殖民地供輸軍火的壓力。須知在一七七〇年代，英國擁有上百艘戰列艦（舷側砲管超過六十門的戰艦；戰列指是大航海時代由艦艇排成一列要進行轟擊的陣型），荷蘭相形見絀地只有十一艘同級艦艇。一七七五年三月，荷蘭統治者對其臣民宣布了為期六個月的北美出口禁令，禁運的項目包括違禁品（武器彈藥）、海軍軍需（修繕用的木料、操作船帆需要的繩索，還有讓船不致沉沒所需的各種物料），甚至是穿在身上的衣服，每一樣被逮到都得面臨貨物充公與巨額罰款的懲罰，拒繳的話更會直接被扣船。時間來到八月，禁運的效期從半年拉長為一年，接下來的兩年又再分別獲得延長。對於一門有利可圖的買賣，這樣的禁令有其不可承受之重，因此引發了商人階級的怨懟與經常性的無視。走私自然而然地不減反增，以至於喬瑟夫·約克銜命通知了荷蘭的統治機構——聯合省議會（States General）——要他們知道英國軍艦已經奉命要自此「提高警戒並降低顧忌」來緊盯聖佑達修斯島。英國海軍在一旁虎視眈眈，讓水手們難以將軍品挾帶登陸。英國這種鐵腕所引發的怒火，造成荷蘭內部提議要管制喬瑟夫·約克爵士的使館進出來作為報復，惟紀錄中並無證據顯示此一不符合外交常例的激進手法曾被付諸實行。一七七六年一月，英王喬治三世下令海軍部增加軍艦值勤的數量，理由是「各方情資都證實了以聖佑達修斯島為主的大小島嶼在那年冬天對美國人進行火藥供輸。」要不是佑達修斯的托運者鍥而不捨地抗拒禁運，與窮追不捨的英國人周旋，這階段的美國能否堅持反骨仍在未定之天。就軍事上來講，這是北美殖民地一個十分窘迫的時期。一七七六年八月的長島之役（Battle of the Long Island）大敗，讓美國把紐約與紐約沿岸的交通控制權拱手讓予了英國。華盛頓起碼把他的子弟兵安全帶出了曼哈頓，但他仍失去了原本可以藉以維持新英格蘭與南方聯繫的紐約，而切斷這條聯繫正是英國此役主要的戰略目的。而且很快地英國就又突破了賓夕維尼亞州，大陸會議的首都費城震動。在一七七六年的聖誕節期間，有安全之虞的大陸會議撤退到巴爾的摩。一七七七年九月，英國的威廉・豪伊爵士（Sir William Howe）率領大部隊與海軍闖入乞沙比克灣（Chesapeake Bay），直搗德拉瓦州，費城作為美國第一大城兼最繁忙的製造業與商業中心，至此終於陷落。英軍佔領了費城，也就代表美國兩大港遭到了敵軍的封鎖，貨運則被切斷。惟有錢不賺不是荷蘭人的作風，他們於是山不轉路轉地把腦筋動到了中小型港口與各河口的頭上，才總算維繫住了火砲與火藥的供應，美國也才得以繼續為立國繼續拼鬥。

但這場聖戰卻又在此時蒙受了另一記重擊。在哈林高地（Harlem Heights）的爭奪戰中，他們痛失了與紐澤西州的李將軍堡遙遙相望的華盛頓堡。這不但使他們失去了對哈德遜河的控制權，也讓河對岸的紐澤西在英軍的侵略威脅中頓失屏障。此役的新敗讓美國需要強力動員來守護疆土。灰頭土臉的美軍穿得破破爛爛，藥物、醫院與傷兵的治療也都接濟不上，新兵難以取得，更別說役期偏短讓戰力持續流失。華盛頓至多可募集兩千五百人來力抗豪伊的萬人部隊，所幸他在危機中創造奇蹟的天分，補足了這樣的兵力失衡。在大陸會議成員踏上逃亡之旅的同一個聖誕節期間，華盛頓帶著他的殘兵重新渡過德拉瓦河，對在特倫頓（Trenton）英軍的德國黑森傭兵（Hessians）施予了迎頭痛擊，使其投降並擄獲了一千名戰俘。但對華盛頓真正的目標而言，真正無價的是這場反擊收穫的動能與士氣。

同樣不屈不撓的意志，早就帶著荷蘭人歷經了八十年的抗戰，推翻了西班牙的統治，讓他們的航海事業延伸為海外帝國，並在十七世紀扮演起不輸給任何強權的要角。如今走下坡的國勢雖以不如從前，但荷蘭人的個性仍不容許他們默默接受英國人的指揮。他們的船可以載什麼又不能載什麼，或是要不要聽命接受搜查與扣押，可還輪不到英國人說三道四。

荷蘭與英國之間相互的敵意，將在聖佑達修斯島對安德魯·多利亞號發砲致意起的五年中達到高峰，並對美國的國運產生了決定性的影響。一七七六年一月，荷英雙方開始「不演了」。透過臨時總督亞伯拉罕·黑林格（Abraham Heylinger）的強硬措詞，佑達修斯居民對英國發出了強烈的抗議。他們不滿的是英國人追逐商船追到他們的港內，並且做出了許多「不合常規的行為，其誇張的程度只能被認為是徹底違反了所有文明國家應該遵守的法律」。這份已經比原始版本稍有顧慮與收斂的抗議，並未直接把矛頭對準英國，而是署名給設立於阿姆斯特丹，並負責管理對美貿易的荷蘭西印度公司。指揮英屬背風群島駐站（British Leeward station）的海軍將領詹姆斯．楊恩（Admiral James Young）隨即狠狠地回嗆，稱美荷貿易是「英王之亂臣賊子……與……聖佑達修斯島之間的惡毒走私交易」同一個月，英王喬治便下令要詹姆斯．楊恩對相關交易「盯緊一點」。

在禁運之下淪為非法行為的北美殖民地軍火貨運，如今只能在聖佑達修斯島主政者的護航下進行——而這主要指的就是其總督。很諷刺的是約翰．德．葛拉夫能坐上總督之位，是因為英國抗議德．葛拉夫的前任總督德．溫德特（De Windt）過於同情美國人的訴求，同時對禁運品的走私管理也太過鬆散，因此要求將之撤換。當一七七五年，德．溫德特很恰巧地一命嗚呼後，荷蘭便順水推舟地拔擢了德．葛拉夫這名在島上政府服務了二十四年的書記官，使其成為新的總督。

在眾多向西印度公司應徵總督一職的人選中，德．葛拉夫可說是眾家競爭者的眼中釘。有些人強調他過人的資歷，也有些人凸顯他的不適任之所，包括有某位公民抗議他的妻子「吝嗇到簡直在犯罪。她拿擺了三天的東西給我們吃」，甚至更糟的是，「你以為她用的桌布從何而來？那些桌布來自奧斯納布魯克（Osnabrück）！你什麼時候看過稍微要臉的人用那些布？更何況他們是體面人？」惟即便有這些關起門來的有失之處，葛拉夫還是順利獲得了任命。一七二九年生於富有雙親家庭的他是土生土長的聖佑達修斯人，跟美國革命領袖塞繆爾・亞當斯（Samuel Adams，1722-1803）一樣生於一七二〇年代。在荷蘭受過教育後，他回到了聖佑達修斯，迎娶了時任總督亞伯拉罕・黑林格的掌上明珠，一躍而成為鄰島聖馬丁（St. Maarten）的指揮官，並在自家島上的行政部門任過官之後，成功接下了岳丈的衣缽成為新任總督。他在一七七六年九月五日宣誓就職，亦即是他是在任總督之職九週後搞出了安德魯・多利亞號危機。外傳他在聖佑達修斯島上是商農兩棲的首富，名下財產除了島上四分之一的私有地，還有多達三百名奴隸，至於他居住的豪宅則是五十年前由當時島上第一富商建來當名勝的處所。德・葛拉夫會用白鑞（鉛錫合金）飾品、台夫特（Delft）藍瓷，還有拋過光的紅木家具為其寬敞的室內增色，而這會跟你在阿姆斯特丹的攝政階級[2]宅邸中看到的貴氣景緻如出一轍。此外，他還據稱擁有十六艘船在進行歐洲跟聖佑達修斯島之間的貿易。從其住處的二樓陽台望出去，載貨於港中熙來攘往的群帆盡收眼底，據傳每年為他賺進三萬元的進帳。根據其他島上居民的怨言，他手握許多房屋抵押貸款，由此他讓許多人都得看他臉色，更別說他安插了親朋好友在行政部門擔任要職，聖佑達修斯島上的五人議會完全是他的囊中物。這個行政議會的成員都跟他一樣是經商或務農的成功人士，而島上教會議會的多數成員亦復如此；這兩群人合組了一個以自身利益出發來經手司法統治與行政的機構，其運作方式為放眼世界所僅見。在地針對這位總督恣意妄為的指控，隱隱約約讓人看到獨裁的影子。很顯然，德．葛拉夫不是有名無實的總督，而是對狀況一清二楚，牢牢把島務掐在指掌中的統治者。

英國人要是以為這樣的他會加派警戒去壓抑港內的走私貿易，那就太天真了。事實證明他比起前任還更有自己的立場，更支持美國對獨立的追求。聖佑達修斯港被「毫無保留地開放給所有美國船隻」，這麼抗議的是把錫福德號（Seaford）下錨在鄰近英屬島嶼聖基茨島（St. Kitts）外海的英國船長科波伊斯（Colpoys）。形成對比的是駐在聖佑達修斯的美國代理商，出身馬里蘭州的凡．畢伯（Van Bibber）在家書中表示，「我跟總督閣下的關係好到不行……我們的旗幟每天在水道上飄揚……總督如家常便飯地表達出強烈的慾望與意圖，想保護與我們在此之貿易關係」。荷蘭西印度公司作為總督的雇主，不太可能對這種態度一無所悉。事實上對急於想透過對美貿易來進補營收的西印度公司，德．葛拉夫恐怕正是他們任命總督的首選。

他的地盤——算是彈丸之地的聖佑達修斯，或在當地被暱稱為斯塔提亞〔Statia〕——有若干獨特的性質，其中一項不容小覷者便是其統治者似乎不是很確定島真正的位置。在寫

2 譯註：當時荷蘭各個城鎮中形同世襲且獨攬權勢與財富的統治家族。

成或流通於十八世紀的史冊或地圖集中，聖佑達修斯島老是被列為背風群島的一員。而現今由在地觀光局發行的官方遊客手冊則將之納入向風群島（Windward Islands）。對多半跟本書作者同屬於旱鴨一族的一般讀者而言，這點會令人一愣的矛盾處或許無關緊要，但在當年那個船運需以風勢作為動力的年頭，這可是個開不得玩笑的問題。「背風」指的風吹往的方向，所以也通常等於海岸的方向；「向風」處指的是在滿帆時風的來向，也就是風起的方向。這兩種極端的方向代表航海活動時的決定性因素，其南轅北轍的程度正如一表一裡，一外一內。考慮到聖佑達修斯曾經是加勒比海上最富裕的港灣，又在美國歷史上扮演極其關鍵的角色，這種命名上的模稜兩可讓覺得有點隨意，甚至有點隨便。惟若不去糾結這種印刷時難免的混淆，我們可以很篤定地說聖佑達修斯島就跟維京群島一樣，都在小安地列斯群島（Lesser Antilles）中屬於北邊的背風群島。

西印度群島作為一個整體，構成了從佛羅里達外海到委內瑞拉，串連北美與南美的一條彎曲島鏈，位置就在南美洲北部海岸線上，當時所稱「西班牙大陸」（Spanish Main；對比加勒比海諸島）的外海。在這塊沿海地帶，海盜會守株待兔地在大陸的港口中等著襲擊準備返航歐洲的寶船，因為上頭滿載著秘魯的銀礦，跟來自西班牙各殖民地，新世界中的各種奇珍異寶。

將大西洋與加勒比海一分為二的西印度群島將其島鏈的外弧線突入大西洋，內弧線則封閉了加勒比海，使之變成一個蓋住的碗。一個個綠樹如蔭的地塊，每一塊都繞著其基底有一圈白色的浪花裙擺拍打上岸，由此西印度群島的每一個成員都悠悠哉哉地徜徉在一片無憂無慮的海面上，舉頭只有一片寬闊靜謐的穹蒼。從雲影下的瓦片藍，變幻到豔陽下的土耳其綠，海水閃爍著小巧的白色水花，承載著眾帆乘風破浪，讓一艘艘貨船得以進入島上的港灣中，把農產往下卸，把貨物往上搬，又或者讓來者不善的軍隊從船艙中魚貫而出，意欲將島嶼占為己有，成為侵略者祖國的附庸。這種事情發生之頻繁，讓島嶼主權的易手有如家常便飯，簡直就跟男人在換衣服一般。因為富含國際貿易金流可作為十八世紀的國家生命線，又有新出現的蔗糖讓歐洲人的舌頭「吃甜甜」，更別說還有奴隸貿易讓甘蔗農園需要多少揮汗幹粗活的人工都不缺，所以任何國家只要有半分貪圖當時被視為實力象徵的硬通貨，就一定會對這些蕞爾小島萬分垂涎。除了實際拿下島嶼外，侵略者的其他選擇還包括蹂躪農園，破壞農產品，讓敵國少點收入，也少點開戰的量能。聖佑達修斯作為這些島嶼中最有利可圖的一個，在一個半世紀又多一點點的時間內易幟了「傲人」的二十二遍。

在被西印度群島圍起的加勒比海「碗」中，散落的島嶼可以分為三群，上方為巴哈馬群島，中央部位是一群面積較大的島嶼，當中包括古巴、牙買加、波多黎各，還有從中劃分為兩塊的海地—聖多明哥島。在碗的東緣則有細瘦垂直的背風群島島鏈，當中就有斯塔提亞，還有與斯塔提亞最靠近的鄰居，相隔僅有八英里的英屬聖基茨島。再往遠一點的海裡去，你會發現向風群島，其成員有馬丁尼克（Martinique）、巴貝多與格瑞那達，外加千里達與多巴哥，幾個兄弟一起佔據了向風的位置。對西印度群島而言，歐洲的母港都極其遙遠。目的地的不同或許會造成個別差異，但基本上都是四千英里起跳，亦即在（由西向東吹的）盛行西風帶的推動下，從西印度群島前往歐洲總是要個五到六禮拜。相形之下，北美的海岸線就近多了，當中只隔著大約一千四百英里的加勒比海與南大西洋。典型從西印度群島前往美國的航程會耗時三週。以上，就是全部的地理課了。

德．葛拉夫給予北美叛亂者的禮砲，以及他的荷蘭同胞干冒遭強權報復也要違反貿易禁令，讓我們不禁納悶起其背後的動機。在種種大費周章的選擇與判斷中，荷蘭最主要的利益不在於支持自由，而在於商業利益。德．葛拉夫的舉措，並非如他事後接受調查時所假稱的行禮如儀，而是有其思慮跟用心。在後續引發的指責中，奧蘭治堡的指揮官亞伯拉罕．拉維尼（Abraham Ravené）作證說他原本對回應安德魯．多利亞號多有遲疑，但在一旁的總督堅持不願收回成命。而總督所以這麼做，島民的掌聲就是全部的理由。島民叫好，是因為這一發展確認了他們的新總督不會執行違禁品的貿易禁令，所以也就不會斷了他們的財路。

斯塔提亞歡欣鼓舞。經過這聲砲響，那名馬里蘭州的代理商報告說安德魯．多利亞號的羅賓遜船長「受到來自總督閣下跟民眾不分三教九流的熱烈歡迎……在此的所有的美國船隻都飄揚著大陸會議的旗幟。親英派在這裡的美國人面前只能潰逃瑟縮。」由於德．葛拉夫的利益與西印度公司一致，也與商人階級一致，因此那第一響禮炮很顯然是為了讓難治的佑達修斯島民安心，讓他們知道有關愛的眼神會確保他們能持續牟利。為了追加保證，德．葛拉夫在向羅賓遜船長致敬的禮砲後設宴廣邀島上的美國代理與商人來接受款待，包括凡．畢伯也滿心歡喜地向他在馬里蘭州的各委託人回報了這消息。在確認了禮砲背後的動機後，凡．畢伯另行寫道，「荷蘭人心知肚明，這些禁運的法律一朝執行下去，他們的買賣也將毀於一旦」。

帶著字裡行間的幾分得意，羅賓遜船長受到的禮遇在一七七六年十二月二十六日由某美國報刊——亞歷山大．普迪（Alexander Purdie）辦理的美國刊物《維吉尼亞公報》（Virginia Gazette）——報導了出去，而這報導根據的又是聖基茨島上另一份報紙的描述。聖基茨島的新聞自然逃不過倫敦的法眼，差別只在於倫敦當局得知荷蘭人承認了叛亂者的旗幟，可得意不起來。事實上英王的大臣們紛紛譴責那是對「國王殿下的旗幟大逆不道的侮辱」。事實上，倫敦在得知由錨地的目擊者傳來，聖佑達修斯對美國船艦致意的消息後，第一時間的輿論便已怒不可遏，更別說後續還有人回報說安德魯．多利亞號滿載武器彈藥返美。

在安地卡的海軍將領詹姆斯．楊恩（James Young），以背風群島駐站英國指揮官的身分致函德．葛拉夫，讓葛拉夫知道他是多麼痛心疾首地在「每日的報上聽聞並確認一項令人震驚的事實，那就是聖佑達修斯島公開宣誓自己是所有美國人船的避風港，已經有段時日，而且不分民間貿易的商船或是武裝作戰的船艦，都是他們保護的對象」。楊恩還說「（荷蘭）聯合省議會的旗幟與堡壘都下賤地向這些海盜跟反賊回禮，在軍火彈藥乃至於方方面面給他們奧援，好讓他們得以去騷擾不列顛國王陛下忠實臣民的合法正常貿易，遑論聖佑達修斯的總督還日復一日姑息走私者在其港中進行人員、武裝與設備的補給」。雖然只是區區一封信，但這已足以傳達出傲慢反賊「騷擾」帝國神聖貿易讓英國受到的冒犯程度，跟那股怒火的脈動。但這只是其一，更糟糕的其二是荷蘭作為一個原本的盟國——大家原本就像俱樂部的哥兒們——竟然不僅姑息，而且還出手協助北美這些亂臣賊子。事實上比起北美殖民地，荷蘭人才更讓英國人的血壓狂飆。由於殖民地不是受到承認的國家，他們在英國人的眼裡沒有宣戰的權利，他們的艦長也不具備有效的任命，而既然沒有任命，英國人自認叫他們「海盜」也是合情合理。

德．葛拉夫對大陸議會旗幟發出的禮砲，絕不是對預期可以贏得的戰爭錦上添花。因為直到聖佑達修斯總督的禮砲將近一年後——準確地說是十一個月後——英國將領約翰．伯格因（John Burgoyne）在薩拉托加（Saratoga）之戰的投降（一七七七年十月）才讓人看到了殖民地那群烏合之眾能取勝的契機。事實上也正是這場薩拉托加的勝仗，才說服了法國在一七七八年公開與美國結盟，進而改變了整場戰事的平衡。

斯塔提亞與她的總督在行事上的大膽叛逆作風，看似讓他們嘗到了一時的甜頭。他們固然沒有被怒火中燒的英國嚇壞——惟如此快意恩仇或許會為他們招致災難，一如不久後的事件開展將揭曉答案。

2 金礁岩

如果這是一場茶壺中的風暴，那扮演茶壺的聖佑達修斯作為一塊寒磣的岩地，面積不到七平方英里，頂多算是一塊突出於波浪的火山礁石，橫看豎看也不像是人類與歷史相逢之處。但儘管如此，靠著一個與天爭地的歐洲小國對貿易那股史無前例的執著，加上聖佑達修斯位於西印度群島中點，使其成為南北美洲貿易與歐非洲船隻的天然集散地，這得天獨厚的位置，這個蕞爾小島讓自己蛻變成為了加勒比海最富裕的港灣，也是該地區——甚至有人誇口是全世界——每英畝財富密度最高的疆域。荷蘭在英帝國與美洲殖民地的鬥爭中所對外宣稱的中立立場，更是有利他們的身價再往上爬。

就地理條件而言，斯塔提亞算是集三千寵愛於一身，因為它有一塊絕佳的錨地可以一口氣安置兩百艘船，身處多國屬地群集中心的位置之珍貴更是無法言傳——英國（牙買加、聖基茨、安地瓜、巴貝多）、法國（聖露西亞、馬丁尼克、瓜德洛普〔Guadeloupe〕）、西班牙（古巴、波多黎各與分屬海地跟聖多明哥〔今多明尼加〕的聖伊斯帕尼奧拉島〔Hispaniola〕）跟丹麥（維京群島）。利用斯塔提亞對外宣稱的中立性，這些國家以及在該地區實際與敵人貿易的英國商人，都讓斯塔提亞的沿岸成為了往返美國的主要貨運倉儲與中繼站。

聖佑達修斯得名「金礁岩」，是因為在其自由港中來來去去，熱絡有如潮水一般的商業活動讓島上的倉庫堆滿了存貨，商人的金庫則塞滿了收益。那裡「與眾不同，」艾德蒙・柏克（Edmund Burke）在一七八一年的一場演講中談到當時突然爆紅，一躍而進入公眾視野中的聖佑達修斯。「那裡沒有農產品、沒有防禦用的碉堡、沒有尚武精神或軍事管制……其唯一可用來護身的，就是它對眾人的用途。聖佑達修斯島在作用上的「多才多藝」，跟在本質上的中立特性，確保了它的安全無虞。島上的業主們以在商言商的精神，打造出了一個廣納百川、來者不拒的百貨商場……島上的財富能夠淹腳目，是源自於這裡的勤勉精神跟商業掛帥。

於周遭強權在鬼打牆，永遠有打不完的戰爭之際，兩個非關地理的因素也幫忙成就了這塊金礁岩：荷蘭一切向錢看而不選邊站的個性，還有斯塔提亞作為免關稅自由港的角色。

來自獨佔美洲貿易西印度公司商人階級的壓力，讓荷蘭聯合省議會在英國王室與殖民地的戰爭上宣布中立。中立，根據荷蘭從之前的英法「七年戰爭」（1756-1763）中學到的經驗，是一門好生意，只不過在英美戰爭中，中立性違反了荷蘭聯合省議會的本色，畢竟同為治理階層，他們是較偏心英國人的。不過，民間輿論罕見地與商業利益一致，加大了讓荷蘭官方保持中立的壓力。出於繼承自荷蘭自家先烈革命推翻西班牙統治的驕傲，廣大的荷蘭民眾公開同情美國反叛。

公海上的中立，做為國際關係中永遠極具爭議性的元素，平衡在一條由雙方矛盾扯住的鋼索上。根據意見極度分歧的「自由航行、自由貿易」(free ships, free goods) 原則，中立國在理論上擁有與交戰國兩造進行正常貿易的權利，前提是其供應的貨品不會造成某一方的軍事劣勢。在此同時，該理論容許某交戰國防止中立國民眾援助軍事物資給其敵國。夾在這兩樣原則之間——中立國的自由貿易權跟交戰國對不當貿易的干涉權——並無可妥協的空間。

決心要利用這個局面的荷蘭商人與水手緊盯著各種大小商機，勇敢地迎向了海上貿易所牽涉的各種具體與財務風險，只求能滿載而歸。財富開始堆滿了他們的庫房。美洲殖民地把值錢的貨品——菸草、靛青、木材與馬匹——成群運來，為的是交換海軍與軍事上的供需，也為了取得來自歐洲的糖蜜、蔗糖、奴隸與家具。他們位於阿姆斯特丹的代理商會負責採購事宜，然後把貨物送到聖佑達修斯等待中轉到美國海岸。每艘上頭裝著一到四千磅火藥的船隻，合計曾經最高達四萬九千磅的船隊，會從島上出發前往費城與查爾斯頓（最近的美國港口）。對於火繩槍在手中嗷嗷待哺的美國叛軍眼裡，聖佑達修斯的貨運就像是天降甘霖。

作為一個自由港，佑達修斯有雙重的收益來源。除了作為交易的場域，這裡可以做為倉儲地，讓要等候銷售或轉運的貨品有一個可以安心待著的避風港，不用在海上面對外國劫掠船隊的心懷不軌而提心吊膽。

想評估彈藥貿易的利潤，我們可以這麼看：每一磅火藥在荷蘭本土賣八點五斯泰佛（stiver，舊荷蘭輔幣），但同樣的東西在佑達修斯可賣到四十六斯泰佛，也就是將近五倍半。賣這麼貴，是因為地理位置的接近可以替美國客戶節省時間跟長途貨運的風險。往返於北美殖民地之間的貿易就此水漲船高。光在一七七七年三月的某一天，四艘來自殖民地的船隻經斯塔提亞駛抵阿姆斯特丹，上頭攜帶著兩百個豬頭桶（hogshead；大型橡木桶的一種）的煙草、六到七百桶的稻米，還有不在少數的靛青染料。一名人在波士頓的英國海關官員曾紀錄道，「西印度群島天天有東西到貨，但主要以聖佑達修斯島為大宗，而且每一批都多多少少有火藥這一項。」

造就斯塔提亞黃金般成長的第二項因素，就是它避免了盛行於其他國家，綁手綁腳的重商主義崇拜。

重商主義的誕生是基於一種信念：國家力量有賴於硬通貨的累積，因為只有硬通貨才能用來應付當時不斷攀升的政府成本，也才能養得起陸軍與海軍去面對頻仍的國際衝突。為了追求理想的貿易平衡來增加政府收入，重商主義政策對外國貨物與本國殖民地貨物的進口，還有對轉口貿易，都設下了嚴格的限制。這些限制會適用於本國的殖民地，是因為殖民地存在的目的就是要服務母國的繁榮興盛，所以一般國家都禁止殖民地把會與母國產業競爭的製品輸出回母國。除了搶來的戰利品，或是單純從被廢之修道院、從身家被充公之猶太人處，或是從把金銀自新世界載回西班牙的船上所扣押來的財產，國家僅存的外部收入來源就只剩下出口減去進口的淨額了。這就是何以在十八世紀，貿易會成為國際間的顯學。

受制於風勢與洋流、供應與需求、市場與作物等不計其數的變數，貿易會很有個性地劃出一條屬於自己的路徑，而不見得會乖乖配合重商主義者的信念。這種信念具體而言，就像是英國於一六五一年在奧立佛・克倫威爾（Oliver Cromwell）統治時實施的《航行法案》（Navigation Acts）。該法律所顧及的利益屬於崛起中的中產階級、工業城鎮與大型貿易港——如英國歷史上有長年具影響力的所謂「五港同盟」（Cinque Ports）。為了保護英國貿易而把荷蘭人當成假想敵的這個法案架起了關稅之牆，只准許英國船把貨物轉運到英國港口。這麼做很自然的結果，就是英荷在海上開戰，還有英國與北美殖民地為了關稅的問題鬧翻，令北美心生叛意，導致美國獨立戰爭。對英國來說，與荷蘭為敵跟壓制美國革命的代價放在任何貿易法規能帶來的好處旁邊，都是得不償失，因為那會導致本國的稅率提高，而本國稅率提高會造成國內民情的不滿，同時對陷於苦戰中的英國也是一大負擔。

荷蘭人的商人天性，早早地就讓他們認定比起各種限縮，利益更可能來自於貨暢其流。聖佑達修斯受到的各種掣肘，是否反而在島民心中催生出了想要敞開大門，鬆綁規定的心思呢？不論原因為何，斯塔提亞在一七五六年成為自由港，藉此廢止了關稅，以便與其在加勒比海僅有的貿易對手聖托馬斯島（St. Thomas）競爭。從那之後，斯塔提亞的繁榮就有如脫韁野馬，拉也拉不住了。由於各鄰島只要一遇到戰時，就會受制於委託人分屬歐洲不同的交戰國而無法相互自由貿易，而非戰時的期間又少之又少，因此這些島嶼紛紛把貨物戴到聖佑達修斯來進行買賣，順便向外國來源採購食品，須知在專注於蔗糖與奴隸交易的西印度群島中，沒有哪個島嶼的食物是自給自足。這之後的二十五年，迎來了聖佑達修斯的黃金時期。美國獨立戰爭前原本只有寥寥幾千的人口，在一七八〇年增至了八千人，主要靠的是貿易與倉儲服務的爆發。緊鄰彼此的住所一個挨著一個擠在下城（Lower Town）的沿岸，同時還有同等數量的一排石造倉庫佔據了所有還能騰出來的空間。商業的冒險家從四處來到聖佑達修斯，為的是存放貨物，否則放在他們所屬的島上，難免會被成為他國海軍為了掠奪戰利品與土地而強搶屬地的犧牲品。聖佑達修斯下城的倉庫滿溢著等待轉運的貨物。貿易商往往會為了小心起見，在使用斯塔提亞島作為其倉庫的同時也先成為荷蘭公民。英國對美國海岸線的封鎖與法國的參戰，使得美法兩國的港口陷入了遇襲的風險，而這也進一步強化了商人將斯塔提亞當成倉庫使用的動機。

斯塔提亞下城的尾端則是加洛斯灣（Gallows Bay），而加洛斯灣中有一處呈斜坡的海灘很適合進行清理船底的詭異工序。每隔數月，船底就必須刮除藤壺與海洋生物並進行油漆的塗補，那是一種叫做「船側傾」(careening）的尷尬作業。這些作業需要把船身拖上海灘，然後將之從某側翻到另外一側，期間桅杆、壓艙物、火砲等裝備都必須要暫且移除或為了固定而繫住。亦即一艘好好的作戰機器將得忍擱淺的屈辱，一時間變得英雄無用武之地。當然只要東西沒有在這段動彈不得的期間陷入泥淖而無法自拔，或是遭到狂風的損傷，那它們終究會有重新回到大海的一天。即便是這種誇張到近乎於鬧劇的程序，也鮮少能難倒人類為達目的而發揮的創意。而某國海軍如果不想這麼折騰，唯一而且要口袋夠深的辦法就是為船底鋪上一層銅皮。

綜觀一七七〇與一七八〇年代，荷蘭商人持續抗拒著自家官方對違禁品的禁運令，而美國人則一如以往地無視於他們身為英國殖民地該遵守的《航行法案》。喬瑟夫·約克抱怨說快速致富的誘惑是如此之大，以至於商人就大剌剌在荷蘭港口把彈藥上貨，簡直視禁運令於無物。

他試著向荷蘭聯合省議會強調他們必須嚴正執法，但效果不彰。在給某同僚的信中，他提到了讓英國人最難以接受的痛點：「……要不是有貪婪的荷蘭人與他們狼狽為奸，美國人的革命早就堅持不下去了。」但他並沒有用同樣的貪婪罪名去指控跟敵人做生意的英國商人，因為正所謂「情人眼裡出西施」，貪婪跟美德一樣都來自觀察者的主觀認定。

3 海上的乞丐：荷蘭的崛起

在德．葛拉夫打響禮砲的同一時間，他的荷蘭同胞已經在諸多領域登峰造極——他們以水利工程改造出適於人居的土地；他們與強大的帝國長期周旋，成就了其政治上的獨立；他們創造了繁盛的工商與金融業；他們建立了跨洋的航海事業；他們黃金時代的崇高藝術有林布蘭領銜——要說唯一的例外，就是在政府制度上，荷蘭人自干於一種恐怕連原始太平洋小島也難以容忍的僵化。綜觀這所有的特質——不分優缺點——荷蘭人都是歐洲最耐人尋味的一支民族，只不過與之同時代的歐洲人不太會這麼說就是了。不過你要是去問美國人，特別是約翰．亞當斯這位我們史上第一位駐荷公使，他倒是曾在抵荷不久的一七八〇年，在信中對妻子說，「我如今身在的這個國家，是世界上最大的謎團……我到此已經三四週……我對荷蘭非常滿意。這國家是個異數，非常與眾不同。它既是勤懇努力的成果，也是一款藝術作品……這個國度並不為人所知，即便他們的鄰國也是如此。荷蘭語只在本國通行，因此他們既不跟外人對話，外人也不跟他們對話。英國是個大國，不把小小的荷蘭放在眼裡。至於比英國更大的法國，鄙視小小的荷蘭自然也不在話下。但我其實很懷疑按比例來說，歐洲有哪一國比荷蘭更不應該被人小看。」荷蘭在商業上的一飛沖天，讓歐洲在嫉妒中被蒙蔽了雙眼，看不見他們應該欣賞荷蘭的一切。

作為歐洲主要的造船國，這門技藝讓荷蘭在長年人定勝「水」的彪炳戰功上，又多添了一筆勝績。在史前歐洲，日耳曼民族紛紛東來定居，其中日後被荷蘭人追認為先祖的巴達維（Batavi）部落，曾經在尋找居住地的過程中一路向前推進，直到來到海邊才不得不停下腳步。於是就在這被海水浸泡的歐洲邊緣，在這潮濕而環境惡劣到沒有人想跟他們爭搶的地方，古荷蘭人落腳住了下來。透過建立高於海平面的土丘來作為住家的地基，打造引道來供家畜通行，構築堤防來阻斷海水倒灌，還有經由經驗累積與實驗來設計風車，由風車擔任幫浦來把滲入的泉水、溪水、沼澤水抽排出去，荷蘭人總算成功讓自己腳下有了乾地。而這之後，他們又很快地有了辦法可以把湖底或沼澤底提升為土地，也就是用所謂圈海造陸來創造「圩田」（polder）的技術來取得農業跟居住用的新生地。另外透過把抽掉的海水導入溝渠，荷蘭人得到的是具備交通運輸功能的運河。排水系統的維護需要長期的投入與更新；相關的工作從來沒有停止，也永遠不會停止。透過勤奮精神與工程技術的完美結合，荷蘭國成功創造出了安身立命的土地，用人的雙手完成了神蹟。而他們既然能夠完成創世紀的工作，那自然就不需要去懼怕人類或自然的力量，進而能為自身的成就感到自豪。這支民族人丁不算興旺，立足點不算穩固，卻能面對當時雄霸天下的西班牙帝國統治揭竿而起，而且還在從一五六八到一六四八的八十年戰爭中堅持下來，獲得最後的勝利。比起美洲殖民地面對的英國，荷蘭人打敗了一個地理位置近上許多的敵人。須知美國與英國之間隔著一面大洋且相距三千英里，荷蘭與西班牙可是同處歐陸，從巴塞隆納到安特衛普不過區區九百英里。在終於贏得獨立後，自治不到一代的荷蘭人就讓自身蛻變為全世界最強大的貿易國家，一手控有歐洲的商業中心與財務脈動，另一手則有從印度洋延伸到紐約哈德遜河的海運帝國。

荷蘭充滿戲劇性的成長與擴張，是個讓歷史學者瞠目結舌的現象，其令人驚嘆的程度甚至超越荷蘭自家的學者的想像。像是靠著排水讓國家獲得土地，或是以小搏大推翻西班牙的統治，荷蘭的成就之所以成謎，只在於我們很難想像人類的意志力可以被貫徹到這種程度，這一點是我們永遠難以全盤參透的。但儘管如此，荷蘭這個奇葩中還是有些我們可以辨識出的因子。他們的崛起有一部份得歸因於剛性的需求——這支民族必須在荒涼的歐陸邊緣找到生存所需的生計——一部分是歸功於荷蘭就像人小志氣高的拿破崙一樣想反將歐洲大哥們一軍的意志力與動能。再者，就是他們從已經累積的實績中所醞釀出的衝勁。

不過在擴張處於進行式的同時，荷蘭人自己倒是一點也不覺得這有什麼難懂的，因為他們早就在由荷蘭聯合省（States of Holland）於一五四八年提交給其君主的請願書中，將自身的動機全盤托出，至於荷蘭當時的國王是誰呢？他就是查理五世（Charles V），神聖羅馬帝國的皇帝暨西班牙國王。在請願書中，荷蘭人描述了永無止盡的填海工作，介紹了他們是如何得用堤防、閘門、水路、風車與圩田等設計去保護土地，還說明了這當中牽涉到多麼龐大的歲出。「再者，」他們寫道，「前述的荷蘭省轄內有許多沙丘、沼澤與湖泊，外加各種不適於種植作物與從事畜牧的荒蕪區域，因此家有妻小的居民為了養家活口，只得把眼光投往手工藝跟貿易。他們的做法是從國外進口原物料，然後把成品外銷。各式各樣的荷蘭布料與紡織品就此被出口到西班牙、葡萄牙、德意志、蘇格蘭等王國，乃至於更重要的丹麥、波羅的海、挪威等地，然後由這些地區回報以他們特產的貨物跟商品，其中又以小麥等穀物最為荷蘭所需。在這樣的時空背景下，荷蘭賴以立國的主要產業，就只能是以船運為中心的各行各業，包括商人、船長、船東、領航員、水手、船匠等人員都在這個圈子裡討生活。這些人共同促成了各類商品在五湖四海的進口與出口，而他們帶回來的商品除了荷蘭本地，也會在鄰近的布拉邦（Brabant）、法蘭德斯進行販售。」

荷蘭的海外擴張中有一項具體可見的元素，那就是船隻本身。通過與波羅的海國家的穀物貿易，荷蘭人得以較對手更易取得同樣來自波羅的海的木材，而這也讓他們獲致了穩定的造船材料。他們使用了更有效率的設計，做出了迥異於戰艦的貨船。這些荷製貨船可由較少的人手操作，去除砲台所省下的空間可裝卸更多貨物，且通過對標準化零組件的使用，造價可以降低，製程可以縮短，產量可以增加，這些都是荷蘭造船贏過其他國家的地方。一六九七年，在決定要為俄羅斯取得海權之後，彼得大帝去了荷蘭的贊丹（Zaandam），因為那兒在須德海（Zuyder Zee，直譯為南海，是位於荷蘭西北部的海灣）與北海之間有一處乾塢。他這趟考察之行是為了學習造船的技術。在贊丹，「福祿特」（flute）式這種吃水較淺的兩百五十噸貨船比起在英國船廠中的同級貨船，造價可以對半砍。透過纜索系統的簡化，一艘兩百噸的荷蘭貨船只需要十名組員，相對於同尺寸的英國貨船需要兩至三倍的人力。

在十七世紀，各國國力的投入開展出一段貿易的繁榮期與商業的擴張期，而荷蘭憑藉人才與技術於此時大放異彩，取得了歐洲強權的地位。新產品貨暢其流——包括東印度群島的香料、印度的棉花、中國的茶葉、西印度群島的蔗糖——所帶來的現金利益，讓荷蘭有了本錢向鄰國們放款。憑藉其貨運優勢與財政資源，荷蘭成為了國際關係上的搶手盟友。

荷蘭的崛起做為一種現象，除卻專屬於荷蘭的因素，就只能將其火種歸諸十六世紀後半葉萌生的時代精神了。以中世紀為起點，歷史的走向開始四面八方延伸出新的領域——思想自由、印刷術所乘載的新資訊，以至於物理上更寬廣的新世界。愈造愈大的船隻使商人／水手得以突破地中海與固有海岸線的貿易侷限，接觸到遠方特產的商品、資源與不知名的民族——棉花、蔗糖、胡椒與香料、茶葉與咖啡、絲綢與瓷器，而這些東西的到來也共同豐富了歐洲的生活，擴大了歐洲的貿易規模，啟動了歐洲的工業發展。歐洲人從歐陸迸發出去，橫越了大西洋，進入太平洋，繞過非洲的南角，發現了東印度群島。在這過程中，荷蘭很快就擠到了前排。靠著把工程技術應用在為造船事業上，加上本國反正沒有大片土地可以炒作，荷蘭人索性把錢都投資在海洋冒險上，而且為了分散風險跟匯集更大的資本來購置遠洋船隻與航行所需的設備與人力，這些投資往往都是以合夥的形式為之。

在這類海上探險於一五九五年打響第一炮後，第二趟長途且凶險的商業航程在一五九八年啟程前往東印度群島，全團共計二十二艘商船，結果在暴風雨、傳染病、私掠（國家授權攻擊外船的行為）與一路上各種天災人禍的肆虐下，返航的只有十四艘。但他們帶回來的胡椒、香料、印度特產完全蓋過了損失，進而吸引了其他投資人加入戰局。一六〇一年，六十五艘船——幾近三倍於參加的第二趟航程的二十二艘——出發前往了同一個目的地，而且同行的競爭對手是如此之多，荷蘭聯合省議會建議他們一分不如一合，於是在一六〇二年，荷蘭東印度公司正式成立，成為了第一個將促成荷蘭崛起的大型商業機構。憑藉充足的資本為遠洋的商船船隊背書，加上有國家授權的區域貿易獨佔地位，東印度公司的成功模式在二十年後被複製為荷蘭西印度公司，這回荷蘭商人看上的是巴西的蔗糖、秘魯跟墨西哥的銀礦，還有被認為具有潛力的美洲毛皮貿易。西印度公司在一六二一年成立，並獲得了美洲貿易的獨占權利，主要是亨利．哈德遜（Henry Hudson）這名被荷蘭東印度公司聘請來找尋從東北方進入東方之路的探險家，最終卻在西半球找到了一條可與萊茵河等量齊觀的大川，並調查了從鱈魚角到維吉尼亞的美洲海岸線。在同一個十年間，名為新阿姆斯特丹的荷蘭殖民地被建立在河海之間，且兩端都有臨水的空地。來自東西兩家貿易公司的收益，為荷蘭擴大了稅基，也讓政府有了打造商業船隊的財力跟操作這些船隊的人力，而這又進一步擴大了荷蘭可以在全球範圍進行海上探險的半徑。其他國家看得眼紅，就自我安慰地為荷蘭人貼上搶錢的標籤。當然，賺錢絕對是很重要的國家利益，但賺錢結合了長年抗暴養成的強大的自由意識與獨立性，給了荷蘭一把能展現強大創業精神的鑰匙。

卓越的海事能力與傲人的造船設計，是荷蘭航向世界之巔的利器，由此他們左打當時咸認是海上霸主的西班牙，右踢自栩是荷蘭貿易勁敵的英國。英國的船長們受到其社會本質的掣肘，因為英國人的觀念是紳士般的地主身分，比起會把手弄髒的製造業與商業工作，前者才稱得上是最崇高、最純粹的社會生活。英國的海運船長有更高比例是實務經驗貧乏或空白的貴族志願者，反之荷蘭的船長與海軍將領則動輒是藍海水手的世家子弟，從小就摸著船上的索具長大。荷蘭海軍名將德．魯伊特（Admiral de Ruyter）做為十七世紀荷蘭海軍英雄，曾做過一件讓法國軍官看傻眼的事情：他先是拿起掃帚把自己的艙房打掃乾淨，然後又跑去餵他養的雞。

那個時代以做買賣牟利起家的「企業家」，提供了資本與組織給長程貿易與新產品帶動的新產業——印刷業需要紙張；遠洋商業船隊需要巨艦，巨艦需要大型船廠；武器、制服、軍營等各種軍需的生產。除了讓人致富以外，這些產業也合理化了重商主義的主張——壓榨窮人去從事生產製造，然後用出口賺取外匯來造就貿易順差跟硬通貨的流入，最後再拿這些外匯存底去造船建軍。企業家發現獲利最簡單的用法，一如荷蘭人迅速了解到的，就是對其他企業家放款收息。

一六〇九，是歷史性的一年。這一年，人類發現了哈德遜河，而阿姆斯特丹銀行做為輸送血液給荷蘭商業的那顆心臟，也在這一年成立運作。在導入了新辦法去調節外幣匯兌、以固定的重量跟價值鑄幣、由銀行開立支票來提供信用額度跟貸款，跟讓銀行存款的可靠性獲得確保後，阿姆斯特丹銀行立即吸引了各國的資金流入，而弗羅林（florin）也成了國際間的搶手通貨。定期將市場中的股票價格列表印行，也是全人類（不知道該或不）該感謝阿姆斯特丹銀行的一項嶄新發明。

一六四八年，在荷蘭人脫離西班牙獨立的同時，他們也已經躋身富強國家之列，這是因為荷蘭一未因為長期抗戰而顯露疲態，二無讓戰爭對城鄉造成的荼毒、軍購軍餉支出造成的國庫空虛，或是眾多有權有勢者的出走扯了他們的後腿。靠著超群的企業家精神，靠著破釜沉舟的決心，也靠著在磨難中砥礪出的自信心，荷蘭人打開了他們的經商與船運版圖，直到最終把歐洲貿易的半壁江山揣在手中，並為自己打通了從東印度群島到非洲，也從巴西到加勒比海在北美洲的新阿姆斯特丹，所有外國港口。在鄂圖曼土耳其帝國，荷蘭人擁有可以在其疆域內進行貿易的特許權。土耳其人給荷蘭這樣的待遇，是為了一巴掌打在西班牙人的臉上，誰叫西班牙人要在勒班陀之役（Battle of Lepanto）中打敗他們。當時以轉口貿易而言，全球有四分之三來自波羅的海的木材與穀物、法國的鹽、各城市的布料、東印度群島的香料、西印度群島的蔗糖，搭的都是荷蘭的船隻。一六四八年獨立之際，歷史學者估算荷蘭已是全球最大貿易國，並據傳有上萬艘船在海上穿梭，全年國際海上貨運價值估計達到一千萬法郎，但當然這個數字肯定來自外國水手的誇大，因為他們想要藉此激將法去讓本國政府視荷蘭為更大的假想敵。

大約在一六三四年，也就是他們從「印地安人」（美洲原住民）手中買下曼哈頓島的八年之後，荷蘭人又在分別拿下聖佑達修斯與聖馬丁島跟屬於「西班牙大陸」（Spanish Main；指從千里達到巴拿馬，南美洲北岸的路地鄰近島嶼，主要是與加勒比海有所區分）的古拉索跟蘇利南後，正式進軍了加勒比海。蔗糖做為比香料更重要的寶藏，吸引了來自各國，虎視眈眈的掠食者。突然之間靠著蔗糖，人類能在日復一日在三餐中嘗到甜頭，還能讓其他食物也變得甜滋滋。這樣的幸福感，讓西印度群島上的房地產價格水漲船高。世界各國蜂擁而至，人人都想分一杯羹，都想搶得上頭可以長出高聳甘蔗的珍貴島嶼。蔗農一夕致富。一日，英國首相威廉・彼特（William Pitt）乘車經過英格蘭的韋茅斯（Weymouth），見到一輛馬車，不論是馬匹還是車廂都比自家車更為氣派。「蔗糖嗎？這些都是用糖換來的！」這名首相會這麼驚訝，是因為旁人告訴他那是西印度群島蔗農出巡。

沉甸甸的甘蔗必須砍下，以推車送往工廠，然後用雙重到三重的滾筒壓榨——當然是由人工操作——來萃取出汁液。甘蔗汁會被運至鍋爐處進行濃縮、結晶，然後經過數輪沸騰的精製來讓色調變白，最後再裝到模具裡去塑形成塊，而如果是未經精製的產品就任其維持深色。這樣做出來的成品會被船運往嗷嗷待哺的各個市場。由於本地的加勒比海人往往經不起在農園操勞，動輒積勞成疾而亡，因此更強壯的黑人勞工就被從非洲引進，而這本身就構成了非常有賺頭的奴隸貿易。

在其傲人的海運與商業崛起中，荷蘭人也與西班牙統治者產生了正面的衝撞與激盪，由此你很難不想當然耳地認為前者會在經濟擴張與革命能量之間有所取捨。亦即這兩者很難不是一個零和的選擇。但事實證明了賺錢跟革命可以並駕齊驅，兩邊都不偏廢。

「尼德蘭的起義」（The Revolt of the Netherlands）作為一場獨立運動，依恃的並不是當時幾乎談不上存在的民族情緒，也不是在燃燒政治上的意識形態。雖然這場矛盾在一開始，牽涉到的是新教徒與天主教徒在十六世紀時的總體衝突，而此一信仰上的衝突又是爆發自改革宗（reformed church）脫離羅馬教會獨立的分裂，但荷蘭人真正行動的動機還得算是他們對西班牙暴政的憎恨。在荷蘭與西班牙之間長達八十年的鬥爭中，存在各股相互拉扯的力量與事件，而在由這些力量與事件所交織成的亂局之中，你會看到派系與黨閥之間的內鬥，會看到荷蘭對外邦進行的交易與拉攏，會看到西班牙的統治者是如何加大壓迫的力道去讓荷蘭的民怨沸騰，也讓原本山頭林立的荷蘭團結在民族獨立的共同夙願下。

在被捲入以最狂熱的喀爾文宗為首，宗教改革的風暴中後，北方各省的荷蘭人在年復一年中慢慢接納了新教的改革，而且其堅信的程度還絲毫不遜於在宗教改革領袖約翰・納克斯（John Knox）領導下的蘇格蘭人。至於毗鄰法國與哈布斯堡神聖羅馬帝國的南方諸省則仍篤信天主教，而這也激化了南北荷蘭間的嫌隙。新教徒寧死不屈，說什麼也不肯恢復天主教的儀典，荷蘭的西班牙國王腓力二世也同樣堅決，誓言恢復羅馬教廷的正統地位。

當腓力二世的異母胞姊，身兼攝政與代理荷蘭總督的帕爾馬的瑪格麗特（Margaret of Parma）發布詔令，在教堂中禁絕了新教徒的儀典，也禁止新教徒任命的牧師公開佈道後，相關的敕令點燃了抗議的怒火與積極的反抗。眾人向國王提出訴願，希望他能取消敕令，但此舉只是證實了腓力二世是鐵了心要把異端邪說連根拔起，並在絕對皇權的堅實基礎上，樹立起真正的權威。只不過一個巴掌拍不響——有人發號，也要有人受命——權威才得以成立。腓力二世的荷蘭臣民可沒打算把委屈吞下去。一五六六年，眼見國王對他們的訴願置若罔聞，荷蘭人開始大肆破壞教堂，搗毀被他們鄙視為偶像崇拜的畫像與聖髑（聖人遺物）。

領導這項運動有一貴族聯盟，有以難得的團結精神求同存異，廣納各省成員的堅定新教徒，還有不同的工薪階級。在這些人的共同領導下，運動點燃了城鎮中與廣大工業界的民憤，讓他們發起了民族起義的信號。當一群四百名貴族浩浩蕩蕩步向位於布魯塞爾的哈布斯堡攝政官邸，要求中止對反抗者採行的宗教審判後，他們換到的只是立場不同的巴爾萊蒙伯爵（Count Barlaimont）訕笑他們是「一群臭要飯的」，但抗議者第一時間就以這個蔑稱為榮。在貴族聯盟的宴會上，成員們刻意換上了乞丐的灰衣、並在脖子上掛上了乞丐愛用的木杯。乞丐之名，就此成為了他們反抗西班牙的光榮象徵，也讓水手有機會自稱「海上的乞丐」來享受用反串給西班牙跟英國對手難看的快感，因為如果荷蘭人自稱乞丐，那西英兩國就不知該被置於何地了。

但想要組織反叛，以上這些還遠遠不夠。一五六八年，由「拿騷的路易斯」（Louis of Nassau）針對荷北城市格羅寧根（Groningen）官方所發動一次有勇無謀的衝動遠征，將一名關鍵人物推上了歷史舞台，他就是路易斯的兄長，頂著奧蘭治親王頭銜的「拿騷的威廉」（William of Nassau），也是日後以「沉默者威廉」（威廉一世）之名為人所知的英雄。奧蘭治是南法的一個小親王國，屬於拿騷伯爵代代相傳的領地。威廉是已故神聖羅馬帝國皇帝任命，荷蘭、西蘭與烏特勒支三省的省督與三軍統帥。當腦充血的路易斯被輕鬆擊敗，他本人也賠上性命後，威廉繼承了弟弟的遺志，持續領導起義。他為反叛運動注入的意志與生命，使之得以歷經八十年而不衰，直到他們與暴政的鬥爭終於開花結果，達到了名為荷蘭獨立的終點線。拿騷的路易斯點燃的星星之火，終於在八十年後得以燎原。但在那條終點線之前，西班牙的暴政與荷蘭的抗暴將持續愈演愈烈。

在起始的那些年間，腓力二世對於民怨爆發的回應是派出心狠手辣的阿爾瓦公爵（Duke of Alva）率上萬兵力去實施恐怖統治，讓你不聽話也要聽話。阿爾瓦的辦法是屠戮城鎮，是風聲鶴唳地迫害清教徒，還有就是創造一個號稱「血之議會」（Council of Blood）的特別法庭。血之議會在歷史上一共辦理了一萬兩千場審判，其中九千人遭到定罪，被處決或放逐者不下千人。貴族身為起義領袖者遭到斬首示眾，包括在布魯塞爾的市集廣場有一天十八顆人頭落地的血腥記錄。期間財產遭到充公，不少人為了保命而被迫離鄉背井，各地紛紛因為尼德蘭出現了與世俗迫害形成對比的恐怖宗教審判而聞風喪膽。簡直像是怕有哪個階級的誰不想反叛似的，阿爾瓦頒布了具消費稅性質的「十一稅」，還有每筆所得要抽的「百一稅」。那惡評如潮的「第十分錢」比起其他任何一項暴行，都更激發了荷蘭人的叛意。

荷蘭此時的統治者腓力二世——著名荷蘭獨立史史家約翰·洛梭羅普·莫特利（John Lothrop Motley，1814-1877）曾忍不住要以其維多利亞時代新教徒的立場仗義執言，稱呼他是各「面目可憎的傢伙」——心胸狹窄而剛愎自用，以至於他無法認清他招致自身的這場麻煩，本質上就是叛亂；腓力二世滿腦子只有他是受命於上帝來剷除新教，他從根本上排斥任何一丁點他會遇到妨礙的想法。但事實上在一五七二年的起義初期，就有一場勝利小小激發了荷蘭人的士氣。當時是一支「海上乞丐」部隊以海盜戰法拿下了固若金湯的登布里爾港（Den Briel），扼住默茲河（Meuse）的咽喉，取得了河運的控制權。

有群屬於極端喀爾文主義者的游擊隊員誕生自新教徒早期受到的迫害，然後組成了一群狂野而兇悍的專家級海員，他們就是所謂的「海上乞丐」。而這群海上乞丐為荷蘭獨立運動掠陣的辦法，就是去騷擾西班牙的船運，但同一時間，他們的各種舉措也激化了反抗陣營中不同區域與派系的內鬥。

分離主義與相互嫉妒的思想在低地國[3]裡根深蒂固，各個城市與省分都害怕鄰居會比自身取得更大的優勢與影響力，而這種情形之所以沒有徹底耽誤了與西班牙對抗的統一陣線，是因為獨立運動很幸運地找到了一個有力的領導者，奧蘭治的威廉（威廉一世）。透過在看似無望的奮鬥中堅持下來，透過在一次次逆境與挫敗中秉持初衷，透過用高度去凌駕在各省相互的不服之上，透過把團結設為單一不能打折扣的目標，也透過用高超的政治手腕去把同胞組織起來，奧蘭治的威廉雖然時不時會更換陣地，雖然偶爾會拐彎抹角地尋求「曲線」建國，但他還是得以靠著他身為人格者的力量，將荷蘭獨立運動的焦點聚集在他身上，扮演著荷獨的靈魂人物。如果獨立運動有橫幅的標語可以舉，那上頭寫的就會是威廉一世的名言「不靠希望，我們照樣可以堅持。」

一五七四年，也就是登布里爾之役的隔年，壯烈的萊頓守衛戰擊退了西班牙大軍的圍困，也感召了荷蘭所有的城市與公民到反抗運動的旗幟之下。被湖泊包圍，當中有溪流與運河交錯的萊頓是下萊茵一個美麗而繁榮的製布城市，坐落在名為「荷蘭花園」，萊茵河三角洲的沃土之上。

被用來對付萊頓的武器，叫做飢餓。阿爾瓦公爵已經是過去式，但他的後繼者把對萊頓的封鎖牢牢拴緊，直到連隻走失的土雞或半葉萵苣都跑不進去。在七個月的時間裡，被搞到面黃肌瘦的萊頓居民只能靠葉子、樹根、乾魚皮跟舊麥糠苟延。一旦有零星的狗兒被宰來供輪班的衛兵果腹，剩下的屍骸會被血淋淋的大卸八塊並生而食之。哪裡有飢荒，哪裡就會有惡疾鬼鬼祟祟地靠近，由此更多人也會非病即傷。推到最極端，被圍的居民的選擇只剩滅亡或投降。

也就在此時，萊頓的荷蘭人與他們向來的宿敵——水——化敵為友，並將之用做退敵的武器。奧蘭治的威廉提議人為讓默茲河、艾瑟爾河（Yssel）與從這兩條河跟萊頓之間流經該地區的各河川決堤。順利的話，這麼做可以一箭雙鵰。大水一方面可以沖走圍城的敵人，一方面可以創造出一方淺湖供各式平底駁船「陸上行舟」來進行補給。由於洪水難免傷及農作

3 譯註：歐洲西北部海拔較低的國家，最具代表性的就是荷比盧三國。

物，因此這一招必得先取得地主與農夫的首肯。信差銜命冒險往返於前線，只為取得利害關係人的諒解。萊頓人日益形銷骨立，卻沒有誰說要投降。在鹿特丹集會的聯合省議會把西班牙開出的條件打了回票，並接納了奧蘭治威廉的潰堤提議。他們下令讓兩百艘大小平底駁船在鹿特丹、台夫特等港口集結並滿載武器與補給。這些船上還帶了事後證明很關鍵的援軍，「量少卻質精」的一夥共八百名，滿臉十分嚇人的海乞丐，只因為身經百戰的他們早在臉上留下醜惡的紫黑疤痕。

一五七四年八月，破堤令正式頒布。但所謂破堤，並不是簡單在牆上挖幾個洞就可以。他們必須在西班牙駐軍不是很有效率的火力之下，打開足以讓駁船通過的破口。西班牙人的武器，是很原始的十六世紀前膛火繩槍，意思是每開完一槍，士兵就必須用攜於脖子上的火藥來重新裝填。面對這種對手，海乞丐的反擊用的是他們習以為常的狠勁。他們會用破釜沉舟的決心逼士兵進入開放地，讓人在不斷增加的危機感中看著上升的水位爬進他們的腳邊。連吹三天的西北風讓進入萊頓的水勢愈來愈高，藉此提供駁船通行的渠道。援軍步步為營地走陸路推進，一個湖接著一個湖的擊破眼前的堤防，直到他們距離目標只剩五英里。這項任務進行了數星期，期間萊頓的男女老幼仍在不斷捱餓，不斷死去。就在此時，逆吹的東風升起，水被吹得不進反退，水位也失去了可以行船的深度，以至於在最後階段，他們必須在泥灘對船又推又拉，而城中有如風中殘燭的百姓依舊只能咬著牙，在名為期待的煎熬中苦撐待變。

因為擔心退路被切斷，西班牙人放棄了他們苦心經營的陣地，同時面對海乞丐攻勢的前仆後繼，他們並沒有能阻卻這支荷蘭援軍的步步進逼。兩棲登陸部隊在泥灘上艱難地推進，愈接近萊頓孤城就像是離水的海龜在爬行。此時在嶄新風勢的助威下，海乞丐這支非常規的艦隊被往前吹到距離城牆只剩數百碼的地方。船員一躍而下，扛著平底帆船在淺灘上進行最後的衝刺。最後一支西班牙駐軍在簡短的戰鬥中潰敗。船隻被順利推到碼頭邊，溼答答的船員把一條條麵包扔向在岸上喜極而泣的公民。被斷糧與疾病帶走六千條生命的萊頓雖然只剩下三分之二的人口，但他們免於了投降的屈辱。眼窩深陷的倖存者湧進教堂參加感恩彌撒。為了向這座堅忍不拔的城市致敬，奧蘭治的威廉給了萊頓人二選一的獎勵：讓他們在最好賺的年度市集期間豁免稅款，或是幫他們蓋一間大學。錙銖必較的萊頓市民在經過一番苦思之後，選擇了大學，理由是與政治相關的稅務是一時的，但大學只要蓋下去，就是城市永世的資產。從那天起，歐洲一處偉大的學術殿堂就此誕生，而那正是傷疤累累的海乞丐跟平底船所給予萊頓的餽贈。

西班牙的自尊在經過萊頓的踐踏後，於一五七六年獲得了平反，主要是安特衛普在那一年遭到了令人膽寒的劫掠。安特衛普作為在斯海爾德河（Scheldt）河口處，熙熙攘攘的繁盛商港，服務的是在全北歐或進或出的貿易。釀成這次劫掠的起因，是已遭欠餉二十二個月的西班牙部隊發起叛變。腓力二世因為軍費暴增，積欠西班牙富商巨賈天價債務，於一五七五年宣布國庫破產，旋即獲得教宗的豁免，讓他把所有的承諾與債務一筆勾銷，「以免他在力抗異端時被高利貸給摧毀。」向來不知道腦子在想什麼的這個當代首富君主竟拿著教宗的豁免，延伸出他可以耍賴不付軍餉的謬論，理由是既然他是上帝用來搗毀異端的工具，那他做的事情不論明智與否，都是一種正義。一如腓力二世大部分的判斷，這次的事情又反噬了他。叛亂的士兵在一氣之下闖入市區，把安特衛普精華區的街道燒個精光，期間還沒忘了要在安特衛普著名的聖母主教座堂雙膝跪地，禱告祈求這一票能成功。基督教徒就是有這種奇怪的習慣，他們總是會構思出大慈大悲加寬宏大量的神祇，然後再用這些神祇來為暴行背書。在征服墨西哥時，西班牙神父舉著基督的旗幟賜福給那些「西班牙征服者」，然後任由他們進軍去凌虐、殺害墨西哥的原住民。在安特衛普，叛亂的士兵在路上或家戶中逢人就殺，無差別地襲擊年長的一家之主、帶著嬰兒的少婦、同屬天主教的神父或僧侶或是外國商人。在為期三天的燒殺搶掠中，他們沒放過任何一處庫房、商號，或住家，沒錯過任何一筆白銀、珠寶、價值不詳的高貴家具，也沒饒過任何有嫌疑藏匿財富的傢伙，最終造成千上萬人枉死，周邊「聽話」的省分對西班牙人的恐懼有增無減。此事的立即性後果是西班牙最不樂見的發展：尼德蘭省之間的運作串連。這樣的團結或許不強，或許不具備永久性，但已足以為西班牙在當地的暴政敲下第一響喪鐘。

在過去，尼德蘭的不同族群，包括操法語的瓦隆人與使用荷蘭語的佛萊明人，天主教徒與新教徒、濱海與內陸省份、貴族與平民，阿姆斯特丹這個天龍國與其他所有的人，彼此永遠有無止盡的齟齬，而這也阻礙了荷蘭獨立運動的統一陣線成形。但如今，荷蘭人終於開始意識到他們必須團結一致，才有機會驅逐西班牙人。威廉一世意識到事態非同小可，開始廣發函文給各省的議會，提議大家擱置爭議，共赴國難。談判自此在根特（Ghent）展開。在史稱「西班牙之怒」的安特衛普遇劫四日後，九省代表催生出了一份名為「根特和解」（Pacification of Ghent）的和約或協議，由各省宣誓要放下歧見，共同出力出錢來拯救國家於西班牙等外來壓迫者造成的水火之中。就像近兩百年後，原本互看不順眼的北美十三州也將共聚一堂在他們的首場州際議會上一樣，荷蘭反叛者的團結正是統治者曾自信絕對不會發生，但一旦發生他們將難以匹敵的發展。地點換到美國，英國人也將自作孽地用行動引發眾怒。不論是《波士頓港法案》[4]或《強制法令》[5]（Coercive Acts），都讓原本派系林立的北美殖民地擰成了一股繩。

4 譯註：一七七四年三月二十五日，英國議會通過了《波士頓港口法案》（Boston Port Act），內容除了要關閉波士頓港，還要求波士頓居民要支付（相當今日幣值的）近百萬美元來賠償一七七三年十二月十六日被投入波士頓的茶葉。

5 譯註：一七七四年的《強制法令》又名《零容忍法案》（Intolerable Acts）是針對北美殖民地的一系列共四項法律，同樣是為了波士頓茶葉事件要懲罰殖民地中的麻塞諸塞灣。

場景拉回荷蘭，根特協議的周遭還有一大票宛若迷宮般的和約與條件除釐清了各城跟各省在地理上、商業上與——最重要的——宗教上的權利義務外，也規範了與腓力二世同父異母的「奧地利的唐胡安」(Don John of Austria) 在出任西班牙新總督前要先行接受，才能會晤荷蘭聯合省議會的各種條件。須知此時新總督已經在來見聯合省議會的路上。話說各省代表前腳才剛宣誓要驅逐西班牙人，荷蘭聯合議會後腳就要跟新總督打交道，好像有點說不過去，但在當時的時空背景下，皇家強大的神祕色彩把絕對性賦予了每一名人君。荷蘭人尚未下定決心，也沒有所需的軍力與西班牙皇家硬碰硬。緊接著根特協議，他們重新陷入派系鬥爭，水火不容的亂象中，再次為了新教或舊教，該推動在地結盟或向外輸誠吵成一團，內戰儼然迫在眉睫，根特的和解至此形同廢紙一張。在這些紛紛擾擾中，憂心忡忡的北方各省因為不想看到分離主義集結，而決意捲土重來，打造一個比原來「更團結的聯盟」。

在上述的種種壓力下，各省代表重新於一五七九年在烏特勒支會面。烏特勒支作為荷蘭的中央城市，你可以登上其鶴立雞群的聖馬丁主教座堂 (Domkerk) 塔，從高處將五十座城市收於眼底，包括此時已是世界最大港的鹿特丹也不會錯過。雖然集會的各省代表宣稱他們日後將「宛若一省」，但如此誕生出的「烏特勒支同盟」(Union of Utrecht) 並未重振根特合解的精神，反倒是因為棘手的宗教問題而創造出了各種矛盾，最終令人傷感地讓剛冒出頭來的準荷蘭國一分為二。北方人確實已圍繞著須德海這個荷北的內海形成了七省聯盟，其中四省在內陸，三省濱臨北海，而這七省也最終將成為現今的荷蘭國。作為回應，南荷蘭的天主教省分包含布魯塞爾、安特衛普與根特會另立門戶，而這個形同脫聯合省獨立的南荷聯盟也將在經過一番邊界調整後，成為日後的比利時。讓一隻幹練民族的國家統一前景胎死腹中，其後果不可謂不嚴重。若是他們沒有一分為二，並因此維持住較大的領土跟人口基數，今天的荷蘭或許可以在兩個前提下成為歐洲的霸主，一個是他們心存征服的野心——但當然他們血液裡並沒有這種東西——另一個是他們並沒有讓宗教的爭端耗掉了他們團結的力量，要知道每當宗教造成禍起蕭牆，那些鬥爭會比什麼都激情，比什麼都惡毒。惟即便荷蘭在此失去了他們稱霸歐洲的條件，他們還是塞翁失馬焉知非福地擁有了小歸小，但總算可以當家作主的國家。

放眼荷蘭城市與黨派之間的各種爾虞我詐與由相同跟不同意見交織出的迷宮，始終呼之欲出而未出的便是一個強大的建國動機，或是說一種毫無曖昧的獨立呼聲。最後是在力倡個人權利的喀爾文派運作下，聯合省議會作為僅存的本土政府機構才不得不把自身的立場說清楚。一五八一年，聯合省議會在海牙集會並通過了充滿份量的一項決議案，也就是堪稱荷蘭版獨立宣言的「誓絕法案」(Oath of Abjuration)。誓絕法案稱腓力二世違背了統治者應該公平對待其臣民，並且提供一個好政府而非壞政府的約定與職責，由此他已經自絕於其統治的權利，而各省代表則循此主張撤回效忠跟推翻高壓暴政，皆是荷蘭臣民與生俱來的權利，須知除此之外，他們已無他法保存自身的自由。這話聽來有種熟悉的回聲：兩百年後，這樣的召喚將再次響起在美國人的耳邊。

若說湯瑪斯・傑佛遜覺得他起草的美國獨立宣言是其最自豪的作品，一如他的墓誌銘所言，那荷蘭於一五八一年的慷慨陳詞也應該會讓他心有戚戚焉，畢竟早在兩世紀之前，荷蘭人已經對他的論點做出了幾近完美的預言。我這麼說，並不是在指控傑佛遜在美國史上最重要的文件上進行了剽竊，而是想表達人類追求自由的本能，還有認為推翻不肖的統治者是種人權的觀念，都深深地在我們共同的思想渠道中流淌著。

為了確認與「祖國」分道揚鑣，荷蘭所有的市長與官員都被要求一個個輪流棄絕宣誓效忠西班牙，而這也讓從小的觀念就是要服從國王的部分荷蘭人非常煎熬。背棄祖國讓弗里斯蘭省的一名議員內心受到極大的衝擊，以至於他在宣誓儀式中不確定是心臟病發作還是疑似中風，人當場倒地就沒了氣息。

荷蘭決定反抗到底的決定，讓腓力二世的資源開始耗盡，由此他也益發失去了耐性。想著要一舉讓反叛運動土崩瓦解的他大手筆懸賞了價值相當於七萬五千荷蘭盾的兩萬五千枚皇冠金幣（golden crown），死活不論要取沉默者威廉的項上首級，這還不算附帶的一堆獎勵跟特赦——結果重賞之下果然找到了勇夫。一五八四年，帶著異心採取行動的刺客巴爾塔薩・傑拉德（Balthazar Gérard）在威廉位於台夫特的住所樓梯間開了一槍，要了他的命。

我們必須點出荷蘭在當時的政治判斷，可說愚蠢到了一個超乎常識的境界。因為相信他們唯一能推翻西班牙統治的希望，繫於其他強大歐洲君主的保護，因此荷蘭人選擇了四處兜售主權給願意出手的王者，包括英國的伊莉莎白一世，但這位女王的獨裁本性是公開的秘密，荷蘭人向她求助只能是請鬼拿藥單。

在世時的奧蘭治親王是荷蘭最理所當然的國王人選，但他不若其他君主那樣擁有軍事力量或財力上的優勢。伊莉莎白本身也在其國內深陷天主教的敵意、各種陰謀詭計，還有身邊沒有說破的叛意之中，這樣的她不會笨到國內忙不完，還去國外蹚一樣的混水，所以也沒也接受荷蘭的邀請。

沉默者威廉的死並沒有讓腓力二世稱心如意，因為威廉一世生前早已賦予了反抗運動其獨立的生命。反倒是當安特衛普被腓力二世屬意的尼德蘭總督帕爾瑪公爵給拿下，讓西班牙在英吉利海峽掌握了戰略開口之後，荷蘭獲得了意外的盟友。這是因為安特衛普落入西班牙之手，讓英國意識到最符合自身利益的作法，或許不是白費力氣與荷蘭人進行永無止盡的戰爭，而是反過來幫助他們對付西班牙，畢竟老想著要侵略英國的西班牙人始終是英國的大患。帕爾瑪公爵作為腓力預定的尼德蘭統治者人選一拿下安特衛普，便讓西班牙隔著英吉利海峽坐擁良港與海軍基地可遙望泰晤士河河口，英國要不緊張也難。

不同於多數統治者對改變有著莫須有的恐懼，伊莉莎白一世既精於算計又敢於實行。這樣的她完全不介意向宿敵荷蘭遞出結盟的橄欖枝。一五八五年，她派出了一支八千人的遠征軍在愛將萊斯特伯爵（Earl of Leicester）的率領下，前往協助荷蘭抵禦帕爾瑪公爵的進軍。集虛榮、野心與牛脾氣於一體的萊斯特伯爵並不是託付帥印的理想人選。萊斯特伯爵被賦予了荷蘭總督的職位，而這一點也為荷蘭人所接受了，這除了是因為荷蘭人吃人的手軟，對外援的代理人有莫名的尊重以外，也是因為他們認為這樣可以更深化與伊莉莎白的關係，只是沒想到頂著這樣的頭銜，萊斯特伯爵便開始插手干預荷蘭各議會的運作，並在戰略想法上也自行其是，完全不把荷蘭人的疑慮放在心上。如他下令禁止與敵人貿易雖然在當時不算是出格的做法，但卻踩到了荷蘭人的紅線：荷蘭人可不能接受有人對他們該怎麼做生意說三道四。原本被寄予厚望的英荷之盟就此在相互怨懟中崩解，荷蘭看著萊斯特爵的背影只想著「慢走不送」。伯爵的錯誤與失敗，在歷史上遭到了他麾下大將菲利浦・悉尼（Sir Philip Sidney）的光芒掩蓋。詩人悉尼的浪漫並非浪得虛名，他曾在祖芬之役（Battle of Zutphen）瀕臨戰死時，還把一杯水遞給傷重不遜於他的同袍，然後留下了足以傳世的遺言：「這一杯水，你比我更需要。」除了為文學多添了一句不朽的名言，英國這次出手干預可說幾近一事無成。真的要說，就是英國間接觸發了歐洲歷史發展的一個轉捩點。怒火中燒的腓力二世在內心被埋下了一個念頭，自此他便一心一意要破壞英荷聯盟，要與英國不共戴天，還要對新教異端給予最後一擊。

這最後一擊的發起將先交到西班牙龐大無敵艦隊的手裡，然後再由對英國的入侵作戰接棒。只不過腓力二世對這套整體作戰的規劃，不論是在指揮調度、戰略想定與後勤補給上，都從頭到尾堅持低能。他挑選出任指揮官的海軍將領是麥地納．希多尼亞公爵（Duke of Medina Sidonia），而這人既沒有指揮海上作戰的經驗，也沒有去過他將航向的海域。此外西班牙完全沒有安排任何萬一有需要可以避難的港口，而且還把此役的成敗交到與帕爾瑪公爵在荷蘭會師，並共同入侵英國的計畫執行上。結果因為遭到荷蘭的阻撓，所以帕爾瑪公爵的部隊根本無法前往會合。腓力二世偌大的加利恩帆船（galleon）受到強烈風暴與英國海軍的夾擊，沉的沉，毀的毀，赫布里底群島外海都是船體的殘骸。在因為風浪、敵人砲火跟缺糧而損失了半數船員後，半殘而跛腳的無敵艦隊被迫大老遠繞過寒冷的蘇格蘭與愛爾蘭西部落荒而逃，在悲慘與灰頭土臉中踏上返航之路。這支艦隊身上看不到征服者的榮光，而只看得到敗北之後的愁雲慘霧拖得老長。腓力二世之海軍事業所遭逢這響徹雲霄的慘敗，標註了西班牙在歐洲權力政治中的退場，這名原本的霸主自此一蹶不振。

但在單一想法中走不出來的腓力二世並未就此偃旗息鼓，反倒是把僅存的家底都丟出來要打壓荷蘭這個他認為必成後患的新銳商業帝國。腓力二世身為一介凡人，鬱鬱寡歡地在無敵艦隊大敗十年後的一五九八年撒手人寰，不過他倒是趁著這段時間建成了自埃及金字塔以來最偉大的皇陵——埃斯柯里亞爾（Escorial）修道院——來作為自身長眠之所。他對於與新教聖戰的不離不棄，讓他在十六世紀歐洲的宗教戰爭中無役不與，也使他耗盡了西班牙僅存能與荷蘭一戰的力量，畢竟在商業與市場殿堂中獲得財富與繁榮滋養的荷蘭已非吳下阿蒙。腓力二世的肉身一覆滅，西班牙想維繫其歐洲霸業的努力也頓失靈魂。就在腓力二世死於十六與十七世紀之交的同時，荷蘭的百年黃金時代也正式開始。值得注意的這個新興強國開始在美洲留下了印記，向西移動的歷史新風向開始慢慢吹起。

一六〇九年，一名由荷蘭東印度公司雇用的英國航海家發現了哈德遜河。在那個阿姆斯特丹銀行也正式成立，非同小可的一六〇九年，西班牙同意了十二年的停火，而這也就等於在實質上承認了荷蘭七省聯盟的獨立。偉大的西班牙帝國被這夾在一堆封建王國中間而且兩隻腳還泡在水裡之新共和國給逼和的這一幕，讓眾家老牌強權不得不對荷蘭刮目相看。他們開始重新把海上乞丐視為是歐洲權力遊戲中的一個變數，而且還是一個他們想要拉攏結盟的變數。其實吃驚的除了歐洲傳統強國，荷蘭自己也嚇了一跳，他們這才開始接受自己的努力開始開花結果的事實。在停火協議到期後，西班牙開始有一搭沒一搭地繼續對荷蘭用兵，但無法取得決定性勝利的他們終究難以為繼。一六四八年，在列強為「三十年戰爭」這場於一九一四年之前牽涉最廣也破壞最大的歐洲混戰畫下句點之那紙西發里亞合約（Treaty of Westphalia）中，包括西班牙在內的締約國正式承認了荷蘭聯省共和國長年為之奮戰的獨立。合約的條文簽署是在正式議和前於明斯特（Münster）進行，當時出席的西班牙代表把雙手放在十字架上，而荷蘭代表則是舉起了兩隻指頭朝天。明斯特的市民組成了左右兩列儀隊，歡迎荷蘭代表步向議會廳，禮砲響徹中世紀街道在慶讚這個歷史時分。當時時值十七世紀的中點，再過一年，日正當中的君主專制就會感覺到有道劊子手刀斧的陰影掠過，砍下了英王查理一世的頭顱。

雖然一直有西班牙的勢力等著他們去驅逐，但這並不影響荷蘭人過著一種充滿生命力的文化生活。雖然他們的總督是一群僵固而保守的傢伙，可想而知不會對自由派的想法抱持同情，但這並不妨礙荷蘭瀰漫著一股開放而包容的文化氣息。這讓猶太人與林林總總的基督教派都有信仰自由，也讓荷蘭出了名對逃離歧視與迫害的難民十分友善。事實上在這些難民之中，最有名的就是英國的異議分子。這些追求宗教自由的英國異議份子在世紀之交來到了萊頓落腳，然後在二十年後身負名為未來的重擔啟程，在一六二〇年抵達了位於普利茅斯巖（Plymouth Rock），也就是五月花號的終點，另外一群將開花結果的荷蘭移民是來自西班牙與葡萄牙的猶太人，其中也包括史賓諾沙的雙親，他們的哲學家兒子在一六三二年誕生於阿姆斯特丹。

受到荷蘭在歐陸首屈一指興盛的出版活動吸引，作品在老家遭到禁止或審查的歐洲作家與學者前仆後繼來到荷蘭，並在此找著了願意合作的出版商，得以用拉丁文流通書籍來一饗跨越國境的讀者群。這麼一來，出版某本世界名著的榮銜就落在了荷蘭出版業頭上。這本名著的作者是個寧可在荷蘭旅居二十年，也不想在故鄉接受路易十三世統治的法國人：笛卡兒的《方法論》於一六三七年在萊頓出版。歐洲其他文化界的巨擘，也來到了荷蘭尋求發展，只不過偶爾會因此引起同僚的敵意。史賓諾沙作為人道宗教哲學家，是土生土長的阿姆斯特丹子弟，而雖然以猶太人的身份遭到了自家猶太會堂以異端邪說為由驅逐，他依舊繼續在家鄉生活並出版了《神學政治論》（Tractatus Theologico-Politicus）。安東尼・凡・雷文霍克（Antony van Leeuwenhoek）作為顯微鏡的精進者，在他台夫特的故鄉進行著科學研究。本身是荷蘭人的「台夫特的格勞秀斯」在《海洋自由論》（Mare Liberum）中建構了歷久彌新的航行自由原則，並因為《戰爭與和平法》（De Jure Belli ac Pacis）的發表而成就了人類歷史上極具影響力的一本公法著作。這本書被迫得在一六二五年的巴黎出版，是因為當時他正因為私怨而被人構陷入監。知名哲學學者皮耶・貝爾（Pierre Bayle）作為宗教理性懷疑論的傳人，其著作傳達的看法是他認為大眾宗教信仰能成立是基於人的輕信，而不是基於理性與現實。這樣的他自然不會受獨裁天主教體系待見。被迫離開法國的他去到荷蘭，並在鹿特丹的「光榮學院」（Ecole Illustre）得到了院士席位與薪俸，而這就是該城市設立來提供工作庇護給難民學者的機構。一六九七年，鹿特丹出版了他著名的一人百科全書，《歷史批判辭典》（Dictionnaire），當中闡述了他對於自然現象的解釋。而該書雖然初版在法國遭禁，卻依舊成為狄德羅（Diderot）與法國百科全書派的參考資料與靈感來源。鹿特丹接納了貝爾，讓這個極力提倡寬容的人，有了棲身之所。在談到宗教的少數對荷蘭國的忠誠源自於他們可以獲准擁有思想自由時，他表示「一個理想的社會會將其保護傘延伸至所有的宗教，而由於多數神學問題都死無對證，人應該要為了那些他們無法說服的人祈禱，而不是去壓迫他們」*。在這樣的話語中，貝爾預言了我們美國憲法的第一修正案。荷蘭的統治者之所以特別，是因為他們在地位與富貴得到確保的同時，也沒忘了把社會打造成一個非主流者可以歇息的港灣。新英格蘭的美國清教徒在被嚴酷的現實給狠狠折磨過之後，學到的教訓一點也不是面對同胞要溫柔以待，而是正好相反，結果是他們構建了一個與荷蘭形成強烈對比，充滿偏見的嚴峻領導層。

出於其社會本身的包容性，荷蘭並無大批人口覺得有必要外移去新阿姆斯特丹找尋新天地，頂多只有財力供得起五十人起跳之殖民聚落的富商，才會接受西印度公司的土地贈予而成為新阿姆斯特丹的贊助人。而也正是因為欠缺足夠多的荷蘭聚落落地生根，所以荷蘭西印度公司總督彼得．斯圖伊維桑特（Peter Stuyvesant）才會湊不齊人手，也組不成軍隊來抵禦於一六六四年來襲的英國人，任由他們佔據了該地區，還將之重新命名為紐約。

* 他開出的處方，就跟其他睿智的建議一樣，都遭到了命運的嘲弄。包容的概念既不受天主教徒接受，也同樣不受俗稱法國新教的喀爾文雨格諾派（Huguenot）待見。難民的影響力大到讓他只能辭去教職，但他仍得以在荷蘭繼續生活與出書。

是在社會上風生水起的自由氣氛，在十七世紀中滋養出了荷蘭繪畫那光輝燦爛的黃金時代，所以才有人像畫大師林布蘭跟寧靜完美主義傳人維梅爾（Vermeer）登場嗎？在此同時，一併嶄露頭角的還有弗蘭斯・哈爾斯（Frans Hals）與范戴克（Van Dyck）這兩名維妙維肖的肖像畫家，有居家場面的刻劃聖手楊・斯特恩（Jan Steen）、特・包赫（Ter Borch）與德・霍赫（de Hooch），甚至還有以綠樹如茵的森林跟帆船在運河間航行的風景畫使人如痴如醉的魯伊斯達爾（Ruysdael）與霍伯瑪（Hobbema）。如果世人實在搞不懂荷蘭繪畫的黃金時代是怎麼回事，那我們心存感激也就是了。

但從種種事件看來，黃金時代絕非風平浪靜，而是充滿了血腥與由侵略跟戰爭所交織成的風聲鶴唳。法王路易十四的大軍在一六七二年以一波名為「法蘭西之怒」的殺招，摧枯拉朽地震撼了荷蘭邊境，讓人感覺彷彿是恐怖的西班牙統治再臨。法人穿透至荷蘭中部的烏特勒支，而這一次荷蘭仍舊寄希望於水攻，打開了水閘讓水淹土地。在此同時，英國在其商人的慫恿下重啟海戰，為了是要一舉永絕荷蘭這個在海軍與商業競爭上的心腹大患。英荷就此在海上大戰三個回合，最終以一六七四年的西敏條約（Treaty of Westminster）畫下句點，而條約中為中立貿易行為所設下的規範，將如同蛇窩一樣爬出許多未來的麻煩。

但不論這些中立貿易日後會引發多大的麻煩，都模糊不了黃金時代開展出的政治新局，也就是一六四八年的荷蘭主權成功獨立。那一天在明斯特，荷蘭人平反了他們一路以來為了追求政治自由上所做的奮戰，而這種對政治自由的渴望，也將在下一個百年中隔海由美國人接棒。

4「全世界最瘋狂的想法：一支美國海軍」

安德魯．多利亞號作為第一響禮砲這場大戲的主角，並非等閒之輩，而是注定要名留青史的名船。美國海軍建軍之初，有四艘將商船加以武裝而成的戰艦，其中一艘便是安德魯多利亞號——儘管船上軍官約翰．保羅．瓊斯不太甘心，但他也坦承這些戰艦實在是「小得可以」。在第二屆大陸會議於一七七五年十月十三日決議建立海軍之後，安德魯．多利亞號也隨即就要投入她的戰鬥處女航

安德魯．多利亞號之名典出一名歷史上追求自由的知名人物，本尊是個英勇的熱拿亞海軍將軍。一五二八年，這名安德魯．多利亞曾以自由之名率領城邦熱拿亞力抗法國。頂著這樣的歷史重量，安德魯．多利亞號長約七十五英尺（約二十三公尺），橫梁二十五英尺（約七點六公尺），動力來源是屬於混合式的「雌雄同體」（hermaphrodite）索具，由主桅上的方帆搭配後桅杆的三角形縱帆。武裝方面她搭載有十六挺六磅砲管，意思是這些砲可以發射六

磅重的小砲彈。另外她還在甲板上安裝了若干可迴旋的艦砲來提供更廣的射擊範圍。她全船的人員編制有一百三十人。

於幾百年間興衰於海上的各國可能會感到吃驚，但早在美國海軍將領阿弗列・塞耶爾・馬漢（Admiral Alfred Thayer Mahan）於一八九〇年建立起海權為本的論述之前，海權的重要性作為國家戰略的一環已經在十八世紀是一種常識。西班牙無敵艦隊的失敗在馬漢的發現之前三百年，就已經決定了英國的崛起與西班牙的沒落；納爾遜的艦隊在一八〇五年的特拉法加海戰中終結了拿破崙的威脅，改變了英法之間的平衡，而這比馬漢出版《海權對歷史的影響》（The Influence of Sea Power upon History）要早上九十年。國家，就跟人一樣，往往比她們知道跟能解釋的要更為務實許多。

北美殖民地不需要等待什麼學術原則的出現，因為眼下的需求已經迫在眉睫：他們需要武器彈藥的補給，好破壞敵人的補給線，並抵禦英國來自海上的攻擊，讓自家沿海城鎮不致付之一炬。但他們是一群幸運兒，因為他們擁有一名深信殖民地想戰勝敵人，海權必不可少的指揮官。一七七五年的八九月之間，為了在他圍困波士頓之際阻斷英軍的補給線，華盛頓包下了幾艘小型雙桅桿漁船並加以武裝，這些船原本已獲麻塞諸塞、羅德島、康乃狄克任命來防衛英國對沿岸發動的襲擊。時至十月六日，由大陸會議任用的這些改裝帆船已經緊盯著波士頓港的入口，準備一發現英國的運補就撲上去，話說這些運輸船因為沒想到殖民地會在海上出手，所以壓根沒有進行海軍的軍備。這些改裝過的帆船——後世所知「華盛頓的海軍」——所繳獲的一干戰利品，包括火繩槍、槍彈、火藥，外加一管十三英寸口徑的厚重臼砲，正適合用來轟擊在波士頓的英國人。

在亟需火藥發砲的狀況下，華盛頓在一七七五年八月，也就是獨立戰爭的第一槍在萊辛頓（Lexington）與康科德（Concord）打響的剛滿四個月後，就請求羅德島議會派遣一艘武裝船艦到百慕達。「在那裡，」他說，「有可觀的火藥存於島上的僻靜一隅，且當地居民不僅同情我們的革命大業，也願意助我們一臂之力。」

羅德島因為有其寬闊的海灣與修長又不設防的海岸，想當然耳地對華盛頓元帥爭取制海權的心急如焚感同身受。於是比起華盛頓的那一丁點要求，當時全稱為羅德島暨普羅維登斯莊園（Colony of Rhode Island and Providence Plantations）的該州索性一不做二不休地在一七七五年八月通過了一個驚天決議，直指一支「美國艦隊」的建構是起碼的當務之急，並在同一個月就把正式把決議遞交給大陸會議。同年十月，為了攔截兩艘從英格蘭載運軍需前往魁北克的雙桅橫帆船，華盛頓也向麻塞諸塞州要求兩艘戰船。為了把這類行動的規模放大，並在波士頓之圍的過程中破壞英國補給線，美國海軍應運而生。通常這些私掠船與漁船都由商業海員與水手擔任組員，並由殖民地各州負責派任與裝配。從這樣卑微的起點出發，大陸會議開始收到的要求是：授權一支國家級的武力來向大陸政府負責。

十八世紀海戰的例行打法是船對船，砲打砲，所以數量優勢永遠是勝敗之關鍵所在，而這種優勢，美國的初代海軍是拿不太出來的。比起他們在海上的敵人，美國的船隻數量只有三分之一不到，艦砲數只有四分之一不到。英國沿著從哈利法克斯（Halifax）到佛羅里達的海岸線，都有海軍部署。他們共有風帆戰艦（ship of the line；帆船時代的大型主力艦）三艘跟較小的戰艦六艘，艦砲總計三百門，駐在波士頓與更北的新英格蘭港口，兩艘作戰用單桅縱帆船位在羅德島邊上的納拉甘西特灣（Narragansett Bay），一艘風帆戰艦與兩艘單桅縱帆船在紐約，三艘單桅縱帆船在乞沙比克灣（Chesapeake Bay），另一艘十六門砲的船艦在查爾斯頓，十艘有六至八門砲不等的較小船隻在再往南的諸港。面對英國海上力量這樣的陣仗，也難怪美國那些名為「愛國者」的革命黨會婉拒被任命為軍官，理由是「他們不想被吊死」。須知陸軍若被抓到，會被視為戰俘，但若是水兵被抓到，他們會被視為海盜。但總歸還是有膽大者接受了徵召，其中就包括出身費城的尼可拉斯．比德爾（Nicholas Biddle），也就是安德魯．多利亞號的船長，以及他的後繼者以賽亞．羅賓遜（Isaiah Robinson），也就是將安德魯．多利亞號開進聖佑達修斯的船長。

「這能證明第一批海軍軍官瘋了嗎？」約翰．保羅．瓊斯（John Paul Jones；美國海軍之父）在革命已然成功之後驀然回首，「否則他們怎麼會在那麼關鍵的時刻義無反顧地出海，明知所謂的美國海軍不過是兩艘武裝商船、兩艘武裝的前桅橫帆雙桅船，外加一艘武裝單桅縱帆小船（這第五艘船是新加入的天佑號〔Providence〕）。這麼小的海軍，「單挑英國這種等級的海上霸主，為歷史上所僅見……」。

在感受到瓊斯所言之字字珠璣後，大陸會議的代表們忐忑不安地辯論著要成立國家級艦隊的提議。馬里蘭州的塞繆爾・柴斯（Samuel Chase）斷言想要組建一支美國艦隊來抗衡英國，不用懷疑，就是「全世界最瘋狂的想法」，但維吉尼亞代表喬治・懷特（George Wythe）則提出了與華盛頓不謀而合的論點，那就是「沒有哪個靠海的強權可以缺了海軍而高枕無憂。羅馬不就為了迦太基戰爭而組了艦隊？我們憑什麼對這樣的前人之師視而不見？」比起實際需求與歷史教訓，美國更是為了需要有武器去報復英國海軍蹂躪沿海城鎮，而創建了海軍。「你們已經開始燒毀我們的家園，殺害我們的鄉親，」班傑明・富蘭克林（Benjamin Franklin）對某英國議員說。「低頭看看你們的雙手！它們都沾著你親戚的鮮血！你跟我長年為友。但如今你是我的敵人，我是你的敵人。」

古往今來的侵略者都有一個幻覺是血腥的懲戒手段可以讓守土者膽寒，讓他們放棄抵抗。英國人就是抱持著這種想法在火燒殖民地的房舍、農場、穀倉、與林木，在屠戮美國人的牲畜，紅外套（正規軍）與黑森軍（Hessian；來自德意志黑森邦的受雇傭兵）所到之處一片焦土，至於英國海軍之殘忍也一點不輸。想要多多少少對這些畜牲以眼還眼，驅使了殖民地在海軍建軍上有所作為。

採用了羅德島的決議後，大陸會議決定建立國家級的海軍，並在一七七五年十月十三日任命了一個海軍委員會（起初稱為Naval Committee，後改名為Marine Committee）來主掌海軍建軍事務，包括授權他們以五十萬元的上限購置及裝配四艘武裝船隻，並打造十三艘等級僅次於風帆戰艦，最多搭載四十四門火砲的巡防艦。這話說得有點滿，但委員會對外宣稱這些船艦可以三個月內下水。頭四艘船在十一月購入，具體標記了美國海軍的誕生，只不過當時還叫作「大陸海軍」。由於北美十三州當時尚無常規的軍艦，因此只能購入商船與漁船來進行改造與武裝。改造的部分包括船體要強化、要鑽洞以安放船側艦砲來作為海戰最基本，也是惟一的戰術配備。船桅與索具也必須強化來滿足作戰需求，而船員則需要招募。華盛頓負責承包、武裝這些改造完的堅實小船，並招募來自新英格蘭軍團的士兵進駐。其中帆船的組員組成必須以「拉伕」的半強迫手段來進行，原因是海軍得在潮濕又汙穢的環境中服役，且在公家船上較無機會分得錢財——就算有，大部分也會進入政府口袋，船東跟船員分不到像在私掠船上那樣的金額——所以志願者較無誘因上船。比起以狩獵商船為主的私掠船，在公家船上工作的危險性較高，服役期間也較長，而這兩點也更不利於吸引志願者。所以對於大陸海軍而言，拉伕是不得不的作法。

私掠船，基本上就是由地方或中央政府發給執照的海盜船。這種船在治安發展的過程中是一種很弔詭的存在，因為照理講隨著治安進步，社會應該要變得更加文明才對。私掠船設計的是為了快攻而生，其目的就是要速戰速決，搶了貨物就跑，而搶得的利益則由船東、船員與授權的官方瓜分。在這種相當於在海面上進行非法入侵的行當中，官方的任命代表他們可以採取攻擊行為，至於私掠許可狀（letter of marque）則是讓他們可以繳獲貨物。這種等於由警察貼心授權竊賊去偷搶的作法，代表著一種讓偽善者暗爽的理論，一種人只要想把法律跟貪婪送作堆，就能信手拈來的理論。

海軍委員會在內部私相授受的狀態下，並不讓人懷抱他們能讓美國海軍改頭換面的太大期待。艾賽克・霍普金斯（Esek Hopkins）作為新艦隊裡的指揮官，是資深商船船長出身，在海上打滾了四十年。以一種第一線實務人員對官員的鄙夷口氣，他唾棄海軍委員會是「一群天殺的蠢蛋」（雖說開國元勳約翰・亞當斯赫然在列），說他們跟律師助理一樣無知，竟以為海軍可以幫忙分攤戰爭的支出。艾賽克的兄長史提芬・霍普金斯（Stephen Hopkins）就是海軍委員會的主席，而他的兒子約翰則被賦予了大陸海軍首支中隊中四艘新船裡的其中一艘，卡伯特號（Cabot）的指揮權。

旗幟的必要性不下於船長與組員，因為沒有旗子，國家海軍根本無法成立。比起旗幟在地面部隊或司令部裡代表的是傳統與軍魂，船艦上的旗子在一望無際的大海上則是一種必需品，因為旗幟是身分的象徵。有了旗子，你才不會被視為海盜。在這之前，由各殖民地任命的船隻會掛起各自的旗幟，譬如麻塞諸塞州的松樹旗，或是個人的軍旗，譬如喬治・華盛頓那幅上頭寫著「別踐踏我」的蜷曲響尾旗，又稱加茲登旗（Gadsden Flag）。對於大陸海軍而言，他們也需要一面旗幟來象徵殖民地邦聯辛苦掙的單一主權，畢竟那是讓獨立戰爭師出有名的重大一步。這面旗幟是在大陸會議所在地的費城，由一名女帽商人瑪格麗特・曼尼（Margaret Manny）設計，而這也將是代表美國接受第一響禮砲的旗幟。相較於貝琪・羅斯（Betsy Ross；民間傳說的美國國旗作者）的無人不知無人不曉，為什麼我們對瑪格麗特・曼尼一無所知呢？恐怕只是因為她身邊少了些口若懸河的親友幫她渲染故事。

與其一頭鑽進那關於旗幟起源，千絲萬縷而牽扯不完的迷魂陣中，且讓我們以結果論接受一項事實，那就是以一七七五年十二月在費城碼頭中一艘新海軍的船艦上，有面紅白條紋旗完成了歷史的初登場。現有紀錄顯示女帽業者瑪格麗特・曼尼從來自費城之詹姆斯・沃頓（James Wharton）處接獲四十九碼的寬旗布與五十二又二分之一碼的窄旗布來製備一面船旗，交貨對象是美國海軍頭四艘船中最大的一艘，艦砲有三十門的中隊旗艦——阿弗列號（Alfred）。瑪格麗特的成品且不論是由誰所設計，上頭可以看到共十三條紅白條紋，分別代表聯邦中的十三州，外加左上角的象限保留有英國米字旗上的聖安德魯（藍底白色X字形；蘇格蘭國旗）與聖喬治十字（白底紅色十字；英格蘭國旗）。這兩道十字出現在英國國旗上，可以追溯到一七〇七年，也就是英格蘭與蘇格蘭這兩個王國共組大布列顛王國的那年。而它們出現在美國旗幟上的身影，也顯示了北美殖民地還沒有下定決心要與不列顛王國分道揚鑣，也沒有馬上要宣示自己是個獨立的主權國家。一七七六年六月，理察・亨利・李（Richard Henry Lee）劃時代的大陸會議決議說的是「這些聯合殖民地理所應當，是自由而獨立的各州……而它們（各州）與大不列顛王國的一切政治連結，也理所應當地已經徹底消解」，但顯然此一獨立決議在當時仍充滿著爭議。殖民地各州在這個階段所想要的，是更大的自治空間，是一股無可取代的自由感受，具體而言他們希望作為一群成熟運作的居民可以自主徵稅，可以不被英國議會未經其同意就強加稅負與法令。他們此時爭取的，是迫使英國接受上述的訴求。

一七七五年十二月三日的那個冬日，新製的船旗第一次隨風飄揚。「我親自用雙手升起了那面自由的旗幟，」瓊斯回憶起在他阿弗列號的甲板上，在德拉瓦合終的費城碼頭中，自己是如何看著艦隊的指揮官與各級軍官跟歡欣鼓舞的公民群眾在岸上揮手吶喊。華盛頓在不久之後的一七七六年一月一日，也在他率領的波士頓之圍中，於麻塞諸塞劍橋的展望山（Prospect Hill）上舉起了咸認與新製船旗相同的旗幟。關於這面被稱為「大聯邦旗」（Grand Union）的旗幟是否曾在特倫頓與布蘭迪萬河（Brandywine）等地面戰役中被舉起，證據不是非常明顯，惟可以確定的是在稍後的實戰海面上，這面旗幟將在眾目睽睽下隨風飄蕩。大聯邦旗退場之後，繼之而起的是一七七七年六月由大陸會議正式採用的星條旗，上頭由藍底上的十三顆白星取代了英國國旗上的兩個十字。一七九五年，星條旗上的白星從十三顆變為十五顆，新增的兩顆星分別代表聯邦的新成員：肯塔基州與佛蒙特州。

大陸會議並沒有糾結在旗幟採用的問題上而耽誤了派發任務給新生美國海軍。霍普金斯指揮官奉命要視情況對在乞沙比克的敵人發動攻擊，但他根據權責鎖定了另外一個目標，那就是要用陸戰隊的奇襲登陸來拿下巴哈馬群島中屬於新普羅維斯登島（New Providence）上的拿騷諸港，為的是拿下據稱存放在那些港口中的軍需品。沒錯，與海軍協同作戰的陸戰隊早在大陸海軍成立的一個月內，就旋風般誕生了。

破冰於德拉瓦河中的小小中隊追隨旗艦阿弗列號桅杆上的大聯邦旗，駛進了二月份海面上的狂風暴雨中。此時適逢美國國運的低點，主要是他們才於一七七六年八月分新敗於長島與紐約，拱手將紐約沿岸的控制權讓給了英軍。後來華盛頓成功從曼哈頓抽回了部隊，撤回到哈林高地並進入紐澤西，由此他讓美軍免於四分五裂，也確保了在新英格蘭的美軍還能與南邊保持藕斷絲連。

在巴哈馬群島之役中，美國海軍不辱使命地完成了讓軍火有所進帳的任務，共計八十八門重砲、十五門臼砲，還有二十四桶火藥在對新普羅維登斯島的突襲中被繳獲。甚至於在返航途中他們還冤家路窄地截獲了兩條騷擾羅德島沿岸的英籍私掠船，算是錦上添花。

接下來，第一場值得一書海戰發生在一七七六年的四月六日。在布洛克島（Block Island）外的黑色海平線上，時間是凌晨一點，安德魯．多利亞號目擊了一張可疑的船帆，並將情報分享給了其他友船。事實證明這位不速之客是要將海軍將軍的指示送往南方各港口駐軍的英國軍艦，格拉斯哥號（Glasgow）。所幸是她這一趟是單槍匹馬，因為這支美國海軍中隊可是問題一堆：青澀的船員，而且當中不少人因為天花疫情爆發而染病，剩下的狀況也不太適合作戰，「因為他們喝了太多戰利品中的酒」。至於船艦本身也顯得步履蹣跚，主要是被斬獲的沉重火砲壓得喘不過氣。前後三個小時，直到破曉才打完的此番決戰，可以說是讓人看得眼花撩亂，毫無組織章法的一場混戰。在群龍無首的狀況下，艦長們只能各自為政，做出自己認為最好的判斷。安德魯．多利亞號原本在近距離發砲發得好好的，沒想到索具受損而失控的阿弗列號於其差點糾纏在一起，擾亂了安德魯．多利亞號的準頭。所幸美軍中隊的另外兩艘船補上了火力，逼使敵艦升起所有船帆，全速朝新港（Newport）撤退。「狼狽的格拉斯哥號開始落荒而逃，」岸上的觀察者表示，「船帆全開的她從砲口發出宛若斷腿之犬的哀號，好讓（駐於新港的英國艦隊）知曉她慘遭重創」。美軍趁勝直追，但格拉斯哥即便負傷也未辜負船員的優異船速，帶著英軍來到了距離新港只有咫尺之處，逼的美軍不敢繼續妄動，就怕岸基的火砲會回應格拉斯哥號的呼救而火力全開。

就此帶著完好無缺的戰利品，美軍開始朝新倫敦返航，為大陸海軍的初試啼聲劃下了一個或許算不上英雄式的凱旋，但至少還稱得上成功的句點。官員在事後追溯的檢討中並不滿意新中隊的表現。按比德爾船長的話說就是，「（他們覺得）很可惜沒能狠狠大幹他一場。」

其他的遭遇戰，接續發生在德拉瓦角、百慕達、新斯科舍（Nova Scotia）與布雷頓角島（Cape Breton Island）外海，而這些接戰固然與本書的故事並無相關，卻至少讓敵人認識了大聯邦旗，中立國更是把那面旗看得一清二楚。

在與格拉斯哥號交過手，並於紐澤西的母港格洛斯特（Gloucester）維修整裝完的安德魯．多利亞號，在十月二十三日由新船長以賽亞．羅賓遜的帶領下重新出航，這次她所銜是海軍委員會的彌封密令。在海上開封後，密令中給出的目的地是聖佑達修斯島，而具體任務則是要交付一份獨立宣言給該島總督德．葛拉夫，並且購買布料與一批武器彈藥來供大陸陸軍使用。踏在嶄新國家海軍的甲板上，並心懷「要前往出使外交任務的意識」，羅賓遜船長想要在進場時稍微高調一點。為此在船駛進港口的同時，他先將紅白條旗升起，然後準備將船下錨在奧蘭治堡的正下方。他遵循傳統以旗幟向碉堡「點頭」致意，而等奧蘭治堡也稍為垂下旗幟回禮之際，他便下令打響了進港的禮砲。奧蘭治堡指揮官亞伯拉罕．拉維尼後來作證說他曾質疑來訪者的身分，而當他意會到給予承認會引發與英國的麻煩後，瞬時亂了方寸。趕緊派人去請示就住在附近的總督之後，他得到的指示是回以比國禮少兩響的禮砲。接著便是連聲砲響與白色的噴煙。錨地中一艘單桅縱帆船上的三名英國水手目睹了事發的經過，便趕緊跑去跟一旁聖基茨島上的興奮民眾討論這件事，因為島民們也從岸邊見證了一切。

殖民地官方顯然很滿意於安德魯．多利亞掙得的反應，便心生了想如法炮製的念頭。

一七七七年二月，海軍委員會對大陸海軍巡防艦蘭道夫號（Randolf）的尼可拉斯・比德爾船長發出了命令，內容提到「在你指揮第一艘出海的美國巡防艦之際，你背負的期待是要能在每一個必要的場合裡用熱情去為美國的旗幟爭光。每駛進一個外國港灣，都要向他們的碉堡行禮……」只不過話是這麼說，這類禮砲卻自此在歷史資料上，成為絕響。

不論讓艦隊下水算不算瘋狂，大陸議會都在十一月二十五日公開宣誓了他們要讓海軍迎接的挑戰。就在這一天，他們正式宣布商船暫且放過，但英國軍艦將正式成為大陸海軍獵殺的對象，因為那是英國膽敢襲擊美國沿岸要付出的代價。同一時間，大陸會議還頒布了美國海軍在海上的行動規定，一體適用於整個北美聯合殖民地。

5 加勒比海的私掠船：巴爾的摩的英雄

急於有所表現的一艘名為巴爾的摩英雄號的私掠船雖然不屬於大陸海軍的一部份，但也身負來自馬里蘭州安全委員會的任命，而她等不及正式的授權，就在一七七六年十一月二十一日帶著滿滿的勇氣跟少少的武器（六到十四門砲），逮住了一艘英國持有的貨船五月號（May），位置就在聖佑達修斯島近海三英里處。從聖基茨島駛出的五月號在從該島與聖佑達修斯島上都看得到的目視距離內，成為了被捕獲的獵物。負責押解的組員被派到五月號上，奉命將船駛回美國的德拉瓦州。船東作為背風群島最南端，多米尼克島（Dominica）上的英籍居民，高分貝透過多米尼克島總督向該地區最高階的帝國官員——聖基茨島諮議會主席（President of St. Kitts）[6]——提出了嚴正抗議，而這位主席也頂著一個頗符合他份量的響

6 譯註：依照十八世紀英帝國的政府制度，直轄殖民地（Crown Colony）通常由官派的總督（governor，王室的代理人）及官派的諮議會（council，功能相當於行政會議）進行統治。此處的諮議會主席大約相當於當地的行政長官。

亮名字：克雷斯特．葛雷海德（Craister Greathead；葛雷海德直譯為「巨頭」）。

外交函文的風暴直撲海牙而去，一件件都是在傳達葛雷海德主席對聖佑達修斯居民的指控，說他們「天天光明正大」地提供補給給北美殖民地，說他們「成了協助北美殖民叛國的幫兇，包庇他們的海上私掠」，還直指巴爾的摩英雄號的所作所為都發生在聖佑達修斯的火砲射程內。葛雷海德宣稱美國的船隻獲准在事後回到聖佑達修斯靠港，且「顯然被保護得無微不至」的事實，輕則可謂是有失中立在刻意縱容，重則無異於聖佑達修斯總督德．葛拉夫與美國意氣相通在相互串謀。在把德．葛拉夫叫來給個交代的時候，葛雷海德要求把五月號交還給船東，並堅持幕後的「教唆者」一定要被揪出來接受「應得的懲罰」，讓這些人為他們「對他人造成的恐怖」付出代價。回到罪魁禍首安德魯．多利亞號的劣行，葛雷海德直指德．葛拉夫在下令對來船敬禮時，心裡早知道那面旗子屬於叛亂勢力，但他又拿不出任何證據。而說起發砲致意一事，葛雷海德的火就更不打一處來，由此他要求「英王陛下旗幟受到的羞辱應該按照奧蘭治堡給予亂臣賊子的禮遇，得到夠格的彌補」。在一砲火四射的長篇大論中，他滔滔不絕地喟嘆「我們兩個朝廷」之間現存的種種協定是如何被「狠狠違反」，國際法又是如何遭到侵害，只因為有人「對大英欽定的叛賊慨允協助與認同……這些心存妄想之人不會在法律上有被考慮給予其他地位的空間……而國際法也絕不會承認臣民有對其君主國宣戰的合法權力，由此以其僭越之權力來進行這類扣船的行為，只能被歸為海盜式的搶掠……。由荷屬聚落長期公開不諱地擔任其叛國行為的教唆者與其海盜行為的促成者，跟由諸位尊貴的閣下（High Mightinesses，用來稱呼荷蘭聯合省議會成員的外交辭令）率先承認此前不曾出現於任何國家船旗分類中的旗幟，都是不見容於公眾信念與國家榮譽的行為。」由此去，他傲慢的節奏與滿溢的修辭開始欲罷不能（任誰都會讚嘆於十八世紀的人執筆寫信——即便是官員，或者應該說尤其是官員——能有此等餘裕跟精力去產出他們精雕細琢的字句與臻於完美的文法，外加恰到好處的遣詞用字；相形之下二十世紀的我們只能欣羨過去，任由讀者千辛萬苦地在學術的密林與官樣文章的汙泥中舉步維艱）。長文接續指控五月號事件中的私掠船其實有個共同主人，那是馬里蘭州的貿易商凡・畢伯（Van Bibber），並提到畢伯承諾了要與在島上的一名親戚分贓，惟這指控遭到了凡・畢伯先生與那名遭影射涉入劫船的島民親戚奧爾先生的嚴正駁斥。

在壓軸的厲聲訓誡中，克雷斯特・葛雷海德追加稱當有機會在聖基茨總督面前為自己辯白時，德・葛拉夫自絕於了這樣的溝通。為了加大信的效果，葛雷海德總督還特地安排了讓他的信件由聖基茨諮議會中一名成員的「金手」，進行了「慎重其事的交付」，事實上這人不是別人，就是島上的副檢察長，但德・葛拉夫一點面子也不給。在盛氣凌人的回信中，他悍然拒絕了接受召喚，不去與葛雷海德或聖基茨島上的任何人討論這件事情的來龍去脈。

為了回應來自英王喬治三世日益咄咄逼人的抗議，荷蘭聯合省議會宣稱受限於其中立立場，他們必須一視同仁地對待北美殖民地與英帝國，並在此基礎上保持荷蘭港口對美國船隻開放。但這種說法的另外一層意義，就是荷蘭視美方是這種衝突中與英國平起平坐的交戰方，而不是僅僅帝國的叛臣。儘管如此，荷蘭共和國在內部也分為兩派，一派是捨棄不了貿易利益的親美阿姆斯特丹黨，另一派是忠於奧蘭治親王的親英黨。在這種狀況下，荷蘭並沒有準備好要面對戰爭的威脅。他們下令召回德・葛拉夫出席聽證會，並派出自家的巡洋艦前往聖佑達修斯外海搜查荷蘭船隻，看上頭是否藏有武器跟彈藥，乃至於其他的違禁品。

搬出健康與家庭責任等理由，並主張有繁重的公務在身而無法脫身，加上對荷蘭子民而言很不合理地自稱有「對海洋的恐懼與排斥」，且「嚴重暈船」到整趟航行中都無法抬頭進食或飲水，德・葛拉夫說什麼也不想返鄉。但這些理由，都沒辦法讓他推拖過去。暈船，一如某位當代之人所觀察，「是一種非常值得同情但又得不到同情的疾病」。於是成功拖過一年之後，德・葛拉夫還是不得不回國。在撐過了暈船之後，他在一七七八年返回阿姆斯特丹，並在那裡接受了一西印度公司委員會就三項指控進行訊問：違禁品的走私、坐視英國船隻遭到私掠船獵捕、對北美叛軍的旗幟行禮。其中在回應第三宗指控時，他堅稱對安德魯・多利亞號行禮只是對往來船隻照例的行禮如儀，既沒有考慮到國籍，也沒有藉此偷渡對美獨立身分的應許。

這當中最核心的問題——德・葛拉夫究竟在行禮時知不知道旗幟的身分——並沒有獲得

釐清。葛雷海德未提及細節地宣稱這面旗子「已經被認知為美國叛亂的代表旗幟」。他多半得出這個結論，是根據安德魯．多利亞號上一名水手的證言。這名叫做約翰．楚特曼（John Trottman）的年輕人在接受聖基茨諮議會訊問時作證說安德魯．多利亞號在駛抵聖佑達修斯時，向奧蘭治堡發出了十三響禮砲，而在經過一段間隔後，對方也報以了九或十一響的回禮，但究竟是幾響他記不清楚了，他只知道此時的安德魯．多利亞號「飄揚著大陸會議旗。」這段證詞顯示如果連才十七歲的楚特曼都知道大陸會議旗，那其他人不可能不知道。事實上，楚特曼是在費城被拐上安德魯．多利亞號，而費城正是大陸會議旗誕生的地方，所以他很可能也目睹了升旗的過程；這麼一來，他的證詞完全無法替德．葛拉夫開脫。比較可能的狀況是德．葛拉夫確實在發射禮砲時認出了旗幟，否則他為什麼堅持要碉堡指揮官對一面來歷不明的船旗致意？德．葛拉夫既未承認，也未曾否認自己是有意為之，他只是質疑指控他的人空口無憑。當然考量到那面大陸會議旗，或者說是大聯邦旗，已經在陸戰與海戰中飄揚了整整十個月之久，繁忙如聖佑達修斯一般的港口無論如何也早有耳聞，德．葛拉夫也只能用這樣顧左右而言他的方式去實問虛答。

整體而言，他洋洋灑灑兩百零二頁的答辯書，外加長達七百頁的附錄，與其說是鏗鏘有力的挑戰，還不如說是措辭嚴謹——有律師之風——的自我辯護。德．葛拉夫以英國多次干預荷蘭的船運為例，提醒了（荷蘭）西印度公司說雖然他有權強力驅逐英國的搜查與拘捕，但他感覺自己必須「謹慎行事，畢竟他沒有足夠的本錢供他揮霍。」他如此實事求是的說法，點出了荷蘭最大的軟肋——亦即論及與美國船隻的貿易，如他所說，聖佑達修斯的補給全靠外界輸入，而他相信自己的職責所在，就是盡可能不要去干擾往來於島上的商業行為。離島貨物會盡可能嚴格地進行檢查，但想要鋌而走險的總是不乏其人。他否認了對美國船隻進行裝備的指控，強調他不過讓美船取得六週所需的補給與用水，並表示稱呼荷蘭人是美國人「宣誓為盟的同謀者」，是一種「斯文掃地而且可恥至極的侮辱」。別以為他這樣的抗議就已經很激進了，因為德・葛拉夫還主動出擊要英方拿出證人來佐證他們的指控，並堅稱他們若是沒有原告就血口噴人，或是沒有證據就將人定罪，那就是有冒犯了他身為總督的身分。至於相關的其他羞辱，他感覺自己成為了萬箭穿心的對象，主要是他宣稱針對他個人叫出Mynneer（荷蘭語中的Mr.或Sir），在英文裡是一種在嘲諷荷蘭國的蔑稱。他抬頭挺胸地堅稱「這世上除了他的長官之外，無人有資格對他的行政表現說三道四。」

說回巴爾的摩英雄號，他表示該船的行為發生在島上火砲的射程以外，所以他無能為力，因為只要離開了火砲射程，那這事不論事發生在聖佑達修斯外海，或是發生在遙遠的非洲沿岸，意思都是一樣的。但他裝聾作啞的是在幾個月之前，同樣的事件也曾發生在錫福德號（Seaford）的船長科波伊斯（Colpoys）與被鎖定的一艘美國船隻之間，但當時就沒聽說奧蘭治堡指揮官亞伯拉罕・拉維尼（Abraham Ravené）攔不住錫福德號。

轉守為攻之後，德．葛拉夫直指與其說荷蘭有對不起英國的地方，英國的所作所為才多有荷蘭可以抱怨之處。他要西印度公司的委員會別忘了有兩艘荷蘭商船因為據稱攜有違禁品而遭扣押，理應要連船帶貨獲釋，相關費用與損失也要有所賠償。

調查委員會顯然很滿意於這樣的應對，因為他們在報告中表示德．葛拉夫的答辯無懈可擊，並建議聯合省議會讓德．葛拉夫官復原職。而聯合省議會也展現出官僚少見的勇氣，拒絕了向英國的要求低頭，接納了荷蘭西印度公司的委員會判決，將德．葛拉夫派回到聖佑達修斯島當總督。關於這個決定，出於荷蘭主權的自尊心無疑是一個動機，而知道德．葛拉夫會繼續開啟與北美殖民地的貿易來讓商人階級開心，自然是另外一個原因。

德．葛拉夫在一七七九年回到了斯塔提亞的舊職。而在他回歸總督職位後，聖佑達修斯與美國人的貿易量顯著大增。安德魯．多利亞號與巴爾的摩英雄號的事件似乎讓聖佑達修斯的膽子沒有變小，反而變大。在一七七八到一七七九年的十三個月裡，根據率艦隊護航商船的荷蘭海軍將領所進行的精心紀錄，共有三千一百八十二艘船隻駛離，相當於每天有驚人的七到八艘。其中一艘被英國攔下來搜查的船隻被發現攜帶著一千七百五十桶的火藥跟七百五十人份的完整士兵武裝，包括刺刀與子彈，狠狠地違反了違禁品的規定。這類補給讓美國幾近見底的戰爭儲備不致斷炊。同一年，美國運抵聖佑達修斯一萬兩千豬頭桶的煙草與一百五十萬盎司的靛青染料，為的是換取海軍軍需。

有如「看門狗」的英艦在港外愈聚愈多，而這些船的強勢搜捕也無疑減少了願意偏向「虎山行」來進行軍需運補的美國船隻數量。關於聖佑達修斯島與北美之間的貿易量在英國加大威脅與抗議力道後，究竟是增是減，歷史學者間有不同的意見。但約翰．亞當斯似乎沒有一絲懷疑。「從靠聖佑達修斯把生意做起來的幾家企業看來，這兩國（荷蘭聯省共和國與美利堅合眾國）之間的貿易可望增加，」他在一七七九年八月份的信中寫道，收信者是大陸會議主席。

從頭到尾主導這一切的小島總督之所以留名青史不是因為他做出了什麼英雄事蹟，也不是因為他發出了什麼豪語，而只是因為他的心志堅定不移而且將之執行到底。他以行動去促成並鼓勵了對美國獨立革命的供需，其重要性獲得了同時代美國人的肯定，並具體表現於兩艘私掠船的命名，一艘獻給這位總督，一艘則獻給桌布品味十分駭人但美國人很樂於無視這一點的總督夫人，也就是德．葛拉夫夫人號。此外，一名自封「感激涕零的美國公民」，來自新罕布夏州且現居南美蘇利南的克雷根（F. W. Cragin）請人繪製了德．葛拉夫的肖像來紀念那第一響禮砲。這幅畫像現存於新罕布夏的州議會當中，畢竟追本溯源，捐贈人的老家就在新罕布夏。

仍在對旗子一事窮追猛打的英國人藉喬瑟夫．約克爵士最蠻橫的口氣，通知了荷蘭聯合省議會，表示他們必須正式在對叛亂者敬禮這件事上收回成命，懲罰主犯，將聖佑達修斯總督召回解職。尤有甚者，他警告說在得到滿意的回應之前，「英王陛下不會對對他認為有利於其王國利益與尊嚴的做法有半分遲疑」。在英荷之間那親密又彆扭的長年關係中，這話已經相當於大剌剌的宣戰。

這種外交照會從像約克這樣一個眼睛長在頭頂上的大使口中說出，其實也不值得大驚小怪，須知他父親的爵位已於一七五四年四月被升為伯爵——人生走到這一步，總能讓英國人像酒喝多了一樣暈陶陶的——所以他這個做兒子才能在此時不顧一名大使傳統上，甚至是照理講該有的禮節，擺出一副嗤之以鼻的高姿態。亞當說約克對聯合省議會說話的口氣，跟英國曾對波士頓撂話的口氣並無二致。

他猶抱琵琶半遮面的威脅，遭到了布朗斯威克公爵（Duke of Brunswick）的怒目以對。布朗斯威克公爵作為奧蘭治親王的首輔兼非正式的荷蘭首相，稱約克爵士的出言不遜是「我見過一個主權國對另一個主權國所發出過最無禮也失態的發言」。這種話公開說，自然會引發強烈的憤慨，只不過親王的另一名輔臣點出「雖說是可忍孰不可忍，但 vana sine viribus ira（欠缺實力的憤慨，只會是一場空），所以我們不得不把身段放低上一兩截」。這位臣子指出生氣時要有底氣的實力，荷蘭還未握在手裡。

對英國人來說，德．葛拉夫重返聖佑達修斯掌舵自然不是個能讓他們滿意的結果，那反倒讓他們受到更大的羞辱，為此他們開始認真思考出手報復的可能性。其中一項警訊是一六七四年（第三次英荷戰爭結束時）的英荷西敏條約要被廢除的傳言，開始甚囂塵上。英國早就看這個條約不順眼，是因為它在「船行自由，貨流自由」的原則上坐實了中立國的權利。但荷蘭因為在政治上四分五裂，所以根本無暇顧及這一點。

此時正當怒不可遏的荷蘭公民提議要對讓英國大使館斷炊的時節。渾然不覺自己在荷蘭隨時會過得很辛苦的喬瑟夫・約克爵士帶著幾分自鳴得意，向在倫敦的大臣通報說他對荷提交的抗議備忘錄「掀起了（荷蘭）舉國激烈的情緒發酵」，讓荷人有如驚弓之鳥般心生畏懼。站在荷蘭的立場，布朗斯威克公爵對奧蘭治親王威廉五世回報說由英國使節所表達的威脅，是對荷蘭聯合省的一種侮辱，也是一種不正義的表現。公爵認為更過分的是約克放話他要是無法在三週之內得到滿意的答覆，英王就會將他召回。但約克心知肚明，一如公爵也提醒過他的一點，是要在荷蘭的體制內取得所有議會機構的認可，三個禮拜內想都不用想。布朗斯威克表示出於榮譽與尊嚴，遭到指控者必須要有發聲的機會，在那之前他們不可能讓英國稱心如意。聯合省議會職責所在，必須捍衛本國的商業與港口。布朗斯威克公爵顯然十分不悅。約克十分過分的措辭只成功激怒了荷蘭國內原本堅定的親英派。布朗斯威克公爵的結論是約克口出狂言只是一種威嚇戰術，為的要合理化其計畫中的下一步——對荷蘭船隻進行搜索與拘捕。

在這樣的你來我往中，約克可以說達成了與大使的功能——不論檯面下如何針鋒相對，都要設法維持兩造起碼友好的表面——正好背道而馳的結果。在這樣的氣氛下，荷蘭政壇與輿論爆發了至為深刻與嚴肅的辯論，結果全國的矛頭通通指向了英國。辯論的焦點在於阿姆斯特丹的商界要求聯合省議會表決通過對荷蘭商船進行不設限的護航，意思就是要貫徹「船行自由，貨流自由」的原則，全面抗拒英國對船隻進行搜查與扣押。從一開始，英國就自顧自地認為她以海上霸主之尊，公海上的遊戲規則理應是他們說了算，由此他們堅決反對所謂 mare liberum 的概念，也就是日後美國所稱的「海洋自由論」。奧蘭治親王兼荷蘭省督急於與英國保持友好，是因為英國在他眼中不僅是荷蘭面對法國侵略的靠山，更是他不想被親法愛國黨（Patriot party）以革命推翻的屏障，由此他強力反對無上限地派出艦隊去護航商船，而作為他支持者的橘黨黨人（Orangist）也反對護航不遺餘力。護航艦隊的倡議者背後是阿姆斯特丹的船運大亨，而阿姆斯特丹省作為拿錢養活荷蘭，在國內影響力不容小覷的泱泱大省，已經決心要保護他們自己與荷蘭全國的海上貿易，須知貿易代表的是荷蘭的生計與榮景。他們預見若任由英國的干預之手恣意妄為，那於荷蘭便無異於自取滅亡。這場辯論撕裂了荷蘭，只不過那條裂隙所劃分的不是貧富或階級。事實上，屬於中產階級的農人、工匠與店家都支持商人的要求，一如許多無產階級也是，特別是水手，因為他們要依靠海上貿易跟原物料的進口，才能從本地的製造業老闆手中獲得就業的機會。這也難怪他們會陪著有錢人高聲疾呼護航的重要性。

投鼠忌器的荷蘭政府並不想搞到全面開戰，因為開戰只會讓貿易全斷。在辯論的風暴一吹就是一年之後，阿姆斯特丹自行通過了全面護航的表決，但聯合省議會拒絕確認省級投票的結果。在西印度群島的荷蘭人想要緩和局面的同時，（約翰·）亞當斯寫道荷蘭所有有權有勢的人物「似乎都在瑟瑟發抖」，而當約克不斷在興風作浪之際，亞當斯表示「我確信自己在此連一塊錢都借不到。」亞當斯發現自己「像瘟神一樣，被（荷蘭）政府裡的所有人」避之唯恐不及。

6 荷蘭人與英國人：另外一場戰爭

在舊世紀翻頁到十八世紀後不久，一場稱為「西班牙王位繼承戰爭」（War of the Spanish Succession）的多國混戰畫下了句點。本質上是一場要避免法國集西班牙與法國王位於一身而稱霸歐洲的戰事，西班牙王位繼承戰爭隨著一七一三年的烏特勒支和約而嘎然熄滅。法王路易十四的豪語Il n'y a plus de Pyrénées（世上將再無庇里牛斯山；意為法西之間的天然國界將不復存在）就此成功獲得遏阻。

荷蘭或許在俗世的追求上成果斐然，但一七八〇年的荷蘭人正在陷入動盪之中，其成因包括政府體系的失能、國內利益的衝突、政策的前後不一、顯而易見的羸弱軍力。曾經在成長期表現十分強悍的荷蘭在十六世紀是勇氣與決心的代名詞，在十七世紀則秀了一手什麼叫積極進取、所向無敵，甚至是錦繡輝煌，但到了十八世紀，荷蘭卻任由省與省之間的各自為政而癱瘓了政策的有效性。支離破碎的政治體系讓大半的施政都變得舉步維艱。亞當斯致函家鄉美國的大陸會議主席說（荷蘭）憲法是「如此複雜而天馬行空」，而政府的架構是如此疊床架屋，黨派之間的對抗關係是如此錯綜複雜，以至於讓駐地在這裡的他感覺「這裡是全歐洲最難出使的國家」。

尼德蘭各省都有自己的省督，而省督這個職位通常會經由選舉被授予奧蘭治親王，作為其主要職務以外的頭銜。沉默者威廉在擔任聯省省督的同時也身兼荷蘭、澤蘭（Zeeland）與烏特勒支省的省督。每個省都還有自己的議長（Pensionary），也就是相當於美國某州州長的行政職位。整體而言，由各省議長互選出的大議長（Grand Pensionary）就形同實質上的總理。此時荷蘭的大議長彼得・凡・布里斯維吉克（Pieter Van Bleiswijk）固然被亞當斯形容為「卓越的學者、語言學家、自然哲學家、數學家，甚至是醫師……且在公共事務上經驗豐富」，但他卻少了人格的力量去活化這些才華，而且橫看豎看也顯然也沒有卡到確切的政治定位。

金錢與帝國並沒有足夠的魅力去安撫荷蘭國內的分裂態勢，或是引誘荷蘭人朝著團結之路邁進。確實，商業利益成功地把商業冒險者聚攏在巨大的貿易公司之下，但海軍事務的管理與戰船維修的監督仍分屬不下五個區域的海軍分支：南荷蘭省默茲河上的鹿特丹，然後是阿姆斯特丹、澤蘭、弗里斯蘭，以及「北角」（North Quarter）。地緣因素造成不同利益的相互傾軋，使得能讓艦隊的質與量都達到水準以上的全國性海軍政策窒礙難行。這五處海軍分支有時要保護沿海水域不受私掠船等掠奪者，有時要監管負責分配私掠戰利品（船）的「捕獲法院」（prize court），還有時候要在各港口控制由水手弟兄們代表的不安定因素，這批人據稱有八萬人上下。任誰能承受跑船人生的駭人物理條件——抽在身上的鞭子、汙穢的生活環境、吃不飽跟營養不良，加上海上的暴風雨、敵人砲彈打來後飛濺的船身破片——都有機會是個狠角色，而這樣的人一旦上了岸，就隨時都可以為了各種理由成為暴亂或騷動的源頭。他們可能會不滿於搶來的金錢分配，或單純只是因為在船上悶了太久而需要釋放一下能量。雖說外界想到荷蘭人，都會覺得那是支講信修義、循規蹈矩的民族，但荷蘭人也是人，也跟其他民族一樣會有某個比例的粗人不跟你講理。

對比之下，被稱為攝政的統治階級是得天獨厚的貴族。攝政是荷蘭統治階層的主體與靈魂，佔據了從鎮議員或代表一直到省與國家級的職務。他們任公職是經由一個名義上的選舉制度，說名義上是因為要成為候選人，你最起碼的條件是要出身顯赫，要來自家財萬貫而且在社會上德高望重的家庭，這比的是財富與人脈。攝政之間會會相互婚嫁與支持，會指派彼此去擔任市鎮政府中的要職——市政官（burgomaster）、治安官、民兵隊長、市議會成員，金融公司的董事，包括擔任東印度公司總督委員會的十七名神聖成員——然後通過市鎮級的職務，進一步取得省或國家議會上的代表席次。他們會將外來者拒於門外。這個系統就等同於——事實上也演化自——中世紀的地方政府選材系統。隨著這樣的系統日益根深蒂固，整個共和國就在一五八一年的《誓絕法案》後，控制在了一群中上階級的寡頭手中，人數大概就一萬人，僅僅是現役水手人數的八分之一。惟不論是水手或攝政，每個人都自稱哈連人或萊頓人，或是阿姆斯特丹人，也就是說他們認同的自己的城市而不是整個國家——而這當然是荷蘭的損失。

自滿而保守的攝政階級看待勞工階級，眼光跟法國大革命之前所有的特權階級一模一樣，這些人都把勞動者看成是義大利人口中的popolo minuto，直譯就是「小人」，而他們也無意把這種想法藏在心中。「市民既已出身卑微，」多德雷赫特（Dordrecht）的一名家中代代相傳的攝政說，「就應該繼續保持卑微。」他這麼說，是很冷靜地在重申由全能上帝所建立，且由眾人篤信的社會秩序。

荷蘭的攝政階級——像英國統治階級一樣真正挑起政府的責任，但不像於法國上流社會那樣全不為國家出一份力，只是靠著他們資歷不一的各種頭銜在那兒對各種禮儀與尊卑斤斤計較——所篤信的是他們有資格去執行政府的任務，至於有「完美荷蘭人」之稱的楊．德．維特（Jan de Witt）口中的「資格不符的貧賤民眾」，則不應該與政府或行政事務沾上任何一點邊，「那只能留有能者去負責」。當過大議長（亦即荷蘭省長），又是共和國當時僅見能做出成績的政治人物，楊．德．維特自稱有能自然不過份，但要說他有什麼罩門，大概就是政治手腕了。過於不去掩飾對平民的鄙視，使德．維特為自身招致了怨恨，也造成他與柯爾尼利斯（Cornelis）這對兄弟在一六七二年被暴民以私刑碎屍萬段，主要是在法國侵略中水深火熱的平民認定德．維特兄弟是沒有能防止這場禍事的元兇。這樣的兇案讓人看到極端主義是如何讓人感到既不解又弔詭地從荷蘭社會的有序表面下爆發出來。

養尊處優的統治階層不常這麼做，但荷蘭聯省共和國的攝政階級秉持著一種要照顧弱勢的傳統，而這種傳統也支撐起一種讓外國訪客大開眼界的公共福利體系。在阿姆斯特丹，家家戶戶都用鏈條掛著一個箱子，上頭寫著「勿忘貧者」，箱子裡頭鎖著每筆商業交易產生的少少零錢，等著巡迴的新教執事前來收集。每週兩次，執事們會挨家挨戶搖響門鈴，詢問住戶願意在箱子裡留下多少捐款。在阿姆斯特丹，用以收容長者與窮人的濟貧院是一棟美輪美奐的建物，外帶一座讓人心曠神怡的花園。事實上直到今天，旅遊書都還會把這些濟貧院選入當地的名勝。孤兒院、「不良於行或老邁」士兵的專用醫院，讓水手或精神失常者老有所歸的安養機構都屬於此一體系的一部分，而這個體系的慈善之舉在其同時代英國訪客威廉．卡爾（William Carr）的想法中，「放眼全世界的城市都無一能出其右」。

政治上的發言權是上層階級的禁臠。因為平民只要不符合財產資格就沒有參政權，所以聯省共和國沒有所謂的普選。政策的確立是由聯合省議會表決決定，而各省在聯合省議會的立場又要先看其省內的授權投票結果。此一省級授權投票是由市議會中的一群市政官為首，然後參與投票者包括兩位議員、兩名市政官、兩名法官（schepen），以及該省的議長。省議長雖然算是大人物，但仍需服膺於市政官的權威之下。

這樣的政治體系，達到了名義上民主的極致。聯合省議會的政策決定必須參考各省的同意或反對票，而各省的同意或反對票又要參考各市議會的意見，最後才將市議會的意見回傳給聯合省議會，由此最終的結果必須經過代表五十個城市的大約兩千人討論。一如波蘭國會也被說過，「他們創造出了一團混亂，然後名之為憲法」。如此造成的行政延宕與權威拆分，則是出於對獨裁的恐懼，而不得不在效率上做出的另一種犧牲——包括偶爾遇到後果不堪設想的危機時，亦復如此。這個問題曾在一個雞毛蒜皮的案例中得到了凸顯，當時荷蘭大議長曾與法國大使討論到一件急事，而對方請求能盡快有結論，好讓他能向法王覆命。結果大議長急到快哭了地告訴大使，「你也知道我起碼需要三個禮拜」。

雖然僅由一小撮人代表著人口中的特定社經階層，但荷蘭政府卻被政策擬定的技術面弄得綁手綁腳，無能為力到簡直就像躺在小人國沙灘上的格列佛一樣。這個體系，一如幻滅的亞當斯在需要與之交手時很快發現，是個「複雜而讓人一頭霧水的憲政設計」。首先，主權在哪裡？這個問題不要說外國人，就連荷蘭人自己都說不清楚。名義上，主權是在奧蘭治親王兼荷蘭省督身上，但最後的決定是奧蘭治親王說了算，還是七省聯合省議會的議員們說了算？聯合省議會的主席席位會每週在代表之間輪值，所以根本算不上有效的運作方式，但荷蘭人似乎害怕某位統治者取得獨裁掌控到了一個寧可採取荒謬的預防措施來危及效率的地步。美國人也同樣在設計其憲法的時候對任何一縷君主制的氣息都怕到草木皆兵，不同的是他們直接將君主制排除在國家設計以外，而沒有讓其審議機構的首腦處在一個宛若廢人的無助境地。整體而言，美國人在面對跟荷蘭人一樣的國體設計問題時，提出了比較明智的解決之道，而這無疑是因為美國人比較受老天眷顧，有著比較明理而思慮周密的政治思想家在負責制憲。

荷蘭的國家元首是荷蘭省督，而省督原本是神聖羅馬帝國查理五世兼西班牙國王在荷蘭的代表人，或「副王」。查理五世是亞拉岡的斐迪南二世與卡斯提亞的伊莎貝拉一世的外孫，而他能成為低地國（荷蘭正式名稱尼德蘭的原意；原本荷蘭包含今荷比盧三國之幅員，比利時於一八三〇年脫離荷蘭獨立，盧森堡也順勢脫離荷蘭）的主人，是經由一團剪不斷理還亂，但我們無須深究的複雜姻親跟王朝聯姻，繼承自了「大膽者腓力」（Philip the Bold）兼勃艮第公爵兼法王約翰二世之第四子，以及哈布斯堡王朝的神聖羅馬帝國皇帝馬克西米利安（Maximilian；查理五世的祖父）。而當查理五世在一五五五年遜位後，低地國的所有權也傳承了給了他的兒子腓力二世。

一五七九年，也就是烏特勒支同盟成立的那年，當時由沉默者威廉所擔任的荷蘭省督一職成為了世襲但不具皇家性質的職位。在荷蘭獨立時，擔任荷蘭省督的是沉默者威廉的孫子威廉二世。這名年輕人身上流著奧蘭治家好鬥的血液，由此他反對明斯特條約的獨立條件，因為他認為跟西班牙沒什麼好談的，有什麼話到戰場上分個你死我活就是了。更重要的是他娶妻的對象是英王查理一世的長女，自此開啟了奧蘭治家迎娶英格蘭公主的傳統。這項傳統不受雙方過往戰爭與日後有所不睦的影響，建立起了奧蘭治家與英格蘭皇家的聯繫。其中威廉二世與英格蘭長公主的兒子威廉三世迎娶與英王詹姆斯二世女兒瑪莉的婚姻，造就了荷英之間最有可觀的一段姻親關係。當瑪莉的父親在一六八八年的「光榮革命」中被罷黜之後，其荷蘭女婿受邀繼任英國王位。與他在荷蘭的名號順位相同，威廉接受了邀請，繼詹姆斯二世成為了英王威廉三世。威廉三世與妻子共治英格蘭，史稱「威廉與瑪莉」。身為英王，並以荷蘭人的身分作為一位盟友，威廉三世是推動反法聯盟成立來阻擋路易十四席捲歐陸的靈魂人物。路易十四因此視威廉三世是他在歐洲的死敵，恨之入骨之餘也決心要毀了他，奪回法荷邊境上原屬於法國的低地國領土。在他有如無底洞，想要歐洲開疆闢土的慾求不滿中，路易十四於其成年統治期（約從一六六〇到一七一五年間；路易十四生於一六四三年）成了戰爭疫病於此期間侵襲歐洲的主要源頭。路易十四對於王霸之執念，跟其他歐洲國家想要圍堵他的決心，在一條條國界上激盪出了無窮盡的衝突，其中最具代表性的堪稱一七〇四年的布倫亨之戰（Battle of Blenheim），以及該戰役中的英格蘭反法主帥馬爾博羅公爵（Duke of Marlborough）。「但他們相互是為了什麼廝殺，我實在看不太明白。」英國詩人羅伯特・騷塞（Robert Southey）作品裡的爺爺這麼對發問的孫兒說。關於這個問題，我們或許可以拉大格局來嘗試回答。他們所爭的，是那種沒有形體卻舉足輕重，名為「權力平衡」的東西——說穿了，法國再怎麼想稱霸，都不好去打哈布斯堡或西班牙帝國領地的主意。

五歲就登基的路易十四從小就在聖心獨斷的環境中長大，而吃習慣了權力的調味，他的胃口也被愈養愈大，非更多的權柄無法滿足他。說起權力慾，是人類自古以來就無法壓抑的渴望，而權力慾一旦動起來，幾乎都是以毀滅收場。一旦被運作起來去奪取領土、壓迫自由，權力慾都難言能增進何人之福祉或快樂。被統治者的生活品質難以提升，統治者也不會心滿意足。所以權力慾究竟能帶來什麼好處？作為人類根深蒂固的一種行為模式，權力的追求大體是浪費時間。介於成吉思汗與希特勒之間的路易十四是權力的一大擁護者，而這也反映了他所屬的時代背景，須知按權力問題權威阿克頓爵士[7]所稱，那個時代所代表的是「對權力的卑劣崇拜，人與神的法度都被迫屈服在權威的迷醉與意志的統治之下」。隨著戰事蔓延到歐洲以外的世界，麥考利[8]把究責的矛頭指向了另外一組人與事，那就是普魯士國王腓特烈大帝（Frederick the Great），還有他與出身奧地利的哈布斯堡王朝女皇瑪莉亞・特蕾沙（Maria Theresa）是如何為了西利西亞的所有權相持不下。作為一個身分與位置都鮮為人知的地方，西利西亞宛若一顆魔法石。只要誰去摩擦它，戰爭就會從中而生。腓特烈的貪婪與狡詐，

7 譯註：Lord Acton，1834-1902，英國自由派歷史學者，自由主義名言「權力使人腐敗，絕對的權力使人絕對腐敗」即出自他之口。

8 譯註：Thomas Babington Macaulay，1800-1859，英國歷史學者，曾任軍務大臣。

通過語言天賦在教授歷史的麥考利寫道，「在普魯士之名不為人所知的土地上被感受到了。」麥考利說在那些土地上，「只為了讓他（腓特烈）可以搶奪鄰居……黑人在（印度的）科羅曼德（Coromandel）的沿岸廝殺，紅人則在北美的大湖區削去彼此的頭皮」[9]。

威廉三世在一七〇二年無嗣而亡，死因是他的馬絆到蟻丘而將他摔落。害死他的蟻丘看似是個應該蘊含某種哲學意涵的障礙，但其實你再怎麼用力去看，也看不出個所以然。威廉三世在英格蘭的王位被傳給了妻子的妹妹安妮女王，在荷蘭的頭銜則由屬於拿騷家族的一名旁系表親繼承，史稱威廉四世。沒什麼冒險細胞的威廉四世謹守與英國通婚的傳統，迎娶了喬治二世的女兒安妮。作為一名貨真價實的漢諾威家族成員——漢諾威家族可是出了名的難纏——又名安娜的安妮後來成了寡婦，而她年僅三歲的兒子將有朝一日成為荷蘭省督，也就是威廉五世。當威廉五世還未成年時，擔任荷蘭攝政的安娜在英語系的歷史學者間被稱為安娜女總督（Governess Anna），但這名字取得實在不好，因為她絕對不只是一個普通的女性總督。

以鐵腕進行統治的安娜女總督在身後留下的無形遺產，是替她兒子選擇了另一個狠角色來擔任謀士。事實上在本書涵蓋的故事線中，這名謀士將強壓他輔佐的奧蘭治親王，成為實際掌權的地下荷蘭省督。這人，就是布朗斯威克公爵，而為免與他家族中眾多的布朗斯威克混為一談，他的全名是布朗斯威克—沃爾芬彼特爾的路易斯・厄尼斯特・威爾罕（Louis

Ernest Wilhelm of Brunswick-Wolfenbüttel，1718-1788）。他有個出名的弟弟是卡爾・威爾罕（Karl Wilhelm，1735-1806）。卡爾・威爾罕除了是與普魯士接壤的某日耳曼公國（即布朗斯威克—沃爾芬彼特爾公國）執政，是戰功彪炳的戰士，也被認為是「開明獨裁者」的典型。但這位執政的公爵在讓歷史學者牢記住他的那項歷史事件中，似乎沒有展現出他該有的素質——惡名昭彰的布朗斯威克宣言（Brunswick Manifesto）就是由他所宣布的，而這項宣言僅憑一己之力，就示範了舊式王權的統治階級的本質——還有他們殞落的原因。時間快轉到一七九二年，這名公爵將統率奧地利與普魯士所組成的聯軍去鎮壓法國大革命。朝著巴黎進軍的他在部隊來到法國邊境時宣布說聯軍計畫讓路易十六重返王座，哪個法國人膽敢與大軍作對，將依最嚴峻的戰爭法則「遭到重懲」，還說「他們的屋舍將會被焚毀。國王與皇后若是傷了一根寒毛，聯軍的報復將以軍事處決與徹底毀滅讓巴黎永生難忘」。此一挑釁意味十足的宣言，不意外地讓法國民間相信了他們的國王作為聯軍放話的受益者，是與普魯士跟奧地利私通的法蘭西叛徒。布朗斯威克宣言非但不是路易十六的救贖，反而為他鋪好了通往斷頭台的坦途。這點其實稍微動點腦子，卡爾・威爾罕是可以預見到的，但未雨綢繆是西洋棋手的本色，與獨裁者無涉。

9 譯註：這裡指的是從腓特烈與瑪莉亞・特蕾沙的衝突開始，捲入歐洲列強在全球各地進行的七年戰爭。

但我們必不能想著有其弟必有其兄，就覺得布朗斯威克的路易斯・厄尼斯特一定也是蠢蛋，因為他感覺得出是理性之人。他作為腓特烈大帝的最疼愛的小叔（譯者按：作者誤植為外甥），被在普魯士當國王的姊夫暱稱為「胖路易」——因為公爵真的挺肥的——所以國王沒有中傷他，但就是不太禮貌。國王是種講禮貌的動物嗎？也許不在普魯士的朝堂上吧。

原為奧地利陸軍的野戰元帥，布朗斯威克的路易斯是由奧蘭治家的威廉四世帶到荷蘭。威廉四世會認識他，契機是一場歐陸戰爭，而他當場就為路易斯這大個子的軍事才能所折服。雖然並無奧蘭治血脈的威廉四世不是什麼軍事天才，但也不至於看不出荷蘭陸軍現狀之窘迫。他力邀公爵回國來主導陸軍的重建，並承諾他六萬荷蘭盾的年薪、保留其野戰元帥的頭銜，外加專屬的領地。在對方三顧茅廬而未果之後，公爵終於在第四次答應下來，被任命為陸軍總司令。攝政的安娜也對他形成了高評價，並將年僅六歲的親王，也就是未來的威廉五世，託付給了他，而他也說服了親王簽署了一部《秘密輔佐法》（Secret Act of Advisership），將治國之權柄授予了他個人的小內閣，其成員除了公爵路易斯自己，還有大議長、資深秘書長法格爾（Fagel），外加上了年紀的內閣大臣，德・拉瑞（Thomas De Larry）。

「我鮮少看到，」來訪的英國日記作家威廉・烏拉克索（Sir William Wraxall）在論及布朗斯威克時說，「身材尺寸比他還奔放的男人……但如此得天獨厚，讓人自然覺得會削弱心智的一團肉塊，卻看不出有讓他發懶或不想動的跡象。」由於他理所當然地偏向他雇主所屬的親英派系，布朗斯威克會獲得英國觀察家的好評實在不足為奇。「他充滿韌性的意志力，」烏拉克索接續說，「還有他堅強的實力，在多少補足了奧蘭治親王的缺陷之餘，也為他居於其中的巨大國家機器注入了生氣與動力……在檢閱部隊或進行軍事調度時，」烏拉克索補充說，「布朗斯威克同時顯出朝氣蓬勃而又知識淵博……跟人打成一片時他從不會昏昏欲睡；在餐桌上他也從不會暴走失態而賠上聲譽。」這些評論，其實正是拐彎抹角在暗諷奧蘭治親王兼荷蘭省督，因為親王本人就常常在餐桌或在議會廳中打起瞌睡，原因可能是烏拉克索判斷的「嗜睡體質……加上太常被大魚大肉，乃至於喝不完的美酒所包圍」。

在漢諾威母親與普魯士恩師的雙重掌控下，威廉五世繼承自旁系血脈那僅有的奧蘭治活力並沒有能綻放出花朵，雪上加霜的是他還娶了一位悍妻。威廉五世的這位太座弗烈德莉卡・索菲亞・威爾罕米娜（Frederika Sophia Wilhelmina）是腓特烈大帝的姪女。被形容為「受過良好教育、聰敏、有活力、好相處」的她具備了各種條件，可以繼人母與師尊之後，成為第三名代替親王思考的人物，讓她的丈夫想不感覺到她的存在都沒有辦法。

「他很嫉妒，但不是嫉妒她的德行，而是嫉妒她的敏銳與強大，」馬姆斯柏里寫道，「以至於如果要依靠她的提攜，那他寧可連天堂也放棄；她對他的能力評價是如此之低，加上趾高氣昂的女性普遍對不夠格之男性抱持的鄙夷，以至於我看不到兩人有任何可以水乳交融之希冀。」

在外貌條件上，同樣有著凸眼、厚唇跟矮胖體型的威廉五世神似他的漢諾威家表親，英格蘭的喬治三世，而同時他不若喬治那般個性強烈。「他對世事的理解，」烏拉克索報告說，「看得出素養，他的談吐……讓人感覺寓教於樂，對歷史訊息的旁徵博引，展現出對古雅文學的深刻造詣。」

當時英國許多統治者都是因為階級，而非因為功績或經驗而上位，所以都會自覺有所不足，威廉五世也不例外。他覺得自己德不配位，而這也讓他做起事來少了一份堅決。他試著勤能補拙，六點就起早工作直到午夜，整天除了上朝接見人或檢閱軍隊，就只剩穿插於空檔的祈禱與用餐。但裝忙並不能真正驅除他內心的焦慮，也不能扭轉他認為自己所受的軍事訓練只夠他當到士官的負面想法。曾經在一次低潮中，他痛陳自己要是沒有一位當上荷蘭省督的父親，那該有多好，然後直言不諱地說，「我好想去死」。身為荷蘭元首的他，就是如此鬱鬱寡歡。

有這樣的元首，政府統治自然從最高層開始優柔寡斷。親王的輔臣中找不到一位夠有力、夠穩定的人物來供他倚靠。布朗斯威克的路易斯公爵有他的一套，但人望是個問題，主要是他想在各派系間八面玲瓏的做法讓他反而被四方猜忌，再者就是他對親王的影響力也招人怨恨。威爾罕米娜親王妃原本可以跟路易斯聯手扶持自信不足的親王，但她也憎恨他是如何把自己的夫婿操控在股掌間。受到伯父腓特烈二世（即腓特烈大帝）親法態度的影響，他在親英與親法的黨爭中選擇了與布朗斯威克公爵敵對的立場。這麼一來，威廉五世最親的兩人不但不能聯手給他堅實的指引，反而一左一右在拉扯著他。阿姆斯特丹市的議長恩格伯特．馮斯瓦．凡．伯克爾（Engelbert François Van Berckel）憑藉該市作為主要商業中心與全國最大稅源的強大影響力，一切向「錢」看且因此堅決反英。由此他所有的建言都顯得一面倒，在政策的天平上也完全只考慮阿姆斯特丹市的利益。各地域與大城間彼此眼紅而造成的摩擦，早已是荷蘭國的詛咒。在他們與西班牙國王跟阿爾瓦公爵的早年鬥爭中，各郡縣、公國與主教轄區就曾為了怕吃虧而相爭不下。習慣性的深沉對立自此生根，在荷蘭國內刻畫出一道道裂痕。

在這些深刻的裂痕中，最可能危及荷蘭國運的爭議莫過於重新建軍的目標應該選擇陸軍或海軍。這兩各軍種當時都處在百廢待舉，幾近完全癱瘓的狀態，而究竟哪一邊該優先獲得國家經費挹注的問題，讓荷蘭國陷入了水火不容的政治拉鋸，其中一邊是希望改善陸上戰力來與法國匹敵的親英派，另外一邊則是由阿姆斯特丹為首的重商派，他們盼望的是能強化海軍來抵抗英國對於其貿易的干預。荷蘭省督作為半個英國人，很自然較為青睞親英派的立場，但生性猶疑的他總是無法登高一呼，也沒辦法下定決心該優先以陸軍或海軍為主。由於各省與聯合省議的相互抵制造成表決無法得出確切的結論，因此不論陸軍海軍都無法獲得撥款，荷蘭的力量在歐陸或海上都無法脫胎換骨。

此時荷蘭陸軍兵力已經崩跌至令人捏把冷汗的不足三萬，當中還是以日耳曼傭兵為主力。新兵之所以召募困難，根據不眠不休在點出陸軍積弊的喬瑟夫・約克爵士所言，是因為從軍的待遇太差，須知軍方窮到不讓半數兵力休無薪假就撐不下去。一個動輒想用戰爭去解決問題的社會竟能對軍餉的發放如此率性，這當中的邏輯顯然出了很嚴重的問題。拖欠薪餉會逼出軍中的怨氣，而這股怨氣的爆發除了曾於一五二七年導致羅馬慘遭大肆搶掠[10]之外，日後還造成叛變的西班牙軍洗劫了安特衛普。實際上大陸會議在美國獨立革命的初期，也曾不太用心去籌措資金付給自發離家入伍來為國家誕生而戰的農夫與市民。一宗理想都值得發動戰爭了，難道還不值得人積極一點去讓軍隊變強嗎？士兵明明是每個國家想要貫徹其政策的利器，卻總是在待遇上被苛扣到失控譁變或一蹶不振的程度，這是什麼道理？論其緣由，這比較不是因為人的思考邏輯莫名出了問題，而單純是因為正規軍難有固定的收入來源。兵役曾是封建領主對王家的義務，沒有什麼給薪不給薪的問題。在歷史牛步推進的過往，精確地說是在一九〇〇年之前，統治者並不容易在治理的實務上幡然醒悟，甚至有如波旁王朝等至死無悔之流。確實，歷史上的統治者是花了很長的時間，才真正意識到他們應該要發薪水給軍隊，或是要去關心作為兵源之基層民眾需求。我們活在亨利・亞當斯（Henry Brooks Adams，1838-1918，美國歷史學家）提出的時代加速發展法則中已經太久了，久到我們都模糊了視野，忘記了在我們先祖生活的時代中，改變的發生與社會跟政治上對改變的理解之間，是存在時間差的。

曾經在馬丁・特隆普（Maarten Tromp）與德・魯伊特等名將的時代叱吒風雲、所向無敵的海軍，如今只能沒沒無聞地停泊在繫纜處，任由船帆殘破而木材腐朽。港口與船塢已然淤塞；甚至連泰瑟爾（Texel）這個位於須德海，堪稱是阿姆斯特丹門戶的深水錨地，如今都已承受不了遠洋船隻的吃水，無法供其停靠。由於水手的合法薪資水準已經降至於無法與走私違禁品的商船競爭，根本不會有人主動來應徵，因此即便是適航的船隻也湊不齊足夠的組員。港口的要塞化防務遭到了荒廢，以至於海盜中的阿狗阿貓或英國的私掠船都不難長驅直入。讓荷蘭省督更加顏面無光的是港口或港都的輿論都已經受不了地要求執政當局能實事求是地拿出辦法，別再讓他們的船運受到英國的蠻橫阻撓。此時有人提議派個二十艘船的中隊去加勒比海保護荷蘭的西印度群島殖民地，同時也保障運補這些島嶼的船運無虞，但荷蘭海軍既湊不出二十艘船，也拿不出有競爭力的薪酬讓水手登上甲板。事實上在一七六七年，威廉五世就曾敦促聯合省議會要把之前的決議付諸實行，打造並裝備一支二十五艘船的艦隊，但各省並不願意分攤此一成本。十年後，荷蘭省在宣告海軍已經到了救亡圖存的緊要關頭

10 譯註：史稱「羅馬之劫」（Sack of Rome），是一五二七年五月六日，神聖羅馬皇帝查理五世其下軍隊發生譁變後，對羅馬進行的一場軍事搶掠。

後，提議耗資四百萬荷蘭盾來建造一支二十四艘風帆戰艦的艦隊。沒完沒了地討論了七年後，這項提案終於在一七七八年獲得採納，主要是荷蘭省威脅要解散其陸軍來讓海軍將領們有錢買船。

此時外國訪客來到荷蘭，都能感受到那個曾一舉躍升為強權的聯省共和國在顯著走下坡。荷蘭曾經的衝勁與活力在喬瑟夫．約克爵士固然絕不客觀但也並不孤單的看法中，如今只剩下「她子民想賺錢的熱情。他們此刻都扎扎實實是將本求利的商人，滿腦子都是撈錢」。喬瑟夫爵士就跟英國整體的仕紳階層一樣，都將經商等同了貪婪，而忽視了其實在英國搞政治也沒有比較清高。英國人想在政壇升官發財的欲求之強，一點也不遜於荷蘭人想在商場致富的執念。從歐陸乃至於美國來到荷蘭的訪客，帶著原本被人看不起，但後來也用同樣的價值去看不起別人的勢利與傲慢，與英國人如出一轍地鄙視叱吒商場的荷蘭人，視其商業上的成功是一種墮落的表徵。一七六九年，一名德國訪客約翰．赫德（Johann Herder）表示他覺得荷蘭「正在被自己的重量拉著往下沉……共和國在歐洲的勢力平衡中，分量已經大不如前……早晚荷蘭都會變成死氣沉沉的倉庫，吃完老本就無以為繼了」。沒能說服荷蘭人冒險貸款給美國的約翰．亞當斯對此耿耿於懷，這樣的他在對荷蘭的新鮮感消退而幻滅後寫道，「這個國家確實處境堪憂；其舉國酖逸安樂，唯利是圖，同時還被一部繁複而費解的憲法綑綁住手腳，被各自的利益與情緒弄得分崩離析，這樣的他們面對一切都顯得畏畏縮縮」。雖一如亞當斯所觀察，荷蘭國勢在經濟衰退跟無法團結的背景下江河日下，更別說他們還有極深的貧富差距，但荷蘭人依舊「眼睛長在頭頂上」地懷著一種褪色的驕傲對「強烈的獨立性與共和國性格」引以為豪，畢竟這都兩點曾經是荷蘭之所以是荷蘭的重要屬性。

從相隔一世紀後的角度觀之，十九世紀荷蘭歷史學者赫曼・柯倫布蘭德（Herman Colenbrander）不諱言賺錢的衝動是荷蘭舉國的熱情所在，但他也說在威廉五世的時代，「荷蘭人賺錢已經不像早年那樣是因為不得不如此而繞著地球跑。他們若只想要掏金，早就不用天涯海角地奔走。他們家中早就有祖祖輩輩留下的祖產，以利滾利才是他們理想中的賺錢捷徑。」

比起荷蘭的自視甚高，將荷蘭拉下神壇的更是其他國家在外貿上的競爭力變強跟企圖心湧現。英國人特許了一家業者去參與北海鯡魚漁場的捕撈競賽，並且利誘荷蘭漁民成為他們的雇員；荷蘭鯡魚船隊原本有無可計數的船隻雇用了成千上萬的漁夫，但如今人數卻變得寥寥可數。英國人把貿易也一併搶了過來，包括在某些個案中連東印度群島的疆域都納為己有；荷瑞斯・沃波爾（Horace Walpole，1717-1797，英國史家、文學家與輝格黨人）一聊起錫蘭的產品就欲罷不能，主要是英國人在本地各拉賈（Rajah，土邦君主或酋長）的幫助下，在一七八二年開通了與該島的貿易。錫蘭「有人間天堂的美譽」，他寫道，「我們將有滿到耳際的紅寶石、大象、肉桂與胡椒。那兒生產……長胡椒（蓽拔）、上好的棉花、象牙、蠶絲、菸草、黑檀木、麝香、水晶、硝石（硝酸鉀）、硫磺、鉛礦、鐵、鋼、銅，此外還有肉桂、金與銀，外加各式各樣除了鑽石以外的寶石……其主要的特產是肉桂，其品質居亞洲之冠，」至於他推崇至極的另外一項錫蘭物產，則是「舉世無雙的錫蘭象，其中有斑點者更是極品。」

普魯士、瑞典，以及每一個派得出帆船的國家，都前仆後繼來到東印度群島要分食這塊大餅。瑞典先搶先贏地把持了與中國的茶葉交易；西班牙與葡萄牙的市場被法國、英國、瑞典與漢薩同盟的商人蠶食鯨吞。曾由荷蘭壟斷的市場與供應商，如今遭到了各方外國「企業」的瓜分。無法再像從前那樣有原物料源源流入來生產布料等商品的業者開始流失市場而關門大吉。上升的失業率從一個市鎮蔓延到另一個市鎮，再從一個行業擴散到另一個行業。乞丐與遊民開始在街頭出現。原本一塵不染的走道如今髒亂不堪，曾經光可鑑人的明亮窗戶如今滿布髒汙，再不能映照出運河沿線的高大綠樹。

不平則鳴的自由派難忍保守的現狀，開始成為美國獨立運動的堅定支持者。而這群人的代言者，是激進的約翰・德爾克・凡・德・卡佩倫・托特・登・波爾男爵（Baron Johan Derck van der Capellen tot den Pol）。男爵做為聯省議會的成員，代表的是上艾瑟爾省（Overyssel）的首府滋沃勒（Zwolle）。出身傳統貴族家庭的凡・德・卡佩倫將十八世紀的自由理想徹底吸收，寫成了一本冊子，當中記述了從古代底比斯到荷蘭脫離西班牙統治，人類為自由奮戰的歷史。批評者稱他「好比拉法葉[11]，但腦袋更加輕浮的傢伙」。

一七七五年十二月，他在國會中起身發言，結果釀成了一陣騷動，因為他那篇演說是在譴責荷蘭不該在親英政黨的力促之下，將其「蘇格蘭旅團」（Scots Brigade）借給英格蘭，反之他提議要用貸款去接濟財務陷於困窘的美洲殖民地，主要是處於戰時的美國不僅缺火藥，經費也幾乎一樣拮据。蘇格蘭旅團一開始來到歐陸，是為了協助獨立後的荷蘭抵禦西班牙的天主教勢力，此後留在荷蘭，則是作為其與法國之間的屏障。按照一六七八年的荷英盟約，蘇格蘭旅理應是締約雙方都可以在受到第三方攻擊時提請借用的武力，這才符合盟約中的互補精神。只不過理論上有六千人的蘇格蘭旅因為經費因素，已經縮水到只剩下一千八百人。為了區區這點兵馬吵得不可開交，似乎有點小題大作。

作為荷蘭放行蘇格蘭旅的交換條件，英格蘭願意出借一支漢諾威兵團，或是負擔一支荷蘭兵團的裝備成本，藉以彌補蘇格蘭旅留下的空缺。又一次在意見上搞分裂的布朗斯威克公爵以陸軍總司令的身分，在這個議題上與奧蘭治親王持相反的意見，他認為放走蘇格蘭旅會讓疲弱的地面部隊雪上加霜，而且這樣的損失恐怕不是說補上就能補上。在政壇反對出借蘇

11 譯註：本名吉爾貝·居·莫蒂耶（Gilbert du Motier），1757-1834，史稱拉法葉侯爵（Marquis de Lafayette），為法國政軍要角，法國大革命時的君主立憲派。拉法葉出身貴族，但早年曾志願參加美國獨立戰爭，在約克鎮戰役擊敗英軍，為美國獨立史上甚受愛戴的外國盟友。他一七八九年年參加法國的三級會議，是最早與第三級代表站在一起的貴族代表之一。

格蘭旅的陣營懷疑英國首相諾斯爵士（Lord North）可能原本的計畫就是讓這樣的請求遭拒，然後他就可以以此為由，要求國會表決增派日耳曼傭兵去北美參戰。話說由於日耳曼傭兵的使用在殖民地引發強烈的民怨，因此輝格黨作為英國國會中的反對黨，對此強烈不表贊同。

因為料定蘇格蘭旅作為一個爭議極大的問題，必會長時間在聯省共和國沒有結論，所以英國人為免夜長夢多，限荷蘭在一個月內答覆。

凡・德・卡佩倫無視有話好說的荷蘭傳統，痛斥出借蘇格蘭旅是對荷蘭中立立場的嚴重違逆，而且對在為公義理念奮戰的美國人也是極不公平之舉。在這個問題上的黨派之爭愈來愈鋒利，荷蘭的中立性也在消磨中愈來愈難維繫，畢竟「船行自由，貨流自由」的原則背後是極為龐大的商機。惟有想法是一回事，真正敢站出來相挺美國的抗英義舉，又是另外一回事情。第一個膽敢這麼做的，正是凡・德・卡佩倫，而且他可不是蜻蜓點水地挺。他說不論美國之戰的結果如何，他都會終生以力挺此一他眼中的普世追求而感到自豪與光榮。他不屑於荷蘭出於貿易與產業考量而採取的假中立。一支民族明明自己也是抗暴立國，卻對一個捍衛人權而值得舉世尊崇的勇敢國家橫加阻撓，良心上過得去嗎？要知道賦予人權利的是神，可不是英格蘭。他大聲疾呼不要把荷蘭軍隊派去跟美國交戰，否則那將是荷蘭的國恥。

隨著凡・德・卡佩倫把他的演說印成紙稿分送，事態也隨之愈鬧愈大。荷蘭省督更是怒不可遏，畢竟他只是優柔寡斷，並非麻木不仁。

不論是因為奧蘭治親王的影響力，還是因為議員們本身無法認同美國的理念，凡．德．卡佩倫都被逐出了聯合省議會，而此舉就如同類似處境的約翰．維克斯（John Wilkes，1727-1797；英國政壇的激進派濫觴，曾煽動民眾支持大不列顛、愛爾蘭與北美殖民地的普選）在英國遭遇的翻版，都在國會中引發了一片譁然。這證明了在荷蘭，其國內的政治自由還只是一種口水，尚未深入其骨髓。

凡．德．卡佩倫會如此毅然決然地擁抱美洲的革命，可說讓其所屬的省份都感到震驚，由此他被褫奪了省代表的資格，甚至連攝政的階級都不保。透過這些雷厲風行的懲戒，攝政階級所傳達的是他們不覺得荷蘭人應該去鼓勵美國人，因為革命固然是一門好生意，但攝政階級從革命中嗅到那股要把社會「拉平」的氣息，實在太不討他們的歡心。再者，他們擔心美國革命成一但開了一個成功的先例，他們的殖民地也會紛紛跟進。

究竟要不要應允放蘇格蘭旅去助英國一臂之力的問題，讓荷英之間原本已經燒得很旺的怨氣，又多添了一根熱柴。聯合省議會內為此激辯不已，其中親美的各省在舉足輕重之荷蘭省的率領下，持堅定的反對立場。但荷蘭反對的主要立論，是在於補足蘇格蘭旅的人力會對陸軍造成額外的成本。而最終也很諷刺地不是回應凡．德．卡佩倫的悲願，而是因為阿姆斯特丹堅持不肯負擔這額外的成本，聯合省議會才在漫長的辯論後於一七七六年四月表決否決了出借蘇格蘭旅，英國要生氣就讓她生氣。但荷蘭的這個決定其實並不明智，因為這一方面對英國傳遞了一個不友善的訊息，一方面又無視於英國已表示過願意負擔成本的意思。更糟糕的是，荷蘭還沒有為可預見的英國反撲做好萬全的準備。

英國並沒有立刻把立場轉硬，但她確實產生了一個印象是荷蘭並沒有想當個「與人為善」的真盟友。與人為善這種討人喜歡的觀念，非常符合十八世紀歐洲人想在任何交流中都以禮相待的渴望，但當然這不會是什麼有約束力的明文規定，而是一種國際關係上的理想，亦即一個國際社會成員理應對盟友或友善的鄰國表現出守望相助的配合態度，具體而言包括不無由拒絕他國民眾過境，提供遇到暴風雨的船隻庇護，在戰鬥結束後救死扶傷，並對交戰雙方一視同仁。在那個每個國家都把利爪扣在彼此背上，滿心想要像英國國歌《天佑女王》的歌詞所說地「破陰謀，滅奸黨，盡將亂盟掃光」的年代，唯有國際關係中這種與人為善的觀念，還能讓我們記得那也是個屬於切斯特菲爾德爵士[12]的時代。

自從德．葛拉夫對其眼中的北美叛軍旗幟發出了禮砲之後，英國心中的敵意便不斷攀升。事實上英國的怒氣蒙蔽了他們的理性，讓他們為這事件賦予了本來沒有的意義。「我發現，」錫福德號艦長科波伊斯對他的長官海軍將領楊恩寫道，「他們（美國）武裝船艦的禮砲不僅在斯塔提亞，甚至連在聖克魯斯島（St. Croix）都得到了回應。」這種被追加的侮辱，只發生在科波伊斯的想像之中，因為聖克魯斯島並沒有對美船鳴放禮砲。惟喬瑟夫．約克爵士並不需要動用想像力，也可以知道荷蘭仍在持續私運違禁品。他手握歐洲最嚴密的特務組織，可以為他源源不絕地提供證據，讓他知道有哪些貨物正在規避荷蘭受到的禁運，包括走私的數量與路線他都了然於心。荷蘭的貨主會先把東西送到葡萄牙，在那完成買賣，然後貨物便會被轉送到美國代理商的手裡。雙桅橫帆船斯邁克號（Smack）在阿姆斯特丹港裡怕得不敢出海，是因為外頭就有要攔截他們的英國船在虎視眈眈，於是一名在阿姆斯特丹的美國代理商便將船轉售，讓其得以在新船東、新船名、新漆裝跟中立文件的掩護下順利離港。另外一艘名叫貝希（Betsy）號，船東在波士頓的雙桅橫帆走私船，則是據稱載著兩百桶每桶一百一十二磅重的火藥跟一千支火繩槍跟五百對手槍（當時的手槍常以成對的方式銷售），外加其他軍用品在船上。

英國在對自身壓制不了叛亂而引以為恥的同時，便將矛頭指向了長期供應軍火給殖民地的荷蘭人，而這也讓英國人在戰爭中的心聲，藉約克公爵之口給說了出來。一七七八年五月，他給在諾斯內閣中擔任大臣的蘇福克爵士（Lord Suffolk）寫了封信，信中說到軍事上的某些成功還是必要的，因為這樣才能「讓英國把他們理當擁有的面子給拿回來」，也才能確保她的鄰國能重新「在說話時顧及尊重與情誼」。軍事成功對帝國來說，或許確實不可或缺，但

12 譯註：第四世切斯特菲爾德伯爵（Earl of Chesterfield），通稱切斯特菲爾德爵士，生卒年為1694-1773，為英國政治家與文學家。他在著名寫給孩子的書信中展現出優美的文筆與處事的智慧，至今「切斯特菲爾德風」(Chesterfieldian）仍在英文裡代表　文儒雅之意。

約克的話中其實還表達更深沉的東西，亦即英國所渴望的不僅是尊重，更是要按照自己的想法被承認為占了上風。哲學家想針對人為什麼選擇戰爭長篇大論，就儘管去吧；戰爭的理由確實很多，但有一個答案在喬瑟夫．約克身上已經非常明顯。他關於渴望尊重的言論，描述的完全就是德意志皇帝在一九一四年一戰前夕的心境。因為篤信自己是當今世界上最勤勉也最文明，注定要雄踞歷史最高點的天選民族，德國人拚了命想讓小國認可自己至高無上的地位。凱撒（德意志皇帝的頭銜）最受不了的，就是想一償文化洗禮宿願的世人會把巴黎而非他的首都當成旅程的首選。在這層意義上，戰爭一如喬瑟夫．約克的話語所顯示，經常並不起於什麼大不了的原因，而不過就是心裡過不去而已。

要重建陸軍或海軍的問題在荷蘭政壇吹皺的一池春水，決定了他們在美洲革命上所採取的立場。荷蘭省督跟他所率的政黨會自然而然地反對美國的叛亂，而這不光是因為他祖上有英國的血統與淵源，也是因為其國內的反對者在同情美國之餘，也表達出了一種帶有革命意味的共和觀點，威脅著他作為世襲君主的地位。這群反對者用法文自稱是patriotes，也就是「愛國者」，而他們的茁壯，正好與奧蘭治親王在民間的聲望互為消長。布朗斯威克公爵作為英國派，加上外界咸認他蒙蔽了親王對實情的理解，遂成為了「愛國者」的眼中釘。

圍繞著美國問題最重要的一股影響力，就是以阿姆斯特丹為首的重商派利益。重商派的領袖認為美國作為一片未知的遼闊大陸，一旦獨立而脫離英國重商主義的掌控，那被釋放出的就會是源源不絕的貿易機會，這包括哈連的布料跟斯希丹（Schiedam）的琴酒可以獲得外銷的出海口，而從荷蘭則能從美國進口稻米、靛青、蔗糖、棉花、咖啡跟蘭姆酒，另外透過貸款把美國商人的銀根掐在手裡，也有助於打破英國人在大西洋的霸權。如某法國公使在海牙所稱，這些貿易機會會像「沙子一樣繁殖」，而在面對這樣一個「潛力雄厚」的新國家，荷蘭決計不想在與之的關係發展上落於任何國家之後。

惟即便在阿姆斯特丹，亞當斯也找不到幾個有頭有臉的人能嚴肅看待美洲殖民地的奮戰，他們頂多是把那當成「一小撮無視於秩序、紀律、法律與政府的狂熱分子在為了洩憤而小打小鬧」。對美國與其人口跟貿易成長有直接認識的人，寥寥可數。在他們懷著的淘金夢中，荷蘭人真正對美國的了解有多少？美國的幅員之大讓人嘆為觀止，而這股讚嘆在偽科學家跟自認上知天文下知地理而妄稱學者之人的推波助瀾下，催生出了各種匪夷所思的想法。像是自詡無所不知的雷納爾神父（Abbé Raynal）就曾寫過一本《歐洲人在東西印度群島進行墾殖與貿易的哲學暨政治史》。作為晚近才誕生於世的產物，美國被認定發展尚未完備，因此不適於人居，遑論文明。而其具體的天然環境，則在由知名博物學者布豐（Buffon）發揚光大的歐洲狂想中，被奇葩地被描述為「天無好日，地無可植」，由此不但是動植物難以健康發展，就連人類都會受到影響而難以繁衍生息。布豐自然不曾穿越大西洋，也不曾親眼見過美國。根據其他與他齊名的科學家所說，來自其他地方的成年人一旦以美國為家，就會「力量盡失」。事實上布豐倒也找到了一項奇特的發現可以自圓其說，那就是在美洲土生土長「印地安人」不僅「生殖器官較小」，而且「性能力也較差」。根據一七七五年一份翻譯成荷蘭文的暢銷法國文章所說，新世界的氣候會讓人變得無精打采而懶懶散散，那兒的居民會活得比較愜意但提不起幹勁。撰文的這名學者信誓旦旦地說美洲「誕生的意義在於讓人開心，但不適合帝國的建立」。這話或許是說來讓自己安心，因為那當中隱約可以嗅出歐洲人擔心某股巨大的原始力量正在新世界醞釀，說不準何時會一舉興起而讓他們難以招架。

關於北美的各種遐想，造就出了兩種南轅北轍的結論，惟這兩種結論終將殊途同歸，一同主張荷蘭對美洲的淘金夢應該要稍微有點保留。這兩派當中的其中一派認為美洲將永難成為一個統一的國家，畢竟其幅員是如此的遼闊與分散，通訊是如此地困難。就算美洲真的獨立了，在內戰中分崩離析也會是其必然的命運，更別說除非能建立起具有決定性的海上力量，否則美國也難以將敵人拒於其漫長的海岸線以外。至於另外一派，則堅持認為美洲龐大的量體與資源，意味著其注定要成為一個強權而與荷蘭產生不可避免的衝突，威脅到荷蘭的貿易，尤其是在北美殖民地這一塊。看壞者警告說對商業利益的期待，必須控制在這樣的框架之內。但不論認為美國不堪一擊或不容小覷，這兩派看法都被英國的宣傳者拿來澆熄阿姆斯特丹派的熱情，希望他們別老想著要與北美殖民地建立更緊密的關係。

一七七九年，中立權的問題導致了海上的衝突，也讓緊張的情勢愈演愈烈。中立性作為一個議題會如此兵家必爭，原因是在戰爭頻仍的那個年代，參戰國無時無刻不需要獲得補給，而補給則必須依靠中立的船運。理論上奠基於「船行自由，貨流自由」原則的中立法，是由荷蘭法學大家雨果．格勞秀斯（Hugo Grotius）在一六二五年確立；基本上它說的是在中立船上的任何東西，只要不屬於真正的彈藥，就可以「自由地」被交付到參戰國的手中，反之參戰國船上的任何東西都會有直接成為戰利品的原罪。由此衍生出的各種問題，包括哪些貨品可以「自由」買賣，哪些屬於違禁品，參戰國有何權利可以對船進行搜索與扣押，託運者有何權利靠護航船隊來抗拒搜索與扣押等，都在剪不斷理還亂的各種條約與協定規範下，變成了一個即便忒修斯[13]再世也走不出的迷宮。格勞秀斯的純淨原則被改得一團亂，是為了要讓海軍的「備料」，也就是以木材為主的造船原料，可以豁免於違禁品的清單以外。海軍備料的豁免與「船行自由，貨流自由」原則因為會讓英國人做起事來綁手綁腳，所以被他們恨得牙癢癢，但為了讓勞民傷財且曠日廢時的英荷戰爭劃下句點，他們還是在一六七四年的西敏條約中接受了這些這兩項規定。

海軍備料的問題把法國人扎實地拖入了戰局。相對於法國民眾被北美殖民地起義時高舉的自由理想弄得熱血沸騰，法國官方的政策則想的不是自由不自由，他們想的是如何幫北美

13 譯註：希臘神話中的雅典英雄，其事跡包括他解開了克里特島國王米諾斯的迷宮。

叛軍一把，好藉叛軍之力來報被英國奪加（拿大）之恨，以及在七年戰爭中的數箭之仇。為此法國必須先把殘破的艦隊重建起來，而為了重建艦隊，法國得指望中立的荷蘭船隻運來波羅的海的木材。這麼一來，讓眼下船艦數捉襟見肘的荷蘭擁有足夠的護航艦隊，就變得非常符合法國的利益。反之對護航艦隊進行限縮也是英國政策的重中之重。

荷蘭各省之間對於增建船隻的需求與支出，進行了激烈的論戰，由此將平日已經不睦的各省推入了更深的嫌隙中，其中荷蘭省與弗里斯蘭作為倚賴外貿與船運至深的兩省，與想要強化陸軍的烏特勒支、上艾瑟爾與海爾德蘭省（Gelderland），兩邊壁壘分明。辯論的重點，在於極具爭議的「護航不設限」一詞，意思是從荷蘭出發的商船不論是全數或只有部分未被明確標為違禁品，那就都可以獲得護航的待遇。由於這便衍生出海軍備料的問題，加上不設限的護航就代表他們會連送往法國的船材都一併保護到，所以英國人絕對不會坐視，而法國人卻會力爭到底。事實上對英國來說，護航的問題不只關係到法國拿不拿得到船材。護航還意味著對登船搜查的抗拒，而這就會動搖到英國對從自家沿岸到歐陸之間海域的主權聲索。話說這一讓英國滿意得不得了的主權見解，則是來自法律史學家約翰・賽爾登（John Selden）的《海洋封閉論》（Mare Clausum），這是他用來回應格勞秀斯的大作。在主張英國的專屬權利及於其島嶼四周海域的同時，賽爾德形同在替約克認定英國「有權入主」的優越地位背書。不設限的護航會考驗英國的容忍度，給英國一個師出有名的藉口。因為相信英國寧戰也不願、不會放棄她搜索船隻的權利，所以荷蘭很多人都認為考驗英國的底線實屬不智之舉。

這場論戰跨越省際的界線，將黨派、團體捲入了衝突的漩渦中。荷蘭省督巴望著英國可以當他對付愛國者與革命想法的靠山，很清楚自己應該要反對到底。屬於中產的工匠還有無產階級則視不設限的護航讓貿易繁榮起來而帶動製造業復甦的利器，因此奮力支持。如果荷蘭能夠團結，那他們就能把贊成或反對的立場站穩，但當時就是沒有個人或組織有力量或權威足以把結論定於一尊。

法國大使沃居庸公爵（Duc de la Vauguyon）作為一名風度翩翩而輕聲細語的外交家，可以說久經法國宮廷圓滑手段之薰陶，畢竟他父親曾經入宮擔任法王路易十六的家庭教師。這樣的他以不慍不火的口氣，建議荷蘭人在政策上持盈保泰，無須讓自己付出代價。他說荷蘭人不需要把法國當成假想敵，但為了荷蘭自己好，也出於國家尊嚴的考慮，他也覺得荷蘭確實不能沒有一支強大的海軍。愈來愈對擋下荷蘭違禁品貿易感到絕望的約克開始益發疵牙裂嘴而態度傲慢。他開始訴諸恫嚇，威脅英國會撕毀西敏條約，讓荷蘭貿易在遇劫的風險中無一倖免。

聯合省議會未能從這當中看出英國正一步步邁向主動報復的跡象，而這或許一部分是因為「怒吼者」（Thunderer）約克爵士太常大放厥詞，但更是因為他們怎麼也不相信此刻已經在與法國、西班牙，乃至於美國接戰的英國，會莽撞到再新開一條跟荷蘭的戰線。但事件的發展總是出人意表。一七七九年六月，西班牙剛加入北美殖民地的一方與英國作戰。作為最鐵桿的君主制國家，西班牙不會從美國叛亂成功中得到任何好處，事實上是恰好相反，所以他們並沒有跟美國人締結盟約，而是與法國續簽了所謂的《波旁家族盟約》（Bourbon Family Compact）。更新這份盟約的目的，是為了讓久等了的各盟國可以有朝一日圓其美夢——聯手入侵英國。加入這場戰爭時，西班牙就已計畫好了要在一七七九年實現這個夢想，這年距離腓力二世的無敵艦隊帶著西班牙的希望沉入海中，正好一百九十一個年頭。比起入侵英國，西班牙退而求其次的參戰目標是光復在一七〇四年的西班牙繼承人戰爭中輸給英國的直布羅陀與梅諾卡島（Minorca）。在英國受到兩大歐陸強權夾攻的狀況下，西班牙相信屬於自己的時刻已經來到。

每個星期，攜帶著補給前往法國的荷蘭船隻都會遭到英國船艦攔停，而這也加深了荷蘭船隻對於他們在可能開打的戰爭中會處於劣勢的焦慮。海軍派疾呼要增加護航的船艦數量來保護貿易，但內陸省份遲遲不肯投票通過預算，導致政策辯論懸而不決，也造成荷蘭在海上的屏障遲遲無法強化。同一時間，海軍將軍白蘭特（Bylandt）作為護航艦隊的一名指揮官，通報了西印度群島的島上防務不足，其中他特別點名了聖佑達修斯島，警告說以該島目前的火力與建設若面對外敵來襲，其蒸蒸日上的商業將難以獲得庇蔭。但白蘭特言者諄諄，聽者藐藐。等造船工作告一段落，被移交給白蘭特統領來執行護航任務的新艦不是二十四艘，而是只有區區八艘。

在新的十年間，持盈保泰並不是荷蘭可以奢望的選項。作為施壓荷蘭擴充護航艦隊的手段，法國威脅要取消他們授予荷蘭個別城市與省分的進口特權，而這可傷了荷蘭的荷包。惟幾經思索，在還是覺得威脅不如利誘管用之後，法國反手核准了讓阿姆斯特丹跟哈連獲得進口關稅的豁免，而荷蘭各省市也果然吃軟不吃硬地在一七七九年三月的表決中給了法國回報，投票通過了不設限的護航。只不過爭議並沒有到此為止，因為聯合省議會顧及英國的反應，並沒有能確認省際的表決結果。

惟無視聯省議會這等同於禁止的漠視，一支早待命要偕載有海軍備料的商船從波羅的海啟航的四艦護航編隊，還是照樣在白蘭特將軍的指揮下出發了。一七七九年十二月三十一日，也就是這多事十年的最後一天，白蘭特在懷特島（Isle of Wight）外海遭遇了英國海軍中隊的六艘戰艦，領軍的是費爾丁（Fielding）准將，而費爾丁所奉之命是要不分有無護航檢查每一艘船隻。在費爾丁以訊號表明其意圖後，白蘭特拒絕了讓對方登船檢查，只信誓旦旦地表示他護航的船上絕無違禁品或木材。在堅稱鐵或麻也可以被視為違禁品後，費爾丁准將硬是派了艘單桅縱帆船要進行搜查。作為要其不可再冒進的警示，白蘭特將軍發了兩響砲，結果馬上遭到費爾丁所率中隊以舷側的重砲猛轟。不論是害怕打不過對方，還是不想成為對方開啟戰端的藉口，白蘭特示意要他的幹部放棄抵抗，並因為不願拋棄護航的對象而被敵人一起帶到了英國的某港。此時在荷蘭，眾人先是感到不可置信，而後繼起的是義憤填膺，他們完全不能接受英國這種妄自尊大跟禍害海上和平的行徑，而輿論也開始有了必要時得用武力來維持中立權的討論。仍希望能享有中立紅利的荷蘭任並無意步向戰爭，但英國對其貿易與航海權的干預，乃至以貿易立國的荷蘭對英國可能意圖動搖其國本的疑慮，都在逼著荷蘭要豁出去。事實上費爾丁鬧出的風波就是最後一根稻草，讓這種想豁出去的心情進一步發酵，促使聯合省議會在一七八〇年四月份悍然通過了「不設限護航」的投票。

對英國人來說，這次投票結果的敵意展現，且其殺傷力並不輸給費爾丁對荷蘭人擊出的舷砲。雙方現在都可以名正言順地怒髮衝冠，更別說英國後續在聲譽與自尊上受到的摧殘，更是在其延燒的戰爭狂熱上火上加油。這裡所說的摧殘，並非來自於荷蘭之聯省共和國，而是來自其叛亂的北美殖民地。更精確地說，是來自於美國行伍中一名大無畏戰士的一人之力。

十三歲從學徒當起的約翰・保羅・瓊斯（John Paul Jones）曾在往返西印度群島的貿易船上擔任見習生跟船副。有一回當船長與大副都陣亡之後，他曾接手過船隻的指揮權。大陸海軍因為招募困難而被某大陸會議成員形容為「錫匠、鞋匠與馬師」的烏合之眾，而在這樣的海軍中被任命為上尉之後，他初試啼聲被授予了阿弗列（Alfred）號的指揮權，並在前往巴哈馬群島襲擊新普羅維斯登島的回程中加入了與格拉斯哥（Glasgow）號的海戰。雖然好戰之名在外，想指揮的昭昭野心與異於常人之性格「顯露於目光中」，且曾遭控在多巴哥外海殺死過一名船上的叛變者，但他還是在一七七六年晉升為海軍上校。察覺這名海軍上校的進取心之後，海洋委員會決定放手一搏，計畫把一系列為他量身訂做的遠大計畫交由他去完成，簡直就把他當成是海上的白馬王子——攔捕駛往魁北克的軍需船；摧毀英國在紐芬蘭的漁場；在聖勞倫斯灣內的法屬島嶼間揚起美國的旗幟；解救被迫在布雷頓角（Cape Breton）島上當煤礦礦工的美國囚犯；截下替在紐約的威廉．豪伊將軍（General Howe）部隊進行補給的英國運煤船隊。對比這些天馬行空的狂想，他在不得不務實些的實際任務中展現出了他的英勇，戰果包括補貨了八艘戰利艦（prize；成為戰利品的船艦），還有摧毀了若干艘體型佔優勢的英籍雙桅縱帆船跟雙桅橫帆船。

一七七七年，懷著英軍的伯格因在薩拉托加（Saratoga）戰役中投降的好消息，瓊斯親率有十八門艦砲的《突擊者》（Ranger）號航向法國，準備要在當地接下仍在阿姆斯特丹興建中，強大新艦印度號（L'Indien）的指揮權。直指這違反了中立性的英國透過在荷蘭的親英派動用壓力，阻止了船的交付，所以最後瓊斯只領到了一艘上了年紀的法國商船。他下令將船重建並改裝到可以作戰的程度，並將之重新命名為好人理查號（Bonhomme Richard）來紀念班傑明．富蘭克林（好人理查是他的法文筆名）。但由於改裝跟外交安排都需要時間，所以在那之前，他收到的命令是自由發揮去「給美國的敵人苦頭吃吃」，而這真正是替他個性量身打造的任務。他乘突擊者號從法國出發直搗敵方水域，然後二話不說繞起英國，對其沿岸城鎮發動突襲，對著港內的船艦發砲，捕捉商船，最終並以逮住一艘二十門砲的巡防艦德雷克號為這趟冒險畫下漂亮的句點。德雷克號等戰利艦讓瓊斯在返法時受到了英雄式的歡迎，他的人在歐洲也逐步聲名大噪。

成為好人理查號船長的瓊斯開始想追求更大的榮耀，而就在此時，他得知了一項消息是有支英國護航艦隊正領著大量商船返英，為此他還特地去海上對其進行了偵察。一七七九年九月二十三日，他在約克郡沿岸的弗蘭伯勒角（Flamborough Head）外海追上了這支艦隊。就在他前方，他看到多達四十一艘戰利艦，而守著這些船的則是強大的英國雙層新艦塞拉比斯號（Serapis）。塞拉比斯號的武裝有五十門砲，包括二十門十八磅砲，而這可就把瓊斯船上的四十門砲跟六門十八磅砲給比下去了。隨著兩艘戰艦愈靠愈近，雙方都開了火。接下來的三小時，隨著從日落到月出間的天色愈來愈暗，旁觀者見證了一場留名海軍史的超戲劇性海戰。當兩船接近到手槍射程內時，塞拉比斯號的一發砲彈引爆好人理查號砲台上的火藥，當場造成眾多砲手陣亡，瓊斯船上的重砲也紛紛失效。瓊斯的三項優勢包括船帆能吃到的風、澆不熄的意志、精湛的航海技術。靠著這三項優勢，他捲起主帆讓好人理查號慢慢橫在塞拉比斯號的船尾，以便讓舷側砲轟跟對艦尾進行的直射砲火都發揮最大的效果。接著計算過他唯一的勝算後，他讓好人理查號靠上去，並以非常巧妙的操控讓他的船與敵艦並駕齊驅。他呼叫鉤釘，將好人理查號固定在塞拉比斯號上，同時他手下的狙擊手則瞄準每一顆英國的頭顱，將他們從橫桁兩端打下來，也讓甲板上屍橫滿地。手榴彈被擲上塞拉比斯號的甲板，引爆了一堆裝了火藥的子彈，讓半數在塞拉比斯號上的砲彈被破壞殆盡。在漸暗的天色中，兩艘船火力全開。在旁觀者的眼中，熊熊火焰閃著紅光，映照出的剪影是兩條戰艦如同兩隻死戰中駝鹿以頭角箝制住對方，非致對方於死地不可。好人理查號的甲板已經陷入火海，船身也在進水。在眼看沉船迫在眉睫，理查號的砲長對塞拉比斯號大喊起來，「饒命，饒命！看在上帝的份上！」瓊斯拿手槍朝砲長扔過去，擊倒了他，但說出去的話一如潑出去的水，已經傳到塞拉比斯號指揮官皮爾森（Pearson）的耳中，於是皮爾森回喊了一聲，「你們要投降嗎？」此時在兩方廝殺、槍響、與燃燒嗶剝聲的震天價響中，皮爾森隱隱約約聽到了一句留名青史的回答：「我才要開始認真打呢！」狠話都說出去了，瓊斯於是一躍而至一門組員非死即傷九磅砲前，自行裝填並發射了起來。一次又一次，他瞄準的都是塞拉比斯好的主桅。而終於在其主桅傾頹後，皮爾森在死去弟兄跟著火帆索的包圍下，扯下了他的紅色艦旗，表達了投降之意。在被押送到理查號後方上層的軍官甲板後，皮爾森向瓊斯交出了他的佩劍，而就在此時，塞拉比斯的主桅轟然側倒，而其再也無法御風前進的船帆則在生命尾聲最後一次的因風鼓脹後，崩落至海裡。慘勝的好人理查號因為遍體鱗傷到無可救藥，隔天沉入了大海。登上作為其戰利艦的塞拉比斯號，瓊斯往東航向荷蘭，並在用殘破的船帆撐了十天後，於十月三日一拐一拐進了泰瑟爾。需要中立港接納他的戰利艦，照顧他的傷兵，看守他的戰俘的瓊斯選擇了泰瑟爾當目的地，必然會讓荷蘭在英國那邊惹上麻煩。也確實，英國對荷蘭的恨意因此升了一級。

瓊斯選擇去荷蘭而不去法國，若真是刻意為之，那他很可能就是在執行大陸會議透過秘密通訊委員會（Committee of Secret Correspondence；其主要職掌是外交事務）所交付的任務，而具體將任務內容傳達給瓊斯的人，則是該委員會半官方的幹員，什麼閒事都愛管的查爾斯・杜馬（Charles Dumas）。杜馬跟班傑明・富蘭克林是一夥的，

塞拉比斯號與好人理查號海戰的場景，由Thomas Mitchell所繪。圖片來源：Wikimedia Commons

而富蘭克林當時正在巴黎負責美國與法國的外交關係，並據稱扮演的是中間人的角色。有一說是利用瓊斯來挑撥荷英關係的計策是法國人的主意，而對此英國人是經由喬瑟夫·約克的人脈網知悉。約克能掌握到杜馬與法國外長韋爾熱納（Vergennes）的書信往來，是因為有專人替他攔截抄錄，而且久而久之還破譯了當中的密語。在十八世紀，滲透使館靠的不是電子裝置或經不起誘惑的陸戰隊員。相對於此，各國都很習於把外長的信件打開謄抄。總之，瓊斯很樂於照法國的點子去做。他曾寫信給在巴黎美國特使團（American Commission）擔任秘書，但其實是英國間諜，被稱為「世紀第一諜」的艾德華·班克洛夫特（Edward Bancroft），並在信中提到他成就感最大的來源，就是「能利用他的立場去破壞荷英國關係到無可挽回的境地。現如今唯一還想也還能讓荷蘭繼續中立下去的，就只剩下那些以超高價壟斷幾乎全歐商運的船東」。荷蘭人民是同情我們的，瓊斯在報告裡說，而亞當斯也用信件轉達了他的話語給大陸議會。「日復一日，都有無數令人感佩的荷蘭女性來到船邊，當中有為人母者，有當人女兒的，甚至還有小女孩們。她們為我們的傷兵帶來的，是不計其數，來自荷蘭家家戶戶的慰藉與溫暖，而那都代表荷蘭百姓向戰士致敬的真心誠意，而那將足以掩蓋過所有的不利於我們的國政與外交局勢。」

民間開始有人作曲向瓊斯致敬，歡迎他來到阿姆斯特丹的歌謠在街邊成了商品。他的存在，乃至於被洗劫一空之塞拉比斯號的存在——其甲板上早已空無一物，只能如喪家犬一樣在港內殺氣盡失地搖搖晃晃，既孤單又悲愴——每天都讓英國大使看了感覺十分刺眼，而這也讓他立刻一如往常提出要嚴懲罪行的要求，包括他堅持要讓瓊斯被驅逐出境。作為英王的臣民，他通告聯合省議會只能把瓊斯視為叛亂分子跟「海盜」，而且連同他的船艦跟船員都只能移交給英王殿下的政府發落。他要奧蘭治親王知道他認為瓊斯進入泰瑟爾是「有預謀要將荷蘭聯省捲入與英國的糾紛中」，而他也不諱言這結果他也無所謂，因為他說比起假中立的暗箭，真敵人的明槍還比較好應對，只不過無論如何，大眾對瓊斯展現的熱情都讓他內心很不是滋味。

「昨兒個我靈光乍現，」約克在一七七九年十月八日給海軍部的信中說趁著他離開船到市區的時候，「我們可以逮捕他……」有些人會擔心由大使出面逮捕中立國的客人會不成體統，但喬瑟夫爵士不是那種會顧忌這麼多的人。「我刻意派了個朋友去進行測試，」他話說得煞有介事，但半路殺出了個程咬金是荷蘭法院的高級法警，而他表示「在搶劫的犯罪證據或書面證詞，乃至於賠償請求，我們一樣都拿不出來的狀況下」，他沒有權限對人進行逮捕，況且這一逮捕下去，事情馬上就會升級成政治事件，「於是我只能深感遺憾地放棄這條路。」關於英國外交部門的這位「鎮部之寶」，其直截了當的行事風格還真讓人啼笑皆非。

既然直接抓人行不通，他便退而求其次地向法院申請驅逐令，但同樣遭到了拒絕，理由是阿姆斯特丹跟其他商界人士的強烈反對。瓊斯為了替傷兵爭取照護的努力——包括英國傷兵——具有高度的複雜性，因為要在中立的荷蘭國土上由美國士兵看管英國戰俘，是個無解的難題。最終瓊斯獲准讓若干名受傷的戰俘登岸於泰瑟爾島，並「用我們的美國士兵看守他們，讓他們在島上的城堡裡待著，吊橋要拉起或放下都依我們的判斷」。食物與飲水，還有塞拉比斯號想重新啟航少不了的修復工作，匯聚了更多的討論。最終是在瓊・德・諾夫維爾（Jean de Neufville）這名阿姆斯特丹大商行負責人的幫助下，這三項需求獲得了滿足。話說諾夫維德當時正深深涉入的美國事務，這還不是最大的一件。

正當瓊斯在等待著風勢帶他離開英吉利海峽，擺脫在港外守株待兔的英船之際，諾夫維爾正在參與談判一項可以讓荷蘭國務突破現行的泥淖，催生出決斷與行動的計畫。時間推回前一年，法國已經與美國簽署了一份友好與暨通商條約，只要美國一獨立就可以即時生效。富蘭克林、席拉斯・迪恩（Silas Deane）與亞瑟・李（Arthur Lee）這三名駐巴黎的美國特使送了此約的副本給大議長凡・布萊斯維吉克（Van Bleiswijk），敦促荷蘭比照辦理。這檔事也被呈知了態度更為積極的阿姆斯特丹市議長，恩格爾伯特・馮斯瓦・凡・柏克爾（Engelbert François Van Berckel），他同時也是名好戰的律師。作為阿姆斯特丹市夢想與美國貿易夢的領袖，柏克爾急於與美國人把事情定下來，免得他們稍晚會在英國的和談條件下妥協，又重新回去當英國的領地。

隨著卡萊爾和平特使團（Carlisle Peace Commission）現就在北美殖民地向大陸會議進行

遊說，美國可能被說服而永遠無法成為其獨立貿易夥伴的可能性讓即便是不樂見革命成功的荷蘭人士都心急了起來。跟英國有過過節的凡·柏克爾把英國當仇人，所以就他個人而言，能看著德·諾夫維爾的條約挫一挫英國人的傲氣，會是再好不過。雖說德·諾夫維爾欲與英國之敵結盟的條約提案，應該是要是一個機密，但大議長凡·布萊斯維吉克身為人臣，總是要徵詢一下威廉五世作為國家主權象徵的意見，沒想到不問還好，一問之下威廉五世暴跳如雷。他放話說這條約無異於承認美國是個獨立的國家。他向布朗斯威克公爵表明若到了那一步，他會卸下荷蘭省督的職位，舉家放棄這個國家，因為他說什麼也不可能接受這種事情。所幸公爵成功安撫了他，說服了他讓這項提案先進行私下的討論。在此同時，凡·柏克爾建議阿姆斯特丹議會先不要正式向聯合省議會通告此一條約的提案，但可以先跟其他地方議會建立默契來為條約鋪路。由此這項秘密在很短的時間裡，就在數百人之間不再是個秘密，乃至於還不到年底，傳言就在整個共和國內傳得沸沸揚揚，甚至有消息滲漏到英國報紙上。凡·柏克爾還授權了德·諾夫維爾去與美國人進行草約的談判，並打算對此秘而不宣到英國人承認美國獨立為止。對約克而言，這些傳言之前已有德·葛拉夫的曖昧禮砲與約翰·保羅·瓊斯獲得的破格禮遇等一系列外交冒犯，而在這些冒犯的背後，則是英國一而再再而三地想壓制美國叛亂卻無能為力，令人煩躁不已。而現如今，竟有歐洲強權甘冒英國之大不韙，真要與那些叛徒平起平坐地議約。

是可忍，孰不可忍的約克除了戰爭，想不到有第二條路可行。軍事手段在當時作為國家政策的延伸，並不是什麼不可想像的恐怖事情，反而被認為是具有可行性，可以從中討到便宜的一種決定。只要在執行上能拿出幹勁，搭配以充足的武裝與兵力，那策畫戰爭的英國人就認為他們有機會收復失地，甚至可以佔領新的殖民地，一舉扭轉輿論迄今針對在美國種種失利而提出的抨擊。至於其劣勢——現今的英國想在美國戰場湊齊足夠的兵力，談何容易，遑論美國將新添二十艘風帆戰艦來對付英國已然捉襟見肘的海軍戰力——則被打著如意算盤的英國人當成是烏鴉嘴，掃進了心靈的地毯下視而不見。有恃無恐的約克在會見時指摘了奧蘭治親王的不是，他表明不滿的是威廉五世作為盟友，竟未先針對這條約提案與英國進行磋商。在荷蘭共和國內並無皇室地位，而被其英國皇室親族們覺得這是一個重大缺陷的奧蘭治親王，在此捍衛了他與荷蘭的尊嚴。他回答說由於這條約是一份國家級的文件，因此他沒有義務與任何人進行任何磋商。面對荷蘭國家元首卻一點面子也不給的約克，當場就口出狂言說這「三個渾蛋」——他指的是前述三名的美國駐巴黎特使——背叛國王所搞出的計畫，沒有資格被當成國家機密。只不過因為他手上沒有可用的手段或情報，這天的約克無法像平日那樣咄咄逼人地要求對罪魁禍首給予「恰當的處分」；由此這事暫時也就不了了之。

就在荷美密約如點燃的引信在悶燒的同時，一個更讓人難以招架的明火則在眾目睽睽下燃燒著。這說的，是一其成立宗旨在於共同抵抗英國海上攻擊，且由國際舞台上一名初來乍到者親身發想並贊助的國際組織——「武裝中立聯盟」(League of Armed Neutrality)。這名國際折衝上的新人不是別人，就是俄羅斯女皇葉卡捷琳娜二世（Catherine II），這位伏爾泰稱之為「北方的塞米拉米斯女王」(Semiramis，深具傳奇色彩的亞述女王）的女中豪傑，後世心目中的凱薩琳大帝。對領土之渴望不輸給路易十四的她想要將她的帝國邊界拓展超過奧地利與波蘭，其中她已經從波蘭取得了一塊領土，未來波蘭的三次被瓜分中還將再拿下兩塊。此外她的另外一個目標，是要推翻鄂圖曼政權，並藉俄羅斯之力來復興拜占庭帝國。但比起這些，她最希望的是在地中海沿岸取得一個溫水港。當馬爾姆伯里伯爵在前往海牙前，於聖彼得堡擔任大使的時候，他其實曾成功說服自家政府將其寶貴的梅諾卡島贈與凱薩琳大帝，以換取俄羅斯一來同意與其建立軍事上的攻防聯盟，二來能成功在英法與西班牙三國之間調解出公平而體面的和平。雖然只要點頭，她就能得到垂涎已久的寶物，但凱薩琳大帝最終還是婉拒了這項誘惑，主要是她懷疑英國背後有詐，亦即她一旦答應下去，要付出的代價將不只是表面看到的那樣而已，或者一如她為外交界所貢獻那句法文名言，La mariée est trop belle. On veut me tromper.，意思是新娘美成這樣，他們一定有事沒告訴我。

對英國干預貿易存在反感的國家，不光是荷蘭而已。「歐洲每個國家，」班傑明·富蘭克林在給秘密通訊委員會的信中寫到，「都想看到英國踢到鐵板，畢竟各國都在不同的時候被英國的傲慢無禮惹到過。」凱薩琳想為了出口怨氣來自組聯盟，不光是因為人多力量大，也是因為她不想獨自站在反英的風口浪尖。她想在從單純的殖民地衝突擴大成的全面戰爭中，成為各方都能接受的調解者：凱薩琳認為調停工作有助於提升她的國際地位，畢竟在這一點上她跟所有的俄羅斯統治者一樣，都有點沒自信。此外就跟所有人一樣，她也想在與美國的貿易上拔得頭籌，須知她與各國有志一同，都認為脫英後的美國會有數不完的生意給他們做。她想要透過增加出口來受益於各參戰國對俄羅斯商品愈來愈大的需求，尤其是由荷蘭人持續輸往法國與西班牙的海軍備料。兩條引信——武裝中立與仍在檯面下的貿易協議——正在悄悄地向彼此靠近。而隨著兩條引信在不久之後接在一起，戰爭的火花也將隨之點燃。

兩艘俄羅斯船隻在穿越一條西班牙放了話但沒有落實的封鎖線之後，於直布羅陀外海遭到了西班牙扣下。此時凱薩琳大帝決定她必須以一介女流之輩，讓處於無政府狀態的海洋環境恢復秩序。她在一七八〇年二月二十九日宣告了自己的決心，並具體設下了五條中立原則，希望加入聯盟的成員國可以共同捍衛。這當中有三條原則明定：一、海軍備料必須要跟以往一樣豁免於違禁品清單外；二、港口的封鎖線口說無憑，必須要放話的國家佈署足夠的武力去執行，才能獲得國際社會的承認；三、中立的船隻必須能沿著參戰國的海岸，自由航行於港與港之間。至於其餘的兩項原則，則牽涉到與違禁品相關的交戰國財產問題。瑞典與丹麥應俄羅斯之邀成為聯盟的成員，並宣布將使用他們的海軍，根據聯盟公告的條件來保護自身的船隻。在同樣受到邀請的荷蘭，凱薩琳大帝的聯盟吹皺了一池春水，除了阿姆斯特丹與奧蘭治親王派打對台，其他的互看不順眼的派系也吵成一團。而這一吵就是八個月沒有結論。對於選擇以武裝捍衛自身中立性之後，必然會遭到英國的報復這點，荷蘭海軍明顯沒有準備好，而這本身就是他們下不了決心的一個原因。決心捍衛自身商業的阿姆斯特丹成功彙整了荷蘭省議會的加盟票，但當聯合省議會初步接受這項意見的同時，澤蘭、海爾德蘭省與烏特勒支省隨即抗議。在這三省的壓力下，加上在興風作浪的喬瑟夫·約克爵士斥責荷蘭省的決議違反了一六七八年的英荷盟約，還老生常談地要求「對此辱英之舉給個交代」後，聯合省議會只得宣布荷蘭省的表決無效並重啟辯論。但喬瑟夫與其政府對此並不滿意。很顯然荷蘭人已經開始在心情與行動上蠢蠢欲動。阿姆斯特丹悍拒英國要約翰·保羅·瓊斯歸還戰利船，荷蘭拒絕根據舊盟約提供英國援助與資助，還有剛於一七八〇年四月所見荷蘭在不設限護航問題上的不友善投票，斑斑劣跡都讓英國表示荷蘭已沒有資格享受各份舊條約所賦予他們的特權。下好決定的英國政府不惜一戰，但這決定卻做成在一場諾斯爵士在議事過程中睡著，而希爾斯伯格（Hillsborough）與桑德威治（Sandwich）爵士都打起瞌睡的內閣會議上——據稱這是因為他們在選擇在吃飽食睏時議定政策。而此舉根據馬姆斯伯里爵士在寫給同事的信中所說，代表著英國必須一口氣單挑四個國家——法國、西班牙、荷蘭與叛亂的美國，「其中三國是僅次於其自身的海上強權」。一打四顯然不是什麼明智的戰略，但其中打荷蘭的部分卻似乎讓英國人義無反顧，他們想藉此展現國威的想法不受他們在美洲表現積弱不振的影響，或應該說正是為了扭轉氣勢才非這麼做不可。再者，他們滿懷對荷蘭人的怒氣，而人在怒氣之中便無法冷靜思考。想切斷荷蘭人對法國艦隊的供輸，被認為比切斷他們對美國人的供應要更為重要。他們在荷蘭問題上的感情用事，可見於馬姆斯伯里的言談中。馬姆斯伯里在接班喬瑟夫・約克爵士職位前也似乎吸收了這位前輩的尖酸刻薄。由此仍還在聖彼得堡的他在寫給另一名大使的信中撂下狠話說荷蘭人是「忘恩負義、汙穢而忘了長腦子的蠻人」，還說「他們注定要遭到毀滅，希望他們面對命運能乾脆一點」。

不過一項比憤怒更具體的動機，也確實存在於英國人心上。即便是如此不屑於貿易的英國人，也加入了貪婪者的行列，在腦中浮現出「與美國做生意將有利可圖」的嶄新前景。馬姆斯伯里將此結論坦白地放進了他的信裡，稱之為「決定對荷用兵」的「重要成因」之一，須之有朝一日，荷蘭將是他們與美進行貿易時最大的勁敵。時機是迫在眉睫的考量。沒有人知道其國內政局風雲詭譎的荷蘭會對中立聯盟做出什麼樣的判斷，但萬一荷蘭真的加入了聯盟，那武裝中立絕不可成為英國對荷開戰的理由，因為一旦如此，荷蘭就會擁有與其中立盟國並肩作戰的優勢。英國人開始了然於胸若他們真的要對荷蘭宣戰，則他們必須搶在荷蘭宣布加盟中立國聯盟前這麼做，雖然他們也不確定荷蘭人是怎麼想的。

於是為了尋求一個更即時的開戰理由，他們抱怨起荷蘭沒能根據一六七八年的英荷盟約提供救援與資助（包括前面提到的蘇格蘭旅）。但他們也擔心把事情做得太絕會把荷蘭人逼上梁山，成為中立互保聯盟的一員。就在此時，一項任誰也想不到奇妙意外讓英國眉頭舒展。由德．諾夫維爾擬出的荷美貿易草約伴隨與其起源有關的書信往來落到了英國人手裡。這些文件雖然因為掉進海裡而成了落湯雞，但並不影響其對英國人的用處。與德．諾夫維爾進行談判與擬約工作的美國代表是威廉．李（William Lee），他是枝繁葉茂的維吉尼亞李家中一名愛管閒事的成員。大陸議會曾任命了他擔任普魯士與奧地利的美國特使，但柏林或維也納當局都沒有貿然承認他，因為他們還沒準備好要為了承認美國官員而跟英國槓上。李於是轉戰荷蘭，希望在那兒破壞席拉斯．迪恩（經任命要接手亞當斯位子）的好事，然後取而代之。在滿懷計畫要推動阿姆斯特丹貿易的該市議長，凡．伯克爾之羽翼庇蔭下，李很快就與德．諾夫維爾搭上線，並以班傑明．富蘭克林與亞瑟．李（威廉．李的親兄弟）在一七七六年就高瞻遠矚擬出要與各盟友締約用的藍本基礎上，開始與對方商討起兩造友好通商條約的條件。等討論告一段落後，威廉便好像打了勝仗似地把成果寄給了他在大陸議會的朋友，簡直把這紙草約當成他獲得外交派任的兌換券。但其實他根本未獲授權去代表美國議約，一如他接洽或交涉的對象，不論是凡．伯克爾還是德．諾夫維爾，也都沒辦法代表整個荷蘭。但一時間大家都不擔心這點。在費城，這份草約被呈給了亨利．勞倫斯（Henry Laurens）這名出身南卡羅萊納，不久前還是大陸會議主席的大戶農家。他身為最終被派任到海牙去接任亞當斯之職的人選，在一七八〇年八月帶著這份草約啟航，準備好好研究就一下當中的內容。沒有艦隊護航的他只乘著一艘孤零零的定期班船（packet；一種客船或郵船）赴任，結果這艘墨丘利號（Mercury）在紐芬蘭外海遭到英國皇家海軍巡洋艦維斯塔爾號（H.M.S. Vestal）的追趕。很快地勞倫斯就將行李箱中的外交文件清空，將它們塞進袋子裡後用鉛塊沉入海底。但沒想到他在匆忙中沒把袋中的空氣洩乾淨，而浮起的袋子就這樣被維斯塔號的水手發現並勾了起來。維斯塔爾號上的人員一發現勞倫斯的身分是「一名要前往荷蘭完成貸款的紳士，而貸到的錢將供一群自稱美利堅合眾國的團體使用」時，就在九月三日逮捕了他，將他帶到倫敦塔中的監獄關押，直到戰爭結束後才放了他。

在勞倫斯的文件中發現了荷美草約，還有與之相關的書信往來後，英國人感到十分振奮，因為這正是他們所需要，荷蘭人私下與英國為敵的鐵證。時任英國殖民事務大臣的史托爾蒙爵士（Lord Stormont）在給約克的信中表示這些東西證明了阿姆斯特丹與美國人有直接的接觸。他如獲至寶地形容這是「徹頭徹尾與實際攻擊無異的敵意行為」。但考量到這份只是初步的草約，而且接觸的雙方面都沒有經過荷蘭或美國官方的授權，英國人的激動之情似乎——有意為之地——誇張了點。他們想故意把事鬧大，以便讓荷蘭嚇到不敢加入中立國聯盟，並繼續大肆炒作勞倫斯露餡的文件，不知道的人還以為有人要行刺英王。史托爾蒙爵士寫信給約克說若荷蘭聯合省議會被發現跟此時有所牽連，那這就可做為宣戰的理由。如果荷蘭在法國的影響力下加入了中立聯盟，那勞倫斯的文件則可以「用來在全世界面前合理化他們（英國）所採取的任何措施」跟「讓戰事走向一個最恰當的方向，那就是大不列顛與荷蘭之間的兩國糾紛，不涉及任何其他中立強國」。約克立刻歡天喜地地接下了代表英國去威脅奧蘭治親王的爽差。這檔事一旦公諸於世，他報告說，情勢就不可能「不順利讓荷蘭國內風聲鶴唳……並徹底澆熄其參與北方（中立國）聯盟的熱情」。但得意忘形的約克可能把事做得太絕了一點，這包括他以最跋扈的態度要求荷蘭省督必須公開宣示與草約無關，同時凡·伯克爾與其共犯必須以「破壞公眾秩序與違反國際法」的罪名受到懲戒，以儆效尤；如果荷蘭不從，那英王就只能採取行動來捍衛自身的尊嚴。還沒有正式交棒的亞當斯重申「傲慢的英國人對待阿姆斯特丹的態度，與他們看待波士頓如出一轍」。靠著他們那種適得其反，想教訓人卻更引人反感的要命天份，英國人在美國跟荷蘭都為自己創造出了相同的苦果——兩地的人民都開始團結一致抗暴，美國原本宛若山頭林立的各州甚至因此第一次組成了聯邦。亞當斯回報荷蘭社會大規模產生了戰爭的意識。在聖誕節當天，他寫道荷蘭共和國籠罩在「以暴制暴」的氣氛之中。原本流行於水手之間的反英歌曲開始在街頭巷尾傳唱。「一名女性唱著歌……就在同一個地點賣出了六百份歌譜，前後只花了一個小時。這也就前天的事情。這些都是戰雲密布的跡象。」就在中立聯盟的議題恢復辯論的同時，英國人發布了最後通牒，指控荷蘭人未能遵守一六七八年的英荷盟約。而荷蘭這邊的說法是由於英國援引盟約要求支援是為了鎮壓殖民地的反叛，而不是因為遭受第三方攻擊，所以盟約在此並不適用。他們拒不接收最後通牒，並在一七八〇年十一月二十日與各國達成協議，加入了中立聯盟。各參戰國在十二月十日被正式通知了這項決定。

荷美密約讓英國格外臉上無光，因為那代表自己的盟國在與叛亂份子打交道，更別說違禁品正源源不絕地經荷蘭之手流入美國，英國完全束手無策，除非他們一不做二不休：釜底抽薪地拿下聖佑達修斯島。據說這辦法是由喬瑟夫・約克爵士建議給英政府。被挑選肩負這任務的則是海軍將領羅德尼。

最後通牒被拒，將之發出的國家總不好毫無反應。十二月二十日，英國沒有意外地向荷蘭聯省共和國宣戰。具體而言他們號令了在海上的各指揮官，其中海軍將領喬治・布里吉斯・羅德尼爵士（Admiral Sir George Brydges Rodney）接獲的指令是搶在荷蘭人能發出警告之前就直取未加強設防的聖佑達修斯島。在他對議會發表的宣戰演說中，諾斯爵士詳列了荷蘭讓英國受到的委屈：「視（同盟）條約於無物」的他們（荷蘭）拒絕提供英國有權獲得的協助給英國；他們提供了軍用的儲備給法國；他們睜隻眼閉隻眼地讓阿姆斯特丹「透過與叛亂殖民地締約來羞辱英國」；他們任由約翰・保羅・瓊斯這名「蘇格蘭佬與海盜（這兩種身分顯然同樣可惡）將英國船帶進他們的港口，並在那裡修整」；他們縱容一艘「叛亂私掠船」在「其碉堡砲擊射程內」抓捕了兩艘英國船隻，然後再讓這艘私掠船在聖佑達修斯接受致意。諾斯爵士明顯誇大了安德魯・多利亞號的「罪行」，因為我們知道她並沒有抓捕任何英國船隻，何況是諾斯爵士說的兩艘，至於諾斯爵士將大陸會議旗獲得致敬列為開戰的原因，顯示了德．葛拉夫的這個舉動多讓英國人恨得咬牙切齒，那不只是因為此舉承認了「叛國亂賊」的合法地位，也是因為德．葛拉夫讓某種程度上被英國人是為下等人的美國人與自己平起平坐。

喬治．布里吉斯．羅德尼爵士（Admiral Sir George Brydges Rodney）肖像，由Thomas Gainsborough繪製。圖片來源：Wikimedia Commons

有趣的是最讓諾斯爵士難以忍受的，似乎是荷蘭官方對備戰的意興闌珊，那感覺就像諾斯爵士會因此不好意思採取攻勢似的。他對議會表示雖經不斷挑釁，但「他們（荷蘭）並未針對可能遭受的攻擊而提高警覺或加強備戰；且雖然他們心知肚明荷蘭的商人直接違反了每一條公認的國際法，持續供應軍需給英國之敵，並將聖佑達修斯島當成此舉的根據地，但他們卻未因此覺得自己有必要掩人耳目，或是提防英國海軍指揮官在相關海域對其發動突襲，須知英國海軍的監視與活動他們不可能一無所知」。很顯然，諾斯會寧可他們宣戰的對象是一個隨時準備好開砲的對手。

這之後那場邊緣到幾乎讓人無視的衝突，就是荷蘭人口中的第四次荷英戰爭。這場戰爭放大到世界的尺度上，會是一場本身微不足道，但其影響卻深遠到不成比例的事件。而縮小到局部，在以德，葛拉夫的禮砲為起點的冒險故事中，這場仗會把聖佑達修斯拉下馬來，而把一名歷史的要角推上檯面，他就是前面提到過的海軍將領羅德尼爵士——這人作為英國海上力量的核心人物，會因為一次的「疏忽」，而成為左右美國獨立戰爭命運的關鍵。

對荷蘭來說，這場仗會導致英國人奪取了他們的殖民地、貿易跟船隻，最終更會導致奧蘭治親王的威信蕩然無存，主要是親王將概括承受其忽視海軍、延誤加入中立國聯盟，乃至於大大小小災難性後果的責任。由此，親法的愛國者黨將取得政治上的控制權，荷蘭省督將遭到推翻，而在法國影響力的持續進逼下，聯省共和國將在一七九五年被併入法國，而這也讓荷蘭共和國辛苦掙來的獨立，在不到一百五十年之後畫下了一個暫時的逗點。

7 羅德尼將軍登場

當海軍將軍喬治・布里吉斯・羅德尼爵士被授予要去攻擊聖佑達修斯島的命令時，他人是英國艦隊位於西印度群島，背風群島站點的指揮官，並已長期不滿於聖佑達修斯島日復一日作為資助英國敵人的大本營。身為一個嚴以待人，出手絕不手軟的傢伙，他等這場懲荷行動已經很久了。他在一七八一年一月二十七日接獲於向風群島東側，巴貝多群島外海的命令，是通知他英國已經與荷蘭聯省共和國進入戰爭狀態，並表示有鑑於「聯省共和國之聯合省議會暨其子民所行出的許多惡意行為，並為了按國王殿下陸海軍將領之共同意見，藉由攻擊並制伏荷蘭位於西印度群島之財產來獲得賠償且洗刷恥辱的嘗試能馬到成功」，海軍部提議立刻出擊。他們建議「首波攻擊鎖定聖佑達修斯島跟聖馬丁島，因為這兩地應該都做不出什像樣的反擊」。羅德尼獲得授權可「就相關程序」向馮恩將軍（General Vaughan）請益，他是數週前就預料會有戰事而被派出來的陸軍指揮官。扎扎實實的利益，作為十八世紀大小征戰不可或缺的緣由，這次也沒有缺席：由於極大「數量的補給與各種備品被存放在那裡」，海軍部指出，「且只要我們動作夠快，那些補給與備品便將成為我們的囊中之物，所以立刻發動攻擊並拿下那些島嶼」是最好的做法。就策略上而言，如羅德尼在十二月二十五日致函第一海軍大臣（即海軍部長）桑德威治時所說，馬丁尼克島因為擁有傲視背風群島中第一名的良港，因此「是最適於發動攻擊的島嶼」。英國只要拿下這個島，就可以從根本上左右戰事的走向，但英國的第一目標是切斷從聖佑達修斯島流向宿敵法國與美洲叛亂者的違禁品供應。在剛過的九月份，桑德威治向內閣表示過有三分之二受到護航的補給品與海軍備料在從英國出發後，最終都會來到聖佑達修斯，然後再從這裡被運送到馬丁尼克的法國海軍手裡。羅德尼對這條罪孽深重之航道了然於胸，因為他的船經常前往進行攔截工作，同時他也非常氣憤於該島嶼曾謊稱自己沒有庫存，但其實是把他修補索具所需的繩索藏起來。新仇舊怨讓羅德尼不需要搧風點火，也想對聖佑達修斯痛下殺手。他回報海軍部說他「一時半刻也沒有耽擱」就執行了命令。部隊已經登艦、船隻已經備好了糧食、飲水，檢查完畢的火砲與索具也已就緒，「一切都保持最高機密」，以期迅雷不及掩耳的攻擊可以讓敵人感到「青天霹靂」。一月三十日深夜，他率共計十五艘船的中隊出擊，並在二月三日駛抵聖佑達修斯港。

出於某種令人費解的技術性疏失，島上沿岸的砲陣地普遍口徑與射程都不足以將近岸有敵意的船隻擊沉。你不禁會納悶如果帆船上的橫搖甲板都可以裝上十磅砲，那同級或更大型的火砲有什麼理由不能安裝在穩固的陸地上？事實是守方的盲目吝嗇讓岸砲數量少到無法與風帆戰艦上的重砲火力匹敵。由此當某艘巨艦與岸上的砲陣地進入互轟階段後，勝出的往往是前者。奧蘭治堡的岸砲就跟其他島嶼狀況一樣，仍能被看到裝在碉堡的庭院之中，直直朝下對準了港口。如果岸砲不能殲敵於海上，讓他們沒有機會搶灘，那這樣的岸砲意義何在？對於這問題你會聽到一片啞口無言，因為當時的科技對此無解。

羅德尼讓部隊下了船，然後對島上的總督發出了傳票，要求以一小時為限，「聖佑達修斯須與其附屬島嶼一同立即投降，存於或屬於當地的一切物資都要供前揭的英王陛下運用。若有抵抗後果由你自負」。由於港內只有一艘荷蘭船隻，針對羅德尼的重砲與三千陸軍也沒有任何防務可恃，德·葛拉夫只能束手就擒。他象徵性地從碉堡中發了兩砲作為起碼的反擊，為的是讓在港中代表荷蘭海軍的白蘭特海軍將軍能保有一絲顏面。但接著他便交出了聖佑達修斯。泊於錨地的五十艘武裝美國商船根本來不及迎擊就被拿下，而從船上起出的文件按照羅德尼所寫，更進一步證明了聖佑達修斯對叛亂有多大的助益。「他們所有的索具、船帆、發砲火藥、武器彈藥，乃至於各式各樣的物資，都是這個島上運出，亦即少了這座島的奧援，美國船根本出不了海。」藉此他想重申的，是聖佑達修斯島在北美殖民地叛亂上所扮演的要角。島上兩千名美國海員與商人想要一搏，但因為食物供應被英軍切斷，他們只得一起投降被俘。由是該島在一七八一年二月三日正式易幟。

「我謹以至誠恭賀各位大人，」羅德尼在向海軍部報告任務成功時表示，「因為透過拿下這座島，我們算是對荷蘭西印度公司與邪惡的阿姆斯特丹地方官給予了重重一擊。」他希望這島「可以永世不再回歸荷蘭，因為它對英國造成了比其他所有敵人加起來都更大的傷害，同時還隻手造成了北美戰爭得以苟延殘喘。」

「島上總督與居民的震驚，」羅德尼後來寫道，「令人難以置信。」事前兩天從阿姆斯特丹海軍部趕赴島上的白蘭特伯爵，原本已經「舒緩了他們對戰爭的恐懼」。可能有人會覺得在與英國交戰之烏雲密布於荷蘭上空的此時，白蘭特伯爵的到來應該會為島上帶來更強烈的預警才對。但還有另外一種可能是伯爵覺得他反正沒拿到任何資源可以達成這個目的，那又何必枉然地去撩撥反抗的鬥志。總而言之，聖佑達修斯對英國人跑來要求投降感到「震驚」，是可以理解的，因為據稱羅德尼進港之際，船上飄揚的是法國國旗，惟這說法並無確切的目擊者證言。此一欺敵手法若果真屬實，那將可以說是一種出奇地卑鄙，很難想像是皇家海軍將領會採取的手法，因為身為皇家海軍，理應會不屑於用宿敵的旗子來當成偽裝。但話說回來，千百年來的戰士儘管總把榮譽跟光榮掛在嘴上，但真正打起仗來，他們還是不怕手髒，隨時可以在行為上表現出「兵不厭詐」。事實上，用假旗騙人的做法並未違反當時的國際法，也沒有引發任何不滿，羅德尼更沒有只此一次下不為例。他在英國已經佔領了聖佑達修斯島後，還讓荷蘭旗幟飄揚了好幾個星期，為的就是將島當成誘餌，吸引不明就裡的船隻自投羅網。

羅德尼一舉拿下斯塔提亞之後就開始大肆破壞與沒收財物，直至在英國國內引發了反對黨的嚴詞撻伐，而帶領這股聲音的正是義憤填膺而口若懸河的艾德蒙·柏克（Edmund Burke）。首先，羅德尼在近海捕獲了一百三十艘各式商船，其貨物總值在五十萬英鎊之譜，這作為戰利品還算正常。接著他開始搶掠店鋪與住宅中的私人財產，乃至於倉庫中的海軍備料與貨品、軍火庫當中的武器與彈藥，還有灘頭上成箱的蔗糖、菸草與稻米。整體收益推估有三百萬英鎊的價值，而這還不含被攔截的船隻。羅德尼索要了一份島上商人與其庫存的明細，然後鎖定了當中的猶太人。猶太人在島上有非常成熟的小型社區，而羅德尼令要他們交出所有的現金、珠寶，以及所有可能藏在他們衣服裡值錢的東西。以對即便普遍引人反感的猶太人也未免欺人太甚的做法，他下令猶太人得在收到通知的一天之內離境，不得通知家裡，也不能回家一趟。稍微被網開一面的法國人作為敵國公民，則被全數遣送到鄰近的法國島嶼上。殺紅眼的羅德尼還追著德·葛拉夫要問罪，因為他是「回應海盜兼叛亂份子禮砲而羞辱了英國國旗的第一人，而且還在其任期內沒有一天不對大不列顛充滿敵意，刻意包庇美洲的叛亂……」兩艘美國船的存在，一艘是二十六門艦砲的德·葛拉夫號跟另一艘是十八門砲的德·葛拉夫夫人號，「證明了美國人有多麼對這位總督感恩戴德……他聚斂了大量財富，而且外界流傳不少是壓榨而來。他的農園沒收後將由英王陛下發落」，而德·葛拉夫本人則將以戰俘身分連同他的其他家產，被遣送到大不列顛。出於對富人應有的尊重，羅德尼進一步解釋說德．葛拉夫總督「會被容許帶上他的居家用品、家具、碗盤、珠寶、桌布被單、還有全體僕役，而他本人在被運送到大不列顛時，搭乘的也會是一艘內裝適於接待總督一家的上好船隻」。

在清點戰利品的過程中，羅德尼下令讓兩艘戰艦與一艘巡洋艦去追逐一支有三十艘船，而且「滿載貨物」的荷蘭護航艦隊，原來這支艦隊從聖佑達修斯離開，只比羅德尼到達該島早三十六個小時。護航艦隊的荷蘭海軍指揮官克魯爾將軍（Admiral Krull）明知不可為而為之地為了祖國旗幟的榮譽而戰，最終壯烈殉國，他的艦隊也盡落英國之手。「一個都沒讓他們跑掉，」羅德尼得意洋洋地回報了戰果。三艘來自阿姆斯特丹的荷蘭大船與一支來自瓜德洛普的護航艦隊後來趕到，但也同樣為英國所擒，此外還有「一支五艘風帆戰艦的中隊也隨時會自投羅網」。這之後，預期中的中隊果然偕有三十八門艦砲跟三百名組員的馬爾斯號（Mars）加入戰局，但事實證明他們依舊不是羅德尼中隊的對手，由此馬爾斯號「會經過英國的任命與人員的進駐後，在數日後成為英艦並加入巡弋」。他能通報的戰果，還包括抓到五艘火力等級在十四到二十六門砲的美國巡洋艦。整體而言在英荷戰爭的頭一個月裡，荷蘭商隊中的兩百艘船被英國拿下，而這作為一個戰略意義不小於聖佑達修斯島的成果不僅癱瘓了荷蘭的航運，也加速了聯省共和國的衰落。不論是要將聖佑達修斯島上的財富加以收集並安排護航送回英國，還是要繼續追擊那些與敵人貿易的可恨英國商船*，都讓羅德尼忙得不可開交，而這也讓他沒有能親率艦隊去巡邏海面，攔截法國對美洲戰事可能的干預。但雖然他一肩扛下了此一嚴重疏失的責任，但真正的錯其實不在他，而在於其政府與戰爭事務大臣們對這件事的輕率管理——是高層沒能預見或顧及法國干預將造成的嚴重後果。英國當局從來沒有一道命令下給羅德尼，要他把避免法國援軍馳援美洲叛軍當作他手下艦隊要不惜一切代價完成的主要任務。如果他或他的政府有未卜先知的能力，可以預見約克鎮的法軍會帶給英國致命打擊，那羅德尼收到的命令就會更肯定，就會是有人用斯巴達式的口吻對他說：「要麼拿著你的盾牌回來，要麼躺在你的盾牌上回來」。羅德尼之所以從未收到過這樣緊急的命令，是因為英國人壓根沒想到過美國人有任何勝算，也不覺得法國人的介入能扭轉乾坤。大臣們之所以沒有採取行動去避免康瓦里斯將軍（Cornwallis）的部隊在約克鎮被圍，是因為他們從沒預料到這種事情竟有可能發生。

羅德尼最憤怒的對象，莫過於在斯塔提亞與特別是在聖基茨島上的英國商人，因為他們一直在賣國求榮，把要把打在同胞身上的軍火售予敵人。靠著出其不意的攻擊，他搶下了這

* 除了自身的貿易以外，許多英國船還兼做代理商，這些英商會把自己的貨物運過英吉利海峽到荷蘭，再從荷蘭與荷蘭的貨物一起被轉運到聖佑達修斯，最終抵達美國。

些英商帳房中來不及銷毀的帳簿，並將之送回英國給喬治．赭曼爵士（Lord George Germain）主掌的戰爭部。兩名隸屬大陸會議而經手過這些買賣的美國代理商，一個叫艾薩克．古維納（Isaac Gouverneur），一個叫塞繆爾．寇松或庫爾松（Samuel Curzon／Courson），被連同帳本押回英國，為的是讓他們以叛國賊的身分受審。但對英國公署的行事鬆散理應並不陌生的羅德尼，這回卻太過相信政府了。後來他遭到叛國嫌犯反控，需要證據在法庭上替自身辯護。這些證據，也就是那些可以顯示出英國商人在與敵人交易牟利的文件，原本存放在赭曼手下的殖民事務次官威廉．諾克斯（William Knox）手裡，但這些公諸於世會讓英國政府顏面無光的資料，卻在這個節骨眼上莫名消失了，而這也證明了什麼叫做「有關係就沒關係」。羅德尼最終能在法庭上拿出來的違法貿易文件，只有一份。走私軍火會先由英商運過英吉利海峽到荷蘭，再於經由荷蘭轉運到聖佑達修斯島，在那兒賣給美國代理商，最終由美國人發射到英國士兵身上。被送到英國的兩名美國代理商實際上是以叛國罪接受閉門審判，接著被關進了監獄。當北美戰爭結束後，這兩人獲得了釋放，其中一人不久後便死了。他們的通訊與商業文件曾因受審之故被移交給兼具司法功能的上議院，但或許是因為會讓大人物難堪或獲罪，後來就怎麼找也找不著了。此刻光是在北美向美國人投降，就已經讓英國顏面掃地了，所以無人有閒情逸致去追查叛國商人的失蹤文件，或是其背後可能隱藏的醜聞。

在聖佑達修斯搜斂財寶的期間，羅德尼深知不同於海軍的傳統是會在船貨等戰利品於公告拍賣變現後分給上到海軍將領、艦長、船員與船東的所有關係人，在領地上繳獲的所有東西，或是以國家名義沒入的財寶，最終都只會屬於國家元首。但為了感受到真錢在手裡頭哄哩哐啷，他不知是貪婪還是犯傻地採行了（戰利船）捕獲法院的制度，由捕獲法院公開拍賣從島民手中取得的財物。由於法院拍賣可以低於成本賤賣，因此東西的主人主張羅德尼要把差額還回來，而這衍生出的訴訟除了讓他的勝利時分走了味之外，也讓他之後的人生不堪其擾。

不過在當下，他的人生真的是光宗耀祖。「希望你的喜悅，我親愛的喬治爵士，」他的妻子喜不自勝地寫信給他，「不輸給你帶給家鄉親友的喜悅，甚至我可以說是帶給全體英國人的喜悅，而一切都得歸功於你光榮的勝果……每張臉孔都被喜悅點亮，每副嗓音都迴響著對你的頌揚……我家變得所謂門庭若市，都是從」捷報在十三日寄到的「那一瞬間開始」……「朋友跟熟人，通通找上了門來」。在週四的客廳裡，「我從國王陛下與王后殿下處獲得的關注，多到足以讓我的小腦袋暈頭轉向。晚間我前往了坎伯蘭（公爵）府邸（Cumberland House），在那兒收到了同樣溫暖與讓人愧不敢當的恭賀……這種讓讓我們光耀門楣的大喜事，對反對黨不啻是青天霹靂，因此他們幾乎全在下議院缺席。據傳你要被授予爵位了。」

聖佑達修斯的陷落有多令英國鼓舞歡欣，對荷蘭就是多大的打擊。「你絕對無法想像，」約翰．亞當斯寫道，「這事件讓荷蘭陷入了什麼樣的愁雲慘霧與無邊恐怖」，而同一項事件在羅德尼幸災樂禍的報告之中，則是把法國的西印度群島推進了「非比尋常的不安之中。他們亟需各種補給與儲備」，而他的希望是能「以各種辦法封鎖他們，讓他們什麼東西也拿不到」。

羅德尼提醒了英國掌權的袞袞諸公，聖佑達修斯島的易幟是「對荷蘭、法國與美國而言，難以想像的損失……拿下此島這是非同小可的戰果，其意義之大我誠惶誠恐地不敢妄言。一切的獲得都將聽從陛下的聖心發落。」但事實上來到這個時節，以美國盟友身分參戰的法國已經讓北美殖民地的軍火供應大致無虞，亦即聖佑達修斯島的角色已經不再那麼關鍵。羅德尼這一仗贏得太晚，對英國而言除了掠奪無太大意義。

至於對羅德尼個人，他期待中的爵位也落了空。最終他只被任命為巴斯騎士指揮官（Knight Commander of the Bath）。這樣的手筆對一天到晚抱怨將領畏畏縮縮，希望能有勇者為國所用的喬治三世而言，實在是小氣了點。至於為什麼會有這種結果，恐怕跟羅德尼報告中那些落人口實的做法脫不了關係。他希望「若蒙陛下恩准，能由海陸兩軍分享一部分戰利品，希望陛下能夠示下他的恩賜會以何種方式配給，因為這庶幾可以避免齟齬。」

羅德尼被發現從與敵貿易的英商手中將其財產充公，引爆了怒火，而這股怒火也很自然地傳到了英國國內政府批評者的耳中，並讓反對黨最有力的喉舌，艾德蒙·柏克，在下議院起身要求調查。在討伐羅德尼的言論中，柏克滔滔不絕的慷慨陳詞鏗鏘有力，簡直就要讓人相信他老母是撒旦的爪牙。他陳述的主旨是羅德尼在對帶聖佑達修斯居民的時候，其手段之「殘酷與高壓」直可在「我們在都是敵人而沒有朋友的慘烈戰爭中無法脫身時」，招致島民的各母國群起對我們復仇」。柏克一廂情願地宣稱以德報怨而不要將「戰爭推至極致」，可以「消弭仇恨」，並讓敵人「更樂於化干戈為玉帛」，至於中立者則「也有機會為英國人在為自己討公道時的不卑不亢喝采，進而在衝突中暗助我們。但我們若反其道而行，則會激發他們團結在反英的統一陣線之後，也團結在想捍衛人性，使其不致墮落到強搶掠奪的共同理念之後」。你很難想像政治敏銳度如此之高，而且見多識廣，深諳戰爭在國家之間是怎麼一回事的柏克，會真的相信自己說出來的這種童話故事，事實上像這種陳義過高的理想，也很難拉到政黨忠誠票之外的漏網之魚。柏克靠著他的如簧之舌跟說得比唱得好聽的催眠魔力，讓國會議員被他天花亂墜的言論弄得如癡如醉，欲罷不能。他表示英國在對荷蘭宣戰時所用的語言，「既沒有威脅使用不人道的殘酷手段，也沒有刻意擺出疾言厲色的架式」，反到「更像是兩個老朋友之間偶有的不合，彷彿雙方會顧念舊情而讓局勢緩和下來，而不至於讓代表災難的戰火愈燒愈旺。那字裡行間吐露的，是溫暖的善意與漫長的煎熬」，且發出的威脅「似乎也充滿著無奈，就像背後其實有著一顆淌血的心，正飽受非其本意之紛爭的摧殘」。然後對聖佑達修斯的遠征令，就急如星火地發出在晚近一場颶風那「至為悲慘而廣泛的天災」之後，「也在當地所有島嶼全面陷入磨難與痛苦深淵的沒多久後」。他在這裡說得不錯。「原本我們可以期待在世界的那一隅，名為戰爭的毒蛇可以暫且被安撫下來……而不至於繼續再對那群人雪上加霜……當然只要人的驕傲被打倒在地上，當我們看到我們在全能者的手下只是蠕蟲，我們就會知道要從洞裡爬出來，心懷對彼此的兄弟之愛；也會知道要收斂一下我們積累的恨意，不要再在颶風造成的災害以外在用戰爭去落井下石。但大不列顛卻沒有這麼想，也沒有這麼做。」他接下來對島上狀況是如何的「毫無準備、毫無遮蔽、毫無還手之力」，講得令人十分動容，就好像那某種程度是英國的錯，而最終又加深了英國的罪孽。這之後在結語中，他談到了私人財產的充公：「不論是敵是友」，不分中立國或英國臣民，「富者的財富、商人的貨物、工匠的生財工具、窮人的必需品，全都被一掃而空，所有人的都在一瞬間被判處了一窮二白之刑。這在歐洲已經是多少年聞所未聞的酷刑……是對國際法至為最無可辯解、最粗暴、最沒有底線的違反……至於其他做法也是即便從史前的野蠻時代算起，也少之又少的暴行……倉庫被鎖住，業主不得其門而入，」結果就是他們被剝奪了「正當勞動所應享有的利潤……此前有人知曉比這更加專斷蠻橫的行徑嗎？……這在人類征伐的史冊上絕對是空前，但卻沒能絕後，因為更過分的事情緊跟著便出籠」。下一步「是要把他們的書信跟私人文件收繳一空」，而這也就讓他們無法在海外申請貸款……「商人與居民被搶掠了他們在世上的身家，也被奪走了一切財產獲得歸還的希望」。他一面同情這些原本金山銀山、茶來伸手飯來張口、倉庫裡盆滿缽滿，如今卻淪為乞丐的商人，一面卻又對他們與敵人做買賣的事情無動於衷。對於英國跟帳簿為此被查扣，他從頭至尾一聲不吭。因為反正他說來說去只是想藉此事對政府進行指控，客觀公正從來不是他所追求。

當柏克在他長篇大論的演說中提到羅德尼處置猶太人的方式時，他展現出的是開闊心胸的廣泛興趣。在提到猶太人被下了個得在一天之內拋家棄子、身無分文離境的驅逐令時，他描述了沒有國家的猶太人事何等地弱勢，而這比猶太人歸納出自身困境的問題本質，要早上八十年。「英國人受了傷，」柏克說道，「他們可以投奔軍隊跟法律可以去尋求保護跟正義。但猶太人沒有這樣的力量或朋友可以倚靠。所以世人必須扮演他們的保護者與盟友。」柏克識得了問題出在國籍，但點出問題不等於解決問題，猶太問題的解決還得等到下個世紀，畢竟柏克並不關心猶太人，他關心的是自家政府展現在羅德尼身上的錯誤。他的動議觸動了一場激烈的論戰，主要是有人認為這世上有公認的國際法，有人認為沒有。

喬治·赭曼爵士作為羅德尼最主要的辯護者，發言表示柏克讓人看清了他對戰爭行為是個「徹底的門外漢」，因為沒有哪一座島或哪一塊領地被拿下的時候，能免得了聖佑達修斯的遭遇，須知「這種占領土地時必然的例行公事」不論如何「駭人聽聞」，都無可避免；赭曼爵士說是荷蘭人自己讓聖佑達修斯成為為英國之敵所用的倉庫；還說「要不是有這座島嶼的持續供輸，法國人早就在這場戰爭中難以為繼了，」一如美國人也是；他說當羅德尼在十月份的暴風雨過後，「苦於索具與備料的嚴重匱乏之中」時，曾經向聖佑達修斯島申請購買繩索，但卻遭對方以庫存不足為由拒絕，惟其實島上明明堆放著數千噸的繩索——足以長年供應各式船運的繩索需求；他還說被充公的私人財產都已經完成封存並註明了原所有人的身分，一切就等法庭如何發落；也就是說，他「不覺得這次行動指揮官的行為有任何可議之處」。

這場論戰在檢方與辯方的激烈交鋒中，鬧大到了公眾的視野中。其中牙尖嘴利到足以潑婦罵街的查爾斯．詹姆斯．福克斯（Charles James Fox）也沒有置身事外。他首先刻意以深深的一鞠躬來肯定喬治．羅德尼與馮恩將軍的為人與品格，並表示他確信即便是那位提出調查動議的可敬紳士（柏克先生），也必然將不諱言「跟地表上所有人一樣發自內心，敬佩上述二人」，以此開場之後，他表示他們不該在此追究這些個人的責任，「而應該去探究一個國家層級的大哉問」——英國的名譽：「歐洲列國會好整以暇地等待海事法庭的判決出來，才去定這個案子的罪，並採取後續行動去報復嗎……？他們會直接跳過麻煩的調查功夫……而不去管那背後究竟是想要掠奪的慾望失控，是貪得無厭的軍方大開殺戒，還是橫衝直撞的政府係體展現了其野蠻的一面。他們會二話不說就公正地宣布大不列顛在此案中違反了所有的戰爭法則，然後就快馬加鞭地去要麼懲罰我們不該重新犯下將英國埋在灰燼中的野蠻行為，要麼秣兵厲馬，等著看瘋狂或失策的我們樹敵無數然後遭到消滅。」出於以上的原因，國會必須立刻做成決議「宣告他們對在聖佑達修斯發生的事情感到震驚與難以接受，並用至為尖銳與強調的用語去表達譴責之意……」他很樂於聽到尊貴的大人（赭曼）覺得這次事件裡沒有可議之處，因為「這麼一來，全歐洲都會口耳相傳地知曉掠奪聖佑達修斯的人，亦即違反戰爭權利義務的不是我們的將領，而是我們的重臣」，由此陸軍與海軍（可）免於「不名譽的詆毀，而喬治・羅德尼爵士」作為其在西敏寺任公職的同僚「也將獲就於即便是最剛正不阿之人也免不了會遭到的嚴峻非難」。

帶著濃重的嘲諷，福克斯宣稱他「很高興尊貴的大人可以如此寬容大度地為陸軍與海軍開脫。這個國家的軍方，特別是海軍，是他的心頭肉，而他們的聲譽理應被每一個英國人供奉在心中。正是靠著功績卓著的海軍，大英帝國方得以一路以來享有盛譽與國力，並未來英國也必得繼續藉此來獲致其安全與國威。如果他們因著某種一時不察的殘暴與貪婪之舉而有辱了自身品格的純淨，玷汙了他們向來的英名，大不列顛將萬劫不復到一個再多懺悔與正派行為也無法令她再起的境地，一種比天災更令人瑟縮的聲名狼藉，畢竟豐功偉業或可扭轉實力上的劣勢，卻無法回復丟失的名譽。」福克斯繼續在言談中，滔滔不絕地描述將來自各國的報復與蔑視，而那當中所展現出的文采有多華麗，其情緒上的渲染就有多誇張，以至於旁人聽了會覺得這與其說能爭取到認同，倒不如說會把人推得更遠。緊接著福克斯之後，蘇格蘭的總檢察長（Lord Advocate）認真展開了國會報告員所稱「對聖佑達修斯事件過程的辯護」。在總檢察長的心中，聖佑達修斯島一役「就必要性、政策考量，還有國際法的標準去看，都說得過去」，且他認為「當日的英軍將領決定摧毀讓敵人獲得武器供應來對付我們的倉庫，是明智的決策，事實上那也是他們的職責所在……至於論及戰爭法則，格勞秀斯、普芬朵夫（Puffendorf）與維泰爾（Vattel）都同意的一項原則是毀掉軍事物資如同毀掉武器本身，都是公平公正的做法」。

這之後還有六名講者讓辯論過程一路延伸到深夜，直到柏克在結論中又多添了一些他語不驚人死不休的高談闊論。但到了投票的瞬間，這之前的千言萬語都形同白費了唇舌。柏克希望發動調查的動議在執政黨安全的多數優勢前敗下陣來，表決是一六〇票反對，僅八十六票贊成。只要政黨機器運作起來，再多的論述也只是對牛彈琴。

羅德尼對於英商之貪婪與叛國行為，是發自內心的深惡痛絕，就像任何人在前線看到同袍面對由自家商人賣給敵人的子彈射擊，心裡也一定是恨得咬牙切齒。在占領聖佑達修斯島三週之後的二月二十七日，他寫給巴貝多群島總督的信中，羅德尼表示他打算繼續留在島上，直到邪惡的「英國商人，那些下賤到足以為了賺錢而支持大不列顛之敵的英國商人，可以罪有應得地因為叛國行為而自取滅亡為止……直到所有的物資都上了船為止，直到作為毒蛇巢穴的下城被毀，也直到木材被送到您不幸的島嶼與聖露西亞島，為你們所用為止」。要他離島，除非這座「邪佞的島嶼不會再扮演見不得光的商業市集」。

雖然很多人愛說，也經常說羅德尼是因為聖佑達修斯坐擁的財富而鬼迷心竅，所以才遲遲不肯離島，畢竟聚斂需要時間，但想要嚴懲叛徒的怒火與慾望也很顯然是強度一點也不遜色的額外動機。「聖基茨島的大法官喬治斯閣下即將回返來揭發定居在這這個竊賊之島上，那些英國商人的惡行，」他說。「他們理應接受重懲，也必定會遭到重懲，」羅德尼在給喬治·赭曼爵士的信中話說得激動，而他也未曾片刻稍忘自己的這項初衷。來自聖基茨島的法官「取走了所有的帳冊與文件」，也就是羅德尼下令沒收的那些資料，而靠著這些資料，「他們所有下作的詭計都被攤在了陽光之下，聖基茨與安地卡島上共計五十七名英國商人被一併問罪」。羅德尼對一名政府專員寫道說他攔截到的數百封信件，讓他「日復一日體驗到」英國商人在這一座與鄰近各島嶼上的「邪佞行徑與叛國勾串」，也讓他「深信若不是有他們在暗助，美洲戰爭老早就結束了……」他們讓英國出身的自己搖身一變，成為了荷蘭領地中的商人階級——「天意就是要他們接受如此公正的懲罰」。在此羅德尼這名海軍將領一時不察，把自己托大成了上帝。

從島上掠奪到的物品，裝滿了三十四艘商船，在三月底啟程返回英國，而海軍部收到的通知是有一支「價值不菲的船隊」將駛向英格蘭，護航的有四艘砲艦：有七十四門砲的復仇號（Vengeance）、有六十二門砲並原屬荷蘭的馬爾斯號（改名後叫愛德華王子號〔Prince Edward〕），外加另外兩艘各有三十八與三十二門砲的戰艦，全都交由日後會升為將軍的霍瑟姆（Hotham）准將指揮，而他「已銜我之命要非常謹慎地看好這批貨物」。在此同時「敵人仍存在於瓜德洛普與馬丁尼克的四艘風帆戰列艦與四艘大型巡洋艦正受到嚴密監控。他們無所不用其極地設想與嘗試著各種詭計，就是希望能將馮恩將軍跟我本人誘離，然後他們就可以藉著奇襲將島收復，進而奪回物資……」為此那些叛國的商人「會肆無忌憚地散播他們卑劣心靈能假造出的各種謊言……」

雖然已經小心又小心，但英國還是把那三十四艘商船給搞丟了。在掌握了英國船隊的出發與船上所載之物的精準情報後，法國派出了他們的一名王牌海軍將軍拉・莫特・皮凱（La Motte Piquet）率六艘主力風帆戰艦組成的中隊前去搜尋商船的下落，當中包括一艘有一百一十門砲及兩艘有七十四門砲的大型戰艦，外加額外的巡洋艦。法國艦隊於五月二日在錫利群島（Scilly Isles）外海發現了英國船隊並開始窮追不捨。霍瑟姆將軍示意要英國船隊散開逃命，但速度占優勢的法國戰艦慢慢追上了他們，並逮住了比較大的那一群共二十二艘英船。在船的質與量都不如法國的劣勢下，霍瑟姆既沒有能力捍衛他所護航的商船，也沒有意願陪著商船同歸於盡；除了有寥寥幾艘船逃到了愛爾蘭以外，價值高達五百萬鎊的戰利品盡落法國之手。在四月十七日那場打得亂七八糟而讓羅德尼很火大的海戰當中，霍瑟姆也是這位海軍元帥麾下的一名艦長，而在兩人關係很差的狀況下，霍瑟姆後來曾要求轉調至其他指揮官手下而未果。不難想像，這樣的霍瑟姆對羅德尼毫無向心力。而羅德尼也不是不知道霍瑟姆對他的不滿，但他還是將護航任務交給這名艦長，只因為霍瑟姆所率的是羅德尼中隊中最強也最大的復仇號。

在此同時，英國海軍部在獲悉拉・莫特・皮凱已經離開了在布雷斯特（Brest）的海軍基地，來到了海面上之後，便出動了船艦去攔截皮凱。要是攔截不成，英艦對還可以派出巡洋艦去去霍瑟姆會合，指引他繞行蘇格蘭與愛爾蘭北方返國，須知那正是當年英艦隊擺脫西班牙無敵艦隊的路線。只是這支英國的搜救艦隊在海上繞了兩個星期，都未能找到自聖佑達修斯返英的船隊並令其脫險。無功而返的他們回到了英格蘭的港中，預想中的寶物完全沒帶回來，而這也讓想拿戰利品為政府臉上增光的重臣們大失所望。為此桑德威治爵士不得不在給英王的信中坦承海軍在「這次不愉快的事件」中出師不利。

對原本可以跟馮恩將軍二一添作五，拿到相當戰利品價值十六分之一的羅德尼而言，這就等於十五萬英鎊飛了，所以他內心的失望是更大的。只不過更痛的是英國連聖佑達修斯島都吐了回去。該島在一七八一年十一月被法國人搶回，但其實在一個月之前，英國才剛因為約克鎮之役的潰敗而失去了北美殖民地，所以羅德尼與馮恩將軍原本都決心要用固若金湯的防務「替大不列顛保住這一重要的戰果，好讓英國能用島上的財富來彌補其造成的傷害」。他惡狠狠地寫道他跟馮恩是想讓這座島嶼「再不是地表上最偉大的貿易集散地，而變成區區一片荒漠、一個曾經的傳說，但這塊岩礁……對英國造成的傷害，卻比她最強大的敵人的所有武器加起來都多，還單憑一己之力撐起了惡名昭彰的美洲叛亂……」關於他自身的期待，他寫道，「如果我的偉大船隊可以戰利品安然抵英，那我會非常開心，因為在還清所有的債務之後，我將還能留下點東西給我親愛的孩子們」。他對於兩個女兒跟兒子們的關愛在書信中反覆出現，反映出的正是他比較性情中人的一面。「我最掛念的，」他在其命運多舛的戰利品船隊出發之後寫信給妻子說，「就是妳跟寶貝女兒可以從此生活不虞匱乏，也從此不再為了錢而有求於人」。貧困的恥辱雖然幾乎都是他自作自受，但寫在信中還是讓人掬一把同情之淚。

在相信自己已經佈置好兵力，也修復了防務工事，將拿下的聖佑達修斯島打造成西印度群島的直布羅陀之後，羅德尼先後航向了安地卡與巴貝多群島。當聖佑達修斯島被法國人在六個月後收復之後，他們發現島上已經是一片杳無人煙的廢墟。雖然法國在其佔領期間進行了重建與再移民，但島上原有的繁華已成過眼雲煙。

羅德尼坎坷的生涯是如何讓他在聖佑達修斯島上留下足跡，又是如何讓他在那裡做成了各種決定，一切都要從他以十二歲的年紀加入了皇家海軍說起。他出身一個從十三世紀就定居在薩默塞特郡（Somersetshire）的世家，家中控有名為史托克・羅德尼（Stoke Rodney）的封地。在一路延續到羅德尼的二十代人之間，他的祖先擔任過各式各樣的軍職與外交職務，雖然功績談不上顯赫，但總是也盡到了封建仕紳該盡的義務，由此他們在史冊上與人言之間，都塑造出了一個或許名氣不算響亮，但總算是代代相傳的古老家族形象。在這樣的過程中，他們攀上了一名公爵，具體而言是名為詹姆斯・布里吉斯（James Brydges）的錢多斯公爵一世（Duke of Chandos I，1673-1744）。錢多斯一世會取得史托克．羅德尼的所有權，是因為羅德尼家早年有個具繼承人身分的女兒嫁進了布里吉斯家。錢多斯一世是喬治一世朝中的紅人，並與國王同為羅德尼家之子的教父，所以說羅德尼的名字裡才會同時具有這兩人的姓氏——喬治與布里吉斯。錢多斯一世的孫子在羅德尼成年期間繼任為錢多斯公爵三世，並繼續忠誠地支持漢諾威王朝跟喬治三世，乃至於喬治三世的美洲政策，一直到一七八〇年，當這項政策顯然行不通後，錢多斯公爵三世才慢慢開始成為反對派。他顯然不是個冥頑不靈，而是會視時務接受現實的人。雖然出身不屬於執政輝格黨中的大戶人家，但羅德尼仍算得上是「人脈暢通」的青年才俊。人脈是你想要在十八世紀社會中「卡到位」的關鍵，而卡位的意思就是能在政界謀得一官半職。「卡到位」自然是重要的，尤其是對在家中不是長子的人而言。兄長在羅德尼大約二十歲時去世，在那之前他都不是家中的長子。

個人特質對他的生涯發展既是助益，也是阻礙。身材嬌小但身段優雅的他不是普通的英俊而已；假設約書亞．雷諾茲（Joshua Reynolds）繪於羅德尼四十二歲，他已經是個鰥夫兼三個孩子父親時的畫像值得參考，那他還真稱得上是個美男子。集性感厚唇跟濃眉大（黑）眼於一體，那張青春又誘人的面容絕對足以讓他在情場上呼風喚雨，對此勤於創作的日記作家威廉．烏拉克索爵士是這麼說的。「兩種讓他心神不得安寧的熱情，女性與遊戲（博奕），讓他每每欲罷不能，」烏拉克索如此在筆下描述他的朋友。根據荷瑞斯．沃波爾這名流言蜚語的帝王所述，羅德尼贏得了喬治三世愛女亞美莉亞公主的芳心，而他們的交往還留下了一個「信物」。這枚信物日後長成了一名嬌小的美少女，在她的交友圈中得名「小阿什公主」（little Miss Ashe）。不眠不休的調查員在編輯過十八世紀書信與日記後，根據其相對年齡計算出以羅德尼當年那麼小的年紀，不可能造就出阿什公主這名皇家血脈。羅德尼明明是個很難闔上的話匣子，烏拉克索表示，尤其他特別喜歡「老羅賣瓜自賣自誇」，且「口無遮攔到不論今天誰在場都百無禁忌」，但哪兒都找不到記錄說他提到過亞美莉亞公主，也就是那枚愛情「信物」的存在。但關於好賭這一節可就沒有爭議了。他經常在懷特紳士俱樂部（White's）的賭桌上流連忘返，因為那裡正是賭癮的大本營。確實，他欠的賭債沒有政壇新星查爾斯·詹姆斯·福克斯那麼驚人，但那只不過是因為羅德尼沒有替他買單的富爸爸。賭債日積月累，債主當中當官的有之，具政治影響力的人有之，而這除了讓羅德尼的青雲之路滿布荊棘，也讓本來就有敗家子體質的他一輩子手頭都不曾寬裕。「他這人之優雅，」烏拉克索補充說，「感覺跟他粗獷的職業格格不入。他的身形甚至流露著幾分女性的纖細與嬌柔：只是真正打起仗來，又少有男性可以展現出與他相同的沉著與勇氣。」說起話來同樣「大無畏」的羅德尼「想罵誰就罵誰，想誇誰就誇誰……而這也讓他樹敵無數，尤其是在他的同行之間」。

雷諾茲的羅德尼畫像繪於一七六一年，當時的雷諾茲就跟後來的詩人拜倫一樣，為一夕爆紅下了最好的註腳。但凡有二十五畿尼（guinea，從一六六三到一八〇三年間先後發行於英格蘭與聯合王國金幣）可以拿得出手的時尚名流，都在他的門前大排長龍。整個倫敦，只要是在社會上或政界有頭有臉的人物，都集合在了雷諾茲的畫布上：海軍將軍安森曾航行世界一週，曾抓到過滿載寶物的西班牙加利恩帆船，後來還當上了第一海軍大臣（海軍部部長）；老愛打瞌睡的諾斯爵士很快就要心不甘情不願挑起讓他感覺在坐牢的英國首相一職；品味過人的公爵夫人們身穿薄紗禮服，簡直要操壞了雷諾斯手下那些布料專門繪師的畫筆；塞繆爾．約翰遜博士（Dr. Samuel Johnson，1709-1784，英國著名文人）身材不怎麼賞心悅目但說起話來字字珠璣。海上與政壇兩得意的戰爭英雄凱佩爾海軍將軍（Admiral Keppel）有一幅全身像，是眾人的目光焦點。背著漫天的暴風雨與海面的巨浪，他屹立的站姿有如雕像一般挺拔，其效果無人能望其項背。但如果今天比的是面部的特寫，那喬治．羅德尼絕對是男兒中的首傑。

這些俊俏五官的主人曾被一名歷史學者形容為「前有德雷克，後有納爾遜，中間唯一一個最進取、最急躁、最幹練、口氣最大、最不能容人亦最不能容於人、但又最成功的海軍軍官」。這樣的介紹讓人看得熱血沸騰，但這說實在的只是歷史學者的誇大之詞。暴躁，也許吧，但當時的海軍指揮官有哪一個不暴躁？各位要知道在當時操縱帆船這種笨重的海上的戰鬥機器，就意味著你得接受考驗，無時無刻不與不受控的風力周旋，而要與風力周旋，就代表你得依靠一群大老粗船員以即時跟嫻熟的反應接受你的指揮，讓你可以透過令人眼花撩亂，天曉得有多少的索具對船帆進行堪稱幽微的調節。得在這樣的條件下凱旋而歸，海軍將領不有點暴躁那才真的有鬼。再不然，就是統率一艘風帆或蒸汽船的過程中總會有什麼東西——比方說甲板上某種神秘的黴菌——讓人的脾氣不發不快。針對另外一個時代的一名身經百戰的名將，有段話是這麼說的，「他有仇必報、脾氣暴躁、趾高氣昂、招人忌恨且為人所畏懼」。這位名將不來自十八世紀，而是美軍二戰海軍艦隊總司令恩尼斯特·金恩（Ernest J. King）。脾氣暴躁是海軍的職業病。「不容人亦不容於人」亦可作如是觀，更別說會讓事情雪上加霜的，還有在帆船上生活的惡劣條件，這包括腐肉、爛起司、濕衣服、艙底水、露天尿桶的綜合臭味，其中船員會收到指示要直接露天小解，是因為有種理論認為人尿可以延緩火勢。最後壓軸的，還有五六百副沒得洗澡的身體擠在甲板下的吊床上睡覺的睡覺、在滿是蘭姆酒臭的酩酊大醉中打滾的打滾、跟帶上船的妻子或窯姐苟合的苟合。

這些臭味往往會隨風飄上岸，讓人還沒看到船就知道船要進港了。艦長與海軍將軍的脾氣如何壞跟如何愛吵架——除了納爾遜這個例外——相關的報告可以說屢見不鮮。約翰·保羅·瓊斯除了殺死了一名或許罪有應得的叛亂船員，還仇視他手下某艘船的船長到兩人不共戴天——這說的是聯盟號（Alliance）的船長朗代（Landais）——主要是瓊斯指控朗代在實戰中背叛了自己。「他吹毛求疵、囉哩叭嗦、完美主義的作風，加上他喜怒無常的脾氣，都讓他很不受許多船副歡迎」是為他立傳的塞繆爾·艾略特·莫里森將軍（Samuel Eliot Morison）

給他的評價。海軍將領海德．帕克（Hyde Parker）作為與羅德尼有多次合作經驗的巴貝多群島指揮官，擁有一副「刻薄暴躁的脾氣」，並因為其尖酸的態度與談吐而被稱為「老醋桶」。在土倫海戰（Battle of Toulon；一七四四年二月二十二至二十三日）的歷史性結果出爐後，理查．勒斯托克（Richard Lestock）對他長官馬修斯（Mathews）將軍的指責也隨之為世人所知，但他其實早從一開始就跟馬修斯「不對盤」。馬修斯曾在薩丁尼亞王國（1720-1861）的朝中任職，並在義大利人間的外號是「瘋子」（Il Furibondo），而這說的就是他個性中的暴戾之氣。法國也有一異曲同工的案例。德斯坦伯爵（Count d'Estaing）曾在美洲海域與英國人周旋，也曾經在西印度群島與羅德尼交手，而這樣的他被說成「粗鄙而專橫」而不受官兵的歡迎；至於德．葛拉斯（de Grasse）作為對美國歷史舉足輕重的法國海軍將領（他指揮的海戰直接造成英軍在約克鎮的潰敗），曾經把他的艦長叫到甲板上罵了個「狗血淋頭」，只因為他不滿下屬沒能在馬丁尼克島外海成功追上敵艦並與之交戰。他說他希望下屬可以聽話跟盡責一點，否則這指揮官他寧可不幹了。要輪到羅德尼令人搖頭地為了下屬的誤判與失手而大發雷霆，得等到一七八〇年那場被搞砸了的馬丁尼克海戰，當時他曾公開對海軍部喊話說「英國國旗因為他們蒙羞」。如果這種表現是暴躁，那這很顯然也不是個人脾氣的問題。「要說世上有哪種人最不擅於處理這種事情，應該就是海軍軍官了，」嘗過苦頭的前第一海軍大臣桑德威治爵士有感而發。「幾乎每一次行動過後，海軍將領都會把全世界叫來聽他們對彼此有什麼不滿。」關於暴躁在海軍軍中是公認存在的現象，某法國軍官可以作證，主要是他在日記中形容過這種誰也不服誰的個性——當時他只輕描淡寫地說那是「海上男兒迷人的倔脾氣」。

比起這種暴躁的倔脾氣，更有害於戰艦有效管理的東西其實是激烈的黨爭，因為那會導致軍官之間的對立，妨礙他們形成求勝的奇集體意志。輝格黨海軍將領凱佩爾與托利黨海軍將領帕利澤（Palliser）之間吵得不可開交，是因為帕利澤指控凱佩爾指揮不力，結果這事鬧上了軍事法庭，還一發不可收拾地造成了海軍的分裂。怒不可遏的凱佩爾支持者糾眾襲擊了海軍部，讓海軍內部產生了無法抹滅的裂痕。這道嫌隙之深，導致很多皇家海軍軍官（或許是正確地）相信有同袍會故意在實戰中犯錯或失誤，只為了傷害與自己不同黨派的海軍將領。這種敵意延續了整場美洲戰爭，期間英國執政當局對武力鎮壓深信不疑，但反對黨卻對這種做法有著深切地鄙夷。

羅德尼加入海軍，是在他十二歲那年。他這輩子唯一的正規教育，就是在被拉進海軍之前，於哈羅公學（Harrow School）中接受到的。雖然他最終還是成功融入講求談吐得宜的上流社會中，在當中展現了光彩，但那只能是因為他有本事自學禮數有成，或是因為他跟其他文人雅士交流時的耳濡目染。英國海軍的準軍官會七早八早就被從學校體制被拉出來這點，導致了他們對古往今來的歷史主題與觀念都非常陌生，而這或許也解釋了他們身處在由用調度用兵構成的世界中，卻沒有能力進行運籌帷幄的思考。因為基本不具備戰略思維的素養，加上對戰爭本身或其目標想定都未經過學習與理論建立的過程，因此戰爭這本「輝煌的藝術」固然還是輝煌，但除了個別的例外，那對英軍將領而言多多少少都是一個未經大腦的過程。皇家海軍的選材絕對不輸任何其他國家的海軍，但論及在一個無甚容錯空間的行業裡達到想要的目標，光靠資質總會有力有未逮的時刻。海軍將領阿弗列・塞耶爾・馬漢作為海戰理論之父與這個領域的泰斗，日後將在筆下提到英國徒有海上霸權卻未能取得想要的戰果，其教訓就在於軍方有必要讓軍官的心智「學習當代的戰爭情境，讓他們在心理上與智識上完成備戰」。但是對一個十二歲就停止學習的少年軍官，你又能期待他帶著多少知識儲備進入海軍呢？

早在馬漢之前，於伊莉莎白一世的時代，偉大的航海家哈克盧伊特（Richard Hakluyt；1552-1616）就曾經提到過讓水手接受教育的必要性。在其經典之作《英國主要之航行、旅程、交通與發現》（The Principal Navigations, Voyages, Traffics, and Discoveries of the English Nation）裡，他寫了一篇要給海軍大臣（Lord High Admiral，十五世紀以來皇家海軍名義上的首長）的獻詞，並在當中點出已故的神聖羅馬皇帝查理五世「極富遠見地建立了首席領航員（Pilot Major）一職來對想執掌船艦之候選人進行考核」，並且還「在（西班牙的）塞維亞……創設了直到今天都還為人所閱讀，關於航行技藝的知名講座」。哈克盧伊特所想的是海員的技術修為，而不是海戰的策略，更不是歷史與政治學的習得。他對於航海者應受教育之設想，不被認為適用於大部分的軍官甲板中，唯一的例外是法國，或者該說是法國訓練軍官的各學院中。這點差別，究竟有無造成了英國在美洲革命戰爭中的拙劣操作，沒人有可以說得斬釘截鐵。眾所周知，美國很幸運地能在其歷史上的這個關鍵時刻，一口氣誕生出整批具有政治天賦的優秀人才，但較為人所忽略的是同時間的英國則很不走運地出現人才荒。喬治三世、桑德威治、赭曼，外加連著兩位死氣沉沉的野戰總司令，威廉．豪伊爵士跟亨利．柯林頓爵士（Sir Henry Clinton），都算不上大不列顛在歷來危機中能夠排出的黃金陣容。

透過其贊助者的影響力，羅德尼以「國王親筆信少年」的身分進入了海軍，意思是他持有國王的介紹信。這為他打開的破口，一開始也不過是在船長身邊跑腿打雜，看似地位連見習生都不如，但其實伺候船長可是眾人趨之若鶩的肥缺，因為一旦卡到這個位子，你就可以慢慢在升遷的梯隊中熬著，而時間到了，軍官甲板上一定會有你的一席之地。羅德尼入伍的一七三〇年是英格蘭的承平時期，當時英法雙方都已無力繼續承擔軍費，所以兩國的重臣包括勞勃．沃波爾爵士（Sir Robert Walpole）與弗勒里樞機（Cardinal Fleury）在內，都抱著多一事不如少一事的態度，惟這種戰不如和的態度對於想要出人頭地的年輕見習生而言，等於是阻斷了其晉升的捷徑。只不過這樣的和平一般不會，而事實證明也沒有維持太久。在西屬西印度群島的貿易權之爭，造成了與西班牙的戰爭爆發在一七三九年，引爆點是當時有一名商船船長簡金斯（Jenkins）與某西班牙稅務官員的衝突中被割掉了耳朵，而他的不平之鳴也引發了與論的譁然。這場「簡金斯的耳朵之戰」（War of Jenkins' Ear）將受波旁家族盟約束縛的法國扯了進來，成為了西班牙的盟國。法英之間的殖民地與歐陸衝突時代就此展開，並一路斷斷續續地貫穿了羅德尼的軍旅生涯，讓他有機會累積戰功並一路往上爬。

這場戰爭其實根源已久。哥倫布以西班牙的名義完成了各項地理大發現，加上一名西籍教宗（亞歷山大六世）在一四九三年將美洲新世界一分為二給西班牙與葡萄牙，其中較大的部分歸了西班牙，歐洲兩強的海外衝突就此擺好了舞台。後來的事大家都知道，西班牙在一五八〇年征服了葡萄牙之後，將葡萄牙的那一塊也歸為己有，由此從巴西到古巴的貿易權與帝國疆域，盡成西班牙之禁臠。英國走私貨物到這個區域，為的就是在西班牙美洲殖民地的貿易裡分一杯羹，但最終造成的就是簡金斯的一耳之辱。

當時推動一支海軍前進的動能除了風力，就是可以由軍官與船員去瓜分的利益。而簡金斯耳朵之戰就跟當時大部分的海戰一樣，都單純是著眼於可以搶來的戰利品，而不太具備什麼戰略上的意義。要透過海上航道與陸上基地的制霸去確保對殖民地的控制，如此明確的戰略目標並不存在，海上的短兵相接主要就是在搶錢。搶了錢，艦長分一杯羹，國家則可以在競爭對手的商業大餅上狠狠地咬上一口。在一七四七年五月，西班牙芬尼斯特雷角（Cape Finisterre）外海的那場轟轟烈烈的商船隊之戰中，英國海軍在安森將軍的帶領下對法國的東印度貿易出手，最終摧毀了法國護航艦隊，奪下了六艘法國戰艦，至於船隊中的四十艘商船裡則有五艘武裝東印度商船跟六或七艘其他商船成為了英國的戰利船。剩下的船逃往了加拿大。但即便如此，英國還是斬獲了不含船隻，價值大約三十萬英鎊的寶物與貨品。在法國的奮勇抵抗中，僅有區區四十門砲的光榮號（Gloire）與三艘英國風帆戰艦周旋到入夜，等到她降旗投降時，船長已經被砲彈削去了頭顱，七十五名船員橫屍甲板、桅杆跟船帆盡毀，彈藥幾盡用罄，船艙也已進水。要說起光榮號何以能堅持奮戰到底，就不能不提到船上一名二十五歲的馮斯瓦·德·葛拉斯（François de Grasse）中尉。身為外省貴族，他從軍校學員時期就以精力與怪力過人著稱。隨著光榮號被擒的他在英格蘭的溫徹斯特下獄了三個月。被繳獲的錢財與貨物在樸茨茅斯（Portsmouth）被裝滿了二十輛馬車，先在夾道歡呼中遊了街，接著變賣所得才被存進了英格蘭銀行。在六月份布雷斯特外海的第二次狹路相逢中（這裡因為地處法國的菲尼斯特〔Finistère〕省而常被與芬尼斯特雷角混為一談），面對一支要從西印度貿易中滿載而歸的法國船隊，有羅德尼在老鷹號（Eagle）上的皇家海軍中隊斬獲了四十八艘裝滿珍貴貨物的戰利船。儘管脫逃的法國商船為數更多，但羅德尼與其他英國指揮官還是從戰利品中進帳不少。從一七五六年進行到一七六三年的七年戰爭作為十八世紀最具代表性的一場軍事衝突，也是英國崛起成為海上霸主的轉捩點。而英國僅僅在尚未正式宣戰的一七五五這一年當中，就收穫了三百艘法國商船，總計的戰利品價值達到六百萬鎊。

個別海軍將領與艦長的發跡，靠的是戰利品的利益，而這些利益的分配，是根據極其複雜，但在整個體系中不容小覷的戰利品法。海軍中隊一旦打了勝仗，艦長階級可以共享戰利船與戰利品總價值的八分之三，而視中隊出擊是否是銜了海軍將軍之命，海軍將官（flag officer）還可以多分八分之一。海軍中尉、陸戰隊的隊長階級、准尉（介於軍官與士官間的階層）、駐艦牧師、基層士官共分八分之一。另外八分之一歸見習生、風帆工匠所有，至於剩下的八分之二或百分之二十五則屬於水兵、廚子與僕役。戰利品法容許根據船艦的規模與火力強弱來進行微調，藉以平衡大小船隻之間的收穫，畢竟中隊的主力船艦會負擔更多的射擊任務，船上配備的員額也比較多。為了進行這種戰利品分配的調整，每艘船都具有一個分配係數，而此一係數是將個別船艦的船員人數乘以艦砲口徑總合得出。很顯然比起壞血病或信號旗，大家的眼裡只看得到戰利品的利益。

海軍將領馮斯瓦・德・葛拉斯（François de Grasse）肖像，由Mauzaisse J. Baptiste所繪。圖片來源：Wikimedia Commons

以老鷹號的艦長身分，羅德尼從布

雷斯特海戰中分得了八千一百六十五英鎊。這錢已經夠他買下一棟鄉村別墅，並打下他財富的基礎，讓他之後有錢可以賭到傾家蕩產。

從一七六一年拿下哈瓦那開始，英國戰利品的分配金額累計達到了七十五萬英鎊，其中作為二把手的凱佩爾海軍將軍分得了兩萬五千磅，而他的長官波考克（Pocock）將軍則分得了十二萬兩千磅。安森將軍作為當時首屈一指的海軍軍官，據說靠著一次次的任務積攢了五十萬英鎊的鉅款。這種暴利作為具大的誘因吸引了年輕人無畏於危險與艱辛，前仆後繼地加入海軍。

在結束於一七一三年的西班牙繼承權之戰中，英國靠著併吞了直布羅陀與梅諾卡島而稱霸了地中海。爭奪美洲殖民地新仇不只是加劇了，甚至可說是取代了列強在歐洲的舊怨。急於取得殖民地疆域的法國循陸路從加拿大與新斯科舍南下穿過北美林地，在俄亥俄建立了聚落來與英國殖民地打對台，為的就是阻斷英國人在美洲的西進。法國在印度的殖民地也與英國產生了衝突。惟由於國力已經被路易十四的陸戰榨乾，法國的海軍早已陷入無人聞問的殘破窘況，再也無力與人為爭奪貿易與帝國地位所繫之海權而決戰於洋面之上。

在接下來從一七三九到一七八九年的半世紀間，也就是從簡金斯的耳朵之戰後到法國大革命爆發之前，十八世紀的戰事就按照這樣的格局，分階段跟換名字而延續了下去，直到美國革命戰爭與拿破崙重啟的戰鬥讓種種問題重新大搬風為止。就法國與英國而言，這基本上就是一場為了海外商業與美國跟印度殖民地而打的海戰。這一點並沒有因為美國革命的攪亂一池春水而有基本上的改變。美國革命改變了的，是戰爭在政治層面上的目的。

關於荷英法這三大海上強權有一項奇怪的發展，是他們竟然會任由船艦作為海權的載具，腐朽在經費不足、無動於衷、還有讓不肖官僚與船廠經理得以中飽私囊的貪腐問題中。再者，英國皇家海軍為了要肩負攻守的雙重任務而使得實際的戰力打了對折。皇家海軍一面被其國人尊為「木造的英國海上長城」，一面也是其對殖民地內亂與法國之外患，「雖遠必誅」的唯一手段。作為一個島國想對敵人用兵，英國的海軍到得了哪裡，她的陸軍才到得了哪裡。所以理論上英國應該要把海軍好生保養在顛峰狀態，隨時可以為國出征，但事實卻是在一七六二年獲得撥款還有七百餘萬鎊的皇家海軍，在七年戰爭結束後的一七六六年就被砍到只剩兩百八十萬鎊的預算，還不到原本的一半。一七六九年再被砍半到可憐兮兮的一百五十萬鎊。桑德威治雖然還不是第一海軍大臣，卻還是被罵得萬箭穿心，只因他早為出賣受不少人愛戴的約翰・威爾克斯（John Wilkes）而遭到唾棄。

桑德威治此時所任的公職是以大臣的身分出掌「北方事務部」（Northern Department），亦即實際上的外交部。雖然因為之前的服役背景而與海軍部素有交情，且照理講對海軍深具感情，但實際上他並沒有像法國的海軍大臣舒瓦瑟爾（Choiseul）那樣盡其在我地想重建一支光榮而顯赫的海上雄獅。

除了被政治與派系削弱以外，皇家海軍還沒得像陸軍那樣由身在軍中的專業人士管理，而是被交到了一名實力派的政治人物手中。這名被挑出來出掌海軍的政壇人物出身當時一個名為「國王之友」（King's Friends）的團體，他就是從一七七一到一七八二的十一年間，英國的第一海軍大臣，桑德威治伯爵四世。他也被某些人稱為全英國最不受歡迎的人物，主要是他不僅當官時廉潔有問題，而且懶散與不檢點的生活也讓他在私德方面多有可為人詬病之處。十一歲就從祖父手中繼承了伯爵地位的他歷經了貴族典型的人生道路。從伊頓公學念到劍橋大學，並完成了歐陸的壯遊之後，他理所當然地換過一個又一個無關乎能力，重點只在於你要「認識對人」、要對國王忠心耿耿，還要支持對美國人狠一點的政府職位。這讓他年僅二十六歲就躋身海軍部委員會，並以此為跳板，在三十歲時就第一次短暫地當上了第一海軍大臣，任期是一七四八到一七五一。這之後他又在一七七〇年代與一七八〇年代兩次擔任起較長時間的第一海軍大臣。他之所以臭名在外，是因為一件他一手造成的醜聞。一七六八年，他在下議院中朗讀了出自他朋友約翰．威爾克斯之手的淫穢詩作《論女人》。聲名狼藉的威爾克斯當時已經被捕下獄——雖然支持者認為他是非法被捕——理由是威爾克斯在其發行的《北不列顛人》（North Briton）期刊第四十五期中發表了對國王的謗文，因此犯下了褻瀆君主的大不敬（lèse majestè）之罪。妨害風化的指控讓身為議員的威爾克斯被逐出了議院，並被宣告為罪犯，至於桑德威治作為他的狐群狗友，則自此被安上了一個傑米．特里區爾（Jemmy Twitcher）的名號，因為劇碼《乞丐的歌劇》（The Beggar's Opera）裡有一個出賣朋友的陰險小人，叫的就是這個名字。海軍的人事任命在他的執掌下，比的是誰的後台更硬，比誰更能巴結得了由桑德威治與其黨羽在下議院中控制的十七票，也就是桑德威治的權力來源。作為第一海軍大臣，他掌控著海軍部的委員會成員，這些人當中有海裡來浪裡去的專業海員，也有在下議院擁有席位的政治人物。

西班牙在腓力二世的無敵艦隊覆滅了兩百年之後，依舊沒能振作起來，這樣的他們對海戰興趣缺缺，而法國海軍也尚未走出作為冷衙門的低潮。法國海軍正在由拚勁十足的舒瓦瑟爾進行翻新，而這名路易十五的首席大臣可說是十八世紀法國最能幹的官員。他建立了海軍學院來強化軍艦的設計與興建與海軍軍官的訓練，並頒布了《海軍徵募法》來定期招募水手以填補海員的空缺，其中後者使法國再不用像英國那樣從街上強拉罪漢、遊民與貧苦無依的窮人；上萬人的砲兵團接受了嚴格的火力精準度訓練；船塢持續發出各種聲響，只因為裡頭在打造噸位與設計都在英國之上的新船。在水手素養上，法國把訓練的重點放在船隻的操駕上，主要是透過演習讓中隊的各部分可以在同步或漸進轉彎時展現出芭蕾舞者的精準，也讓船帆在鼓張與收攏之間呈現出宛若藝術的設計感。為了能有錢造船，舒瓦瑟爾逐鎮辦理起募資活動，並讓每艘新船在建成後依捐款最多的城鎮命名。這支艦隊中那艘有著一百一十門砲的巨大旗艦巴黎市號（Ville de Paris），將有朝一日在羅德尼傲人的最後一戰中被迫投降。

積極進取的精神四處飄散，既與西班牙的渾渾噩噩形成對比，也與主導法國海軍戰術的固守思想大相逕庭。關於實際的接戰，法國艦長秉持的原則是在下風處拉開距離並採取守勢，藉此迫使對方發動攻擊，然後在這個過程中尋求摧毀敵艦而保全自己。這種以小博大的戰術思考按法國海軍將領葛里福（Grivel）的話說，就是「船艦數較少的一方必須絕對避免輕舉妄動……萬一不幸被迫接戰，則必須盡量持盈保泰」。簡而言之，「以靜制動、節約戰力、以守為攻」是法國既定的政策，而其目的是要扭轉法國自七年戰爭失敗以來在海上的劣勢。就邏輯上來講，這種做法一旦經年累月執行下去，一定會讓軍官的精神與進取心在耳濡目染中受到影響。但即便法國海軍內部普遍是這種氣氛，法國海軍名將德．葛拉斯也沒有讓這妨礙他作出那個拯救了美國的歷史性決定。他輕輕鬆鬆就壓制了內心那道保守求穩的聲音，讓勇於冒險的衝動為他下定了決心。

羅德尼的第一場實戰是在紐芬蘭。那之後晉升為上尉的他被調動到地中海，並由馬修斯將軍授予了普利茅斯號的指揮權，那是一艘有六十四門艦砲的風帆戰艦——風帆戰艦有另外一個名字叫「戰列艦」(ship of the line〔of battle〕)，代表的是海軍當中級別最高，武裝從六十四門砲起跳的主力艦。戰列艦顧名思義，有足夠的結構強度跟火力與其他同級船艦排成一列，並在通過敵艦時共同從舷策進行砲轟，須知在十八世紀，帆船海戰唯一的傳統戰術就是排出這種陣型。最大型的風帆戰艦會分三層搭載上百門艦砲，橡木船身全長將達兩百英尺，造價則在十萬鎊之譜。個別風帆戰艦中最大的一艘，納爾遜將軍的皇家海軍勝利號（Victory）建於一七七六到七七年，人員編制為八百七十五人，相較於小一點的船艦編制落在四百九十人與七百二十人之間。勝利號以其兩百二十英尺的全長，需要用上兩千五百棵大樹來打造，相當於要砍掉六十英畝的林地。勝利號用冷杉製成的主桅矗立在水線之上的部分有兩百零五英尺（約六十二點五公尺），基底有三英尺的厚度。勝利號的船體分三部分，而其三根主桅共可懸掛三十六張帆，用上的布料廣達四英畝，可推動船速達到十節。當桅杆被強風扳彎時，甲板承受的張力會造成需要持續抽水的滲漏。被用來突襲商船的巡洋艦約一百三十到一百五十英尺長，船員則多為放眼戰利品的志願者。

戰列艦的艦砲按所使用砲彈的重量，從十二磅砲到四十二磅砲都有（巡洋艦用是四到六磅砲），最大射程在以四百磅的火藥發射時，可以達到一英里遠。這些砲所發射的除了砲彈，也包括各類不同形狀的投射物——不論是整桶的鐵釘，或是削尖過的廢鐵，全都被加熱到通紅來燒毀敵艦的船帆。艦砲被安裝在附有滾輪的滑車砲座上，然後由索具固定，這一來是方便砲管在舷側的砲門中進進出出，一來有助於吸收射後的後座力。每一次發砲，砲組都需要完成由九到十道命令構成的流程：鬆開（你們的）艦砲——此時繩索會被解開而後捲好；把砲放平——讓砲身與甲板保持平行；取出砲塞——將專用的塞子從砲口移除；裝填火藥（包）——將裝在布袋裡的黑火藥捅進砲管深處；裝填砲彈——砲彈或其他投射物被捅進砲管底部；推出砲管——調整砲身位置，以便讓砲管從砲門伸出；注藥——用以牛角製成，尖端處有開口的火藥筒將用來點燃火藥包的火藥注入點火孔；瞄準——緩燃的引信被取來放在砲尾處，由砲手謹慎地吹氣來避免其熄滅，同時間砲的方位則從底部進行調整；抬高砲口——通過瞄具，在目標的位置上畫上一個黑點；發射！——等船身的搖晃讓在上方的瞄具對準目標時，點燃的引信就會觸及點火孔；發射完的第一道命令會是清砲管——固定在一段硬化繩索的海棉會沾了水缸水後被插進砲管，為的是去除裡頭可能還在燃燒的火藥袋殘骸。清完的艦砲會重新歸位，然後裝填的過程又會重來一遍。在納爾遜的時代，訓練有素的砲組可以每兩分鐘跑完一遍發砲流程。

藉由帆的管理去進行對船的各種調度——包括轉向、迎風前進、進逼敵艦、搶佔上風（的優勢位置）、乃至於所有需要藉由風向調整去進行的追擊、滯後等操控——需要的是藉由與發砲不一樣的另一套命令去管控轉帆索、控帆索、升降索組、在方帆各邊緣拉之拉緊拉平的稱人結（亦稱帆索結），主帆、頂主帆、上桅主帆、支索帆、船艏三角帆的控帆索、後拉索，還有無數個旱鴨子根本分不清什麼是什麼，名字有如天書的零組件。由軍官與水手長率領的組員會在各根船桅邊待命，隨時準備拉緊或放鬆船帆，而船長在發號施令之餘也會與舵手保持聯繫。不論是調頭或單純改變航向，船轉彎的那瞬間代表的都是要求角度精準而令人熱血沸騰的操作——主帆在一聲轟然巨響中落下，正好將迎面吹來的風勢抓個正著。如海軍將軍莫里森所述——他舉了一個用東南風讓船向西南方轉彎的例子——那當中牽涉到以不同的命令去操作不同的船帆與帆桁（帆桁是用來懸掛船帆，固定在桅杆上的橫向木桿）。

首先，水手會盡量把帆桁朝船身中軸收進來，然後將後桅杆上的縱向斜桁帆（驅動帆）或後縱帆拉緊，以便轉動船尾。甲板上的軍官高喊「預備，轉向！」，而後水手長會吹響哨笛聲來傳遞命令。舵手會全力開始轉動舵輪——將之轉到底——到右舷，由此與船舵頭部相連的舵輪將朝向下風（順風）處。完成這個動作後，他會拉高嗓門大喊，「報告長官，舵位已經調整為下風！」船艏三角帆與支索帆的控帆索是用來調整前桅帆，而該索會於此時被鬆開。隨著船舵帶著船朝東南風而去，帆桁會直指著風來的方向，船帆會開始顫抖，張力卸除了的繩索會開始瘋狂地舞動。等船艏一穿過風勢的眼部並開始由東南往南轉向，船尾三角帆與支索帆的控帆索會被拉緊，而這兩種帆的動作，配合上如今處於背風狀態——亦即風朝著桅杆在吹——的前帆、前頂帆與前上桅主帆，共同扮演起槓桿的角色，讓船艏得以從風來的方向轉至船長想要的新航向。一旦風勢抓住了方形主帆或主頂帆的右側帆後緣，甲板上的軍官就會高喊，「主帆頂風！」此刻便是轉向的關鍵時分……所以沒別的事要忙的人手都抓住主桅與後桅帆桁的下風轉帆索，將這兩個帆衔拉出一道大約七十度的弧，直到風帆能從左側吃到風。如果時機抓得夠準，那船隻就可以利用風勢順利轉彎。到了這時只要船不是過於敏銳輕巧，海面也不是過度平順，那麼船行就會失去直進的能量……

下一個重要的命令是「一放一拉」，意思是放掉前轉帆索與控帆索，拉住其船帆背面已經呈現平坦的前桁，直到風勢再度灌進這些帆的背面為止。另外向風三角帆與支索帆的控帆索會被放開，背風的那組則會被拉緊，至於其他全數的船帆也會有所調整，以便讓船可以累積出前進的動能，朝新的航向射出去……在一艘組員眾多的戰艦上，上述的過程得耗費至少十分鐘，通常會更多……

這個極為費力而被稱為「迎風轉向」的海上過彎流程固然充滿張力而刺激，卻絕不能算是一個有效率的船隻運動方式。讓一艘大船在鼓脹的帆面下迎風轉向，或許能由訓練有素的船員在好天氣中花十分鐘完成，但只要條件稍有差錯，這十分鐘就可能變成幾小時，甚至於天候欠佳時會耗上半天，乃至於狀況再惡劣一點，這件事就會變得完全不可能。只要想前往任何一個跟自然風向不一致的目的地，都意味著船隻得全程這樣蛇行。船隻跟船員在這樣的折磨之下，也難怪大部分的人船都長年處於孱弱與不適於服役的狀態。

海權爭霸於十八世紀中捲土重來後，各國海軍的第一戰就打響在一七四四年的土倫之戰。這並不像約翰．保羅．瓊斯對上塞拉比斯號那樣是場可歌可泣的英雄之戰，而是堪稱一團混亂，此時代所有海戰弊病與缺陷的集大成之戰。法國重臣莫赫帕（M. Maurepas）有感而發，痛陳這種海戰白白浪費了人命卻產生不了任何結果：「我對這些海戰的評價很低。兩邊打得拼拼砰砰，結果完事後大海還是跟之前一樣鹹。」在土倫之戰中，英國單挑法國與西班牙這兩個在波旁家族盟約框架下，深受家族力促團結之苦的盟國。除了在美洲與印度的殖民地紛爭是貨真價實的利益衝突以外，次一級的國家鬥爭則仍一如往常落在歐陸爭霸的脈絡中，像這一次輪到的就是奧地利的王位爭奪戰，結果原本天高皇帝遠的西里西亞又再次被捲入了爭端。想要釐清導致這場戰爭那剪不斷理還亂的前因後果，注定會是徒勞無功，我們唯一能說的就是在一七四〇年，腓特烈大帝登上普魯士王位的同時，身為神聖羅馬帝國皇帝的奧地利大公查理六世正好死去，而他有如拼圖般的領地與受到覬覦的王位也就此落到長女瑪麗亞．德蕾莎（Maria Theresa）的手裡。德蕾莎繼位之事有歐洲列強的保證。但出於自身利益考量，腓特烈大帝想要罷黜她，於是就在他進佔西利西亞並做出其他有敵意的行為後，普魯士跟奧地利正式開戰，幾個歐洲強國也在普奧之間選了邊站。

在這樣的混戰中，西法英三強把目光集中在了土倫上，因為那兒是法國在地中海沿岸的海軍重鎮，地點就在尼斯與馬賽的中間。一七四四年的土倫之戰揭開序幕，是因為與奧地利為敵的西班牙動了起來，要去奪取由奧地利統治的義大利疆域。西班牙艦隊駛進了土倫，然後在那兒被英國封鎖了四個月。動彈不得的西班牙開口要法國護送他們返國，法國是接受了，但也因為不信任西班牙船艦的戰力，法國海軍將軍要求將西班牙船艦安插在法艦的編隊中，而這個提議也很自然遭受到西班牙海軍將軍納瓦洛（Navarro）的拒絕。作為妥協，西班牙艦隊會以一個整體加入聯合海軍的戰列，而當時的海軍戰列一向分為前中後三段。以這回法西聯合艦隊的二十七艘船而言，前段九艘是法艦、中段九艘是六艘法艦跟三艘西班牙船，後段九艘全為西班牙船，而他們也就這樣出了土倫港去面對英國地中海艦隊中由馬修斯將軍統領的中隊，那是一條由二十九艘船組成的戰列。馬修斯的副手是個讓他十分看不起，對方也很看不起他的勒斯托克（Lestock）將軍。他們的不合無關乎政治理念，而只是一種雞毛蒜皮的私怨，起因只是勒斯托克沒有派出巡洋艦去迎接從英國過來接手指揮權的馬修斯。作為一個旁人口中目不識丁、粗魯無文，而且盛氣凌人的海軍軍官，馬修斯遷怒起下屬「極盡羞辱之能事」，而這有導致身兼歷史學者的海軍將軍馬漢語帶保留地表示這兩人之間「心存芥蒂」可能是土倫之役「一場糊塗」的部分原因。

目擊帆影於向晚時出了土倫港，擁有居於上風處優勢的馬修斯升起了「全面追擊」的信號，但當他的先鋒船艦於隔日早上趕上敵軍時，他的後衛在勒斯托克的指揮下卻大幅落後——在他船尾約五英里處，以至於英軍無法發揮其數量上的優勢。事實上早在前一夜，勒斯托克就已經脫隊。當時在馬修斯發出信號要艦隊讓「船艄逆風」（lie-to），也就是叫大家停在原處過夜時，他也曾同時發信出要眾艦呈「緊密編隊」，而這對任何一個樂於服從的下屬而言，意思都顯然會是要趁夜駛近並於戰列中就好定位。結果隔天早上，勒斯托克卻仍落後在數小時的航程外。勒斯托克選擇性地接受了靜止的訊號，而刻意忽視了跟上隊伍的指示。

對勒斯托克的落後極為不耐，加上擔心他的獵物會一舉逃脫被殲滅的命運，馬修斯選擇脫離了戰列，單槍匹馬發動了攻擊。他懷抱的信念，或者該說是希望，是他可以殺敵軍殿後的西班牙跟中段的法國軍艦一個措手不及，讓在對方的法艦先鋒來不及加速掉頭馳援。不論是因為失誤還是興奮過度，總之馬修斯一面升起了交戰的信號，一面又忘了取消「保持戰列」的指示，結果搞得各艦長們一頭霧水，因為不論從任何一本信號集或從名為《作戰指示》（Fighting Instructions）的領軍手冊中，他們都找不到線索表明指揮官的意圖。他們只知道「縱隊前進」（line ahead）的指令高於一切，因此有些船也有不管有沒有收到指令，逕自跟了上去，但也有些船則晾在後頭，讓他們的將軍身陷其支援砲火有效射程外的險境。就在這一團亂中，敵人大多逃之夭夭；唯一落網的敵艦是一名霍克艦長——日後將赫赫有名的霍克將軍——奮力出擊的功勞。天色一暗，不得不收隊重整的馬修斯忙了半天卻無功而返，至此他唯一能做的就是逮捕勒斯托克並將之遣送回國。

這個令人搖頭的故事先是在下議院引發激烈的爭辯，然後在海軍部遭到輿論圍剿，接著也在一系列的軍法審判中進行了討論，最終根據軍人無可挑剔的邏輯當中，打了仗的馬修斯遭到了懲戒，沒打仗的勒斯托克反而全身而退。馬修斯被定罪解職（理由是他打出了排出戰列的信號，但又以自身的行動使得戰列的保存變得不可能），相對之下勒斯托克主張他完全是按照信號行動，所以未被究責。

討論至此，我們終究得認識一下《作戰指示》這頭會讓人動彈不得的巨龍。作為一份不容挑戰的「獨裁」文件，它要求每一艘風帆戰艦都得以「一鏈」（兩百碼）的距離跟在前艦之後，並與敵軍戰列對應的角色接戰，前鋒對前鋒、中段對中段，後衛對後衛，絕不許有誰自以為是地脫離戰列。這條被稱為「縱隊前進」的規則一來是在於避免發生名為「混戰」（mĕleé）的亂象，也就是個別船隻陷入友艦砲火，二來是為了讓戰列中的某一段有機會藉由後艦的緊密支持，摧毀其對應的某段敵方戰列。《作戰指示》是在第一次英荷戰爭期間由主政的奧立佛．克倫威爾頒布，而其內容也確實反映了克倫威爾的專制獨裁。另有一說認為《作戰指示》是可憐蟲詹姆士一世所作，但其內容中的說一不二實在不符合詹姆士一世個性之軟弱。因為當時有個別艦長會自行其是，而後果往往一發不可收拾，所以海軍部才印行了《作戰指示》來最大化艦隊的戰力，具體而言就是禁絕個人行動，要求每一艘船都要遵從指揮官的發號施令來集體行動。整體而言，這麼做確實提高了海戰的效率，只不過在某些個案中——譬如在約克鎮決戰之前，葛瑞夫斯將軍（Admiral Graves）在乞沙比克灣進行的關鍵海戰——這會引發災難，主要是《作戰指示》會導致毫無主見的艦長變得完全不知變通，但有些危機就是需要隨機應變才能順利過關。由於偏離規定的行為總是會被某些心懷不滿的軍官通報，然後被告就得接受軍法審判，因此《作戰指示》很自然地壓抑甚至消滅了戰爭中的部分自發行為，只剩自信極強的艦長會敢於把突發狀況轉換成自身的優勢。惟雖說少有民族像英國人一樣喜歡一動不如一靜地按原樣做事，但相機行事的行為其實也不算太罕見。總之像這種不留任何空間給難以捉摸的人性，更不用說也完全不考慮難以捉摸的風向與海象的做法，絕對會讓這本手冊所代表的僵化作戰，永世在平民眼中顯得是世界奇觀。

勒斯托克在土倫之役中行進緩慢，究竟是出於對指揮官的惡意，還是如他在軍事法庭上所宣稱的是他已經盡力張開所有船帆之後的遺憾結果，並沒有得到正式的裁定。至於被指控他後來沒有可以發動攻擊的時候發動攻擊，他搬出了《作戰指示》中的技術性困難來為自己辯護。他說縱隊前進的信號旗跟發砲接戰的信號旗同時飄著，他只能二選一，如果為了接戰而離開戰列，那他就違反了保持縱隊的命令。

作為海戰的核心，縱隊前進是被船隻結構制約出的結果，畢竟戰艦的主要武裝都由舷側發射。縱隊有其必要性，是因為只有這種編隊能讓中隊的所有船艦都以龍骨面對敵人，並確保沒有自家的船隻會出現在砲火與敵艦之間。縱隊前進的原則確保了海戰打起來會像一場正式的舞會，宛若某支巨型的小步舞曲隨著砲火的拍子在海面上演奏。戰艦前進、鞠躬、退場，而戰敲響著進行曲，召喚著砲組人員各就各位，好讓爆裂物則從砲口迸發而出。戰列沿著與之平行的敵艦戰列前進，每艘船都輪流就定位並發砲。其中英國人瞄準的是船身，法國人瞄準的則是桅杆跟索具，至於他們於砲管中裝填的鐵鏈、葡萄彈[14]與廢鐵則是用來扯碎船帆。此時只見火焰四射，木材粉碎紛飛造成人員受到各種慘不忍睹的重傷，滿布屍體的甲板因為血流成河而變得濕滑危險，傷者無助地倒在地上，生怕與其他屍首一起滾進海裡，成為鯊魚群的大餐，須知牠們的血盆大口就是水手的亂葬崗。被施展在空蕩海面上的毀滅力量不見得都具有戰略上的價值，但一定都震天價響而且讓人有種莫名的滿足。外星人如果從天外某個行星前來造訪地球，他們肯定會讚嘆這些有白色翼展的帆船隨薩拉邦舞曲[15]的節奏翩翩起舞，實在是美不勝收，但他們也一定會同時納悶，這樣的廝殺是所為何來？

沒有固定領土邊界的海戰，其勝敗即便交由歷史學者決定，他們看的也往往是雙方戰鬥人員的死傷對比。動輒在毫無意義的拼拼砰砰中葬送七八百條人命的陣亡人數，不可謂不大。有趣的是唯一一個在有紀錄可查的資料中對此表達過關切的人物，竟然是並不以愛民如子聞名的法王路易十六。有一次在跟眾臣開會時，他是這麼說的，「但誰能讓為了我而犧牲生命的英勇水手們死而復生呢？」比起收到死傷統計的任何官員跟目睹甲板上屍體堆積如山的任何將軍，路易士六的這種關切都更加剴切。

任何一場戰爭的終極目標，都是要獲取包括政治權力在內的各種力量，而在那個時代，公認的實力來源便是殖民地與貿易。而由於殖民地與貿易必須以由國家控制海上通道，並在一路上由基地提供補給——惟馬漢也告誡基地數量不宜過多——藉此確保交通順暢為前提，而維持基地又必須以海軍的保護為前提，因此海戰的目的就在於壓制敵國海軍，找到決戰機會使其灰飛煙滅。按邏輯將此論點推到極限，結論就是避戰才是上上策。法國作為一個理性的民族，就得出了這個他們盡可能在遵守的結論。

說起理性，十八世紀那種帆船間的戰鬥真的會讓人看得一頭霧水。很顯然，戰列艦的縱隊戰法有賴於敵方很配合地也排成一列。但萬一敵人不配合呢？萬一他們不排成一列，反而設法調動船隻取得上風優勢，然後在得手後逃到友國基地或母港呢？法國經常就是這麼幹的，或甚至他們根本不出港迎敵，而這也讓英國人徒有船堅砲利卻只能徒呼負負。

十八世紀的矛盾之處就在於它在因為理性與啟蒙而享有盛譽的同時，卻又展現出許多毫無道理之處，像前面提到過島上的岸砲就毫無用處，還有就是對海上縱隊戰術的執迷不悟。對長年以海面為家的將士而言，戰列作戰就跟自己的名字一樣熟悉，那就像一個他們聽到滾瓜爛熟，絕對不會有任何意外開展的故事，殊不知意外的開展方為比什麼火砲都強大的武器。

自從中世紀那六十磅重的盔甲讓人為了戰鬥而身如火烤，而且一旦跌倒就爬不起來的時

---

14 譯註：Grapeshot，葡萄彈是由許多小圓球組成的砲彈，常見於十八到十九世紀歐洲，主要是因鐵球構造與葡萄串相似而得名，海戰中常當作殺傷人的工具。

15 譯註：Sarabande，一種三拍子的西班牙緩慢舞曲。

代以來，就沒見過比宛若海上城堡的風帆戰艦更不舒適、更不方便、更在使用上違反人性的作戰工具了。獲致動力要靠捉摸不定的天氣，測定方位要看遠在天邊的群星，核心組件——船桅——有賴可遇而不可求的陳年木材，船身動作的操控繫於複雜到能讓索邦神學院[16]的哲學家都暈頭轉向，自然也能讓船上那些無家可歸也沒受過教育的街邊遊民難以招架的索具與麻繩，旗艦與整體中隊的溝通更只能靠很容易因為距離、硝煙與船身傾斜而模糊不清的旗語。綜合以上不利因素，你可以把這些笨重的交通工具想成活到了今天而被牛仔騎著去趕牛的恐龍。想知道人願意為滿足戰爭的慾望而把自己逼到什麼程度，看風帆戰艦就一清二楚了。確實，海戰中各種讓莫赫帕只能用「拼拼砰砰」去形容，讓人莫名其妙的人事物，確實讓當時不少人看得一頭霧水。

土倫之役後的軍法審判結果在完全無意激勵海軍士氣之餘，還反過來讓《作戰指示》的束縛變得更緊，讓社會大眾變得更加困惑，也更加深了輿論對於政府的疑慮。二十九名艦長中有十一名遭到起訴跟審判，而這十一人當中又有一人喪生，一人逃兵後從此音訊全無，七人被軍方開除，無罪開釋的只有兩人。後續這對海軍內部士氣的衝擊與斲傷，不難想像。

一七七七年，海軍部針對皇家海軍「大艦隊」中三十五艘風帆戰艦提出的報告被顯示為造假，主要是調查員回報說多數船隻都不處於適航狀態，能作戰的只有六艘，而這六艘在接受新任總司令凱佩爾檢閱時，都讓將軍那雙「水手的眼睛看得很不順眼」。與一七四九年的調查比起來，各方面的進步可謂乏善可陳，調查員看到的依舊是不學無術的散漫軍官跟無所事事且學藝不精的船員，依舊是雜亂無章的倉庫而年久失修的裝備。綜觀之就是一艘艘邋遢、狀態差到出不了海、人手也不足的船艦。這些看得到的缺失都可以上溯到一個核心的問題，那就是高層管理的貪腐，惟有關當局不釜底抽薪去改革上面，反倒是在《作戰指示》的基礎上推出了一個更嚴厲的《補充作戰指示》，正式名稱是一七四九年的《海軍軍紀法》，且當中追加了一條「職務過失」罪嫌來懲戒那些執行任務時沒能全力以赴到最後的人。以此法作為舞台，上演的是英國海軍在十八世紀最駭人聽聞的一次事件——海軍將軍拜恩（Byng）在一七五七年遭到處決，而讓他在受審後被定下死刑的罪名正是「職務過失」，理由是他在前往梅諾卡島救援時心不在焉。在那場使拜恩變成悲劇人物的戰鬥中，海軍部在收到救援令時犯了輕敵的老毛病，所以只派拜恩帶著一支質與量都不足的小型中隊前往。等拜恩抵達直布羅陀時，敵軍早已登陸並席捲了全島。此時理應派兵增援的直布羅陀總督卻掐著駐軍不放，理由是他的駐地沒有多餘的兵力可以抽調。拜恩早已抱怨過中隊的規模太小，但事到如今他並沒有以此為由卻步不前。他還是前去面對了船更大砲更重的法軍，只不過都只能採取守勢。當兩方艦隊進入雙方的視距內後，法軍處於下風處，而拜恩的英軍則位於上風。他打

16 譯註：Collège de Sorbonne，巴黎大學前身，巴黎大學成立後化身當中的一個學院，索邦亦成為巴黎大學的代稱。

出了要排出縱隊的信號，但處於優勢的他沒有立刻追加以「進逼」（接戰）的信號，原因是中隊裡還有些船沒有在戰列中就定位。他之所以感覺有點綁手綁腳，是受到馬修斯將軍所受軍法審判的影響，畢竟馬修斯將軍被罰，就是因為他沒有等戰列徹底形成再發動完整的攻勢。事實上拜恩正是馬修斯—勒斯托克一案的其中一名法官，於是他引述了當時的判決而對其旗艦艦長說，「你看，嘉德納艦長，組成縱隊戰列的信號已發出」，而他指著還有兩艘船沒有就定位。「馬修斯艦長因為沒有等戰列組成就出擊而遭受抨擊，實在是很不幸，我絕不會重蹈他的覆轍。」但等拜恩真的升起了要進逼接戰的旗號後，他仍舊處於一團亂的戰列卻呈現出一個歪斜的角度，以至於他的戰列前鋒會在法軍砲火前首當其衝，而中段與後衛雖想出手相救，卻又距離法軍太遠而鞭長莫及。戰列的前鋒因此崩潰。艦隊隨著夜幕降臨而四分五裂。拜恩沒有設法重新集結，而是召集了作戰幕僚，並隨即接受了下屬認為事已至此他們已無力回天，梅諾卡島只能聽天由命的建言。由此他未採取進一步的行動，便領著艦隊回到了直布羅陀，並在那兒遭到撤職、拘捕與押解回英。他被以《海戰條例》（Articles of War）的第十二條起訴，理由是怠忽職守，沒有盡全力援救梅諾卡的駐軍，也沒有抓捕與摧毀敵艦。這第十二條所規的怠忽職守，指的是「出於膽怯、疏忽或心存不滿」而在職務的履行上有失，而由於拜恩明顯並非怯戰或有何不滿，因此能誅其心、定其罪的就剩下疏忽這一節。這則判例讓《作戰指示》出落得空前扭曲，因為這意味著馬修斯因為搶快出擊受到軍法審判，拜恩不搶快還是被軍法審判。皇家海軍將領怎麼都是死路一條。被剝奪了個人判斷空間的指揮官，絕對打不了勝仗，包括之後將決定美國存亡的那一場命運之仗。

死刑判決引發了社會強烈譁然。在朝為官者並不介意讓拜恩背黑鍋，畢竟這就能掩蓋他們沒有派夠援軍的誤判。英王喬治二世也不是心腸軟的人，所以沒有給出特赦。向來獨立思考的羅德尼不會看不出眼前發生的不叫做實事求是，而叫做荒誕無稽，所以便加入了由奧古斯都・赫維上校（Captain Augustus Hervey）發起聲援拜恩的陣營，惟他們想號召訴願來讓拜恩獲得寬宥的行動最後以失敗告終。拜恩的下場讓悠悠之口難歇，也讓海軍內部又多了一個阻礙團結的心結。時候一到，拜恩就這樣死在了海軍弟兄組成的行刑隊槍下，而按一名壞心眼的法國人所說，這麼做看不出達成了「鼓舞士氣」以外的任何目的。伏爾泰的這則評論讓這次事件變得不朽，因為這又一次偏離啟蒙世紀精神的行為實在太過離譜。事實是處決拜恩不會有任何效益，因為即便在當年，大家也知道沒人會因為你立個法就驍勇善戰，更沒人能因為害怕懲罰就停止軟弱。

既然沒有意義，那這死刑為什麼還要執行？因為法律就是這樣寫的，因為自以為是的立法者對於拜恩被判有罪的行為，就是這樣規定的。再者也是因為白紙黑字的條文沒有提供其它的量刑空間，所以死刑變得無從迴避。法庭的裁量權已經被剝奪，因此法官宣稱他們也無可奈何。權衡與選擇是身而為人並擁有智慧的一種承擔，所以不用或不能選擇或許比較輕鬆，但久未選擇可能會讓人的判斷不夠銳利。而那，或許也部分解釋了英國在美國獨立戰爭中的表現何以不盡人意。

倒楣的拜恩生錯了時代。這時代的英國人走在路上擔心藉琴酒澆愁的窮人會發瘋展開攻擊，平日生活害怕無政府狀態會興起於所謂的犯罪階級——沒錯，他們認為犯罪者自成一個實體。為了讓這些恐懼獲得壓抑，他們頒布了嚴刑峻罰，而且不論再怎麼有人高聲疾呼，再怎麼拿出理性、惻隱之心或常識去反對只因為偷襪子的事情，就把十一歲的孩子判處終身監禁而從此回不了家，也見不到親人，這年頭的英國人都聽不進去；法律只能直直地前進，轉彎絕對不許。在某種意義上，這類無腦的嚴峻執法是「果」，而其「因」正是英國人首創的政治自由，正是他們不遺餘力去促成的政治改革，包括建立法治而非人治的政府，也包括以憲政主義取代聖心獨斷。事實上這些政治自由與改革，正是做為英國之子的北美殖民地在爭取的東西，但英國對此卻始終置若罔聞，一副好像北美舉事只是犯糊塗加上腦充血而已。至於英國這麼想的結局，就是讓贏回殖民忠心或與其和解的最後一絲契機，也全部失去。

承審拜恩的法官在宣讀死刑時，心中懷的是國王或大臣會出手特赦他的期許。懾於努火中燒且高呼著要見血的暴民——失去國土固然可怒，但梅諾卡島自一七〇八年從西班牙處獲得，成為英國領土僅僅四十八年——政府沒敢對拜恩開恩；他落得只能以代罪羔羊的身分成為法律的槍下亡魂。行刑隊在收到命令時氣得怒吼；將軍的屍體攤倒在君主號（Monarch）的軍官甲板上，讓這位不會說話的旁觀者見證了法律做為人類行為的守護者，能犯下什麼樣的暴行。

受限於艦砲的發射角度，縱隊戰法或許是帆船時代不得不的選擇，但總是有人能以創意發想出出人意表的戰術變化，就像羅德尼有朝一日會示範的那樣。只不過海軍不是創意者的家。海軍比較像是垃圾桶，是家中不受教或笨蛋兒子會被丟去的地方。相較之下，進得了陸軍或神職的孩子才真正有出息。打破戰列固然是當時海軍戰術上最根本也最重要的貢獻，畢竟那讓海軍戰術進入了一個嶄新的時代，但想出這個點子的榮銜並不屬於哪個專業的水手，而屬於一名愛丁堡的學童。話說這孩子從小有個興趣是在池塘裡玩自製的玩具船，還把玩出的心得寫成了論文，最終被大膽的羅德尼在機會來臨時運用了一番。這個名喚約翰·柯勒克（John Clerk）的少年最初對行船產生興趣，是因為在《魯賓遜漂流記》裡讀到了船難的描述。在愛丁堡外港利斯研究過風勢對船隻運動的影響之後，柯勒克開始拿某個同學的模型船做起了私下的實驗。很快他就自行製作起模型船，放到他父親的池塘裡進行動態的觀察。在此同時，大眾的目光都聚焦在凱佩爾——帕利澤的軍法審判上，而少年柯勒克也從證詞中學到了「縱隊前進」的概念，乃至於這種調度會在海戰中造成什麼問題。憑著蘇格蘭人那種會讓北英格蘭邊界居民坐立難安的機智，柯勒克查覺到縱隊戰法中一個重大瑕疵：敵方若不配合排出一條對應的戰列，那按《作戰指示》的規定你就不能開戰。柯勒克看著他的小船隨風移動，構思出了一個方案可以掙脫戰列戰法的「致命掌控」。這個辦法就是讓整條戰列專攻敵方艦隊的某一段，而不要硬性規定每艘船只能打自己對應的那艘敵艦。這麼一來，敵方的陣勢就可以被轟出一個斷點供我方滲透，進而對緩慢掉頭要回到風勢中來救援友艦的敵船進行包夾。約翰・柯勒克在一本名為《海軍戰術論》（An Essay on Naval Tactics）的小書中，圖文並茂地解釋了他的理論，而這本書在流通於朋友與海軍軍迷中一段時間後，獲得了出版社的青睞，並很快在專業的海軍之間傳了開來，當中就包括羅德尼將軍。調查人員後來發現他入手了一份手抄本，上頭有他的註記跟眉批。至於這全新戰術獲得應用的實戰，則包括聖文森角（Cape St. Vincent）之戰、一七八〇年在馬丁尼克外海那場挫敗，乃至於最值得一提的，一七八二年的聖徒之戰（Battle of the Saints）。在一七八二年那場最終的勝利中，他面對法軍贏得了決定性的勝利，進而讓英國恢復了自約克鎮失利以來的自信。這場戰爭之所以叫做聖徒之戰，是因為它發生在瓜德洛普與多米尼克之間的海峽上，而海峽當中有桑特群島（Îles des Saintes），直譯就是聖徒群島。

讓全艦半數人力長期拖著病體的各種環境因素，包括連著數月在甲板之間生活，吸的是惡臭陳悶的空氣，吃喝只有大熱天底下腐爛的食物跟半鹹水，都可以歸咎於海軍出於惰性而對於陋習的因循苟且，但其實只要高層有智慧跟意願去有所作為，讓縫隙處照進啟蒙的光線，那這些條件並非不能改變。在從一六二二到一八二五年，長達兩世紀的時間跨度內，皇家海軍的官方伙食品項有啤酒、鹹豬（牛）肉、燕麥粥、乾燥豌豆、餿了不用大驚小怪的奶油與起司，還有書中人物羅德里克・藍登（Roderick Random）在斯莫列特（Tobias Smollett）的小說[17]中所說的——會走路的餅乾，意思是會蠕動的蟲都已經在餅乾裡住下了。由於這些伙食一點也不能提供人體所需的維生素C，因此衍生出船上非常普遍的壞血病，其症狀除了正字標記的皮膚病變以外，就是從全身性的虛弱再惡化到倦怠，最終導致死亡。英國海軍部花了四十年，才採用了海軍內部由某駐艦外科醫師發現的柑橘屬水果療法。這為名叫詹姆斯・林德（James Lind）的醫師將柳橙、檸檬與萊姆開給在鬼門關前的病人服用而取得了極佳的療效，並在一七五四年發表了《壞血病論》主張萊姆應該列為標準的配給，但由於海軍評估這麼做的成本太高，所以直到一七九五年才將萊姆納為法定的伙食。啟蒙精神並沒有讓人意識到孱弱無法工作之人成為船上的負累是划不來的做法，因為即便是給於其最起碼的照護，其成本也會更甚於一桶萊姆果汁，而這或許也說明為何在西元前六百年，一名傳奇「哲學家」曾據說是這麼想的：世界上有三種人——活人、死人，在海上生活的人。有沒有可能

17 譯註：這裡指的是斯莫列特出版於一七四八年的惡漢小說《藍登傳》（The Adventures of Roderick Random），內容講述斯莫列特在皇家海軍中擔任海軍軍醫助手的經驗。

海軍將軍們會如此抗拒改革，是因為受到了在海上生活的影響呢？在二十世紀，根深蒂固的惰性仍舊在軍官甲板上冥頑不靈。根據海軍史權威理查・霍夫（Richard Hough）的敘述，一九一四年任第一海軍大臣的溫斯頓・邱吉爾認為「皇家海軍在第一次世界大戰時期的職業階級制度有幾個特色：囿於傳統、欠缺冒險精神，而且少有幹勁與智識」。

羅德尼算是個異類，因為他不但有幹勁、有智識，而且滿滿的自信從不離身。只要看到哪裡有進步的空間，他就會劍及履及，就會設法創新，有回甚至不惜讓自己為此吃虧。在牙買加服役期間，他安裝了一個系統能將水從水庫打到船上，由此省下了水手得一桶桶把水滾到船上的冗長勞動。但這樣的體貼卻慢慢引發了水手的怨懟，原來水手們發現在新制度引入後，事情完成得太快了，以至於他們的上岸休假也一起沒了。隨著水手的不滿造成了羅德尼沒當上牙買加總督，我們看到的是他如何以追求創新，示範了想在英軍中明哲保身是一動不如一靜。

惡劣生活條件獲得的容許，以及對不思改進的姑息，訴說的是一種深植於海軍整體抗拒改變的習性中，心理上的暮氣。可以有所突破的選項並非遙不可及，要找到友善的中途港口去補起新鮮的食品，在交戰頻仍的那個年代並非易事，但也不是有心會做不到的事情。新鮮的空氣只要打開艙門就有。如果怕有進水的危險，只要留心一點在船右轉時開左舷門，船左轉時開右舷門就是，但眾人就是不願意為了航行的舒適多花些心思。為了讓食物免於腐壞而醃漬保久或許在所難免，但源於人體的汙穢可不是一種宿命。會流汗、嘔吐、排便、撒尿、性交與月事來潮的人體不是一台潔淨的機器，而當人與人擠在封閉的空間裡，各種流瀉物會共同挑戰人體對不適感的耐受極限。但想要改善衛生與清潔，辦法都是可以想的，前提是有人有動機去思考。一樣東西讓我們真心想要，技術性問題很少能把人類難倒，除非我們讓耳邊那句不斷重複的咒語讓我們真心相信「這做不到」。

創新偶爾還是會找到突破口——但為的不是舒適，而是為了提升船艦的功能。其中最重要的一項就是用在船體上套上一層銅來避免甲殼類、蟲子與植物滋生造成船底腐爛，到時輕則船速變慢，重可造成船艦整個完蛋。羅德尼一直在跟海軍部討覆銅的船，而海軍部雖然鮮少捨得花錢，但偶爾還是會擠出羅德尼要的東西給他。艦橋上一尊透過滑輪連結到船舵，讓舵手可以對其進行機械式控制的舵輪，則是另外一項效率高到可以以一己之力打破體系惰性的嶄新工藝。就連堪稱經典，在中世紀戰鬥中工弓箭手使用的「船樓」，都遭到了取消，為的是降低船的重心，並騰出更多空間來容納船帆。船艏三角帆在老水手的嘲弄聲中被加載了船上，為的是抓住那些難以捕捉的「漏網之風」。

一七四二年在地中海，羅德尼指揮他首次擔任艦長的普利茅斯號初試啼聲就立下奇功。在直布羅陀海峽西端獵捕敵國私掠船的時候，他一口氣帶回了整批多達三百艘商船，屬於里斯本貿易一環的笨重船隊，而且全部都完好無缺。此事讓他在社會大眾，在倫敦與布里斯本感恩戴德的商界，也在海軍部的袞袞諸公之間聲名大噪，而這些為官者也將他拔擢為了海軍上校，後來還被託付了風帆戰艦老鷹號跟船上六十四門砲的指揮權。

在老鷹號上忙於打擊商業的羅德尼上校並沒有參加土倫之役，否則他就能像在三年之後，一七四七年十月的第二次芬尼斯特雷之戰中，也像在稍早的布雷斯特外海戰役裡一樣，成為英國非常用得上的一名驍勇悍將。那一年，羅德尼隸屬於霍克將軍麾下的一支中隊，由英國派遣至大西洋去巡弋並搜尋法國的貿易船隊。在第一次的接戰中，羅德尼的單位在湯瑪斯·福克斯（Thomas Fox）准將的指揮下向護航大約一百五十艘商船的四艘法國軍艦發動攻擊。這批出發自聖多明哥的商船滿載著蔗糖、咖啡、靛青等西印度群島的特產。在為期兩天的海上追逐中，羅德尼先從四散的船隊中捕捉到了六艘船，將戰利品護送回母港，然後又重新回到海上。他剛重新回歸霍克的艦隊，就收到命令要去攻擊一支正要出航且並由九艘風帆戰艦護航的法國商隊，當中總計有兩百五十艘商船。當英軍在西班牙的芬尼斯特雷，也就是歐洲至西點外海攔截到法國船隊時，接下來的戰鬥既不會被說是被動，也絕不用擔心有怠忽職守之嫌。法國海軍將領伊東杜艾爾（Etenduère）為了讓他所護航的船有機會逃脫，便將自己擋在了英國艦隊與法國商隊之間，奮戰了六個小時，並由此喚醒了他手下各艦長的鬥魂，就像船上有他們必須誓死守護的法國王太子一樣。法方在此役中死傷慘重。在有七十門砲的海王星號上，七名軍官與三百名水手在投降前陣亡。火力略遜一籌的羅德尼與海王星號跟另一側第二艘法艦力戰了一個小時，直到舵輪毀於敵艦的舷砲，船帆與索具也都屍骨無存，無法操控的老鷹號才飄飄蕩蕩地脫離了戰線。經過一番英勇的抵抗，法艦中的六艘還是在入夜前投了降。逃掉的兩艘被經過緊急修復又投入戰場的羅德尼跟另外兩艘英艦追擊到黑夜，至於被護航的法國商船則順利逃出了生天。

已然初試啼聲過的羅德尼靠著此次的斬獲，讓他的聲望又更上了一層樓，須知英軍此番在芬尼斯特雷所展顯出的鬥志，讓土倫軍法審判帶來的陰霾一掃而空，更別說這次價值超過三十萬鎊的戰利品被送到倫敦遊街示眾，讓市民得以重溫了那種他們曾習以為常的享受。

挾著替政府發了這筆橫財的首功，羅德尼被佩勒姆兄弟收入了門下——亨利．佩勒姆（Henry Pelham）是當時的第一大臣，紐卡索公爵則跟他是兄弟，而這兩人堪稱追求「一席之地」者最頂級的庇蔭。在這兩人的提攜下，羅德尼成了執政黨栽培的對象，並獲得了很多人搶破頭，青雲路上不可或缺的那樣配件——議會裡的席次。他在芬尼斯特雷戰役總指揮安森將軍的引薦下，獲得了英王喬治二世的召見。國王也很驚豔於羅德尼的年輕，還被在一旁忙著抄寫的臣子記錄下說他「從沒想到自己的海軍裡會有這樣的青年才俊已經當上艦長」，而對此安森爵士回覆說，「我希望陛下能再有一百名這樣的年輕艦長，那肯定能讓陛下之敵嚇得屁滾尿流」。

「但願如此，爵士，」國王用妙答接下了這話。

作為勞勃・沃波爾爵士的門徒，佩勒姆兄弟想看到戰爭結束，而在芬妮斯特雷的大豐收之後，戰事名義上在一七四八年的《艾克斯—拉—夏貝爾條約》（Treaty Aix-la-Chapelle）中畫下句點。這份和約涉及不同領地的交換，卻只代表暫時的和平，而完全沒有解決殖民地爭霸的問題，主要是列強為了趕緊結束戰爭，根本沒有心思認真談判。加拿大與新斯科舍的邊界，還有與西班牙的貿易權與航行權問題，都繼續懸而未決，西印度群島與北美洲也都仍舊是是非之地。

隔年一七四九在皇家微笑認可中，羅德尼被欽點為彩虹號艦長，且上頭還另著其以總督的頭銜號令紐芬蘭駐站。一七五三年，他迎娶了北安普頓伯爵的姊妹，但其實這豪門之婚還沒結，他就已經很看得起自己地在漢普郡一處舊苑的基地上蓋了棟美輪美奐的宅邸，而且秉持著凡事都要用到最好的品味，他將景觀設計交給了堪稱該領域第一把交椅的「無所不能的布朗」(Capability Brown，本名為蘭斯洛・布朗〔Lancelot Brown〕）操刀，就像他讓雷諾茲替他繪製肖像那樣。在此同時，他還以對一名海軍上校而言非常大手筆的預算，購置了在倫敦希爾街上的私宅。

一七五二年，他從紐芬蘭返英。但此時的他得由人抱上樸茨茅斯港，船的指揮也必須交由下屬代勞，原因是嚴重的痛風，只不過那在他剩餘四十年的人生中，不過是病魔開始前仆後繼前的第一波攻勢，未來等著他的，還有數不清的病痛纏身，甚至是完全失能。三十三歲就得上痛風，實在是年輕了點，但酗酒作為痛風的成因，在十八世紀的船上比平地更嚴重，主要是在船上，那令人作嘔的臭氣需要酒精的壓抑，空虛長日中的煩悶也需要酒精讓人分心。一如十八世紀英國最偉大的政治家，查塔姆伯爵老威廉·皮特（William Pitt the Elder, Earl of Chatham）的玉體就栽在痛風手上，羅德尼健康所受之摧殘也不遑多讓，只不過他總是捱到了七十有四。不過塞翁失馬，焉知非福，病體在他這次的返鄉中派上了用場，原來他原本奉命要在拜恩將軍的一七五六年軍法法庭上擔任法官，但最終卻因為「急性膽絞痛」而獲准辭退。更走運的是死刑原本被排定要在他的君主號上執行，但他就在行刑的稍早被調動到了都柏林，因此免去了要在甲板上命令行刑隊「射擊！」的酷刑。只不過這股好運並未維持太久，因為在一七五七年二月，替他生下兩個孩子的妻子珍在生第三胎時難產而亡，只有他新生的小女兒活了下來。一夕成了鰥夫的羅德尼渴望戰鬥，而他也很快就在一七五九這「神奇的一年」中找到了他要的戰鬥，話說那年正是七年戰爭打得方興未艾的一段時間，而英國面對不同敵人則得以連戰皆捷。

七年戰爭作為十八世紀的戰爭大戲，主要法英兩強在海上與北美相爭，次要的戰場則在印度。在美國，七年戰爭被稱為英法北美戰爭（French and Indian War；又稱「法國與印地安人的戰爭」，北美原住民在此役中與法國攜手抗英）。回頭去看，後世歷史學家認為這是人類第一場真正意義上的「世界大戰」，因為它在歐洲還有由領土與王朝紛爭交織出的次要衝突，外加糾結著以普（魯士）奧（地利）兩強爭霸為中心而衍生的合縱連橫。屬於普魯士這一邊的法國與作為奧地利盟友的英國為敵，另外瑞典、西班牙與荷蘭聯省共和國也各自被捲入了這場混戰。

七年戰爭的結果確認了英國的海權，很快地英國作為海上霸主的地位就不再受人質疑。由此荷瑞斯・沃波爾在說起一隊英國商船從印度返回時，可以狂妄地宣稱英國船是通過「我們首都的街道——大海」回到了家鄉。在陸地上，英國主要的收穫是法國割讓加拿大跟以歸還哈瓦那給西班牙為代價，取得了佛羅里達。言簡意賅的海軍將領馬漢說得最好：「（七年戰爭讓）大不列顛王國自此蛻變成了大英帝國。」

皮特的自信不是捕風捉影，確實在七年戰爭期間，英國的海上力量確保了其貿易量增至五十萬噸，約當整個歐洲的三分之一，八千艘商船就這樣載著英國新式產業的各種產品，為了抵達新興市場而航向了世界各地。貨運的護航是神聖的事業，貿易的規模就是力量的來源。貿易提供的資金，讓英國養得起艦隊加上二十萬名士兵與傭兵，包含在美國的那五萬名。英國真正的核心利益，就是貿易與貿易的利益。而英國走海路進行的貿易量是如此之大，法國針對商船進行的襲擊與私掠並未對戰爭的均勢產生可觀的影響。西印度群島的商業利益以其極具價值的農特產為重心，直接掌握在若干西印度群島的種植者手裡，而這些手握農園的種植者又在英國國會中控有十二到十五席，惟他們發揮影響力不是透過人數，而是透過財力跟人脈關係。在這當中，地位最顯赫的是威廉・貝克福爵士（Sir William Beckford）。他除了是牙買加第一大地主以外，還在一七六〇年代兩度擔任過倫敦市長。北美殖民地的重要性有多「次要」，可以在美國獨立革命演變成武裝鬥爭之後看得出來。話說一七七八年，先有費城被抽走了五千兵力去西印度群島抵擋法國的反攻，接著有第二批艦隊載了四個兵團前往背風群島，然後在一七七九年，又有四個兵團被送往牙買加。此刻在紐約，望援若渴的柯林頓將軍正頻頻告急，但英國所做的事情卻是在愛爾蘭搜刮新兵，從監牢裡動員受刑人，就這樣從從美國獨立戰爭開打以來，英國往西印度群島足足送了二十二個營的兵力。

一七五九這「神奇的一年」中最神奇的一件事，就是沃夫將軍（General Wolfe）在魁北克擊敗了法軍，而這也是間接由英國海上力量所贏得的一場勝利。要知道皮特始終相信自家的海軍，也一直培養這把利器，希望它能有朝一日讓英國打敗法國，贏得數百年的霸權之爭。沃夫的九千人部隊被送到加拿大，走的是英國控制下的海域。到了加拿大，在他們攀上懸崖抵達了亞伯拉罕平原之前，之前在提康德羅加（Ticonderoga）與皇冠角（Crown Point）的勝利已經幫他們開好了路。雖然在沃夫將軍在丘頂的戰鬥中陣亡，讓他們折損了一名英雄，但亞伯拉罕平原之役仍不失為是一場決定性的勝利，主要是英軍後續進占了蒙特婁，而拿下蒙特婁又為英國征服加拿大奠定了基礎。法國就此被趕出了加拿大，也失去了逐鹿北美的入場券。面對來自安大略湖的安姆赫斯特將軍北上進攻蒙特婁，腹背受敵的法國加拿大總督沃德勒伊侯爵（Marquis de Vaudreuil）在一七五九年九月將又稱「新法蘭西」的魁北克省降于英國。法國作為天主教勢力的存在，又與跟新英格蘭移民作對的易洛魁同盟（Iroquois；由五到六個北美原住民族共組的邦聯）有所勾結，這兩點不論看在英國與北美墾民眼裡，都一直是殖民地不得不繼續忠於英王的原因，畢竟有法國勢力存在一天，墾民就需要有人保護他們不受來自北方的威脅。但或許是人類真的很喜歡以自身的虛榮授命運之神以柄，英國很諷刺地用他們的魁北克之捷，親自掃除了在北美的天主教勢力，也讓美國人終於能海闊天空地去揭竿而起。

雖然羅德尼在一七五八年跟著海軍將軍波斯卡溫（Boscawen）的艦隊出擊，目標是新斯科舍北部的法軍要塞路易斯堡（Louisburg；扼於魁北克的出海口外），但他擔任船長的都柏林號（Dublin）上有很嚴重的健康問題，感染了熱病的船員一個個病倒，最後船也被撩下在哈利法克斯（新斯科舍首府），船員則被安置在由駐船木匠臨時搭建在岸邊的棚屋中。就因為都柏林號的不中用，羅德尼沒能同行去攻擊路易斯堡這個法軍重鎮，須知拿下路易斯堡，魁北克就空門大開了。他最後是在敵軍投降前夕才加入了告捷的英軍，跟著大部隊凱旋回英。另外他還在一七五九年十一月錯過了霍克將軍與法國艦隊主力在布列塔尼沿岸決戰的基伯龍灣之戰（Battle of Quiberon Bay）。雖然出處不可考，但皇家海軍的這場大捷曾被熱血地稱為「無敵戰艦以來最偉大的勝利」，由此「神奇的一年」的招牌又更亮了。當時並未閒著的羅德尼在出另外一項任務。在另一條戰線上阻擋法國侵略的他指揮著一支中隊，希望以爆破船的手段摧毀聚集在勒阿弗爾（Le Havre）作為登陸艇的平底船小艦隊。這些平底船長一百英尺，每艘可運送四百名兵力。一七五九年五月被升為「藍旗海軍少將」後（藍白紅三色原本是用來標示戰列中的不同中隊位置，以階級而言藍色略低於白色，白色又略低於紅色），羅德尼率其六十門砲的旗艦阿基里斯號（Achilles），外加另外四艘砲艦、五艘巡洋艦跟六艘小型的雙桅爆破船要共同去轟炸勒阿弗爾港，希望能將港中的敵船盡數燒燬。羅德尼固然受到了岸砲「連番猛轟」，但他仍就給了港中的法艦迎頭痛擊，讓它們檣櫓幾近灰飛煙滅，同時「一艘艘船看來都斷了腰桿」，港口本身作為海軍彈藥庫也千瘡百孔，難以再在戰爭結束前對大不列顛繼續造成威脅。羅德尼用對勒阿弗爾港的轟炸，讓基伯龍灣的法國受重創後還僅存的那一點侵略計畫，也成了一個笑話。

從勒阿弗爾的硝煙中返航，羅德尼發現英國換了一個國王。一七六〇年十月，喬治三世登基。作為第一個土生土長於英格蘭的漢諾威家成員，他滿腦子都是自己有多正派，也從小就被他母親洗腦「喬治長大要當國王」。他想要統治好英國，也想要為他的帝國扮演好一個堅實的君主，特別是在那些愛搞事的美洲移民心中，畢竟那些不懂得感恩的傢伙都沒想過跟法國的戰爭是替他們打的，至少英王喬治與大多數的英國百姓都是這麼認為的。以繳稅的方式去分攤戰爭軍費或當成未來的保護費，遭到了美國人的反對，而這在英國的眼中就是不知好歹，而不是什麼被英國議會徵稅卻得不到代表權的基本憲政問題。不論喬治三世能不能用這個角度去理解問題，他都吃了秤砣鐵了心，說什麼也不讓國會——或以他而言是不讓皇室——對殖民地的徵稅權遭到質疑。而為此他需要有行動力的將領，需要看到實績。

國王能夠理解的，是西印度群島丟不得。「我們的眾離島，」喬治三世在二十年後，也就是美國革命擴大為戰爭的一七七九年給桑德威治爵士的信中說，「一定要守下來，就算英倫本島因此守不下來都無妨。」喬治說話就是如此「語不驚人死不休」，「就算英倫本島守不下來」絕不是朝臣們會同意的立場。但英國海軍畢竟會分身乏術。如果要在英倫本島驅逐法國入侵，英國海軍就不會有餘力前往加勒比海確保西印度群島。「若失去糖島（Sugar Islands），」喬治三世繼續在信中說道，「我們就籌不到錢把仗往下打。」這話說得或許也有點極端，但也不是毫無根據，畢竟確實有歲入從西印度群島那些家財萬貫的農園老闆跟商人口袋，大量流向英國政府。桑德威治同意在法國海上力量危及各糖島的時候，英國是該把海軍主力用於加勒比海。雖然背風群島的艦隊狀態在一七七九年時「極為慘澹」而急需增援，但能打贏馬丁尼克一仗仍是「眾人最大的希望」，理由是如果能拿下馬丁尼克，那其他法屬島嶼就會望風來歸，受到重創的法國「就多半會選擇讓戰爭告一段落」。桑德威治還將在其一七七九年給國王的備忘錄中建議對聖佑達修斯島用兵，因為法國可以從那兒對其西印度群島艦隊提供補給。如果可以在加勒比海擊潰法國的海上力量，讓法國的島嶼盡皆易幟，那英國海陸軍就可以沒有後顧之憂地猛攻美洲，屆時叛亂便指日可以平定。雖然在一七五九年，北美墾民還沒有對祖國動武，國王與第一海軍大臣的這些信件說的也是二十年後的情勢，但它們依舊顯示出西印度群島在英國思維中的無比重要性。比起大臣們建議的「步步為營」，英王始終想用「像男人一樣大膽」地採取攻勢去挫傷法國的銳氣，由此在一七六一年十月，也就是登基隔年，喬治三世欣然允准了羅德尼任命案，使其成為背風群島駐站的巴貝多群島總司令，為的是在對馬丁尼克的海陸聯合作戰中，由羅德尼負責海軍部份的指揮。作為法屬島嶼中人口最多也最繁榮的一個，馬丁尼克是島鏈中最大的一個島，只是這島鏈有時被稱為向風群島，有時又被稱背風群島。專攻該地區的一名歷史學家感嘆道這樣的命名法「不夠精確」。雖然名義上被劃歸背風群島，但馬丁尼克扼有上風的位置。馬丁尼克擁有在皇家堡（Fort Royal；今法蘭西堡〔Fort-de-France〕）的天然良港，同時還憑藉法屬島嶼中最高的繁榮程度，成為了法屬西印度群島的首府兼法國總督的辦公地點，同時也是主權議會（Sovereign Council）的會址所在，其管轄範圍涵蓋法屬安地列斯島全境。在島鏈中更南也更向風的巴貝多並無良港。英國人使用的英吉利港位於島鏈上比馬丁尼克偏北的安地卡。

當接下新船的羅德尼於一七六一年十月二十一日從普利茅斯出航，加入西印度群島的艦隊時，攻擊計畫已經擬好，起草的是時任第一大臣的老皮特。

在向西航行三十天，橫越大西洋後，羅德尼在十一月二十二日抵達巴貝多，並與蒙克頓（Monckton）將軍的地面部隊會師。他們共同在一月七日到達馬丁尼克，而這趟任務雖然意外受到強力的抵禦，最終仍證明只是日常的西印度群島登陸作戰而已。在「讓沿岸的碉堡一個個閉嘴之後」，艦隊下錨在了聖皮耶灣（St. Pierre's Bay）中，戰損不過是區區的一條船，而且那艘船還不是被敵砲打沉的，而是觸礁沉沒的。「我們救起了船上所有的人員、所有的物資，我希望很快可以把所有的砲也撈起來，」羅德尼表示。艦隊在完成登陸任務，取得了良港之後，一支有兩艘巡洋艦的中隊被派到小海灣（Petite Anse）去建立站點，另一支中隊則被派到大海灣（Grande Anse）。首先由龍號（Dragon）的赫維上校力壓了守軍的岸砲使其成為啞巴之後，羅德尼的陸戰隊與水手便展開了攻擊，進佔了碉堡。「一月十四日，我帶著整批艦隊與陸軍跟了上去，」此時敵人的岸砲早已又一次被摧毀殆盡。在偵察過沿岸狀況後，他決定與蒙克頓將軍聯手在十六日攻擊皇家堡。於是在「非常成功且損失很小的狀況下，讓岸砲淪為廢鐵之後（這次的岸砲似乎比平常那些又更加沒用了），我讓蒙克頓將軍的多數部隊在日落前順利搶灘；由此隔天早上天剛亮，全軍就一個都沒少地登岸了」，所有必需的補給也都在，「全數作戰與運輸船艦則都下錨在這片沿岸至為安全之處」。兩個營約四百五十名陸戰隊員一一上岸後，便朝著他們打算對皇家堡展開圍攻的高地前進。二月十日，羅德尼就已經可以用皇家堡投降的捷報，拿去獻給在朝為官的大人們了，因為拿下這個兵家必爭的要塞，就等於「陛下的軍隊得到了這一帶級別最高的良港」。他同時還拿下了十四艘「敵人最精銳的私掠船」，並預期跟據投降的規定，還有更多艘會從島上的其它位置給他送來。他深表欣慰地通報說陸軍與海軍弟兄處得「水乳交融」，爭相想為國王與祖國效力。陸軍一名步兵軍官的生動描述，顯示了水手是如何把火砲跟最重型的臼砲拖到丘頂的定位，「然後，」羅德尼表示，「他們對我們的貢獻，不論在岸上或在水上，都勞苦功高。」能從在船上生活的地獄中解放出來，無疑讓他在幹拉砲的粗活時氣力飽滿。

馬丁尼克的投降讓小安地列斯群島無險可守，由此向羅德尼艦隊投降的島嶼又隨即追加了三個：馬丁尼克南邊的聖露西亞、島鏈底部的聖文森跟格瑞那達。這些都是非常珍貴的駐紮站點，而能兵不血刃「和平取得」這些據點，也讓羅德尼又一次恭賀起了海軍部。聖露西亞作為英屬向風群島中最大也咸認最美的成員，早就是羅德尼為了垂涎三尺的目標了，他看上的是島上一處處的良港。至於格瑞那達之所以是「不容小覷」，是因為有了這座島，颶風季那幾個月就不用怕沒有避風港了，外加這裡也是一座固若金湯的要塞。

在此同時，牙買加緊急向他求救，主要是該島預期會遭受到法國與西班牙聯軍的襲擊。預計此役可以在戰利品上大撈一筆的羅德尼準備前往援救牙買加。他此行並沒有得到英國的命令，想去完全是他個人的決定，至於比較聽話的蒙克頓將軍則不願意在未獲指示的狀況下派兵與他同行。羅德尼將意圖秉告了海軍部，並表示他相信自己「身負授權與使命要援救國王陛下任何陷於危險的殖民地」，還向大臣們表示他「一心只想為陛下分憂解勞」。海軍部推測真相應該不是這麼回事，於是讓羅德尼又氣又失望的結果是他收到了命令，上頭不准他一意孤行，理由是英國正在秘密籌備一趟遠征，為此「其他事情都要排在後頭」，而羅德尼作為輔助人力也必須在駐紮站待命。被剝奪了與許多將軍一樣一夕致富的機會，羅德尼感覺悶悶不樂，但也只能整備艦隊，候命偕大軍前往哈瓦那作戰，要知道那裡可是西班牙貿易的支點。在古巴之役成功之後，指揮海軍作戰的波考克將軍確實靠賞金發了筆財，而羅德尼則恨得牙癢癢地一無所獲。陷於失望懊惱的他與在馬丁尼克「水乳交融」的戰友蒙克頓發生了口角，他宣稱蒙克頓在分配馬丁尼克之役的賞金時有不盡公平之處。

說起失望，隔年一七六三年的《巴黎和約》才更鋪天蓋地地令人失望，主要是英國軟弱地在條約中放棄了大半在七年戰爭中靠真刀真槍打回來的優勢。馬丁尼克這顆才新贏得在安地列斯群島上的瑰寶，還有其鄰近的瓜德洛普與聖露西亞，通通都被還給了法國，以交換法國割讓含新斯科舍、布雷頓角與聖羅倫斯島在內的整個加拿大。如同英國，法國也把西印度群島看得比加拿大更重，以至於她願意割讓加拿大，只為了把馬丁尼克、瓜德洛普與聖露西亞拿回來，而這又是因為法國相信失去這些島嶼，會比什麼都更加傷及英國賴以為生的商貿。法國就跟英王喬治一樣，都認為商貿是英國的命脈。這筆交易引發了英國輿論一片譁然，民眾認為這是為了殖民地而棄西印度群島的廣大財富與商機於不顧。同樣的反彈聲浪也湧現在與西班牙的交易中，這部分是英國把古巴跟菲律賓還給西班牙，換取西班牙交出佛羅里達、還有密西西比河以東除紐奧良以外的所有西班牙土地。作為旨在保護新英格蘭以南殖民地的一筆交易，此舉也被視為是把美洲殖民地的利益置於其他所有殖民地以上的行為。

在英國大眾的眼中，七年戰爭的目的就是保護殖民地不受法國的蠶食，他們認為殖民地居民連一根手指都沒有抬起來捍衛自己。但事實是北美殖民地居民曾替沃夫將軍打通從提康德羅加到魁北克的道路，曾對路易斯堡發動第一波包圍，還曾面對背後是法國人的印地安人進攻，捍衛他們自身的聚落，但這些事實都遭到了忽視。英國既已從七年戰爭中搶得最有利的位置，又毫無疑問地是海上的霸主，而這都讓《巴黎和約》中的讓步變得完全沒必要。事實上英國經由《巴黎和約》，取得了幾近於整個北美大陸的控制權，但這點在當時並沒有人看得上眼。當時英國民眾只覺得政府得到了一片鳥不生蛋的荒地，裡頭除了茂密的灌木跟無路可走的森林以外什麼都沒有，但卻犧牲掉了蔗糖與貿易等源源不絕的金流，這邏輯對當時的英國人完全說不通。一定要說，選擇美國而捨棄西印度群島，代表英國政府隱隱看到了北美洲的潛力，也代表啟蒙時代的常識判斷露出了第一線曙光——只不過這種常識判斷，英國民眾顯然完全不買單。

眼光獨到之人就能看出讓殖民地從此免受法國與西班牙的威脅，呈現出的並不是什麼值得令人寬慰的前景。一旦他們「不再需要大不列顛的保護了」，「從那一瞬間起」，羅德尼的立傳者兼女婿或許確實有點馬後砲地寫道，「他們實質上就已經獨立了」。他的說法或許超前歷史進程太多，畢竟這當中還得歷經許多風風雨雨的歲月，真正意義上的獨立運動才會開始生根。但光以北美殖民地免受被法國與天主教統治之恐懼這點而言，歷史的轉捩點確已來臨。對於在一七六二年十月被擢升為藍旗海軍中將的羅德尼而言，戰爭的嘎然而止意味著升遷無門，代表著挫折感，也代表著他將因為債務纏身而讓人生出現一次決定性的怪誕轉折。在於巴黎和約後返回英國後，他開始了一段平靜祥和但就是手頭拮据了點的日子，主要是這時的他只能領半薪，那是船上軍官與組員在賞金結清後的共同命運。算是表彰其讓大英帝國多添了三座寶貴島嶼的功績，羅德尼在一七六四年一月被封為男爵。隔年在孤家寡人七年之後，他再婚了——對象是一位名叫亨麗耶塔·克萊斯（Henrietta Clies）的女士。後世對她的生平所悉甚少，只知道她假以時日替羅德尼生下了次子跟三個女兒。一七六五年十一月，他獲得了一份不用出海的任命，職稱是格林威治醫院的院長。這間醫院的本質是失能或潦倒海員的收容所，當中不乏許多酬庸性質的職位可以安插人事。羅德尼任期中的一件大事是他曾眾所周知地斥責過他的副院長，緣由是副院長自己身穿大衣在爐邊烤火，卻不肯分發同款的冬衣讓退休人員穿得暖和。他秉直的原則，羅德尼說，應該是「讓老人家安享晚年」，如此年輕的訪客看了才會說：「誰不想上船當水手呢？老了可是能過得像個大王一樣爽呢！」要發的大衣就這樣訂購下去了。

手中沒了船，離倫敦跟倫敦的仕紳人生距離又那麼近，賭博的誘惑再度將羅德尼團團包圍，只不過比起賭博，真正毀了他的是議會的誘惑。他曾在政壇大老的恩庇下當過三任議員，但一七六八年在他所代表的北安普頓選區，羅德尼突然遭到某名外來者的挑戰，逼得他不得不發動選戰來爭取連任。即便是在那個沒有電視廣告或其他現代支出的時代，含娛樂、酒水與買票在內的選戰成本也足以讓人傾家蕩產。議會席次的魔力之強，讓羅德尼不惜砸下三萬英鎊換一個權力的幻象，但其實他即使當上議員，也沒有任何實權，沒有任何好處，反而是會在債務的泥淖中愈陷愈深。一七七一年，他獲聘成為大不列顛榮譽海軍少將，並同時被任命為牙買加的總司令。但由於他擔任海軍少將的薪資會有半數被扣住，主要是海軍委員會要他先交代清楚他在牙買加報的公帳，加上還有其他賒下的帳款得用薪水去結清，因此羅德尼要求能保留他的格林威治院長一職，他指出有三位前輩曾獲得這樣的通融。桑德威治爵士出於某種沒有明說的怨念，回絕了羅德尼的懇求。這之後在牙買加總司令的任期屆滿時，羅德尼又請求讓他續任為牙買加的總督，但同樣遭到了拒絕。懷著咬牙切齒的恨意，他只能面對三年任期結束，回到英國領半薪的前景，除非他能在那之前再獲任命。一七七四年九月一回到祖國，他就得到了一個建議是趕緊離英，否則他不是沒有可能因為債務下獄，於是他逃到了巴黎。在巴黎，優雅的生活與許多視英俊皇家海軍將軍為偶像的社會名流，再次讓他忘記了要收手，直到新欠債務的壓力讓他成了法國首都的囚徒。或許沒有被關在四壁之內，但法國警方把話挑明了講：巴黎債主沒拿到錢，他就別想走。

在此同時，萊辛頓與康科德打響了美洲叛變的第一砲，羅德尼迫不及待想回到海上大展身手。但這樣的他卻哪裡也去不了，因為雖然他已經緊急致函向桑德威治請纓，並表示他「什麼任務都萬死不辭……只要上頭一聲令下」，但應該要徵召他的海軍部方面杳無音信，以往在信中與他稱兄道弟的第一海軍大臣也只是行禮如儀，用正式公文給了他一個不是回應的回應。

最大殖民地既已起兵反英，國際大戰也可能爆發於旦夕。事實證明在一七七八年二月，法國真的與剛於一七七七年十月在薩拉托加（Saratoga）拿下令人驚艷勝利的殖民地結盟，須知薩拉托加大捷幾近不可思議地見證了伯格因將軍率其麾下的五千七百兵力投降。這五千七百人被以戰俘的身分遣返回英國，並在行前發誓絕不再拿起武器對付美國。四個月後的一七七八年三月，法國通知英國政府他們承認了美利堅合眾國的獨立，並已經與大陸會議締結了同盟、友好與通商的條約，條件是雙方都不得在英國承認美國獨立前個別與英國談和。美法同盟讓戰爭進入了新局，因為那不僅讓歐陸強權站在了叛軍陣營，同時也讓英國與其宿敵展開了新一回合的角力。

8 法國的干預

既與殖民地的叛軍結盟，法國就等於是與殖民地母國英國宣了戰，而那自然也正是法蘭西的意圖所在。波旁王朝的政策形成不是出於對傑佛遜式原則的同情，換句話說法國並不認為到了某個關鍵時刻，一個民族就必須「在地表列強之間按自然的法則與自然的上帝所賦予的權力，取得獨立而平等之地位」。這種想法根本與君主制的觀念背道而馳，就算鏗鏘有力說出這話的是法國的新盟友，就算波旁王朝支持這位新盟友所追尋的一切，事實也不會因此改變。事實是法國的動機裡沒有那麼多哲學，他們只是單純想與英國為敵，而那還是一種自一〇六六年起，累積了七個世紀的敵意；他們只是想要報七年戰爭的一箭之仇而已。換句話說是舊世界的鬥爭而非對新大陸的關心，讓法國加入戰局，進而讓北美殖民地從英國手中贏得獨立。具體而言，法美同盟的組成是兩份條約，一份涉及商貿與友好關係，另一份則要求雙方均不得在英國承認美國獨立地位前擅自與英國單獨議和。

一七七八年七月，也就是與美國簽訂完條約的五個月後，法國正式對大不列顛宣戰，相隔一年西班牙（波旁王朝）也跟進對英宣戰，算是重新確認了波旁家族盟約的效力。西班牙要求的對價是法國要承諾其收復直布羅陀與梅諾卡島。

法國最不想看到的，莫過於北美殖民地與祖國和解，使英國得以重建其貿易、殖民與海權地位，畢竟法國出兵的首要目標就是打壓英國，避免其恢復往日的榮光。班傑明・富蘭克林刻意讓法國人感覺到美國隱隱有種跟英國和解的可能，加上法國自認察覺到的一些蛛絲馬跡，正是讓他們起心動念要與美締約的動機。法國在條約中要求雙方均不得與英國私下議和，就是想把他們最擔心的美英和解之路阻斷——就算是暫時放心也好。這之後法國的擔心再起，是因為英國主動提出要與殖民地和解。

法國參戰後十七天，與美國沒有直接關係，但長遠會嚴重打擊到英國戰局的首發艦隊行動，終於開始了。這場或許沒有直接損及英國海軍，但仍無形中令其傷筋挫骨的戰役，發生在法國外海的英吉利海峽上，韋桑島（Ushant）的附近，而法軍此役的目的是想控制住英吉利海峽來預備入侵英國。在掌握了兩支法國中隊從布雷斯特航向土倫的情報之後，英國的作戰目標便是要阻止其會合，而萬一這兩支中隊真的會合了並前往了英吉利海峽，那就設法將之擊潰，除非對方的火力「明顯佔有優勢」；若火力真的不如人，那就返航尋求增援。奧古斯都・凱佩爾將軍（Admiral Augustus Keppel）身為英吉利海峽艦隊指揮官在發現兩艘法國艦隊外圍的兩艘巡洋艦後，便奮力開火挑起了戰事。當時常見的做法是由指揮官處於戰列的中央，讓艦隊的前後兩端都同時處在或不在他的視野之內，視臨場狀況而定。作戰要成功，指揮官與其負責指揮後衛的二當家之間必須要心意相通。以此例而言，凱佩爾將軍與他的三當家休・帕利澤將軍（Admiral Hugh Palliser）分屬不同政黨，結果雙方又再度出現了信號的誤讀，而那究竟是單純的誤會還是惡意的曲解，在事後讓雙方吵到幾乎要大打出手。總之，信號表的內容確實不足以表達戰場上所有的意念。英國版的信號表中沒有信號讓船長表明自己沒看到或不明白某個指示，也沒有信號讓指揮官表示他要用第二道命令蓋過第一道或有其他命令上的更動。最好的通信系統莫過於使用小艇來當作信差，就像陸上會有副官快馬加鞭地傳遞將軍的口信。但這其實不太切實際，因為風帆戰艦無法像地面上的旅級或師級指揮官那樣在原地待命。有個替代的作法是讓指揮官處於戰列前方的一艘巡洋艦上，好讓他能不用靠信號，直接讓全員看見他希望艦隊往哪裡走，但這個作法除了納爾遜後來嘗試過以外，並沒有廣泛傳開。

三十艘風帆戰艦在韋桑島排展開對峙；但最終沒有船被俘，也沒有船沉沒，兩支艦隊都無功而返地回到了母港。英國民眾——原本期待自家艦隊可以把法軍頭皮掛在腰帶上凱旋，讓海面上的法軍通通驅離——這下子只能開始找戰犯，最後更陷入了激烈的唇槍舌戰，一下子是帕利澤控告凱佩爾，一會兒又是凱佩爾控告帕利澤，最終導致兩人輪流受到了軍法審判，並造成社會上與海軍內部的嚴重分裂與對立。輿論普遍站在凱佩爾這邊，而他除了隸屬於反對派的輝格黨以外，還曾經在一七七五年公開說過他不會參與對美洲殖民者的作戰。他是直到法國參戰，才接下了英國艦隊的指揮權。現如今面對帕利澤指控他在法軍逃跑時命令艦隊撤退，由此讓唾手可得的勝利在韋桑島化為泡影的指控，他要求軍法審判還他清白。帕利澤是桑德威治提拔的人，也是執政政府的鐵桿支持者。他以下犯上地抨擊身為輝格黨員的高階軍官，引發了海軍同袍的眾怒，由此十二名將官連署抗議他的行為，讓他也成為了軍法審判的對象。相關的審理與證言掀起了社會大眾更大的激情。普遍的意見將海軍空手而歸歸咎於桑德威治，因為外界咸信就是他讓凱佩爾將軍指揮一艘裝配差勁的艦隊出戰，主要是他希望凱佩爾能吃個敗仗，好讓他所公開支持的反對黨顏面無光，乃至於信用掃地。誠然，海軍船塢中的各種營私舞弊讓所生產的船艦漏洞百出，有的不夠適航，有的裝備不全，有的補給不足，還有的人員短缺。議會中的反對黨成員用「國會中歷來僅見的猛烈嚴詞抨擊」指控桑德威治「無能至極且在海軍軍務上瀆職到令人髮指」。為了給執政當局當頭棒喝，查爾斯·詹姆斯·福克斯提出將桑德威治解職的動議，但執政黨以一百零三席的安全多數否決了該動議，保住了桑德威治。

一聽聞樸茨茅斯的軍事法庭在激情中宣讀了凱佩爾的無罪判決，民間的情緒也沸騰到了高點。倫敦的暴民在慶賀聲中搶掠了帕利澤的住家，把諾斯爵士家窗戶砸到一個不剩。性格隨和的首相作為求生的能人，爬上了屋頂，臨危不亂地等到了暴民散去才下到地面來。但還是不解氣的暴民又跑去衝撞了海軍部的大門，怒吼著要桑德威治滾下台。在帕利澤也同樣被宣判無罪之後，他辭去了海軍的官職，並於後來獲得了有心彌補他收入損失的政府安排到羅德尼的舊職，成為了新任的格林威治醫院院長。凱佩爾大動作地宣布只要桑德威治還是第一海軍大臣一天，他就一天不會為海軍效力。惟凱佩爾與帕利澤這對冤家的退場，絲毫沒有讓爭端平緩下來。一系列的意見分歧與禍起蕭牆的敵意，如今已上達軍官，下至船塢工人地瀰漫在堪稱老牌的皇家海軍軍中，但這樣的內鬨來得非常不是時候，因為英國此時正亟需兼具實力與自信的海軍在四個戰區——北美、自家海域、西印度群島與印度——同時展現可攻可守的能力。為了聲援凱佩爾，同屬輝格黨的海軍將官們效法起他的範例，強調有尊嚴的反對黨應該堅拒在桑德威治的任內出戰。派系黨爭分散了皇家海軍的力量，也讓其一時間失去了許多眼光最獨到的將才。要知道海軍軍官幾乎清一色都是輝格黨人。

在海軍內部主事的高層是一個個的委員大人，這些委員是專業的海員，並在英國議會中有席次可以發揮政治實力。而在這些委員中，位階最高的「第一號」委員，也就是「第一」海軍大臣還有第二個身分，就是在統治英國的八九名內閣大臣當中有一席之地，所以他是第一海軍「大臣」。海軍作為一個巨大而龐雜的體系，下轄數百艘戰艦，火力足以裝備一整支陸軍，遍布天下的實力足以將人員部署到各個軍階、各處造船船塢、後勤船塢、倉庫。韋桑島的不戰而回經過鋪天蓋地的政治化，其造成的傷害被羅德尼的朋友烏拉克索記錄了下來，其參考資料正是羅德尼的私人信函。「他手下艦隊中的政黨與派系思想是如此激烈，幾乎超越乃至於湮滅了其對於君主與國家的熱愛……」，而且那種「根深蒂固對政府的敵意……特別是針對第一海軍大臣的敵意，幾乎強到會讓他們寧可吞敗，也想看著大臣們因而下台。」海軍軍官也不諱言自己確實有這種情緒。在樸茨茅斯船塢主官的任上，胡德將軍曾在給家中兄弟的信中宣稱「艦隊中的這種軍紀敗壞，堪稱歷來所僅見，許多人都棄對國王陛下的職責於不顧。軍官普遍的瀆職之風令人怵目驚心，天曉得這等荒唐之事將伊於胡底」。海軍將領塞繆爾·貝靈頓（Samuel Barrington）以十一歲的稚齡加入海軍，十八歲初試啼聲指揮艦艇，還跟某一名海軍部委員是親兄弟，而這樣的他在拒絕於英吉利海峽領軍時提及「軍紀的廢弛」，並表示那種「緊張與焦慮」會要了他的命。「要是我接下指揮權，那我迄今看到的一切內幕會把我逼瘋。」他既不信任桑德威治，也不信任海軍部，他認為他們是「良善之人效力於其麾下過，最邪佞的一群貨色」。十八世紀的他們還不清楚現代美國在付出慘痛代價後所學到的教訓，那舊是軍中對於戰法與戰略的意見分歧，還有舉國民眾對於為何而戰與該不該戰的壁壘分明，都將讓一場戰爭不論是長是短，都不可能打得好，打得贏。

現代歷史學者傑佛瑞·卡連德（Geoffrey Callender）曾大膽提出過一個見解是認為韋桑島的海戰僵局具有歷史性的意義，因為如果雙方開打而法國海軍落敗，進而坐困自家港灣，那麼他們就不可能成為美國人的援軍，英國就有可能擊潰革命，讓北美繼續是大英帝國的一部分。惟這種架空的世界史再怎麼有趣，也一點都不實際，畢竟想讓法國軍艦出不了港，需要的是英國有意願跟能力對法國在大西洋的諸港進行長期封鎖。想一面把法艦鎖死在港中動彈不得，一面保護好貿易航線，顧好從直布羅陀到錫蘭這一路上各個天高皇帝遠的據點——畢竟這才是皇家艦隊最重要的本業——根本就是不可能的事情，就算英國打贏了韋桑島之役也改變不了這點。

海軍軍力不足是普遍獲得接受，英國打輸美國獨立戰爭的主因，但這看法其實為問題留下了一個開放性的討論空間。確實，皇家海軍既不團結，軍紀也不彰顯，其船艦數量更是在眾多任務的面前顯得分身乏術，另外就是造船船塢的唯利是圖跟海軍部委員的散漫糊塗，讓船艦的狀況糟糕到一艘皇家以國王之子命名的風帆戰艦威廉王子號（Prince William）竟然已經下錨了，還能進水沉入泰晤士河底。海軍的主事者們盡是些腦子不好使、經驗不夠多、戰略無脈絡、自信不知來自何處之人。但此處的開放性問題在於：喬治・華盛頓與（後面會再登場之）「紐哈芬的達格特牧師」（Reverend Daggett）等英國敵人的毅力與決心，還有基於美洲大陸地理的後勤問題——主要是北美五萬英軍的每一個人跟每一發子彈外加吃的每一塊餅乾跟寄給其指揮官的每一封指示信函，都必須在大西洋上飄蕩六至八週才能抵達——這兩點是否足以讓美國獨立戰爭成為英國如何也打不贏的一仗？理論上一支更大規模的英國海軍，會讓情勢大為逆轉，因為只要海軍夠大，英國就可以分出英吉利海峽艦隊或西印度群島的船隻去封鎖法國在大西洋的港口，進而是法國無法以海路向北美殖民地伸出援手，但這一點要成立，英國就必須把封鎖法國看得跟遠洋護航一樣要緊。但事實上英國從未這樣想過，因為不論在戰事裡的任何一個時候，他們都不曾認真覺得自己會敗給美國。封鎖法國港口會需要動員大批的軍艦，然後任由這些軍艦的船底因為海洋生物的孳生而發臭，更需要戰爭內閣協調出一個共同的決斷，但內閣根本不可能下定決心將海軍力量卡在同一個地方，任由海上的商船無人護航，也讓加勒比海、東印度殖民地、英國本身成為沒有海軍保護的地方。

一如古往今來的其他帝國一樣，資源的分配必然會在其過度擴張的過程中產生顧此失彼的現象。決策上的不完備，是最大的缺陷。桑德威治爵士懇求國王要求「內閣會議」應將其決定寫成白紙黑字，而「有爭議的問題應該要盡快有所決斷不能老是一拖再拖、議而不決」。不能將可動用的資源集中在單一目標上，並給予該目標最高的優先順序，是戰略上最大的敗筆。很多人可能覺得難以置信，但人類確實偶爾能夠從錯誤中學習。在一九四一年的珍珠港事變後，美國在與英國協議後決定了先歐後亞的戰略方針，而事實證明盟軍固守歐洲並將希特勒當成首要目標的做法，也確實確保了納粹德國的敗亡。

一七七八年的英國沒人做得出這等決斷。首先國王就不是這塊料。喬治三世固然不會下不了決心，但他滿腦子只有兩個字——征服，問題是他不知道具體要如何去征服。皮特已經與世長辭，他在法美同盟後不久的四月間突然中風，一個月後就撒手人寰。英王兩位主掌戰爭事務的大臣，赭曼與桑德威治都口氣很大但拿不出像樣的辦法，他們無論哪一位都沒有清晰的戰略規劃，而對僅有的計畫執行力又很差。薩拉托加作為英國認輸前最慘烈的一役，就單純是做事粗枝大葉的結果。原本英軍應該要確保豪伊跟伯格因將軍這兩路人馬能分別收到戰術設計與發動時間的通知，然後順利按計畫以鉗形作戰去包夾敵人，但事實證明他們誰也沒有收到通知；雪上加霜的是這個由赭曼爵士點頭的計畫是根據亨利．柯林頓爵士的立傳者威廉．威爾考克斯（William Willcox）認定「漏洞百出的前提」擬定，亦即赭曼認為豪伊的野戰軍主力即便大部被牽制在紐約，還是可以穿越賓州作戰還認為伯格因所部可以獨立在北部行動而無須與豪伊配合。威爾考克斯教授將這英國在這場戰爭中「最差勁」的作戰規畫，歸咎於豪伊、赭曼與伯格因這三名操刀者的「智力有缺陷」，還有就是「三人之間幾乎不存在的橫向溝通」。根本溯源，英國輸在自大輕敵而非技不如人。

自大輕敵作為一種特質，常見於中國這種老牌強權。在歷史長河中，中國一向自認是宇宙的中心，是被蠻夷團團圍住的中土之國。不幸得「住在其邊界以外」的外來者都是低等的存在，由此這些人若想覲見皇帝，就必須按中國的習俗向皇帝「叩頭」，也就是臉朝下把頭磕在地上。英國或許不像中國有這麼一目了然的習俗，但其靈魂中多多少少有著這樣的想法，他們也覺得自己就像月球，拉扯著國際事務上的潮起潮落。

自滿的危險，就在於它會讓人視而不見於關於對手的「那些小事」，也就是那些敵方特有的在地因素與條件。英國人面對美國革命，但他們對美國人不感興趣，對遼闊的北美大陸立足兩大洋之間的事實也不感興趣。明明是自己的疆域，但不曾有任何一名英國君主前往大西洋的另一端，親眼見過美國，同時在一七六〇到一七七五這叛亂從無到有乃至於民怨沸騰的十五年間，也不曾有任何一名英國大臣親往殖民地了解民情，看看這群刁民是什麼樣的一群人，又是為了什麼而活。這種自大的後果是無知，而無知會讓你在戰爭中處於劣勢。

「知己知彼」是軍事行動中的金科玉律，但這在英國的對美作戰中蕩然無存，而驕傲自大又讓英國人無法用各種努力去彌補這一點。就以桑德威治爵士而言，英國駐巴黎大使史托蒙爵士（Lord Stormont）在議會指控他未曾採行任何該採行的手段去蒐集法國海軍部署的情資。他對情報工作的這種「漠視」，是令人「難以想像」的，因為他的不作為，讓法國軍艦得以離港朝西印度群島而去，而在海上監視它們的英艦卻未收到任何警示。「我們完全被蒙在鼓裡，」史托蒙大使在上議院說。史托蒙說他再三拚了命要在法國港外安插快艇來獲取情報，但怎麼也爭取不到桑德威治爵士的首肯。

更為關鍵的，是英方作戰主要操盤者，喬治．赭曼爵士的態度。他能受到國王的青睞而達到這個地位，是因為他倡議用「舉此王國全力」了結叛亂，畢其功於一役，屆時就讓殖民地在投降與毀滅之間二選一。赭曼效力的英廷對反叛者的理解就是如此粗淺。

英國面對這場戰爭會說打就打，始終沒有計畫，是因為他們從一開始就認定要弭平這場叛亂，計畫是多餘的——往死裡打就是了。至於粗枝大葉則是因為他們認定英軍的優勢大到自己可以隨便打隨便贏。同時間英國國內的紛紛擾擾則是一種宛若背景的利空因素，讓局勢對英國日趨惡化。

在各式各樣讓英國輸掉北美戰爭的因素裡，政治絕對不容小覷。英國人從來就對政治很狂熱，但他們在意的與其說是理念之爭，毋寧說更看重誰上誰下。這種政治熱在被凱佩爾—帕利澤之爭傳染給海軍之後，就像把利刃一樣切穿了深具傳統的皇家海軍，使其團結之心一下子變得四分五裂。艦隊中的「派系之爭愈演愈烈」，如烏拉克索所言，「幾乎將愛國的情操澆熄到一點不剩。」

凱佩爾事件後，還信任桑德威治的幾乎只剩下國王一人。國王依賴他，並在對海軍運作細節一無所知的狀況下，接受了桑德威治的一面之詞，一心相信海軍是「英國之鷹」，會為國王撲殺所有的敵人。國王的個性讓他無法對內閣進行人事調整，因為他擔心換一批新人會比這批他認識的人更慘。於是乎他繼續緊挨著桑德威治，就像他曾經緊挨著巴特伯爵（Earl of Bute），如今又挨著諾斯爵士一樣。那就像行將溺水的泳者就快要滅頂了，卻依舊緊抱著身邊的柱子不放。

反對黨壓根看不起這名第一海軍大臣。一名反對黨領袖里奇蒙公爵（Duke of Richmond）曾在韋桑島戰前寫信給當時初任大艦隊主帥的凱佩爾說他不認為這是值得恭喜之事。他表示桑德威治若有支「爛艦隊」要派出去執行任務，那這人一定會「毫不猶豫地將之交給他不愛的人去指揮」。於是里奇蒙公爵建議凱佩爾率其軍官去好好檢查一番每一艘船，「連一綑繩子都千萬不可以相信桑德威治」。

英國最不想看到的狀況，就是得與結為同盟的法美作戰，而這如今已成事實。法美同盟讓情勢對英國非常不利，也讓眾多執政黨人認定當務之急是讓英國從所費不貲但又無利可圖的美洲戰爭中跳脫出來，以便他們能專心迎接法國的挑戰，而要想做到這一點，就只能與殖民地達成和解，就像輝格黨一向鼓吹的那樣。慢慢地，這一戰英國贏不了的嚴峻現實得到了英國史學家艾德華・吉朋（Edward Gibbon）口中「與政府交好的有識之士」的注意，他這指的是他與其他跟他所見略同之人*。當中曾是英國名相的查塔姆爵士皮特，就是第一個在一七七七年十一月二十日的演說中指出這一點的人。在還不知道美國在薩拉托加獲勝的消息前，他就在下議院表示「我深知要征服英移民居住的美洲，是不可能的事情。你無法，我敢這麼說，你無法征服美國……」他表示這場戰爭「在原則上不公義，在做法上不實際，而其後果將具有毀滅性」。雇用那些「燒殺搶掠的傭兵豎子」（意指以黑森為主的德國傭兵），已經掀起了「無以回天的血海深仇」。「今天不論我是美國人，還是英國人，只要是有支外國軍隊踏上我的國家，我就永遠不會放下反抗的武器——永遠、永遠、永遠不會。」堅持要殖民地屈服於自己，英國將失去的會是所有與北美進行貿易的利益，還有與法國交戰時的殖民地支持，而英國所得到的，將會是一場與法國跟西班牙的全新對戰。要懸崖勒馬，英國就得立刻與殖民地交涉停戰與簽約和解事宜。

查爾斯·詹姆斯·福克斯順著相同的觀點補充說後勤補給的問題也讓軍事勝利難上加難。在北美陸地上，英軍將領之間的距離太遠而無法相互支應，而美方在自身漫長的海岸線上有不可勝數的港灣、河口，更別提他們原本就在糧食上，甚至在武器上的自給自足，由此他們幾乎無所謂於海上的封鎖。事實上與美為敵反而對英國不利，那只會讓他們得不到美國的高大白松來打造桅杆，更得不到風乾過的木材、焦油等海軍所需的造船物資。相對於在歐陸作戰時，圍困首都往往能逼使對方投降，但北美殖民地之廣闊與分散意味著即便你拿下紐約或波士頓或費城，事情也還沒有個頭。還有就是查特姆一天到晚掛在嘴上的終極問題：就算你征服了美國，你也沒辦法讓他們心悅誠服地跟你合作。

無法以傳統的軍事行動平息叛亂，讓英國顏面無光，而沒有能號召北美親英派（又稱效

* 吉朋曾在一七七四年當選為支持執政當局的國會議員。

忠派，相對於主張獨立的愛國者）的積極支持來成為平亂主力，給他們腦袋不清楚的同鄉一場震撼教育，則讓英國大失所望，但關於這一點，英國人所不了解的是那其實得怪他們自己，須知英國人只知道一天到晚看不起殖民地人民，根本沒有好好去召募親英派來組織他們自身的武力，或是將他們編成親英師級、或至少親英旅，還是說提供他們機會在英國陸軍中掛階任官。就算親英派想要以組織的方式參戰，或是不滿足於在愛國者的騷擾與迫害中自保，他們又有哪名英國將領的所部可以加入呢？英國政府在持續雇用日益獅子大開口的德國傭兵，並數度在愛爾蘭徵兵但成績慘淡之餘，並沒有好好善用他們手握的資源，反而是沒好氣責怪親英派沒有自動自發地跳出來幫把手。以有產階級為主的親英派其實比英國統治者更在意北美戰爭。比起效忠英國王室，他們念茲在茲其實是不希望自身的特權地位被革命推翻。雖然革命的領導者中也不乏華盛頓與傑佛遜這樣的地主，或是像莫里斯家族（Morrises）那樣的富豪，但外界的印象總認為他們代表了升起於這世間的顛覆精神。矛頭既然同樣對準親英派，就代表美國革命在本質上是一場階級戰爭，而就跟每一場威脅要重新分配土地的衝突一樣，被革命者都會油然而生強烈的危機感。

英國打的如意算盤是能在一七七七年春天為叛亂畫上句點；但事實是到了一七七八年，美國問題的順利化解還是遙遙無期。法國的參戰讓此戰難以取勝的聲量大增，也讓諾斯爵士的政府來了個一百八十度的政策大迴轉——英國於此時向殖民地提出了談和的條件，看似希望此舉能讓殖民地浪子回頭，重新跟宗主國談談家務事，進而斬斷與法國的孽緣。被稱為《招撫芻議》（Conciliatory Propositions）的這些談和條件在一七七八年被呈交給了震驚到無法置信的國會。但其實這份和平提議主要是被當成安撫反對黨的工具，而不代表英政府真的要與美國人談和。反對黨在下議院兩大名嘴福克斯與柏克（Burke）的率領下，持續對這場仗口誅筆伐，主要是他們認為這一仗除了不公不義，還註定會讓大不列顛王國被壓垮，畢竟龐大的陸軍與海軍艦隊都非常花錢，而為此英國只能不斷大手筆地徵稅。

為了平息民怨，英政府方才提出談和之議，但他們不過是想要保住權力才出此下策，畢竟對任何政府而言，掌權都是第一要務，政策只是為了掌權服務。三月分成立的和平委員會由卡萊爾伯爵五世費德列克（Frederick, fifth Earl Carlisle）出掌，而這名腰纏萬貫的年輕人除作為霍華德家族（Howards）之後，還是氣宇非凡之霍華德城堡的堡主。作為一個精於打扮的時髦公子哥，他能雀屏中選擔此重任只因為他的另外一個身分是貝福德幫（Bedford Gang）大老高爾爵士（Lord Gower）的女婿，而貝福德幫是忠於國王與諾斯爵士的政治派系。錢財花用不盡跟坐擁土地豪宅，可都不會讓人習於如履薄冰或與人妥協。生活經驗並沒有把卡萊爾伯爵訓練成一名談判高手，更別說要面對塞繆爾．亞當斯與班傑明．富蘭克林的人馬。

但這當中還有一個變數是英國所提出的整套議和條件，似乎完全正中美國人的下懷：議會稅得以豁免、原則上在下議院獲得代表權（具體作法與席次數目再議）、大陸會議獲承認為合憲之團體、茶葉稅等懲戒手段一概撤除——簡單講，除了獨立一切好談，只可惜獨立是美國提出的談判前提而非談判內容。就這樣，雙方談判在獨立問題上觸礁而陷入僵局，期間英國對於美國要求英國撤回海陸軍的要求也置若罔聞。獨立與撤軍問題談不攏，大陸會議成員根本不接見和平委員會。不過其實以上也只是個假議題，因為英國這橄欖枝再怎麼說，也丟出得太晚了。美國既已與法國談定不能單方面與英國談和，他們跟英國就在沒什麼可談的了。「人的驕傲，」艾德蒙．柏克表示，「經常壓縮了理性的空間，終至理性無濟於事為止。」

要想化干戈為玉帛，需要的是巧勁，但卡萊爾與他在和平委員會一名同僚——因為當過西佛羅里達總督而得名的「約翰史東總督」（Governor Johnstone）——辦起事來卻是大手大腳，直讓人感到他們是刻意要讓和談破局，而這一點或許也是事實。有人懷疑對「美獨」深惡痛絕的英國政府之所以要規劃媾和，只是要在不至於弄假成真的前提下來安撫國內的反對黨。也卻是按照約翰史東總督那種處處開和平倒車的做法，英國根本也不可能與美國談出什麼有建設性的結果。在擔任西佛羅里達總督之前，約翰史東曾經是一名好戰、剛愎且易與人起衝突的海軍軍官。天性好鬥的他曾因為一場決鬥，而被軍事法庭判決以下犯上罪名成立，但審酌他奮勇作戰有功，所以法庭最終只是訓誡了他幾句了事，並沒有對他量刑。在佛羅里達，他的下屬曾循正規管道抗議他作風專斷。這樣的他顯然不是和平使團的理想人選。卡萊爾伯爵如前所述，是談判的門外漢。威廉．伊登（William Eden）作為使團的第三名成員，曾在主掌與殖民地關係的貿易與農園委員會（Board of Trade and Plantations）中擔任過機要秘書，且身為英國議員與後來的愛爾蘭議員，他交手都的都是像美國人與愛爾蘭人這類麻煩的傢伙。在與美作戰期間，他的身分是情報頭子。有著如此豐富經歷的他，理應早已了然於胸謀略的實用性，只能說不知出於什麼原因，他未能將這樣的經驗傳遞給兩位同僚知悉。

英國政府搶在這趟任務還未能有作為之前，就毀掉了一切，主要是英國下令疏散了費城，並將指揮中樞移轉到紐約，而這便形同在和平委員會到達美國之前，英軍就已實質撤退了。這種讓步的表象得到進一步強化，是因為原本控有費城的五千兵力被調離到西印度群島備戰預期將來犯的法軍。鬧空城的費城自此毫無防衛能力，而卡萊爾也失去了機會去證明他那「問題可以用火藥跟機尼去解決」的定理。

參戰的某方一旦提議談和，就會被解讀求勝的決心與意志已然動搖。而求勝的意志一旦軟化，對方又會更不想與你談和。這正是開戰容易停戰難的其中一個原因。和平委員會與《招撫芻議》無可避免地讓人產生了一個印象是英國很熱衷於讓戰事趕緊告一段落，而這確實也是事實，所以美國人也很自然地有了理由要對議和說不，甚至連討論都不想討論。

因為大陸會議拒絕見他與同事而感到挫敗與被冒犯後，約翰史東的想法是用世俗的好處去將大陸會議的成員各個擊破，藉此希望讓態度冥頑不靈的大陸會議可以移駕到談判桌上。他把提議寫成白紙黑字，寄給了想爭取的對象，這包括他打算收買費城的勞勃．莫里斯

（Robert Morris）這名美國首屈一支的富豪兼堅定的革命擁護者，還有賓州的愛國者喬瑟夫・瑞德（Joseph Reed），其中後者獲得的邀約是只要他能讓殖民地與英國達成和解，那一萬鎊就是他的了。約翰史東還表示其他人若能成功促成英美和解，那貴族身分都是可以安排的。他接觸的其中一人是亨利・勞倫斯（Henry Laurens），大陸議會的主席。當約翰史東的一封封信被憤怒的收信者轉交給報社後，公眾的憤怒迫使這名拼命三郎型的特使辭去了和平委員會的職務，黯然回到了英國。生性比較審慎的伊登沒有跟著約翰史東瞎起鬨，他頂多只是在私下而沒有留下證據地推動相關工作。伊登只在給家中兄弟的書信中提到「如果我的期望與苦心可以得償所願，那這個高貴的國家就能重回大不列顛的懷抱」。相對於此，他的任務長官，卡萊爾爵士則淪落到只能用恐怖與毀滅去進行恐嚇。在一七七八年十月，卡萊爾下令發放給大陸會議全體成員、給喬治・華盛頓、給全體美軍將領、給所有省督與議會、給所有傳福音的牧師、也給英軍指揮官與戰俘營首長的公開宣言中，他以和平委員會的名義宣稱殖民地既已與英國的敵人結盟，那英國就責無旁貸地得「盡其所能讓這個毀英大計歸於滅亡或無效」；簡單講，他將讓英國捨棄「過往在戰爭中展現的那種人道與慈悲」，改以鐵腕伺候美國。在各殖民地百姓慘遭掠奪與殺害，他們的農場、田地、林地也被燒毀的同時大談人道與慈悲，卡萊爾的鬼話自然沒有人信。事實上他這篇公開信還被大陸會議拿來當成反文宣，建請各地方官署將全文發布在地區的報刊上，以便讓和平委員會的「陰謀詭計為這些州的父老姊妹所知悉」。

軍事上的滑鐵盧與和平委員個人受到的羞辱，促使了該委員會發布了史稱《卡萊爾宣言》（Carlisle Proclamation）的文件，當中表達的威嚇之意比起其沒有公開的初稿而言，已經較為收斂，只是提到說「摧枯拉朽的全面攻勢」將由英國陸軍與艦隊發動，對此起草宣言之人得意地表示「效果將十分彰顯」。而康乃狄克便是此一豪語的第一場考驗。不知道是不是想要配合《卡萊爾宣言》演出，紐約總督楚萊恩（Tryon）在一七七九年七月發起了短暫的恐怖戰。被亨利．勞倫斯拿去與西班牙恐怖／阿爾瓦公爵相提並論的康乃狄克事件雖搆不上大屠殺的邊，但也已殘暴到足以激發而非壓抑理所當然的反抗，乃至於不少居民都將之明文記載在了多本札記中。

除了地緣關係以外，康乃狄克被選為殺雞儆猴的對象還有其他原因。要知道對居於紐約與其四周的英軍而言，康乃狄克可謂惡名昭彰，畢竟那裡是為殖民地部隊生產彈藥的兵工廠，而且其裝備的叛軍數量之多在各殖民地之中僅次於麻塞諸塞，更別說康乃狄克還動不動就會在陸上與水面發動突襲，擾亂英軍總司令亨利．柯林頓爵士的作戰計畫。再者就是當地有四分之三人的人口被認定屬於不願效忠英王。決定要「狠狠教訓」他們一頓的柯林頓叫來了由楚萊恩少將指揮的三千名紐約軍，再以四十八艘運兵船從長島送來兩千名水兵跟陸戰隊，外加有補給船跟兩艘護航的戰艦同行。作為有史以來進入長島灣的最大船團，這支令人歎為觀止的艦隊航向了紐哈芬，最終下錨在一七七九年七月五日的拂曉晨光中。

在前一天的七月四日，楚萊恩印製發表了一篇雄辯滔滔的宣言，而作者本身顯然自認該文很有說服力，主要是這篇文的效果固然按他所說「要到進一步的作戰與對其海岸的攻擊才能看出端倪」，但他仍預期他的文字可以將「恐怖與沮喪」喚醒在沿海的民眾心中，因為楚萊恩相信他們「已經高度產生分歧而很容易動搖」。他在文中告訴民眾說他們的生活與「位於不設防海岸邊的居所之所以還存在，都是因為英國在其溫和與高貴的行動中所展現的隱忍與寬貸」。他敦促美洲居民可以放棄他們「被心存一己之私之人所蠱惑而忘恩負義地恣意反叛」。在這篇訴求中，楚萊恩將軍反映了英國之所以會一直覺得勝利在望，背後一種長期以來的想法：美國人多數在本質上還是心向國王的，他們就等著有人登高一呼，就會推翻那些民粹主義者與煽動者而重拾他們的原本的忠誠。「你們舉全省之力，」宣言繼續講到，「難道就能與大不列顛的勁旅為敵嗎？你們心知肚明那是不可能的，那麼你們又何苦如此一錯在錯地自取滅亡呢？我們希望你們能從這種讓這國家誤入歧途而變得不幸的瘋狂中幡然醒悟，我們相信總有一天，這塊廣袤的北美大陸將為自己曾經的執迷不悟深感羞愧」。

楚萊恩堂堂一塊殖民地的總督，怎麼能對他與他兵戎相見的民眾如此不了解？不過一年之前，康乃狄克另外六處殖民地——兩處來自新英格蘭，兩處來自大西洋沿岸中部，與兩處來自大西洋沿岸南部——就表露了心跡，簽署了《邦聯條例》（Articles of Confederation），奠定了美利堅合眾國的基礎。

七月五日破曉，楚萊恩在用來突襲的船上打響了作為登陸訊號的砲聲。瞬間一連串滿載紅衣英軍的小船自運輸艦的艦尾降下，直接搶灘上岸，而迎接他們的是一群顯然沒想像中「容易動搖」的在地居民以會咬人的火繩槍連番射擊。事前接獲紐約同胞警告的守軍準備了古老而長射程的安妮女王火繩槍，自周遭的鄰鎮湧入了紐哈芬，總數達到數千。對每一棵樹與每片籬笆都瞭若指掌且為了家園而戰，也為了自身權利而戰的他們以七月份格外高大的「印第安穀物」(Indian corn；也就是玉米）作為掩護，對著入侵者一槍槍開著。他們以神槍手之姿，徹底打破了楚萊恩將軍的自以為是，但寡不敵眾的他們終究無法堅守，只能眼睜睜看著自家與鄰居遭到燒殺擄掠。火繩槍的尖銳爆裂聲與建築燃燒的煙霧，共同標註了侵略者的前進路線。在家戶之間橫衝直撞的英軍對各種裝潢又是拆毀、又是踐踏，還把家具堆起來付之一炬，對民眾更是打人、強姦、凌虐樣樣都來，甚至有手無縛雞之力的老人家被殘殺的案例。這名有名有姓的老人家叫做班傑明．英格里許先生（Benjamin English），而他根據兩日後的《康乃狄克日報》(Connecticut Journal）報導是斥責了闖進他家討要吃喝，最後卻粗暴地欺侮他家閨女的一群紅衣英軍。英軍來回用刺刀捅穿了老人家的身體，而他的女兒在進到父親倒地流血而亡的房間裡後高喊，「啊！你們怎麼能這麼狠毒地殺死我可憐的老父親？」一名紅衣英軍反問「他是妳父親嗎？」而當她回答「是」之後，士兵反而變本加厲地往老人的胸膛與上翻的臉上多踹了幾腳，壓碎了他的鼻樑。

在紐哈芬的短兵相接中，一個來自耶魯學院的學生團體曾行軍前來禦敵，而此間讓他們發出過歡呼聲的，是老校長．納夫塔利．達格特牧師（Reverend Dr. Naphtali Daggett）跨騎著他的黑色老母馬，手拿他的打鳥用的獵槍，怒氣洶洶地奔馳殺敵的身影。在耶魯九年當過神學教授跟校長的他快馬加鞭，很快就被看到隻身站在鄰近的山坡上，對著逼近的英軍縱隊開槍。縱隊的軍官於是站出來大喊，「你這老糊塗在幹什麼？竟然對著國王陛下的部隊開槍？」對此達格特堅定地答道，「我在行使我戰爭的權利」。被問到若英軍饒他一死，他會不會還繼續與英軍為敵，他答說「那是當然，更是應該」。冷峻的傲氣為他贏得了尊敬，即便只是一下下而已。英軍沒有將他擊斃，而是容許他投降，拿刺刀將他押解回鎮上。一名目擊者說在那他見過最熱的一天中，也在日正當中的灼熱氣候中，推著人前進的英軍用刀尖在他背後留下了一處處傷口。「再強的硬漢也簡直要在熱氣中融化」。等牧師的氣力放盡，隨時都會體力不支倒地時，英軍仍繼續用槍托捶打他、弄得他遍體鱗傷，甚至扒掉他的鞋子，搶走上頭的銀質帶扣，用「該死的老反賊！」等各式各樣的名號侮辱他。傷口不斷滲血的他最終被拋下後，街坊才跑出來收容照顧他，但傷重的他仍不到一年就與世長辭——所有人都堅信是英國人的虐待害死了他。

紐哈芬有兩座教堂與一處聚會所被焚毀，對此楚萊恩只推托說那是附近火勢延燒造成的。從耶魯學院被強取的資料與手稿未獲歸還，為此怒不可遏的校長艾茲拉．史泰爾斯（Ezra Stiles）對楚萊恩抗議說「古往今來沒有一個睿智與強大的將軍不譴責」一場「與學術為敵」的戰爭，但也只落得狗吠火車。事實上楚萊恩做到了恐怕連阿爾瓦公爵都自嘆弗如的程度，因為他竟能睜眼說瞎話地回答說相關調查沒發現任何丟失文件的線索。這是這場悲劇中一件微不足道的小事，但這場悲劇並沒有在紐哈芬畫下句點。楚萊恩總督的部隊接著又劫掠並燒毀了費爾菲爾德（Fairfield）與諾瓦克（Norwalk），蹂躪了霍爾斯涅克（Horse Neck）的鹽田，然後才重新登船回返紐約。

他們以為自己這樣迫害平民，可以得到什麼呢？——說服美國人放棄堅持，乖乖回去當英王的順民嗎？一場戰爭要有打的價值，就必須具備一個政治上的理性的目的跟短線上的軍事目的，而不能只是愚蠢地為了侵略而侵略。話說到底，戰爭的終極目標是讓敵人投降並放棄其追求的任何一種意圖，而具體的手段包括以武力摧毀敵人的軍隊與資源，包括對其領土進行滲透與佔領，也包括藉恐怖手段將驚懼與絕望注入到居民當中。只是從台伯河畔的塔克文諸王（Tarquins，在羅馬王政時期為王的塔克文家族），到一九一四年入侵比利時的德國人，乃至於一九四二年發生在捷克斯洛伐克的利迪策（Lidice）慘案，當時全市的成年人都被集合在一處槍斃，只為了報復某些反抗行為，但這種手法鮮少能換得的想要的效果，除非你有本事做到趕盡殺絕。柯林頓與楚萊恩以為自己可以例外嗎？比較有可能的狀況是他們與他們的士兵只單純出於戰事不利的挫折感而想以暴力來發洩怒氣，畢竟這確實是很常見的暴行動機——就像在越戰美軍在越南美萊村（My Lai）幹過的好事——當然這也有可能是上級授意——就像中世紀在荷蘭的西班牙、二戰時在中國的日軍，以兩次大戰中的德軍。當然有人永遠可以說，每次事後也總是有人說軍人只是服從命令罷了，但普通士兵或其他代理人身上的正常抑制機制何曾對暴行喊停？事實是若大政方針已經系統地削弱了自我抑制，那這種內建的心理煞車就會隨之失靈。

在英國堅決想維繫住其北美殖民地帝國，而殖民地又堅決想要達成獨立的狀況下，這場衝突註定無法善了。從英王喬治以降，每個英國人含多數反對黨在內都堅信大不列顛的偉業有賴於北美殖民地的貢獻，由此放棄美洲就等於英國作為世界強權的殞落，以及國格的大打折扣「成一個與丹麥或薩丁尼亞一樣無足輕重的淒涼小島」，至少沃波爾是這麼說的。「哪一天美國獨立獲得承認，」反對黨領袖薛爾伯恩爵士（Lord Shelburne）宣稱，「哪一天大不列顛就要日落了。」就算是英國贏了這一仗，他們也會輸掉美洲殖民地的民心，屆時與北美的貿易與人脈也將乾涸，除非英國能為了修補關係而端出各種措施。但楚萊恩偷襲紐哈芬之舉正好與這樣的國家利益背道而馳。

沒有了貿易跟殖民地，英國恐怕命不久矣。「就跟也以商立國的迦太基一樣，英國國勢也將隨著貿易無望而一落千丈，」一名官員如是說，而這則預言也在草莓山莊（Strawberry

Hill，簡稱草莓山，由荷瑞斯・沃波爾建於倫敦的宅邸）的智者身上找到了知音。「（失去美國後）她將接著失去其東印度群島的殖民地，」沃波爾預測說，「然後法國對我們頤指氣使的態度將比我們有史以來對愛爾蘭的態度更差。」法國自然巴不得事情能跟沃波爾說的一樣，但歷史的發展並不會那麼聽話。三十年多年後面對拿破崙的挑戰，受到刺激的英國奮發圖強，由名將納爾遜率領重整旗鼓的皇家海軍，在尼羅河與特拉法加海戰中擊退了挑戰者。由此英國並未如預期般地淪落成丹麥或薩丁尼亞，反倒是重振聲威而再度躋身世界強權之列，讓國勢在一九一四年的劇變之前又多延續了百年。

在北美，卡萊爾和平使團的出師不利，代表著一場沒完沒了的難堪戰爭還是無法劃下句點。面對死活不肯見面詳談的大陸會議，卡萊爾只能與其他成員在一七七八年十一月黯然返英而一無所獲。他們此行就跟楚萊恩的突襲並無不同，兩者都是徒勞無功。

在此同時，美國國運遭受了一次更為嚴重的徒勞無功，主要是其法國盟友第一次提供軍事協助就亂成一鍋粥——而且又因為是海軍的援助而格外令人失望，畢竟那是美國最渴望得到的一種援助。一七七八年的七月初，當法國首次參戰時，一支由十二艘風帆戰艦與三艘巡防艦組成的艦隊由德斯坦伯爵將軍（Admiral Count d'Estaing）指揮，先是抵達了維吉尼亞的海岸，然後北上到紐約。其行動計畫是打算由法國艦隊與美國陸軍發動對紐約的聯合攻勢，但大型的法國戰艦發現它們無法通過紐約灣內沙鉤（Sandy Hook）中的沙洲。在華盛頓的建議下，他們決定轉為聯手攻擊羅德島的新港，於是德斯坦將軍便繼續北上。一支由豪伊將軍率領的英軍艦隊對其展開追擊，但各種不順利於此時介入，最後更有一場來勢洶洶的風暴作為高潮，吹散了一前一後兩隻艦隊。戰鬥就此無疾而終，主要是在強風之中，德斯坦的旗艦失去了桅杆跟船舵，迫使他不得不將先草草處理過的旗艦退入波士頓，在那裡尋求修整。之後他便直接從波士頓駛離，什麼仗也沒有打，徒留下被潑了盆冷水的希望跟美國人零分的評價。大失所望的美國人表示他們「被以最卑鄙的方式拋棄了，簡直就像惡魔本人就在法軍艦隊裡一樣」。為了替法軍得到的惡評如潮緩頰，華盛頓等人可以說拚了老命但效果不彰，主要是德斯坦的運勢實在太差。從波士頓出發後他航向西印度群島，並在隔年回返要加入與美國的又一次聯合作戰：薩瓦納收復戰，那是前一年被英軍佔領的地方。在這場戰鬥中，德斯坦伯爵不但負了傷，作戰的目的也未能達成。美國原本對法國的海軍優勢寄與厚望，希望他們可以為其切斷英軍的補給線，但隨著一蹶不振的德斯坦就此返鄉，美國的期望也隨著法艦的桅杆一起消失在地平線上。

9 革命的低點

被囚禁在巴黎的羅德尼將軍明明是英國最能幹的海軍軍官，如今卻被綁在遠離桅杆或船帆的地方，成了一個碰不到海的將領。英雄無用武之地而急得像熱鍋上螞蟻的他嘗試透過友人讓自己被召回與國王私下晤談，但終歸無功而返。他寫信給妻子，敦促她當面向桑德威治求情，還派兒子去與諾斯爵士溝通。惟桑德威治拒絕接見羅德尼夫人，只回信給她說就政治論政治，他恕難讓她的夫婿官復原職，除非他能把跟民間債主與還有跟國庫的債務結一結，其中後者指的大抵是退休者在格林威治醫院領到的那些大衣，畢竟那些經費都被記在了海軍的帳上。在一封落井下石的信中，桑德威治對國王稟報說，「喬治·羅德尼爵士若因為手頭拮据而想鋌而走險，繼續想在物資的採購中撈點油水，當下他應該是無法這麼做了，因為所有的這類買賣都必定會有海軍部的委員在場監督。」所以說同時代的人會討厭桑德威治，會普遍看不起桑德威治，不是沒有原因的，他就是會做這種事情的人。等羅德尼被召回服役之後，果然有海軍部的委員被指派來確認他沒有利用職務中飽私囊。其實說起利用採購中飽私囊，桑德威治才是專家中的專家，他一路上來不知營私舞弊了多少次。由於貪汙受賄本就是英國官場的常態，所以很難讓人理解的是就算海軍委員會覺得虧空的款項很驚人，他們也不該只讓羅德尼一人去扛，還可能以他人在國外為由只付給他所屬階級一半的薪餉。哪怕海軍委員會把「該我的少將薪水還一半給我，」他在一七七八年四月的信中對妻子說，「所有人都可以心滿意足還有剩。」在一封封信中，他言之成理地點出他現今之計唯有復出任職，才能既報效國家又堂堂正正地把債務一清。身為第一海軍大臣的桑德威治自然心裡對他有著某種疙瘩。在這個戰火重新點燃，但多數人才都因為凱佩爾的事件而不願聽命桑德威治的節骨眼上放著皇家海軍這名最具爆發性，很快也將證明自身實力，而且還不忌諱接受桑德威治調度的猛將不用，怎麼說都不符合英國的國家利益。桑德威治給出的理由是羅德尼太好戰，一不小心會擦槍走火把西班牙拖進戰局，但這個說法顯然站不住腳，因為英國早就一天到晚在嘲笑西班牙明明跟法國聯手就擁有數量上的優勢，卻總是不事進取，不敢把握機會在英吉利海峽用兵。

此時在巴黎，羅德尼——既沒有收到訊息也沒有得到匯款——寫信向妻子訴苦說，「事情拖著比死還不堪，尤其是在這個戰雲密布的關鍵時刻。」他表示一支法國海軍中隊已經在一月底出航前往北美，任務是要護航共十三艘帆船跟兩艘「隸屬大陸會議且各有二十八門艦砲的戰船。這兩艘戰船懸著大陸會議旗向法國海軍將軍敬禮，也得到了公開不諱的回禮，簡直就像法國已經承認他們是個共和國了一樣——這對他們對我們是莫大的侮辱。」

除了有志難伸的苦楚以外，羅德尼此時還因為生活開銷而落得十分困窘。但就在此時，一隻意想不到的友誼之手伸自一個意想不到之人，讓羅德尼感覺說多不真實就有多不真實。根據羅德尼所寫，身為法國貴族且兼為法國衛隊（Gardes Françaises）上校暨巴黎駐軍指揮官的法蘭西元帥比隆公爵（Maréchal et Duc de Biron）在聽聞羅德尼坐困巴黎後有家歸不得後，便提議「我的錢包供他差遣」，並表示「不論我（羅德尼）要什麼樣的金額，就算是兩千鎊，他也會二話不說給我送上」。這項慷慨的提議是在羅德尼的英國友人府上提出的，而同一批友人也受元帥之託去向特定銀行家預支元帥要給的金額。羅德尼一開始有點遲疑於該不該接受這麼驚人的餽贈，但比隆公爵當著英國客人的面向他保證說「這不是法國式的打高空，而是純粹出於友誼跟尊敬的一種表示」，並說「全法國都明白我為國家做了多少貢獻，而他們都知道我受到的待遇不論對英國還是對英國的當政者而言，都很不光彩」，還說如果他能有這個榮幸以此來證明「他的敬意與善意」，好讓「我能在不受責難的狀況下離開巴黎」，那元帥會非常欣慰。這個法國貴族的提議是在五月份提出，當時法國已經與北美的叛軍結盟，但還沒有正式向英國宣戰。比隆當然之道他這麼做是縱虎歸山，因為很多法國同胞都在得知他管了這閒事之後把他罵得狗血淋頭。在這種強況下他徵詢了身為法國內閣幕僚長的莫赫帕

（Maurepas）的意見，結果莫爾帕倒是覺得這沒什麼大不了的，因為海戰在他看來只是「拼拼砰砰」。比隆公爵甚至還去凡爾賽宮請求法王恩准賜與羅德尼自由之身，結果根據比隆家族的記載，國王的回覆是：Je vous envie d'avoir eu cette idée.（我真希望想到這點子人是我），以及Elle est Française et digne de vous.（這就是法國的作風，也是你該做的事情）。說這是法國的作風，應是該反映了中世紀的騎士精神，亦即同為騎士者是跨越國家界線的異姓兄弟，彼此之間有一種更甚於其他任何一種忠誠，相濡以沫的義務。

比隆公爵屬於貢陶—洛贊（Gontaut-Lauzun）家族，曾經是篡位者亨利四世（Henri Quatre of Navarre，納瓦拉國王出身的波旁王朝創建者）的支持者。他的一名祖先夏爾·德·比隆（Charles de Biron）曾被任命為海軍將軍與法國元帥，但最後仍栽在了太過功高震主者常見的命運上。在被控謀反且以叛國罪名受審後，他被喜怒無常的君上一聲令下砍去了腦袋，但他們家族倒是得以繼續服務皇家而家祚蒸蒸日上。由此等到羅德尼的時代，該家族已經積攢了巨富，不然比隆生於一七四七年且擁有洛贊公爵頭銜的姪子阿爾芒·路易·德·貢陶（Armand Louis de Gontaut）也不會花費那麼驚人。紀錄顯示他曾以一百五十萬里弗爾（livre是當時的貨幣單位，一百五十萬里弗爾約當今日的四十萬美元）捐了一個上校的軍銜。他的宅邸成了今天的麗思酒店（Ritz Hotel）。他花一千三百三十七里弗爾又十蘇（一里弗爾等於二十蘇）包下來歌劇院的半個包廂，另外分別用一千五百里弗爾包下了義大利劇院（Théâtre des Italiens）的半個包廂跟法國喜劇院（Comédie Française）的一整個包廂。在看戲打發時間還有收集情人——西班牙情聖唐．吉望尼由僕人萊波雷洛記下的情人有「一千零三名」，阿爾芒也不遑多讓——的空檔，他致力於時事探討並為文一篇名為《英國與其四海屬地之防禦》。不知是不是因為寫到入迷，他成了加入美洲戰爭作戰的其中一名貴族志願軍，並在約克鎮之役中扮演了積極的角色。一七八九年以革命支持者之姿被選入三級會議中的他曾統領過萊茵河的革命軍，但最終在派系鬥爭的過程中他蒙受了跟祖先同樣的禍端，在一七九三年魂斷斷頭台。

由於羅德尼被聽見放話說他要是能被放回英國，那他就可以去收拾掉法國艦隊，也因為英國報紙影射法國扣著羅德尼不放是忌憚他的軍事才華，因此外傳比隆之所以這麼慷慨除了騎士精神以外，也是因為他內心的國家自尊心在作祟。且不論比隆的動機為何，那種溫暖與尊敬加上有望從巴黎獲釋的前景，對於被英國同胞忽視的羅德尼而言都是一場及時雨，因為一如他筆下所述，他的護照已經到期失效，債主也鬧到「不可開交」，他終日都冒著被告或更慘下場的風險在過活，唯一讓這些債主還有所顧忌的，只剩下警察跟那些會上門的「名門望族，多虧他們讓我的債主們不敢太過造次」。「一個多月來，」他在五月六日寫信給妻子說他只收到過「霍瑟姆（將軍）跟妳的信」。被友人與祖國漠視到這種程度，似乎意味著羅德尼在英國的私交圈中很不受待見，而這也讓比隆公爵的出格照顧跟與巴黎各世家名門的熱情款待顯得更加令人驚異與費解——除非有種解釋是法國有種拉受難敵人一把的自虐狂，尤其來自英國的死敵又是極品。

五月六日那天在承認英國幾乎沒信來之餘，可以想見很沮喪的羅德尼放下了矜持，接受了比隆讓他預支一千金路易（一金路易等於二十四里弗爾）來擺平全數債務。在他於一七七八年五月返回英國後，還款的資金由德拉蒙德銀行（Drummond's Bank）籌得，其經營者亨利・德拉蒙德是羅德尼第一任妻子的親戚。當這名紳士得知事情的前因後果後，他安排讓所有的債務一筆勾銷，惟羅德尼想要重返軍職的迫切需求仍多被懸宕了一年，理由是不論是美洲、西印度群島或是大艦隊的高階帥印都已經沒有開缺。但這只是藉口。事實是在一個西班牙任何時候開戰都不奇怪，而其他也由波旁王朝統治的敵國都隨時準備共同發動攻擊的時候，羅德尼是被刻意跳過才沒有繼凱佩爾成大艦隊的主帥。雀屏中選的查爾斯・哈迪爵士（Sir Charles Hardy）作為超級資深的海軍將領是宛若過季的乾蘋果，被桑德威治從桶底刮出來的人物，而他之所以不得不如此，是因為現役的海軍將官都不肯接受任命，免得出了什麼差錯被當成代罪羔羊。退休後就在格林威治醫院混個閒差的哈迪在這之前，已經二十年不曾出海。「老家的人是覺得英國現在高枕無憂嗎？」一大艦隊的一名資深艦長在哈迪的跛腳指揮下對一名同僚有感而發。「我必須老實跟你說，艦隊裡各種莫名其妙的號令真的讓我很擔心，萬一真的打起來會如何。遠見蕩然無存……我們每天從早到晚都在磨人的細節上一頭霧水，真正要緊的事情則完全被忽略……我的天啊，你們那些大人物派這種人來出掌艦隊，究竟是想幹嘛？」海軍內部的政治鬥爭除了讓同志們勢如水火以外，還因為限縮了海軍將官與甚至是海軍委員會成員的人選而傷害了海軍的戰力，要知道那些退休的老將都已經年老體衰且精神不濟，他們早已是美好過往的遺跡。

自然的循環處理了這個問題，主要是在一七八〇年五月，在經過繁重軍務一年的折磨後，查爾斯．哈迪爵士積勞成疾而與世長辭。大家都只鬆了一口很短的氣，因為繼任者在首選的貝靈頓將軍婉拒後，變成了年屆七旬的法蘭西斯．吉瑞將軍（Francis Geary），而這第二顆乾癟的蘋果已經「官能徹底退化，記憶與判斷力蕩然無存，任何事做起來都如優柔寡斷」。三個月後的吉瑞老將軍並沒有死，但也去了半條命，因為他說他早上起不了床，還附上了醫師診斷希望引退。當作為二把手的貝靈頓再次拒絕被扶正後，海軍部把內部看起來比較硬朗的人選找過了一遍，結果找到了一名五十來歲的海軍委員會成員有意願，他就是海軍中將達爾比（Darby）。

就在羅德尼被迫賦閒的同時，西印度群島爭奪戰已經開打，其中法國在聖文森島的僵局之後，便將矛頭指向了英國來自加勒比海的貿易。藉由積極的登陸作戰，他們拿下了位於馬丁尼克與瓜德洛普之間的多米尼克，而這也讓他們在背風與向風群島之間取得了一個強勢的據點。在此同時，英國搶回了聖露西亞這個羅德尼始終認為可以用來觀察馬丁尼克皇家堡的關鍵基地。在隔年一七七九的夏天，更多西印度群島的島嶼落入法國手中，當中包括靠近向風群島中間的聖文森跟位於向風群島底部的格瑞那達。

當一七七九年六月，西班牙加入法國與英國為敵時，這兩個強權算是達成了一個共識是想擊敗他們共同的敵人，最好的辦法應該是直搗其核心，而不是蠶食其肢體的末梢，應該是要侵略其本土，而不是去攻擊其海上航道或懸於海外，從錫蘭到牙買加，橫跨大半個地球的殖民地。由此西班牙與法國將侵略英國的計畫排定在一七七九年，預定的聯合艦隊將由六十六艘船組成，遠多於英國可以在英吉利海峽中湊得的四十五艘戰艦。最後英國能夠得救，靠的是法國高層的在決策上優柔寡斷與管理上的丟三落四，比起英國可說是有過之而無不及。凡爾賽宮與馬德里之間的通信從十二月就展開了，但兩國艦隊與指揮官間的協調卻只停留在紙上談兵，實務上可謂一事無成，而這點缺陷非常致命。德奧維利耶（D'Orvilliers）作為法方的指揮官，在六月第一週就銜命趕去會師，但西班牙艦隊主力卻直到七月二十三日才姍姍來遲，此時德奧維利耶已經在海上無所事事了六星期，補給與飲水都已經見底。這些西班牙艦隊來得慢就算了，人員水準還十分低劣，德奧維利耶為此抱怨說那些「屬於庸才的船長」，「這一次竟然比上一次出航還多」。疾病在已經讓西班牙海軍損失慘重之餘，還已經傳播到他的船員之間。更加浪費時間的還有信號手冊與命令的翻譯工作，但這些根本是承平時期就該做好的準備。因為意識到他們聯合演習的經驗過少，不足以期待隊形配合上的默契，德奧維利耶寫道他只能寄希望於「勇氣與堅定」。

看著白翼的敵帆成群出現在眼前的英吉利海峽，英國民眾陷入了恐慌。一帖皇家公告令民眾從沿岸撤回所有的馬匹與牛隻，港灣要以攔船索加以封閉，部隊則要安營紮寨於英國南岸。氣候再度成為了英國人的盟友，只不過不同於打散腓力二世無敵艦隊的狂風暴雨，這一次正好相反——過度風平浪靜讓敵艦在普利茅斯的視距內動彈不得。法國艦隊的處境根據德奧維利耶的描述，可以說是「逐日每況愈下」，兩大原因是傳染病的擴散與淡水儲備的減少。除此之外，一艘巡防艦的抵達帶來了一百八十度的命令大轉彎，突然間法軍要登陸的地點從原始規劃的懷特島，變成了康瓦耳沿岸的法爾茅斯（Falmouth）。再者，德奧維利耶被告知法王希望艦隊可以滯海「數月之久」，並表示補給船隊「即將啟航離開」布雷斯特去與他們會合。陸海軍都已經出海了才在最後一刻改變這麼大的作戰計畫，實在不太能說是明智的決定。在補給見底且「可怕的疫病」在削弱艦隊戰力的同時決定暫緩行動，德奧維利耶不得表示「非常遺憾」，而同樣遺憾地還有他得讓艦隊在秋冬時節暴露在海上。一名朝臣沙特萊公爵（Duc de Chatelet）致函勒阿弗爾指揮官說很明顯地，上頭已經決定「不惜鋌而走險……對英國發起某種遠征，以信守對西班牙的承諾」。他說法國在這之前的猶豫不決，反映的正是其朝臣的「無知與反反覆覆」，還說那些大臣「的表現就像是意志薄弱，不死到臨頭就不知道自己該幹麼的傢伙……」在這樣的狀況下，加上西班牙船艦上的死亡率讓他們幾乎未戰先敗，法國於是在一七七九年取消了侵略英國的計畫，與西班牙的聯合艦隊隨之解散。英國就這樣不靠皇家海軍而靠著上帝跟天氣，躲掉了自一〇六六年被法國諾曼第公爵征服以來，第二次被外國侵略的命運。

時間晚至一七七九年十月，四面楚歌的英國有著西班牙聯合法國在圍困直布羅陀，有武裝中立聯盟開始不懷好意，有荷蘭人在考慮依附聯盟成為其新的戰力。對應此背景，以不畏戰聞名的羅德尼終得以重新服役。由於不屬於反對黨的他支持政府認為「對殖民地來硬的合情合理」的看法，因此終於在睽違許久後再獲國王接見，並由國王口中得到了會盡快任命他的承諾。果然不久後，在桑德威治明明找不到像樣的將領效力卻仍埋沒了他一年之後，羅德尼被內定為向風群島駐站暨巴貝多的指揮官，而他上任後的當務之急就是馳援補給即將用罄的直布羅陀。

直布羅陀做為出入地中海的門徑，又是英國在歐陸最重要的立足之地，情勢急如星火。沒有時間可以浪費的羅德尼直奔樸茨茅斯去整頓艦隊，為的是確保船隻的適航與人員的充足。根據其立傳者所言，羅德尼從當地的工作狀況與紀律看出「各個公部門都極度不夠敬業」，還有就是「他所部艦隊的軍官都欠缺該有的熱誠與幹勁，見了他與陌生人無異，甚至當中還不少人的舉止對他甚是不敬，絲毫沒有對長官的殷勤。」

下屬的這種漠然，是一種政治性的表態，須知羅德尼眾所周知屬於政府派，也是對美用兵的鷹派，而英國當時關於這個問題的情緒已經高漲且分裂到內戰的邊緣，海軍內部也不例外。距當時不久前，才有多位反對黨在議會上發言痛陳「邪惡的政府體系」讓本國領海內的海軍陷入「不忍卒睹的慘況」，並宣稱英國因此處於「困惑、衝突與荒廢」之中。其實說慘況已經是客氣了，因為當時的皇家海軍遠遠達不到英國對海軍一條不成文的期許，那就是英國海軍不論在任何時候，都要起碼有面對法國與西班牙海軍一打二的能力。作為海軍第一大臣，桑德威治責無旁貸。

因為感覺到輿論如寒風颼颼的抨擊，加上執政的地位危在旦夕，國會終於回應了國王在一七七九年十一月的演說跟當中認為英國備戰要更積極的訴求，為此他們表決通過了要增加對傭兵的補貼，同時要為海軍招募兩萬五千名水手跟一萬八千名陸戰隊員。熬過了外界對其建軍進度遲緩與軍紀有待加強的各種抱怨，羅德尼終究是組成了一支堪用的艦隊。但艦隊有了，連番的西風接著「一片死水般的風平浪靜」又讓他近兩週坐困港中，搞得桑德威治一感覺微風拂面就會念叨：「天啊，快給我出海去吧，別再拖了。你可知道不論是對你自己、對我，還是對社會大眾，這陣順風都不容許你錯過。」終於一陣對的風在一七七九年十二月二十四日從樸茨茅斯吹過，而羅德尼除了沒有錯過這陣風，也沒有錯過讓時勢在風的那一頭將他造為英雄。

他率領的宏偉艦隊有二十二艘風帆戰艦、八艘巡防艦跟六十六艘滿載的補給艦與運兵艦，並同時護送一支不少於三百艘商船的船隊要將貨物送往西印度群島。就這樣他拖著在洋面上長達數英里的尾巴，向南航向了大西洋，朝西班牙海岸而去，途中與他狹路相逢的不是別人，正是要前往直布羅陀，對在那裡進行包圍的兵力進行補給的西班牙船隊。當遠遠不是他對手的這隻西班牙船隊不戰而降之後，他收下的戰果有一艘五十四門砲的護航站艦、六艘巡防艦與十六艘補給艦，而這些船隻也附帶其貨物一起加入了羅德尼艦隊的尾巴。繼續航行，他在一月十六日目擊一支西班牙中隊出現在加的斯（Cádiz）北邊一點點，葡萄牙沿岸的聖文森角外海。該中隊在那兒守株待兔，是為了攔截他們接到警告，會來直布羅陀馳援的英軍。因為只有十一艘風帆站艦跟兩艘巡防艦，規模僅僅是羅德尼艦隊的一半，因此這群西班牙人理應逃往加的斯求全，但當下著羅德尼的海上大軍，他們選擇了在在聖文森角的某個港中尋求庇護。

因為痛風而只能躺在艙房中指揮艦隊的羅德尼下令連夜追擊，在升起的月光中一追就追到了凌晨兩點。不打算因為下不了床就少了場勝績的他做了一個少有人敢嘗試的大膽決斷。在強風吹拂，眼看著風雨欲來的節骨眼上，他升起了旗號要在下風處接戰——也就是要卡在敵人與陸地之間，為的是阻止西班牙人進港躲避。下風處照講是任何一位船長都會避免處於的被動位置，更別說這一戰還有在黑暗與在變強的風浪中觸礁的危險。戰前的提點完全沒有讓他的艦長們知道該如何因應這種不按牌理出牌的作戰，唯一的線索只是羅德尼曾告訴所有人「當我接近上述岬角時，請做好開戰的準備」。不同於納爾遜，羅德尼不來集思廣益或與軍官們當朋友那一套。他在月光下下的險招一靠他的航海素養，二靠軍官對他的信任。考量到軍官們在樸茨茅斯時的態度，所謂的信任似乎讓人有點擔心。不過或許是他真正出海後的膽識讓人刮目相看吧，手下軍官們確於此時追隨了他，升起了全數船帆來達到極速，甚至船上的箍桶與木材也被扔出船外來減輕載重。

這「精彩的衝鋒」帶著英國艦隊直朝岸邊而去，而同時間在已然是滿月的月光下，西班牙人就像「一群受驚逃竄的鼠海豚朝著加的斯在海面飛奔」，深怕被身後的鯊魚追上。羅德尼囑咐他的領航員「抓大放小」，不要去管小隻的商船，而要去與最大型的敵艦並駕齊驅，「最好是有海軍將領的那一艘」。事實證明海軍將軍的旗艦是有八十門艦砲的菲尼克斯號（Fenix），由西班牙指揮官唐璜．德．蘭加拉（Don Juan de Langara），而他也率另外五艘戰艦一起降旗投降了。另外一艘西班牙戰艦在一聲巨響中被炸毀，剩下四艘則在淺灘與英艦纏鬥後被擒。適逢白晝較短的一月，羅德尼在黃昏的降臨與強烈的風勢中只得一面讓船員登上戰利艦去搜刮，一面設法別讓自己的艦隊觸礁。天亮之後他點清了俘虜的敵艦有六艘風帆戰艦，當中包括對方海軍將軍的旗艦，而將軍本人也淪為戰俘。另外有三艘西班牙風帆戰艦觸礁，亦即蘭加拉將軍的中隊只有兩條船逃掉。還記得自己身懷救援任務的羅德尼在勝利的喜悅中，仍不忘派出巡防艦去通知在坦吉爾（Tangier；隔著直布羅陀海峽與直布羅陀對望的北非濱海城市）的領事，讓他知道英國現已控制住了直布羅陀海峽，由此補給必須要立刻送至對岸的直布羅陀。他歷經暴風雨巨浪抵達了直布羅陀海峽，驅離了在那兒執行封鎖任務的敵方中隊，然後在直布羅陀巨岩外海下了錨。上岸後他發現駐軍與居民的口糧已經缺乏到挨餓的邊緣，由此每間店家外頭都布置了衛哨來防止有人強搶架上僅存的農產。在補給完直布羅陀與更遠處的梅諾卡之後，讓其有了兩年分的補給與儲糧後，羅德尼開始朝加勒比海出航，並派了快艇疾馳回倫敦通報直布羅陀之圍已解與月光下的海戰告捷。

羅德尼在聖文森角之戰中擁有數量上的優勢，所以此役或許稱不上什麼英雄事蹟，但是置死生於度外的勇氣與幾近完美的指揮，仍不啻是他能獲此光榮一勝的兩大主因。長年與沃波爾通信不輟的荷瑞斯．曼恩（Horace Mann）曾從佛羅倫斯發出的信中提到羅德尼的捷報「如野火燎原」，恭賀聲不絕於耳在曼恩面前。至於在老家，羅德尼則被捧為了直布羅陀的及時雨、海軍榮光的守護者，甚至於英國國旗不至蒙羞都要歸功於他。由此倫敦塔上打響了向他致敬的禮砲，煙火更接連兩晚照亮了倫敦的夜空。「幾乎沒有人不崇拜你，」他的大女兒來信說，「所有人對你都是讚不絕口。」他的妻子則在信中說她幾乎無法形容「社會上對你的一致好評；更別說上門來恭喜我的友人更是門庭若市，數都數不清」。毫無疑問地，這當中有不少便是那些對在巴黎落魄潦倒的羅德尼，不聞不問的「友人」。說起趨炎附勢，人還真的是翻臉跟翻書一樣快啊！至於羅德尼在立了大功後的獎賞，則顯有點虛無飄渺，要麼是議會上下議院一致表決通過的感謝，要麼是放在金質盒裝中線上的「倫敦市自由獎」（Freedom of the City of London）。真要說有什麼讓他覺得比較有感的，或許就是他趁著打了勝仗的氣勢，毫無對手地當選為西敏市的國會議員這事兒了吧。

後來，羅德尼的旗艦艦長華特・楊恩（Walter Young）宣稱不論下令追擊或於下風處接敵的人，其實都是他，而拖著病體且「生性猶豫不決」的羅德尼不但沒有給出這些命令，甚至還嘗試取消追擊。確實因為臥病在床，羅德尼必須要靠別人告訴他外面的狀況，但吉爾伯特・布連恩（Gilbert Blane）以艦隊醫生的身分作證說羅德尼將軍曾在日落時與楊恩商討過下風戰術的可行性，而該戰術在當時就已經敲定了。至於猶豫不決也從來不是羅德尼罪證確鑿的個性。下風航線戰術只能是將軍的命令，畢竟艦隊的行動結果是由將軍負全責，這一點各艦艦長對命令既無困惑之處也無遲疑不前，就可以看得很清楚了。在他的報告中，羅德尼表示他高度滿意於「各級將士盡其在我」而展現出的進取與勇氣，也非常肯定銅質船底的優勢是如何讓他得以逼迫敵人接戰。「沒有這些人與船，我們一艘西班牙船都拿不下來。」

考量到他之前是如何拋棄了羅德尼，桑德威治恭賀海戰獲勝的行文只能用一個現代英文字來形容——crust（外殼）——說白了就是「厚顏無恥」：「即便是我的死敵，如今也不得不承認我慧眼識英雄地選到了一個盡忠職守，而且集勇敢、誠實與能力於一身的軍官」。在從羅德尼手下一名約翰・羅斯爵士（Sir John Ross）艦長處得知「我們的遠征在九週內從敵人手中搶（得）了三十六艘商帆船，估計價值一百萬鎊，外加九艘風帆戰艦，（並且）成功讓在直布羅陀與馬洪（梅諾卡島上的地名）的駐軍獲得兩年分的各種糧草補給」後，桑德威治還算有良心地在恭賀文中提到他希望「能說服陛下以更具體的形式來表達他的嘉許」。這點他到是有說到做到，也因此後續的獎勵就豐富得多了。

聖文森角的捷報引發荷瑞斯・沃波爾給出了一個不知該作何解，跟外界整體氣氛也格格不入的怪誕評論。「我有種幾乎稱得上是系統性的想法」，他在給另一名長年通信者威廉・科爾牧師（Reverend William Cole）的信中提到，「那就是狡詐與洞察固然很少能用來得到良善的結果，因為人類的荒謬……必會延續並維持住上天安排且希望保持下去的平衡狀態」。針對這則很快就眾所周知但又似乎無法套用在月光之戰上的評論，外界只能認為沃波爾是拿它當成某種哲理在評論世事，而不是在影射羅德尼。「再會了我親愛的先生，」他在信尾的結論中說，「我們會有在和平中相互低頭的一天嗎？」約翰・亞當斯也感覺和平是種虛無飄渺的存在。看著這樣一個大膽而進取的海軍艦長在戰場上活躍，他認為英國追求和解的慾望將一天天消退，須知「海戰的勝利讓他們如癡如醉」。亞當斯這話一如往常地一針見血，因為羅德尼透過打贏月光之戰與解除直布羅陀之圍，達成的正是英國自信心的加強，而而這股過度的自信，也將成為英國在北美戰爭中的致命傷。

聖文森角之役的戰利品被送回到了國王陛下那兒，而羅德尼自己則領著四艘船航向加勒比海，準備去聖露西亞就任他的背風群島職位。在他到任的同一週，一支法國艦隊在吉尚伯爵（Comte de Guichen）的領導下駛進了馬丁尼克的皇家堡，他打算利用法國重整旗鼓後的海軍力量，將戰火延伸至西印度群島。

在這階段的衝突中，英國在七年戰爭中的優勢已經告一段落。如今的英國正陷入了北美殖民地作戰的軍事泥淖中，海軍因此得不到以往的資源挹注，而法國的狀況卻正好相反。法蘭西在巴黎和約後便不再受歐陸戰事的掣肘，要知道在一七六三年之前，歐陸戰爭曾讓法國把國力大量投放在陸軍之上，海軍因此積弱，但從那之後，法國就開始投入人員、補給、培訓與造船的資源來打造一支強大的海軍，希望能藉此力壓英國。一七七八年正式對英宣戰後，法國不僅擁有七十五到八十艘風帆戰艦跟五十艘巡防艦，而且這些船全都比英國海軍的更新、設計更先進、速度也更快。西班牙也新添了六十艘風帆戰艦，只不過就像在一次大戰中的義大利一樣，西班牙要打不打的態度讓她作為一個盟邦，幫的倒忙也不在話下。面對同屬波旁王朝的這兩個對手，英國雖有六十九艘風帆戰艦，但其中僅三十五艘適航，位於美洲海域的更只有十一艘，陣仗完全跟法西聯合艦隊沒得比。

法國在背風群島處的積極備戰，將讓羅德尼在直布羅陀大捷之後才沒幾個月，就踢到軍伍生涯中讓他最痛徹心扉的鐵板。那股刺痛或許永遠不能被抹除，但所幸算是一種禍福相倚吧，天大的好運在一七八〇年三月，降臨在了從直布羅陀返回安地列斯群島，人在聖露西亞的他身上。這所謂的好運是一封寄自桑德威治的恭賀信，內容是通知他說國王陛下已經賞給了他每年兩千鎊的退休金，而且更重要的是在他百年之後，這筆錢還會改以年金的型態存在，屆時他的遺孀將可以年領五百鎊，長子可以年領一千鎊，二兒子跟四個女兒則可以年領一百鎊，好讓「他們每個人都能頤養天年」。除了讓他最掛心的家人無後顧之憂以外，這筆獎金也讓史冊上的一種看法不攻自破，主要是常有人認為他在日後的聖佑達修斯之役後見錢眼開，所以才將自己在海上的職責徹底忘懷。這筆退休金讓他鬆了一口氣，導致他在給妻子的信中顯得有點過度自信。「我就只希望早一天把債務還清……讓我能無債一身輕，能靠著收入過起無憂無慮，甚至還能有些積蓄的生活。」但事情哪裡有那麼簡單。果然在聖佑達修斯與聖基茨島的戰役後，貨物被充公的商人們對他掀起的訟案導致他終其一生都必須為錢所苦。只不過那是他意想不到的後話，所以不影響他獲得退休金當下的欣喜若狂。第一時間，這筆錢還是喚醒了他內心對某獨一無二的「俱樂部」之渴望，那就是英國國會的下議院。還沒有被告知他已經選上西敏市議員的他去跟喬治．赭曼爵士提了這件事。「人脫離了議會，」他寫到，「也就脫離了世界，我已下定決心說什麼也要進去。」而對桑德威治他也坦承了同樣的想望，並寫道「我最大的幸福」不只是有辦法把債務還清，更是要有餘錢能「在必要時支使，好讓我能順利進入議會。」

就在他從直布羅陀出發後的途中，從布雷斯特逃出來的英軍戰俘傳來的情報是有一支由十五到二十艘風帆戰艦跟載有一萬五千人的運兵船所組成的強大法國中隊，正在朝著西印度群島而來。這支中隊在於皇家堡補強一兩艘帆船後的目標是要拿下有兩千名法國戰俘在押的巴貝多，還有光復聖露西亞。羅德尼在這當中看到了給與法國決定性重擊的機會。一向不滿於那年代中看不中用的戰術還有行禮如儀之決鬥的他一點也不甘於被《作戰指示》那一套綁著，他認為戰爭不是打好玩的，而是要打真的。「他從來就一直死盯著的目標，」馬漢很明白，「就是法國艦隊」，也就是敵人在海面上的組織性兵力。這代表他確實抓到了重點，因為只要法國海軍還到得了美國一天，還能夠以革命盟友的身分提供叛軍人員、武器跟金錢一天，那美國就能立於不敗之地一天。從法國與美結盟的第一天起，英國就應該在戰略上把讓法軍到不了美國設為當務之急，但實際上內閣從未明訂出這樣的決策，出海的指揮官也從未接到強調這一點的軍令，直到聖佑達修斯的私掠戰利品，與保護價值被高估的西印度群島這個他——身為背風群島總司令——義不容辭的任務，共同模糊了他的視野。羅德尼的目光開始動搖，並在英軍最經不起誤判形勢的關鍵時點，將該擺在第一優先的戰略目標推到了一邊。

羅德尼一七八〇年在西印度群島的行動方案是根據約翰·柯勒克在愛丁堡港中所設想的那樣，要打破戰列戰術。這作為一種非傳統的戰術，是要把整個艦隊從一個蘿蔔一個坑的戰列中解放出來，並搶在敵方戰列的先鋒還沒有展開接戰前，就朝對方的中段與後衛一撲而上並將之殲滅。羅德尼於事前像艦長們說明了這樣計畫，但由於這種戰法與《作戰指示》背道而馳，因此艦長們要麼顯然有聽沒有懂，要麼如羅德尼後來指控的，出於邪惡的政治動機而故意抗命。

又一次，百年來一成未變，朽木不可雕也的信號系統，葬送了一場關鍵性的艦隊行動。理論上為了促進理解，信號旗要愈少愈好、愈簡單愈好，但這也導致信號系統變得極為原始。信號的發送規則是一次只能有一面信號旗升起，由此如果有不同的意義要傳達，就得靠加入三角旗，或是靠改變信號旗在桅杆上的位置，再不然就是得把信號旗換到不同的桅杆上去懸掛。在這些限制下，一面信號旗往往只能透過一個號碼去指涉《作戰指示》中的某一條規定。除非計畫獲得了非常詳盡的解說，否則並沒有習慣這麼做的羅德尼將難以在軍紀散漫的狀況下期待迅速又準確的反應。

一七八〇年四月十七日，英法兩國的艦隊在馬丁尼克外海察覺了彼此的存在。一早就掌握到了順風，加上他的船艦位置相當緊湊，相對於法國軍艦則排成了戰列，相信大勝已經唾手可得的羅德尼準備好了要執行突襲。惟他原本擘劃的宏大計畫並未成功，主要是英國的信號系統果然把艦長們搞得暈頭轉向。為了傳達他的意圖，羅德尼必須升起代表「二十一」的信號去指涉《補充作戰指示》（Additional Fighting Instructions）中一種戰法。作為常規戰術中的一種運動戰，二十一號信號的內涵是要各艦朝其對面的戰列艦挺進，而二十一號信號的打法則是要讓信號旗飄揚在主要的上桅杆上並加發一砲，而這在實戰之中絕非最精準的訊息傳遞法。疲憊的艦長們在被這種非正統的戰法搞得一頭霧水之餘，開始各行其是，有人按正常的做法朝敵方戰列的前鋒挺進，其他人則因為拿不定主意而你看我我看你，最後分別鎖定了敵方戰列中的錯誤區段，結果就是將軍落得一個孤立無援，整個作戰計畫分崩離析的下場。羅德尼隻身奮戰了一個小時，直到他身在的旗艦受到重創——船身被八十枚砲彈擊中、三枚在水線以下、主桅與後桅損壞、船帆上一個個大大的口子，主橫桁像斷肢一樣無用地垂盪——以至於在接下來的二十四小時，這船都只能勉強浮在水面上，而羅德尼只得被迫轉移到後衛的另外一艘船上指揮。他艦隊中的其他船隻也在混戰中遍體鱗傷，包括有兩艘後來沉沒在港灣中。最終兩方的艦隊直至解除交戰，都沒有達成各自的作戰目標。在失望的盛怒中，羅德尼以私信指控下屬「悍然抗命」，為的就是要給他難看，因為給他難看就是給政府難看，就能有機會把執政當局趕下台。但其實隔著老遠的距離，這些所謂的抗命也可能與政治無關，而單純是因為戰術太過奇葩，而艦長們一時不察。

在給海軍部的報告中，措辭比較收斂的羅德尼仍感覺自己有必要以「參雜著憤怒而難以言喻的憂慮」，讓諸位委員知曉英國國旗「沒有得到應獲的支持」。惟即便這樣的措辭也超越了海軍部的底線，因此他們在發表於政府公報中的版本中刪去了這段文字。但羅德尼私下對下屬悍然抗命的指控很快就四處流傳，讓在凱佩爾之亂後英國最不樂見的軍法審判又重出江湖。桑德威治承諾要讓那些「讓你沒能重創法國海軍主力，剝奪了你應獲之榮光」的傢伙嘗嘗「羞辱與懲罰」。羅德尼因為不想讓公開調查進一步打擊海軍的名聲與士氣，最後選擇了私下警告他的軍官。他要下屬知道的是不論你今天是什麼階級，他對抗命之人都絲毫不會客氣。他還說為了確保令出必行，把巡防艦當成信差來使用他都在所不惜。

因為被剝奪了他認為「幾乎可以確定」一定能「給予敵人海軍致命一擊」的天賜良機，恨得咬牙切齒的羅德尼因此決心不讓法國人逃之夭夭。吉尚伯爵作為他的對手，退回到了瓜德洛普的基地，而羅德尼覺得他必然會盡早設法奪回可以提供他庇護的皇家堡，於是羅德尼即便自己的船艦也多有損傷，卻還是打算去守株待兔並迫使對方與他決戰。惟佔據上風處的吉尚並不打算上當而放棄自己的優勢。當法艦隊在馬丁尼克外海大約十五英里處，瓜德洛普與聖露西亞的海峽上被再次目擊時，羅德尼原本是有機會發動攻擊的，但躲貓貓畢竟是法國人的專長。秉持法國對於「只要戰略結果而不要戰術風險」的信念，吉尚伯爵堅持保留其海軍戰力，於是便讓艦隊採取了迴避的行動，畢竟他們可以從羅德尼的表現中看出他可能有什麼怪招要出，所以還是先閃為上。在多變的風勢中，每一位海軍將領都會設法在接戰時智取對手。吉尚憑藉其過人的航海技術，成功讓他佔據了可以選擇前進皇家堡或攻擊聖露西亞的位置，而羅德尼則拼命想取得上風的優勢，藉此迫使吉尚在能前往皇家堡或聖露西亞前就不得不與他決戰。為了落實他放話要對艦長們進行的嚴控，他選了一艘巡防艦當作旗艦。他認為艦長們都被他這個雷厲風行的決定給嚇到了。「我的視線變得比敵人的火砲更令人生畏……我沒想到，」他事後告訴桑德威治說，「他們會被震懾到這種程度。」他從來不是個不好意思誇獎自己的人。但即便這樣仍不滿足的他針對艦隊運作的本質，對他的艦長把話挑得更明。「思考這種辛苦的工作，」他告訴艦長們說，「我來就好了，你們只需要聽命行事，不需要問什麼問題。」

連著十四天十四夜，艦砲裝填完畢、緩燃引信也已經點燃的英法雙方相互在海上爭搶有利的位置，彼此距離近到「雙方的官兵都等於放棄了睡眠……(而)此役之非同小可，」羅德尼寫信給桑德威治說，「讓心靈成為了我不輸給肉體的支柱。」他這十四天十四夜都沒有上床：只「在艦隊一切就緒時才在艙房地板上偷睡個一小時。」羅德尼講話總喜歡加油添醋，事實上為了作戰，他的船早就被拆卸一空，含床在內所有家具都被收存起來，他的艙房也早已變成艦砲甲板的延伸部分。

在這之後，他們又花了六個星期想逼使法軍接戰，但依舊沒有成功。

雖然他自己的船艦也傷痕累累，上桅斷裂不說，船身也在漏水，但羅德尼仍堅持往下追，並在航行中發現吉尚因為有命在身要把貿易船隊帶回歐洲，因此已經將其艦隊從西印度群島撤出，準備返回法國。由此就在臨去秋波的一陣拼拼砰砰後，一七八〇年的西印度群島戰役就趕在初秋的颶風季節前草草結束了，雙方都沒撈到什麼好處，頂多是羅德尼艦隊當面展現的嚇阻力，讓法國再不敢對西印度群島打什麼進攻的主意。

法軍的撤退讓羅德尼鬆了一口氣，暫且不用擔心背風群島在他的指揮下會遭逢何種命運，但他依舊放不下的是這場戰鬥被搞得一塌糊塗的怨氣，畢竟他在這過程中所錯失的，是「說不定可以一口氣讓海戰在這片海域上畫上句點，但如今恐怕一去不回頭的天賜良機」。他渴望的是能重新獲得決戰的機會。就在此時，他從一艘被捕的美國船艦處得知一支有七艘風帆戰艦的法國中隊正偕其護送的運兵船被派往美國要助叛軍一臂之力。精確地說這是忒內（Ternay）的中隊帶著羅尚博（Rochambeau）的軍隊赴美。意識到增援的法軍會在有紐約的英軍陷於人數上的不利，並讓法國在美國海域取得優勢，羅德尼決定他必須前往紐約去力挽狂瀾。在於巴黎被強迫賦閒時，他仍一心在研究美國戰場專用的戰略，因為他認為英軍在美國的作戰處置非常糟糕。他曾把思考所得整理成一封信，在一七七八年寄給了桑德威治，當時正是法國參戰後不久。這封信已經沒有正本或謄本傳世，但羅德尼自身或旁人的描述顯示羅德尼首先相信英國有必要將其所有的軍事衝突視為一個整體，視為一場需要對其兵力與特定目標來進行整體規劃的單一戰爭。根據他認為法國對叛軍的援助將自此成為一項決定性因素的看法，他建議英國應該設法把法國拖住在西印度群島，好讓他們無暇分兵美洲，同時他還認為趁著颶風季讓加勒比海作戰暫歇時，他應該率領艦隊前往美國沿岸，並在那兒集結所有可用的資源去將叛亂一擊而碎。桑德威治對此表達了認知與許可，或至少在一封信裡向羅德尼傳達了類似的看法，但實際上英國並沒有足夠的船艦能在西印度群島牽制住法國。

就在羅德尼在備戰的同時，烏拉克索做為一個在他前往美國前，常來他位於克里夫蘭街（Cleveland Row）之住處串門子的朋友，覺得他這人天生「樂天而自信」，而且動不動就聊自己聊個沒完。

英國的戰爭大臣們唯一做出的改變，就是任命了一名新的駐美英軍總司令。無心作戰的威廉・豪伊爵士被換成了半斤八兩的亨利・柯林頓爵士。柯林頓身為紐卡索公爵的親戚，而紐卡索爵士又是走政治後門的大管家，由此他能雀屏中選跟關係對了脫不了干係。他的上任，等於將第一線的戰爭走向交到了神經質的傢伙手中，而這人猶豫不決的老毛病會讓他在關鍵的決策上，永遠慢上半拍。

一七七八年五月，上任還不到三個月的柯林頓就評估了其處境中的各項元素——其廣袤的地理；由卡萊爾議和團剛剛探得，叛亂者對非獨立不可的堅定決心；英國左盼右想但卻落了個空的廣大親英派團體支持——而這麼評估下來，新官上任總司令的鬥志全失，也不再抱持任何幻想。按他在戰後的敘述，他才上任沒多久就向國王請辭，理由是這場戰爭「不知從何打起」。請辭未果後的柯林頓在這份職務上變得鬱鬱寡歡，一如諾斯爵士的首相也當得很不開心，只不過諾斯爵士不想幹是因為自認不適任，柯林頓則是因為跟諾斯前一任首相皮特一樣，都體認到這場仗沒有勝算。一場要什麼沒什麼的戰爭要怎麼贏。他抱怨答應的援軍姍姍來遲，導致他兵力不足且「缺錢、缺糧、船艦與部隊都不夠他做出成績」，同時又一天到晚被豬曼爵士釘得滿頭包，要他東奔西跑上天下地去打這裡打那裡。豬曼這樣一位在老家的戰爭部長，自然不會是柯林頓喜歡或信任的長官。

「天啊，大人，」他在信中爆出了怒火，「您若真希望我有所表現，就給我一點空間，讓我真對瞬息萬變的戰場因時因地置宜吧。」時至一七八〇年九月，他在筆下對豬曼直言自己認為「這場仗不增援就絕對打不下去」。但這話就跟許願想得到月亮一樣緣木求魚。大英帝國的人口規模根本不足以撐起她的廣大疆域，也沒有足夠的財力繼續請傭兵。事實上就算有，繼續使用傭兵也恐怕會激起反對黨瘋狂的批評。增援橫豎是盼不到的，人類的戰爭就是這樣——歷久彌新地——眼高手低。

相信自己在紐約的野戰軍人數過少（但這似乎是他的心理問題，因為他深知華盛頓的部隊有於人手不足且叛亂頻傳，根本也不可能主動出擊），加上擔心「威脅……開始自四面雲集」，柯林頓開始無力抵抗「至深的不安」，並像諾斯爵士一樣反覆像國王請求將軍權卸下並移交給在南方作戰的康瓦里斯爵士，陷於惶恐中的他，並非請求，而是「央求」國王陛下解除他的軍務，甚至到了第三次，他的懇求已經變成了「祈求」國王放他一馬。雖然他顯然不是國王盼望可以看到其大膽進攻的一員猛將，但還是被慰留了下來。英王喬治在秉持征伐之正義與強攻可帶來勝利之餘，卻也在政治與軍事上無人可用，以至於他一文一武的兩員大將竟是一對被趕鴨子上架的活寶。這兩人手上明明握著韁繩，卻巴不得趕緊有人接手而可以下車。這樣的仗，能打贏才奇怪。

美洲最激烈的戰事，發生在南方各州，那兒的英軍鎖定收復親英派為數眾多的區域，並希望能在獲勝後動員這些人的支持。而在此處最活躍有最受期待的英軍將領康瓦里斯爵士寫了封悶悶不樂的信對維吉尼亞的軍官同袍說，「話說我親愛的朋友，我們的計畫是什麼？沒有計畫我們是贏不了的喔。」他對他的朋友說柯林頓沒有計畫，還說「我不騙你，我真的受夠了在外頭走來走去找仗打」。英軍理應北上突破維吉尼亞，但戰事的推進受阻於納撒尼爾·葛林（Nathanael Greene）作為華盛頓最倚重的將軍那種死纏爛打，輸歸輸但也要讓扯住英軍，讓他們脫一層皮的本領。葛林進行的是一讓你只能慘勝的戰略，一如英軍沃夫將軍的手下大將魁北克總督莫瑞所料想到的：如果事情到最後就是比誰剩下的人多，那「敵人（美國人）的計畫」應該就是中國人那一套，也就是「每星期吃你一場敗仗，直到你什麼都不剩為止」。

在美洲的陸戰打得步履蹣跚，沒有個結論的同時，羅德尼感覺他必須親自動手去推一把，好讓事情能看到些有意義的所進展。他形同是自己把自己給派到了美國出任務，主要是身為背風群島與鄰近海域的總司令，他幾乎可以在西半球想幹麼就幹麼。「我乘著民族主義熱情的雙翅翱翔，」他寫信給朋友說，「為的是讓法國人的狼子野心落空，也為斬斷美國叛徒的獨立幻夢。」只不過若真有所謂的幻夢，那也是含羅德尼在內的英國人竟還以為美國人是被居心叵測之陰謀家蒙蔽慫恿，所以才會叛國。就因為不承認美國人起事的本質就是獨立運動，英國才始終不把美洲革命當一回事。

在他於一七八〇年九月抵達美國後，羅德尼先橫掃了南北卡羅來納海岸線，然後才繼續前往紐約。原本他希望能讓英軍再次同心同德，並使士氣為之一振，但這麼想的他卻在紐約踢到了兩塊鐵板，其中一塊是前面提到完全不想動的柯林頓，另外一塊則是年紀跟脾氣都不小的海軍將領阿爾巴斯諾特（Arbuthnot）身為駐美英國海軍的指揮官，對羅德尼位居他之上的怨恨。年屆七旬的阿爾巴斯諾特也是個從桶底拖出來的老古董，甚至有一說他「連基本的海軍戰術素養都沒有」。原本已經與柯林頓處不好的阿爾巴斯諾特更是對羅德尼的每一道命令都有意見，主要是羅德尼發現南部海岸門戶洞開，「從那兒（卡羅萊納）的岸邊到（紐約灣的）沙鉤都看不到一艘巡防艦」，同時間美國的私掠船卻放眼望去都是。羅德尼於是下令各省都要有船駐守，「由此十三艘叛軍的私掠船已經被捕，國王殿下子民的貿易獲得了有效的保護」。命令與反命令開始在兩名海軍將領之間如洪流一般往復來回，至於他們一封封寄給海軍大臣，詞藻華美但怒氣不減的告狀信，則對英軍希望達成的團結毫無助益。

一七八〇年，隨著叛軍歷經查爾斯頓的失守、班乃迪克·阿諾（Benedict Arnold）的叛變，還有野戰軍費的匱乏，英國有千百個理由等著美國人棄戰，也等著讓自己終於可以卸下這場戰爭的重擔。在柯林頓眼中，羅德尼抵美是對叛軍的又一重大打擊，因為他認為這一點會將叛軍「推入不知所措的漩渦中」，主要是這將證明華盛頓「再三刻意對外放話會有第二支法國艦隊跟新增的援軍前來，是信口開河在扯謊」，進而讓華盛頓募不到兵，要知道他之前就是「靠著這些海市蜃樓的援軍」才得以號召到大批人手。華盛頓希望法國能有第二波的海陸軍前來，好讓他能嘗試拿下紐約。「所幸有您來到此處岸邊，」柯林頓在信中對羅德尼說，「這項奸計才徹底無以推動下去……反賊對於增援華盛頓之事變得愈來愈有一搭沒一搭，事實上華盛頓的軍力已經因為逃兵問題而大不如前。由此，大人，就以守勢的角度去觀察局勢，您的蒞臨或許已然起了大用。」柯林頓很遺憾他無法支持攻擊現已固若金湯的羅德島。對比之下他較推薦出兵乞沙比克灣，「畢竟我們都同意攻下羅德島有其必要性與重要性」，而這在此一節骨眼上，也確實是個有可能改變戰爭走向的有趣提議。

但實際上這不可能成真。本身也不弄不出麼名堂的柯林頓寧可把英軍的躊躇不前怪罪在阿爾巴斯諾特老將軍的無所作為上。他在給英國一個朋友的信中說要是能有個能幹的將軍，「那這場戰役的成果絕對不只如此，但對這個老爺子我們什麼期待都抱不得：他動不動就忘記事情——會自言自語——我的信也一封都不回」。他的用心或許日月可昭，「但畢竟他已江郎才盡」。正在用人孔急之際的皇家海軍竟因為內部高層的相互不爽，而導致戰艦的軍官甲板上看過去白髮蒼蒼。

一如往例，劫掠搶來的錢再度成為高層互看不順眼的根源，主要是羅德尼空降成為駐美英國海軍的第一把交椅後，阿爾巴斯諾特就分不到最大分的戰利品了。「這有點難以啟齒，」

羅德尼道貌岸然地向海軍委員會報告，「但阿爾巴斯諾特閣下之所以怨從心生，那個真正的起因與源頭，恐怕已經鐵證如山。他在意的應該就是搶掠的賞金分配不均」。這麼說完，羅德尼還上呈了可資確認的文件。文件由國王陛下御覽過後，他在這場海軍將領的相爭中選了羅德尼支持，他的原話是羅德尼的行為「一如以往地值得讚賞……（而他）認為賞金是癥結所在的看法」似乎「所言非虛」。雖然柯林頓與羅德尼都以辭任威脅海軍部要把阿爾巴斯諾特調回去，但明顯不想額外樹敵的海軍委員會卻按兵不動。後來是或許也感受到同僚之敵意的阿爾巴斯諾特本人以年齡為由主動請辭，他才獲得解職，並在一七八一年把職務交接給了諾斯爵士的一名同輩親戚。話說局勢黑暗到了這步田地，海軍委員會依舊沒有體悟到事情的嚴重性，更沒有想到老水手的過時知識已經不足以應付這個危機，由此他們從有限人選中所硬著頭皮挑上的這名親戚，是六十七歲的湯瑪斯．葛瑞夫斯爵士（Sir Thomas Graves）。在那年代已算是個老人的他早已過了包括海戰本領在內的各種高峰。如果要用一句話形容葛瑞夫斯的話，就是事事求穩。他一路走來，曾千鈞一髮地軍事法庭上的「職務過失」罪擦肩，也就是拜恩被安上的同一個罪名，所幸葛瑞夫斯遇上的法庭明察秋毫，只判了他一個較輕的「判斷失誤」罪。但判斷失誤，其實也是可以致命的。事實上若要說人的消極特質也可以成為左右事情的關鍵，那葛瑞夫斯就是一個最好的例子。

羅德尼認為英國在美國犯下最大的錯誤，得算是棄守羅德島這個「致命之舉」。事發的一七七九年十月，柯林頓退出羅德島是為了集中兵力在南方作戰——或是如他後來宣稱的是被阿爾巴斯諾特「強烈」建議，因為阿爾巴斯諾特說羅德島「對海軍毫無用處，所以他不能浪費任何一條船來防守這個地方」。英國離開羅德島的結果是將新港（Newport）拱手讓給法國，繼而痛失納拉甘塞特（Narragansett），也就是羅德尼口中「容納得下英國整支海軍，美國第一流、至為尊貴的港口」，而且他還以大格局補充說以納拉甘塞特為中心，皇家海軍「可以一口氣封鎖美國的三個州治，亦即麻州的波士頓、紐約州的紐約，還有賓州的費城」，耗時只需四十八個小時。

羅德尼最感到挫敗得是他雖然已經「使盡渾身解數」，卻仍未能說服柯林頓與阿爾巴斯諾特這兩名同僚一起主動出擊去收復羅德島。阿爾巴斯諾特不肯讓海軍涉險，而卡在兩人之間的敵意讓他與柯林頓無法達成行動的共識，而且是連談都沒得談。「艦隊永遠不會有見到羅德島的一天，」一名海軍軍官堅稱，「因為我們家將軍恨死了（羅德尼）將軍。」柯林頓則說如今提這個為時已晚，因為法國一重新進駐當地就強固了防禦工事，由此之前用六千兵力可以拿下的羅德島，現在可能需要一萬五千人，而他不可能在得提防華盛頓引兵攻打紐約的狀況下騰出這麼多兵力，畢竟親英派幹員給他送來了攔截到的信件，而信中就是這麼寫的。事實上這些信中的內容是提到美法同盟要發動最後的戰役。長年以來都有一種說法是這些信是華盛頓故意讓親英派攔截，好讓柯林頓誤信盟軍即將來襲而不敢分兵，惟後續研究已經推翻了這是革命總司令華盛頓在欺敵的看法。

羅德尼有了個創新而大膽的想法很符合他常常「將在外軍令有所不受」的個性，而他的目標是要藉此將法國從羅德島上拔掉。在一場與柯林頓所進行且柯林頓有紀錄的討論中，羅德尼提議——根據一項所有人都不懷疑的假設，也就是也另外一支法國中隊正在前來加入在新港號令法國海軍的忒內——讓一部分升著法國旗幟的英艦趁風勢適合忒尼出海的時候現身在布洛克島外海，並讓這些「假法艦」佯裝與阿爾巴斯諾特的船艦接戰。屆時忒尼肯定會忍不住跳出來助他以為的同胞一臂之力，而一旦被誘騙參戰後，羅德尼與紐約的中隊就可以聯手將之順利殲滅。很顯然羅德尼是個就算要他假扮法國船去攻擊聖佑達修斯島，也做得到心無罣礙的男人。但也很顯然，這樣的計畫不可能為柯林頓與阿爾巴斯諾特這兩顆凡事求全求穩的腦袋所接受，所以這件事就這樣不了了之，羅德尼擘劃中可以橫掃美國重鎮的「尊貴港灣」也就此繼續為法國所控制。

在出發離開美國的時候，羅德尼寫信給桑德威治報告說這場仗的進行「在各方面都鬆散到讓人無法想像」，其中他更特別點出柯林頓的惰性。華盛頓那些被攔截的信函不論是真是假，都對柯林頓產生了有如強力安眠藥的效果，讓柯林頓在接下來至為關鍵的幾個月中成了一個廢人，須知他若能劍及履及地在此時發出援軍，那英軍就不至於在約克鎮慘遭滑鐵盧。只不過英軍在當時根本沒有這樣的擔心，主要是美國的運勢低迷到眼看著就將兵敗如山倒。

從一七七九到一七八〇年，歷經了德斯坦伯爵率艦隊來助陣結果雷聲大雨點小，痛失查爾斯頓，還有在福吉谷（Valley Forge）與莫里斯頓（Morristown）受到嚴寒摧殘，然後又有大陸會議那寒磣的援助跟強大民意支持的付之闕如，美國革命的發展可說在那兩年跌到了谷底。

在令人幾近絕望的打擊中，華盛頓在一七七九年十二月寫道，「我眼見革命的前景毫無底線地比開戰以來的任何時節都更壞，由此除非我們能立刻找到什麼起死回生的妙法，否則軍隊在彈盡援絕中解體將勢無可免。有一部分部隊已經又一次歷經了數日沒有麵包可吃的窘境。」在南北卡羅萊納與喬治亞的作戰即便有零星的勝果，但最終仍多次遭到逆轉，由此南方的局面岌岌可危，隨時都可能致命地與北部各州被切斷關連。一波未平一波又起的發展是在一七八〇年五月，查爾斯頓的淪陷造成五千兵力與四艘艦艇被俘，讓美軍吞下了起事以來最慘痛的一敗。

一七八〇年九月，華盛頓蒙受了他個人一次更銳利的打擊是因為班乃迪克．阿諾的背叛。班乃迪克．阿諾的計畫是要把扼守哈德遜河谷的西點奉送給英軍，所幸他與英軍之間的聯絡人，身為柯林頓副官的安德烈少校在無意間被捕，事情才在最後關頭被阻攔了下來。再晚幾個小時，西點要塞的鑰匙跟格局圖就要落到英國手上了。

一七七九到一七八〇年位於紐澤西莫里斯頓的冬季駐紮地，狀況要比前一年的福吉谷還更加嚴峻。飢腸轆轆的弟兄們明明已在雪中發抖，但配給的口糧仍只有正常量的八分之一。

康乃狄克各兵團發出了不平之鳴，要求發給全副軍糧與積欠的軍餉，結果帶頭的兩人被殺雞儆猴地處以絞刑。一七八一年一月，賓州各兵團譁變，並偕紐澤西軍一起發起逃兵，待至局面獲控制時兵力已經腰斬。在邊境地帶，出了林地的印地安人在親英派的引導下到處燒毀農場民宅並屠戮平民。光是要讓戰場上保持有人的狀態就問題很多，因為民兵常得請假返家收割農作，若不准假他們可能直接逃兵。在這樣的狀況下打仗，美軍的普魯士教官馮・施托伊本將軍（General von Steuben）說，「凱撒跟漢尼拔來打這仗，也會晚節不保。」

前線將領的信件淹沒了華盛頓的書桌，一封封都在抱怨部隊要什麼沒什麼：食物、武器、野戰裝備、常態運輸需要的馬匹與馬車，而在樣樣都得像民間徵用的狀況下，在地鄉親對愛國者部隊的民怨四起。「我們做不到萬事俱備地上戰場，」華盛頓在一七八一年五月一日的日記中寫道，「兩手空空的我們沒辦法期待發動一場輝煌的攻勢，而只能在迷惘與灰暗中採取守勢——除非我們能從慷慨的盟友守中獲得船艦、陸軍與金錢上的強力援助，但這些期待如今都充滿了變數」。

要不被這些困境打敗，乃至於超越這些困境堅持下來，不可少的是華盛頓身上那種鮮見於歷代將領的強韌意志力與高尚的信念。這種會讓人聯想到沉默者威廉的人格特質，會讓擁有者成為總司令必然且唯一的人選。這種特質經由另一位美國人班傑明・富蘭克林的天才還有拉法葉的熱情傳出國境後，打動了法王路易十六這名舊政體枯枝上的最後一片葉子，令他將法蘭西王國的信念與命運寄托在深山僻野的叛軍與權威與皇室地位的鬥爭中，諷刺的權威與皇室地位正是他能繼續在王座上待著的工具。追隨著魅力十足的拉法葉侯爵——他與華盛頓建立了親如父子的關係，獲得大陸會議的少將任命，還讓普遍不愛替外國人賣命的美國士兵聽他號令——法國的年輕貴族們紛紛志願赴美參戰。這些年輕人早就厭倦了宮廷生活的無趣困乏而躁動不安，因為宮中唯一的樂趣就是在吃飽喝足而頂著撒了粉的假髮國王面前爭搶一個肯定的點頭，或是看誰能讓他慵懶地揮手邀請他們參加早上在其更衣室中的例行公事。他們渴望在軍事操演中蛻變為男人。究其傳統，從軍之路可以讓冒險犯難獲得回饋，可以讓人將勇氣獻給有著魔力的自由女神，要知道就是這位女神，在沉悶而充滿紛爭的舊世界裡敞開著人的心扉。「政府之正當權力，來自被統治者的同意」作為《美國獨立宣言》中一句神奇的諾許，撼動了世世代代活在君主與貴族獨裁下的子民心靈，而一個在美洲奮戰求生的年輕新生國家，彷彿就是這道諾許的化身。這些子民感覺美國的降生，將為舊世界帶來新秩序，讓自由、平等與理性統治成為歐洲的新局。對於胸懷自由之心靈，還有什麼更崇高的任務，能比得過用武力與財力去為這片新局的創建盡一份力？

想跟英國人打一仗還有一種沒那麼高尚慾望，那就是要報失去加拿大的一箭之仇，因為失去加拿大，觸動了法國人自諾曼公爵威廉在十一世紀找過碴以來，骨子裡就始終有想要英國人動手的衝動。法王與他精明又拼命的外交部長韋爾熱納的盤算則是讓北美殖民地戰爭繼續下去，好做為他們與英國人的鬥爭中能多一個軍事上的代理人。透過在資源上挹注叛軍，他們可以一挫英國人的兵鋒，在北美利益上有所斬獲，而透過對英國海軍的騷擾跟奪取一兩個產糖的小島，他們甚至有機會突破那道海上的木牆，入侵英國的老家。

法國所圖按照韋爾熱納的擘畫，並不是要協助殖民地取得勝利或是讓殖民地強大到英國不得不與之和解，進而能重新騰出手來修補自家的老牌帝國，然後把矛頭再度指向法國。事實上，法國只不過想讓殖民地有條件跟英國有來有往，讓英國陷於泥淖。

於是就在這種想取代英國當老大的慾望推動下，波旁法國算是開了歷史一個諷刺的大玩笑，因為她出借金錢、兵員與武裝的對象，竟然是個其觀念與原則將啟動民主革命，最終還將耗盡法國預算，讓舊制度（*Ancien Régime*；法國從十五到十八世紀的統治模式，大致從文藝復興延續至法國大革命）狠狠跌一跤，讓舊世界過渡到現代社會出現分水嶺的叛亂團體。

10「一場勝仗，或許就能讓美洲歸我們所有」

若說法國人未在內心體認到他們援助叛軍是多麼天大的事情，那英國整體也沒意識到他們與美洲殖民地的衝突將會——或甚至已經——青史留名。英國人只覺得那是一群不知好歹的殖民地居民在鬧事，出兵弭平就是了。有些人的世界觀若格局較大，可能會覺得北美之戰其實是英法之間的帝國爭霸。

在從意識形態觀點出發，左派與右派的內部鬥爭中，這場叛變被視為是對社會秩序的顛覆，而美國作為階級「平衡者」的嘗試如果成功，那革命運動就會被點燃在愛爾蘭等地。英國政府與其支持者對比輝格黨人與激進分子，前者覺得他們是在維護自身的權益與優勢，是在為了國家的生存而戰，所以他們從歐洲各國得到的不應該是敵意，而應該是支持。但在英國已與法國跟西班牙交惡，荷蘭在後面虎視眈眈，加上中立聯盟又眼看要挑戰英國海上霸權的此時，歐洲非但未對英國伸出援手，甚至還主動援助美國來割英國的喉；殊不知若美國打贏了獨立之戰，那就輪到歐洲各國在自己的大陸上，體驗到激進分子的踐踏，聽到高喊「自由！」的呼聲不絕於耳了。

不過渾渾噩噩的英國首相，也就是那個老是說自己本事不夠大而求國王讓他辭官的諾斯爵士，倒是很讓人意外地明察到了祖國與殖民地衝突的歷史定位，乃至於萬一美國取勝時會造成的歷史後果。「若是美國真能長成一個獨立的帝國，那它就必然，」諾斯爵士預言，「會引發全球政治體系的革命，而如果歐洲此刻不支持英國，那他就等著有朝一日被沾染了民主狂熱的美洲統治吧。」

華盛頓先生（英國人對他硬是叫不出將軍二字）軍中的叛變與匱乏四起，表現在美軍在對物資、金流，乃至於兵源的需求之上，讓英國人看到了美國革命窒礙難行的一絲希望。心情為之一振的柯林頓滿意地告訴自己，「我有的是希望，而華盛頓只有滿心的恐懼」。邏輯上他說的並沒有錯，但這話讓中立的第三方聽起來並不值得高興，因為「希望」之於柯林頓，不過是繼續擺爛的藉口，而「恐懼」之於華盛頓，則代表他有了要努力克服的目標。

英國在此戰中的操盤手是如此自信於他們在軍力上的優勢，以至於他們始終相信叛亂終將難以為繼，殖民地開口求和只是時間的問題。赭曼爵士作為英王心腹是這麼說的，「各地叛軍之窘況是如此方方面面……我們的優勢是如此明顯，以至於不論他們如何頑抗，我們快速平亂的腳步都不會遭到阻擋」。如此的志得意滿，讓英國的心中容不下任何其他的想法。

英國之所以滿心期待叛軍早日崩盤除了看得起自己以外，也是因為現實讓他們不得不希望事情能如此發展──畢竟雖然心高氣傲，但擺在眼前的事實是英國的資源非常吃緊，這包括他們招兵買馬的成績並不好看，糧草接濟不太上，軍費也幾近見底。英國人堅信只要他們撐著不放，先開口投降的一定是美方。他們相信戰爭往下打，大陸會議的威信一定會每況愈下，民意終究會轉回到祖國這一方。英國這套美國崩潰論中最有說服力的一點，就是美國的財務先會先垮。「我判斷，」來自梅諾卡島的莫瑞將軍說，「敵人的軍費壓力之大，一點也不輸給我們。」民間的一名懷疑者是跟沃波爾有書信往來的荷瑞斯．曼恩：「除非決定性的一擊，」他對給朋友的信中寫道，「可以在美國或歐洲被施予法國艦隊，否則殖民地將憑藉毅力而法國會為了面子而堅不投降，進而將我們拖垮。」喬治三世本人完全想不到這一層。他堅信勝利就在下個山頭，並認為真正忠於他的百姓終將興起，到時候只要一兩次重擊就可以讓叛軍躺平。」

英美雙方的預期會有所不同，最大的關鍵就在於法國的出手。一七八〇年的低潮促成了法美聯手，因為他們都想讓革命得以續命。華盛頓向法國人要錢、要兵，尤其他們對法國海軍的殷切期盼並未因為德斯坦「慘案」而有所稍減。他發自內心相信少了沿岸地帶的控制權與海上的自由通行權，美國人就沒有勝算；同時他也認為只有掌握這兩點，英國人才有可能被擊敗。駐美英軍以紐約與維吉尼亞這兩處據點（維吉尼亞有由乞沙比克灣通往大西洋的漫長海岸線），在海上連成了一個拱形。這是因為紐約與維吉尼亞英軍之間的溝通因為陸地上卡著美軍控制的賓州與紐澤西州，所以只能靠水路聯繫。此外英軍也無法就地補給，畢竟在地民眾對他們充滿敵意，由此他們的補給與兵力調遣都得經由控制下的港口與河口，以水路運輸為之。如果有辦法能阻斷或奪走這些港口與河口的控制權，那英軍就要餓肚子了。確實，柯林頓日後會講到他有一個時期很擔心法將德斯坦會搶走英國的制海權，「陸軍三次陷入了斷糧之危」。就算這說法只是杞人憂天，也反映了柯林頓在戰後替自己開脫時，是如何覺得樣樣事情都與自己作對。

換個角度說，只有在美國能自由進行水運的狀況下，他們才能調兵遣將去轉守為攻。而這也就是華盛頓對制海如此堅持的原因。如他對正出使法國的大陸會議前主席之子勞倫斯上校所進行的說明，英國若想維繫「在美國的大部隊，就不能讓我們控制住海路，不能讓我們阻斷了他們從歐洲出發的常規運補……美國沿岸的海上優勢若常時落於我們之手，那敵人就會陷於非常艱困的守勢」。海上優勢「配合上金援，將讓我們德以強勢地轉守為攻」。華盛頓的如意算盤是對駐美英軍大本營的紐約發動攻擊。他相信只要拿下長島與曼哈頓，就可以給英軍致命一擊。但由於紐約入口處的沙鉤水域容不下吃水太深的船艦，如德斯坦就是因此不得其門而入，加上乞沙比克灣較易突入且較有空間讓船艦一展身手，因為華盛頓的法國盟友羅尚博認為選擇乞沙比克一帶進攻才有比較實際的勝算。再者，乞沙比克的部隊在康瓦里斯將軍的指揮下，才是這場戰爭中最為活躍，也對美國威脅最大的英軍。

華盛頓等美軍將領的衷心希望，是這場屬於美國的戰爭可以徹底交到美國人的手裡，但也因為這麼想，廣大同胞在表達愛國之心時的裹足不前讓他們深受打擊，畢竟各地鄉親所提供的具體支援，就是那樣少得可憐。在福吉谷，華盛頓痛心疾首地承認他們的補給不力，以至於他麾下有弟兄「蓋不到半條毯子」，而且敵人「光看血腳印，就可以一路從懷特馬什（White Marsh）追蹤他們到福吉谷」。一七八〇年夏發起的徵兵直到期限都過了六個月，才有不到三十人零零星星進入指揮部。志願參戰的平民遇到比他們老家還匱乏的生活，多半會選擇逃之夭夭而非同甘共苦。他們對成為大陸軍（大陸會議的陸軍）當中衣衫襤褸而骨瘦如柴的一員，並無太大興趣。農家對提供搬運補給所需要的馬車與人手也非常小氣。

在德斯坦的慘劇之後，美軍的亂象開始每況愈下，他們當中有人埋怨大陸會議不給他們發餉，有人為了軍階與年資大起內鬨，甚至為此威脅要辭去軍職。就連原本最沉得住氣，此時擔任軍需部長官的葛林將軍（General Greene），都板起臉孔痛斥大陸會議給的錢實在太看不起人，他說那點錢對比他的需求，簡直就是「拿條小魚就要打發鯨魚的肚子」。事實上大陸會議對事態的輕忽，讓在打點薩凡納（Savannah）收復戰所需的葛林將軍才忙到一半，就氣到揚言不幹。

一七八一年的第一天，駐紮莫里斯頓的賓州美軍面對的是繼去年的福吉谷以來，第二個飢寒交迫到會發抖的冬天。他們看著百姓們待在溫暖的家中不為所動，再看看悽慘的自己被放生在天寒地凍中無人顧念也無餉可領，就不禁怒火攻心。他們缺少衣物，缺少可以製鞋的皮革，缺少運輸用的馬匹跟車輛，缺少肉類、麵粉與火藥到沒有一個單位看得到這三樣東西，缺少新鮮水果，更缺少舉國對他們的支持與信心，由此他們淪為了一支幾乎站不起來的軍隊。將領們通報此一窘況的上書淹沒了華盛頓的桌面。即便有時候補給到手了，美軍也因為欠缺運輸能力而無法將東西送去給飢腸轆轆的弟兄。部隊於是採取了唯一能讓他們的訴求獲得傾聽的管道：叛變。被放生程度一點也不輸人的康乃狄克與紐澤西美軍也加入了賓州同袍的行列。若非是康乃狄克的兩名軍官被處決起到了殺雞儆猴的效果，事情真的會一發不可收拾。「我幾乎已經不抱希望了，」華盛頓於一七八〇年在譁變不久前自承。「這個國家整體而言，都對攸關自身利益的事情如此毫無自覺，甚至是全無所謂，我實在是不敢自欺欺人地說局面有在變好。」

不過在法國，局面倒是蓄勢要開始變好。外長韋爾熱納固然不熱衷於被一個美國人教訓，但這並不妨礙他認同約翰·亞當斯堅稱只有海權可以決定美洲戰爭的走向，還有就是法國把海軍不管拿去搶幾個在西印度群島上的蔗糖產地，還是去包圍直布羅陀，甚至是集結攻擊部隊準備入侵不列顛，都是白費力氣，因為想要打敗英國，只有美國才是唯一的選項。大陸會議英雄所見略同的提議，也開始產生了效果。喬治·華盛頓親自致函法國駐美大使拉·

呂澤納（La Luzerne）強調海上優勢的必要性，並以此請求法國派遣艦隊來美。作為先遣部隊，七艘風帆戰艦在德斯坦繼任者忒納將軍的領導下，於一七八〇年七月進入了羅德島的新港，而忒納帶來的一個人跟一小支陸軍，將成為美軍在最後戰役中不可或缺的戰友。這個人，就是時年五十五歲的讓・巴蒂斯特・羅尚博將軍（General Jean Baptiste Rochambeau）。羅尚博將軍帶來了三個兵團由克勞德—安・德・聖西蒙侯爵（Marquis Claude-Anne de Saint-Simon）指揮，而這名侯爵的堂弟就是日後創立法國社會主義的昂希・德・聖西蒙伯爵（Count Henri de Saint-Simon）。這對堂兄弟都跟路易十四的優秀御用史官聖西蒙公爵（Duc de Saint-Simon）有血緣關係。昂希這名年輕伯爵志願率軍赴美在羅尚博的麾下效命，其兵團被派駐在西印度群島的聖多明哥，暫時租借給西班牙。如此求之不得的援兵卻有將近一整年無用武之地，原因是英軍在新港外海進行了封鎖。因為無法走陸路運輸，所以華盛頓無法取用這批法國援軍，而調動不了援軍，華盛頓就無法採取攻勢，而他知道守勢作戰永遠不能通往勝利。沒錢買糧草的羅尚博軍只能就地在新港吃吃喝喝或跟女人風流，軍事上則一片空白——不過這只是暫時而非永遠。

事實證明矮壯、隨和，作戰經驗扎實的羅尚博確實是名理想的盟友。身為美國堅定的支持者與忠誠的夥伴，他願意委身於美軍總司令之下，但又不甘於只當個唯唯諾諾的馬屁精或單純聽命行事。他有自己的想法，而且隨時準備好據理力爭。固然他偶爾會與高階軍官激辯，但他治軍嚴明且頗得人望。即便即將在資源匱乏之中展開的美法聯合作戰會有很多苦頭要吃，而且法軍還得勉力與語言跟習慣都大相逕庭的美國官兵磨合，但事實證明雙方並未產生嚴重的摩擦。時間一到，行於美國土地上的法國士兵展現了讓英國或美國人都開了眼界的秩序與紀律。

羅尚博軍中有一名作風揮霍的洛贊公爵（Duc de Lauzun/Lauzen）是羅德尼在巴黎那位恩人的姪子，而事後證明他會是約克鎮戰役中的一員猛將。在新港期間他「用他討人喜歡的手腕，使美國士兵都為他所折服」，我們不難解讀這所謂的手腕就是他有錢又敢花的個性。在一本回憶錄中，他描述了法軍都從布雷斯特出發了，才發現說好的運具只有一半在手邊，「不得已的我們只能拋下一個旅的步兵、三分之一的火砲，還有我所部兵團三分之一的兵力」。很顯然在侵英計畫於前一年一場糊塗之後，法國海軍的管理工作並無長足進步。這本回憶錄紀錄了洛贊前往新世界參與新國家誕生的冒險之旅，但這書最有趣的一點就是關於他身歷其境的各個歷史性事件，乃至於關於這場戰爭中的國家、百姓與政治，你都看不到洛贊給出任何想法、觀察或評論。由於洛贊被視為是法國宮廷中的青年楷模，因此我們可以從他映照出的典型，觀察出他所代表的階級與族群，並判斷是什麼樣的特製讓他們走向滅亡。當然我們也可以不用那麼嚴肅，只當他是個比較知道自己想為什麼而活的個人。這麼想的話，那他就是個人生少不了愛情的人，因為在他回憶錄前半所記下，法國革命前夕的貴族末日裡，滿滿的都是他的風流韻事。在長達一百四十頁的篇幅中，我們看到的是他如數家珍介紹了他的情婦名錄，還有「愛我愛到不行」的她們是如何與他從初識走到熟稔。他在字裡行間全不顧忌女子的身分地位、家庭背景，還有真正的丈夫是誰，公布了她們的名諱。這本回憶錄一經出版，便於流亡貴族們急於展現其道德與正直一面的復辟時期（Restoration），引發了一片嘩然，主要是塔里蘭（Talleyrand）與聖伯夫（Sainte-Beuve）這兩位名震一時的意見領袖針對該書內容的真偽，展開了一番激烈的爭辯。由於會對這本書有興趣的，只能是書中那些女士當年的熟人或相好，所以對於後人而言，這本回憶錄不過是一個空殼，唯一能從中聽到的不過是來自當年海面粼粼波光之上，若有似無的竊竊私語罷了。

八月二十五日，華盛頓由羅尚博轉告了由一艘法國巡防艦捎來的消息，那就是他指望能前去南方增援拉法葉與葛林的法國第二艦隊，在布雷斯特遭到了阻攔，最快也要十月才能駛抵，到時陸軍恐怕早將當地能供應的糧草給消耗殆盡。聽到這個壞消息，一如鋼鐵般堅忍的華盛頓也不禁在給弟弟塞繆爾的信中流露出失望之情。「若非身歷其境，誰也無法想像我的窘迫，更無法體會一支軍隊如何能在我們所處的狀況下維持下去。」短短數日後，南卡羅萊納就傳來了戰事在康登（Camden）失利的消息，維吉尼亞的南方因此空門大開。為了補破網，華盛頓只能從馬里蘭派遣一支兵團前去增援葛林，並鼓起勇氣前往哈特福（Hartford；康乃狄克首府；位於波士頓與紐約中間）與法國盟友開會商討作戰計畫。

在抵達新港後，忒尼與羅尚博便從羅德島南行（一百英里）穿越了康乃狄克，在九月二十到二十二日之間來到了說好的開會地點哈特福。華盛頓帶來了他的心腹老將亨利・諾克斯將軍（Henry Knox）。作為一名波士頓書商出身的砲兵軍官，諾克斯曾把從提康德羅加繳獲的火砲拖過覆滿車轍的地面與山丘，在一七七六年轟走了波士頓的英軍。但這一次的會面沒有人是喜鵲。如在拉法葉前來赴約前所待的南方戰場上，僅三個月前才痛失查爾斯頓的美軍就又在一七八〇年八月慘敗於康登。宛若鬥犬般的英將康瓦里斯還想趁勝追擊，一舉收復整個南卡羅萊納州。在康登遭到康瓦里斯痛擊的蓋茲將軍（General Gates）曾在一七七七年的薩拉托加之役成為英雄之後，共謀參與了一七七七到七八年的「康威陰謀集團」（Conway Cabal）。該集團意欲敗壞華盛頓的聲譽並取而代之，具體的手段則是透過耳語攻訐去慫恿華盛頓引咎辭職。心知自己必須忍辱負重的華盛頓拒絕就範，但他阻擋不了在對他不滿的人主導下，大陸會議將蓋茲將軍被任命為南方戰事指揮官。康登之役在蓋茲的拙劣指揮下，美軍蒙受了八百人陣亡外加一千人被俘的重創，而更加不堪的是他們的將軍還逃得又快又遠，敗戰當天晚間就已經後撤到七十英里外的夏洛特，而且還馬不停蹄地再從那裡逃到屬於山區的希爾斯博洛（Hillsboro）。按照亞歷山大・漢彌爾頓（Alexander Hamilton）所做的陳述，蓋茲這個懦夫在短短三天半內就逃了令人匪夷所思的一百八十英里，這是即便不停有馬可換也達不到的速度，更何況不會有人為了撤退備馬。不論距離的真相為何，丟盔棄甲的恥辱已讓他顏面盡失，在軍中無立足之地了。官方曾下令徹查此事，但最後不了了之。

英軍在將南卡羅萊納牢牢控制住後，開始挾著勝利的氣勢北上穿越北卡羅萊納，朝貴為南方各州首富的「老自治領」(Old Dominion)——維吉尼亞——前進。因為乞沙比克灣的內縮而造成其有個細腰的維吉尼亞州，被康瓦里斯認為是切斷「南富北送」，對戰事的結果達成決定性一擊的首選地點。「一場勝仗，或許就能讓美洲歸我們所有」是他的口頭禪。其實不光是康瓦里斯，英美雙方的所有將領都垂涎著這場決定性的戰事，沒有人不期待這場硬是打不完的慘烈戰爭可以畢其功於一役。

終結戰爭是一門充滿難度與訣竅的學問。即便由難得有智慧跟意願的明君去處理，也經常會事與願違。戰爭要就此打住，必須交戰雙方都確信作戰的目標已經無法達成，或是不值得讓國家繼續為其蒙受成本與損害。兩造的這種確信程度必須旗鼓相當，因為那怕是其中一方認為其能佔到一點便宜或會吃到一點虧，他們都不會願意拿出對方願意接受的停戰條件。在十四世紀的英法百年戰爭中，雙方都曾想過放棄而不可得，因為他們都怕因此喪失權力與地位；受戰爭滋養的仇恨與不信任讓他們連對話都辦不到。在從一九一四到一九一八年那段恐怖的徒勞無功中，雙方都無法接受己方勝利以外的談判結果，因為如果不能帶著某些土地、海港或工業資源的收穫「凱旋而歸」，他們根本無法向民眾交代戰爭代價之慘烈。空手而回，在老家等著的難保不會是一場反叛——或起碼是統治者在社會上的聲望重挫，一如一九一八年的一戰停戰後，德意志皇帝與其霍亨索倫王朝就此遭到推翻。但普通士兵不同於王侯將相，不需要擔心失去王座或職位。而既然如此，他們為何還要在飢寒交迫、衣不蔽體時，堅持作戰下去呢？這個複雜的問題牽涉到眾多因素：因為他們已經內化了一種使命必達的心情；因為逃兵霍叛變會被處以極刑；因為同袍間革命情感；因為離開部隊他們也無處可去，更回不了家。統治階層如果在達成戰爭目標前半途而廢，就等於是承認了自身的無能、所屬黨派的無能，乃至於其母國的無能，這比聖經中說要讓駱駝從針眼中穿過還要窒礙難行。除非真的輸到一敗塗地，否則美國的革命先烈會放棄為了自由與獨立奮戰嗎？英國國王與群臣會放棄帝國的統治嗎？答案恐怕會是「萬能的神啊！萬萬不可！」所以說美洲戰爭的兩造仍會為了贏得最後一戰與做出「決定性一擊」的那一縷希望，繼續往下打。

柯林頓以其罕見的樂觀，在拿下查爾斯頓後寫信給政府說，「再好好補強兵力打個幾仗，從這裡到哈德遜河的所有土地就全歸我們了」。在倫敦，赭曼也感染了這股希望說，「再一場戰役，南方各省就都能光復了」。不論戰事的局勢如何震盪起伏，他都堅信平亂易如反掌，但英軍參謀是因為對美國人一無所知，才會抱持這種一廂情願的推定。他們怎樣也不相信這些未經訓練的農夫與樵夫——特倫頓的德國黑森傭兵口中的「搞笑的鄉巴佬」——可以拿起槍跟訓練有素的英國與德國職業軍人一較高下。但他們所沒考慮到的是知道自己為何而戰的人除了刀槍，還會擁有一項額外的武器。操練造就的軍事素養，確實是平日用來衡量戰力的標準，但獨立戰爭必須另當別論。

美國的作戰風格是從牆垣與樹木等掩體後方射擊，而此時他們身上穿的會是黯淡的簡樸服裝或飾有流蘇的印度安短袍，與之形成強烈對比的則是一身勁裝的歐洲軍隊，光鮮亮麗地以整齊劃一的行列開火或當靶。這種作戰風格，正是叛軍長期遭到英軍低估的主因。曾經在萊辛頓的「開幕戰」中，退回波士頓的紅衣英軍就一路上被潛伏於石牆後的民兵以子彈伺候而死傷慘重。這些民兵不來法王軍隊那一套久經演習而井然有序，規規矩矩的戰法——要知道在童謠裡，法王（或不同版本裡的約克公爵）會率領四萬大軍上山，再率著四萬大軍下山。這一戰所確立的叛軍形象或許還不到野蠻人——但起碼沒資格當歐洲步兵的對手。萊辛頓之役後不久，當英軍列隊走上邦克山（也稱布里德山〔Breed's Hill〕），然後又死傷慘重地走下來之後，他們還是沒有學到教訓而改變對美軍的評價。

惟即便有這種在作戰風格上的優勢，美軍在哈特佛會議上的展望依舊灰暗，羅尚博很悲觀，拉法葉更是悲觀中的悲觀。考量美軍的聲望在查爾斯頓的陷落後一落千丈，加上圍繞著康登「極其不利」的壞消息，還有大陸會議財政的江河日下，拉法葉宣告「這場戰役」陷入了情勢的谷底。「部隊的衣物、帳篷與馬車行將用罄，」他向華盛頓報告說，並表示當務之急是把補給給他們送去，「為此最好是能找到運輸工具，如果實在不可得，那就盡可能利用可航行的河道送多少算多少。」他的報告很難不讓人有點洩氣，但再怎麼洩氣也不能不朝著更重要的目標前進。哈特佛的戰略會議主要由兩名指揮官主導，華盛頓與羅尚博。這兩人掂量著彼此的分量，確認著他們能——或不能——發展出革命的同志情誼，並討論著美法協同作戰要以何處作為舞台。在羅尚博這名知識淵博的儒將與華盛頓這個光是存在就能勾動一絲崇拜的魅力型領袖間，相互尊敬來得輕鬆寫意，但要在作戰計畫上達成共識就沒這麼容易了。他們都同意要攻擊紐約這個華盛頓最念茲在茲的目標，前提是法國必須控制住鄰近的水域，而這點光靠忒尼的中隊是辦不到的。再者，羅尚博拿不出一個具體的作戰方略，原因是他得到的指示是法國海陸軍必須要一體行動，而直到法國海軍能有增援駛至前，他感覺自己有義務留下來支援忒尼在羅德島新港的中隊。直到一年之後，第二支法國陸軍在海軍將領路易・德・巴拉斯伯爵（Count Louis de Barras）的率領下抵達來換防已經辭世的忒尼，同時德・巴拉斯還帶來了法國的承諾，那就是他們會重派艦隊前來滿足引頸期盼的美國對海上力量的期待。至此，從海陸兩面合圍英軍的如意算盤才終於慢慢成形，奠定勝基的戰役也終於迎來了契機。

只是即便如此，美國總司令的心思仍糾結在紐約。亦即華盛頓還是不中意羅尚博想要從乞沙比克一帶切斷南方英軍威脅的打算，主要是他擔心法國官兵會不適應維吉尼亞的盛夏而染病，而他的新英格蘭子弟兵也厭惡蛇類、熱浪、蚊蚋盛行的南方，並深深對當地不是很健康，甚至可以說有毒且熱病氾濫的氣候有所猜忌。其中熱病在當時是一種統稱，主要是當時的人類無法根據對病菌或感染來源來區分病種，所以瘧疾、肺炎、黃熱病、傷寒；破傷風與痢疾全都混為一談。但其實維吉尼亞會疫病叢生，其主因與其說是一天到晚為了健康問題在背黑鍋的天氣，還不如說是沼澤與蚊子加上軍中生活的衛生條件欠佳。十八世紀的人類死因，十之有八都被歸咎於「熱病」。

率軍前往維吉尼亞，單趟就是五百英里上下，而且只能步行，因為當時唯一的海運可能性只有由海軍將軍德·巴拉斯伯爵統領於羅德島新港的中隊共八艘艦艇，但面對英國駐於紐約外海的強大海軍，德·巴拉斯拒絕了用船運兵沿海岸而下，而陸路行軍在華盛頓看來又風險太大、代價太高，且可能會因為一路上的疾病跟逃兵折損三分之一的兵力。再者，華盛頓認為只要維吉尼亞沿岸水域仍控制在英國人手裡，那這場仗打來就不會有太多好處。他認為攻擊紐約來吸引柯林頓的注意，誘使柯林頓向南部戰場求援，會比直接打南邊更能有效地紓解拉法葉的壓力。不過真要說他會這麼想打紐約，這麼放不下紐約，還是因為他投身武裝革命的第一場大敗，就是早期的長島之役。打那時起，收復紐約對華盛頓就有獨特的意義。根據美法聯盟的規定，華盛頓是總司令，而羅尚博照理要聽他號令，所以最後決定決應該是在華盛頓手上，但好相處的羅尚博並不好欺負，他深諳由側翼進攻來迂迴達成自身目的之理。由此很快地在他的遊說之下，法國駐美大使拉·呂澤納與德·巴拉斯等人都認同起羅尚博的意見，開始投書母國倡議選擇乞沙比克進攻的優勢所在。

話說乞沙比克究竟何德何能讓兵家必爭？大乞沙比克灣構成了維吉尼亞的海岸線，沿大西洋朝馬里蘭跟紐澤西延伸達兩百英里。憑藉其許多面向歐洲的門戶，還有眾多可通往內陸的港埠與河口，大乞沙比克灣是美國南方最寬闊的開口。該灣上游水系僅差二十英里就可以接上鄰近費城的德拉瓦河，由此形成了一條可以將美國南方連上大西洋中部各州的天然水道，也創造出了一道英將康瓦里斯認為必須割喉割到斷的戰略瓶頸。

攻下查爾斯頓讓英軍開始投注更多資源在美國南方，也讓美國南方作為戰事中心的重要性提升，因為這裡咸認是居民的忠誠會決定英國能否重拾全美忠誠的關鍵之地。惟倘若南方的民意真值得參考，那英國想看到美國人回心轉意，恐怕就遙遙無期了。根據在得勝後被留下來掌管查爾斯頓的鮑爾福上校（Colonel Balfour）所報告，「變節」投美的案例在南卡羅萊納是「如此之氾濫，我想不到有減少其人口以外的辦法可以控制局面」。鮑爾福的極端解決方案反映了親英派的態度，他們一方面在與愛國者的衝突中感受到了內戰的野蠻，一方面又在其相互的仇恨中孕育了叛軍的戰爭行為。

就戰略上而言，開闢南方戰場的目的是要讓叛軍一來無法從當地汲取資源，二者無法經由大西洋的港口與歐洲進行貿易。獨立戰爭中最冗長的激戰就發生在那兒；親英派加入了對鄉間居民與資源所發動之毀滅性襲擊。與英國人在這些襲擊中捉對廝殺的對手除了美軍的納撒尼爾．葛林將軍以外，還有「沼澤之狐」法蘭西斯．梅里恩（Francis Marion）、還有「無敵」的「老車夫」丹尼爾．摩根（Daniel Morgan）——其中後者得名是因為他二十五年前曾以十九歲的年紀在英軍將領布拉達克（Edward Braddock，1695-1755）對上法國與印地安人那場命運多舛的戰事中，擔任過運補的馬車駕駛。南方的短兵相接從未以疆域的占領作收，原因是這些戰事的初衷就不是要佔領或控制土地，而主要是想消滅叛軍的有生力量與作戰量能。所有攻勢作戰不外乎兩大目標：摧毀人員與奪取疆域。關於第一點，自古以來最常用的辦法——或自有戰爭以來，不過人類多半自古就有戰爭就是了——除了直接殺敵以外，就是摧毀敵人的輔助資源：食物、居所、交通工具、勞動力，還有能用作購買力的收入來源。但正如鮑爾福上校所隱約感受到的，燒殺擄掠會讓佔領土地變得窒礙難行，且無助於英國想要重獲美國人效忠的總體目標。只是儘管如此，英國人還是在南方戰場看到了他們能夠取得最終勝利的機會，因為他們確信基本上還是忠於國王的民眾會在不久的某個點上跳出來撥亂反正。

康瓦里斯伯爵二世查爾斯做為英國最「說打就打」的將領，此時正在南線指揮作戰，而他所效命的總司令是一名個性與他南轅北轍，小心翼翼而且經常拿不定主意的亨利．柯林頓爵士，現駐於紐約。這兩人的惡劣關係，也是造成英國陸海軍指揮陷入混亂的其中一個原因。話說在美國獨立戰爭的過程中，每名將領都會打著打著就恨起某個人來，而在康瓦里斯跟柯林頓的案例中，讓兩人產生嫌隙的癥結在於作戰方針、在於作戰目標，也在於個人偏好。

作為一個堅拒改變的保守派，柯林頓決心要死守現有的一切——由此他迷上自己在紐約與查爾斯頓的基地，尤其是愛紐約的防禦工事成痴——而凡事劍及履及的康瓦里斯則深信查爾斯頓絕對守不住，除非其所有的南卡羅萊納州腹地都能盡歸英軍所有，還有就是想整體征服南線戰場，就不能不先拿下一份親英派報紙描寫為「豐饒而繁榮」的維吉尼亞。作為有爵位的貴族，康瓦里斯享有讓柯林頓感到矮上一截的崇高社會地位。我行我素而在事業發展上野心勃勃的康瓦里斯在軍中被敬為一個大無畏的戰士——幾乎就像法國傳奇騎士巴亞爾（Chevalier de Bayard，1476-1524）那樣「無所畏懼也無從挑剔」——在他的官兵之間則被尊為像父親一樣會關心他們福祉的指揮官。柯林頓眼中的康瓦里斯是個桀傲不馴，他壓不太住的軍官，原因是他感覺自己的社會階層較低而難以施展手腳，再加上他懷疑康瓦里斯在密謀要取他而代之。由於柯林頓老是把要辭職並讓位給康瓦里斯掛在嘴上，而康瓦里斯也確實身負作為其繼任者的「休眠任命」（dormant commission；此任命的用意是避免在總司令有個三長兩短時出現由赭曼將軍上位的情況），因此下任總司令是誰已是公開的秘密，但這一點卻讓柯林頓做起事來有點礙手礙腳，因為他不覺得自己應該為下一任指揮官預作計畫。

從兩人合作的開端，柯林頓就已覺得康瓦里斯有無視指令，自行其是的嫌疑，由此他在日記中寫道，「我從來無法對這樣一個人推心置腹」。因為相信康瓦里斯是赭曼的愛將，所以柯林頓覺得自己相對遭到看輕。「我被漠視，被不公平對待，」他對赭曼抱怨說，「只有我的意見不被接納，只有我的計畫不被採用……我被逼著只能去執行別人的方案」。反過來說，康瓦里斯也很憤怒於柯林頓決策時的曖昧不明、反反覆覆以及拖泥帶水。他請國王恩准他辭官返英，也因此喬治三世手下又多了一員做不下去了的將領，惟他的所請未獲批准。話說將帥互信之不存，絕對會從根基動搖起同一個戰區中的指揮號令。

時不時，歷史格局會騰出空間來，讓個人對其發展軌跡產生顯著的影響力，就彷彿人也跟經濟或天氣一樣是一股沒有生命的力量。康瓦里斯就是這樣一個人物。他的在蘇福克郡艾易區（Eye）的議員席次，源自於其家族自十四世紀以來斷斷續續在議會中獲得的代表權。他生於一七三八年，跟喬治三世同年。在從伊頓公學畢業後的他憑藉軍事上的才華，或任命成為擲彈兵衛隊（Grenadier Guards，英國御林軍的一支）中的一名少尉。十八歲的他在跟身為普魯士陸軍軍官的家教老師遊歷歐洲時，報名進入了當時頗負盛名的杜林軍事學院（Military Academy of Turin）就讀。在義大利那股放鬆的氣氛中，這所軍校的課程散發著一種不務正業的魅力。學員應該是一早起來，七到八點就要學國標舞，接著八到九點是靜態的德文課，再來是九到十一點吃早餐放鬆。軍事教育只占從十一到十二點的一個小時，外加下午三到五點有兩個小時的數學與築城學。五點一到又是舞蹈課、校外參觀、還有歌劇聆賞直到晚餐時分。每星期有兩天，學員必須要出席薩丁尼亞國王的朝會。曾先後屬於西班牙與法國的杜林如今是薩丁尼亞國王的王畿，而這個王銜後來傳給了薩伏伊公爵（Duke of Savoy）

一系，接著又在義大利統一戰爭時期的一八六〇年被傳給了義大利王室。

這樣的課程安排，或許沒有讓杜林軍校的學生浸淫於太多戰爭的科學與技藝，但紳士風度確實在這些未來軍官的心中生了根。此後戰爭很快就找上了康瓦里斯，主要是他所屬的擲彈兵衛隊以布朗斯威克公爵費迪南親王（Prince Ferdinand of Brunswick）的盟友身分，加入了七年戰爭衍生於歐陸的戰事。一七六二年，他在父親死後繼承了爵位與頭銜。同年回到英國並憑爵位進入上議院之後，他出人意表地與作為反對黨的輝格黨人立場一致，共同強烈反對國王與政府對北美民怨的強硬政策。這種選擇究竟是出於杜林軍校那種毫無殺氣的教育，是跟隨他的本心，還是受到他與輝格黨領袖薛爾伯恩爵士互為摯友的影響，後人不得而知。雖然表面上是個標準的御用衛隊軍官，但實際上他是個個性上有許多矛盾處的人物。支持輝格黨的立場並未影響他的仕途，他依舊靠人望被任命為所屬兵團的上校，還兼為國王的侍衛官。歷史上並無他在上議院參與貴族辯論的任何紀錄。

但比起與人唇槍舌戰，他或許已用更有說服力的行為表達了他的立場，主要是在一七七六年三月，他毅然決然與在上議院是極少數的四名勇敢貴族站在一起，支持了康登爵士的動議，反對了《公告法案》（Declaratory Bill）。所謂《公告法案》，是英政府用來彰顯議會有權對殖民地徵稅的手段，其目的是要抵銷印花稅遭廢止，英國似乎是在向美國人妥協與示弱的印象。從報告中我們查不到康瓦里斯曾在《公告法案》的辯論中開口，但他投票支持的康登爵士已經在上議院的發言中，把話講得再清楚也沒有了。康登說《公告法案》是「絕對的非法，且違背了這部憲法的基本法則」，須知憲法本身就「奠基於亙古不移的自然法則」，亦即「納稅的義務與獲得代表的權利，是不可分拆的一體兩面……這一立場所基於的自然法則是私有財產的絕對性，任誰都沒有權利在未經許可前取走屬於某人的東西。誰這麼做，就是在加害於某人，就是犯下了搶劫的罪行，就是丟棄、摧毀了自由與奴役之間的界線」。這些話語大可以出自美國開國元勳托馬斯・潘恩（Thomas Paine）或派翠克・亨利（Patrick Henry，曾說過不自由，毋寧死之名言）等人之口，頂多是約翰・亞當斯說不出這話，因為他絕不可能接受像「自然法則」這麼浪漫的想法。我們可以推定康瓦里斯認同這段話，畢竟他在表決時站在了發言的康登爵士一方，惟他並沒有因此拒絕領兵，他依舊加入了傑佛瑞・安赫斯特爵士（Lord Jeffrey Amherst）、拉爾夫・亞伯克隆比（Colonel Ralph Abercromby）這名布朗斯威克戰爭英雄與英軍悍將，乃至於其他不認同硬逼美洲民眾就範的軍官行列。事實上，康瓦里斯還曾在殖民地揭竿而起，駐美英軍需要增援時自告奮勇。在強烈責任感的驅使下，他認為食英王之祿的軍人如他應該要在平亂上出一分力。惟或許是責任感的啟動比較慢，或者是他內心已經開始天人交戰，總之康瓦里斯是在美國在萊辛頓開了第一槍的七個月後，才決定率軍去鎮壓叛亂。會有這段延誤，一部分也是肇因於他妻子的懇求，畢竟兩人鶼鰈情深。但時間來到一七七六年二月，康瓦里斯還是率領了七支兵團赴美，目的地是豪伊將軍在失守波士頓後的引退之處，哈利法克斯。康瓦里斯參與了長島與白原之戰，在哈德遜河的澤西海岸奪下了李堡，接著還穿過紐澤西，追擊華盛頓至特倫頓，並在此地的布藍迪萬戰役中挫敗了華盛頓的兵鋒，而後進一步佔領了費城。

不過，康瓦里斯似乎並未過強地執著於那股促使他來到美國的責任感，畢竟把槍口對著一群衣衫襤褸的殖民地民兵，並不是他眼中多能替皇家衛隊軍官的名聲增色的事情。由此他在一七七七年經由漫長的航行，以休假之名義返英。在被升為中將之後，他於一七七八年返美復職，而且途中還跟卡萊爾和平特使團搭了同一艘船。康瓦里斯原本擔心他的隨員會占掉特使們的個人空間，但在跟團中兩名伯爵用惠斯特牌進行了開心的友誼賽後，他就什麼都給忘了。回到美國，他發現自己成了新任總司令亨利・柯林頓爵士的新科副手，惟比起灰頭土臉地被撤換掉的前總司令威廉・豪伊，柯林頓很快就顯出自己比前任更加不求進取的個性。在被交付了南線戰場的重責之後，康瓦里斯因為對柯林頓的不作為感到失望透頂，加上跟羅德尼一樣都相信這場戰爭所託非人，因此他曾嘗試請辭但未獲批准。

法國此時已經以美國盟友的身分加入戰局，而這讓康瓦里斯相信法國帶來人員、金援與武器彈藥給叛軍的門徑必須先堵起來，特別是乞克比沙灣那些，否則這仗沒辦法打。美國人常態性經由乞克比沙灣的各港口是輸出菸草、棉花與外銷商品給歐洲貿易商，然後用掙得的外匯購買武器與彈藥。此時康瓦里斯的構想是要發動大規模攻勢來制服南方的叛軍，讓該處徹底恢復太平，而對此柯林頓顯然意興闌珊。柯林頓希望的是讓康瓦里斯老老實實地在永久性的基地裡待著，然後出借他的軍隊供賓州作戰使用或用來拱衛紐約。康瓦里斯覺得如此沒有意義，於是便手書一封給同僚菲利浦將軍，語不驚人死不休地提議「如果我們認真想要在美洲發動攻勢，就必須放棄紐約」。相對於巴著紐約不放，他認為「我們應該集結全數兵力到維吉尼亞」，因為那裡「有值得我們為之決戰的賭注」，同時也只有在那裡，那句他老掛在嘴邊的「一場勝仗，或許就能讓美洲歸我們所有」才有機會實現。

只不過他的這則高見，並沒有順利能累積起多少說服力。英軍此時的作戰是由兩號讓人又厭又懼的人物進行調度，一個是隸屬騎兵而被康瓦里斯高度肯定為其所部軍隊箭頭的巴納斯特・塔勒頓上校（Colonel Banastre Tarleton），另一個則是美軍叛徒班乃迪克・阿諾，他在喊價一萬鎊加上周邊福利的代價把自己賣給英軍後，就覺得自己有必要用雷霆手段來證明自己賣的是真貨（他開價一萬但只收到六千，這是英軍以他要出賣的西點駐軍，一個人頭給兩幾尼算出來的）。塔勒頓的重型龍騎兵踐踏過玉米與裸麥的田地，同時間他與阿諾的突擊隊員一起劫掠、摧毀著已收成在穀倉中的煙草與穀物，藉此散播著破壞。另外塔勒頓還忙著把牛群、豬隻、家禽趕進穀倉中付之一炬。他有個外號叫「殺無赦塔勒頓」，原因是他在瓦克索（Waxhaw；北卡羅萊納州地明）大屠殺中違反了納降的規則。當時的情況是有群美軍遲至英軍騎兵衝至剩五十碼處才開火，錯過了能擋住其來勢的時機。等這群美軍投降後，塔勒頓的手下對他們痛下殺手。塔勒頓任由官兵揮舞著軍刀的利刃，殺死了總共一百一十三人跟殺傷了一百五十人，而傷者中又有半數不治。瓦克索的消息在南北卡羅萊納一出，英軍便面對起美國民間更加高張的敵意，而這股敵意又點燃了親英派與愛國者之間更大的仇恨，使這兩方的衝突更加尖銳。

因為妻子重病，康瓦里斯得以第二次趕回英國，只是他抵英不久就收到了她已經撒手人寰的噩耗。深受打擊的康瓦里斯在給兄弟的信中表示喪妻之痛「讓他存於世間已了無生趣」。自此他除了軍旅已無其他的人生意義。這場私人的悲劇除了讓他陷入孤寂與六神無主以外，也讓他在一七七九年七月重回到戰爭之中。

一七八〇年八月，康瓦里斯在康登之役擊敗了蓋茲。雖然康登之戰在英軍眼裡是一場大捷，但美國的反抗並沒有因此稍歇，美國民兵與大陸軍也沒有就此解散而把戰場拱手讓予得勝的英軍。「我們出戰，」葛林在信中對法國駐美大使呂澤納說，「被打倒，然後爬起來再戰。」確實美國屢戰屢敗，但單單一場勝利沒有讓英國人朝贏下整場戰爭靠近任何一步。葛林這句簡單到不能再簡單的作戰方程式，讓美軍的核心與反抗的火種得以在南線戰場倖存下來，甚至於事後看來，康登之敗對美軍而言根本是塞翁失馬焉知非福，因為這促成了蓋茲被撤換，也讓華盛頓任命了葛林與施托伊本去改革南部的美軍。美軍如今就剩大陸軍的殘部——其實也是民兵的他們是會湊在一起打幾天、幾週的仗，然後就先回去照顧他們的作物與田地——

外加不無小補且能征善戰的游擊隊員與游擊戰領袖，這當中如沼澤之狐與安德魯・皮肯斯（Andrew Pickens）跟湯瑪斯・桑姆特（Thomas Sumter）都是讓美國得以繼續熱戰，也是讓對反抗力量不至消亡的主因。隨著塔勒頓軍的毀滅式突擊在騎兵提供額外機動力的狀況下愈演愈烈，加上瓦克索大屠殺掀起了民間怒火，美國人變得更加復仇心切，親英派與愛國者之間的嫌隙也益發難解。這兩種立場的水火不容一如其他重大因素，也使得抗英之火在南北卡羅萊納燒得十分興旺。在南卡羅萊納，康瓦里斯必須承認沼澤之狐「一部分靠著恐嚇與懲罰，一部分靠著可以搶奪戰利品的承諾，左右了民眾的想法，以至於（該地區的）居民幾乎沒人不手拿武器要跟我們對幹」。他對於美國人抱持敵意的這種診斷，忽視了塔勒頓與班乃迪克・阿諾是如何強搶民宅、如何燒毀麵粉磨坊，還有如何在硬把平民當成囚犯拖去監獄船上赴死，而這種選擇性忽視所反映的心態，就是侵略者想說服自己相信本地居民之所以不友善，是受到第三方力量的煽動。康瓦里斯堅信在歷經康登這樣的壓倒性慘敗後，美國南方已不可能在不靠北方援助的前提下繼續革命，而這對他來講就代表一件事情——他必須把在北卡羅萊納的叛軍趕盡殺絕，並控制住該省。但事實證明「摧毀敵人的軍力」作為獲得最後勝利的前提，已經超乎他的能力。每當某地區被認為已經蕩平，就會有游擊隊冒出來重燃戰火，而這一點可以說讓康瓦里斯在北卡的指揮官感到了是可忍孰不可忍，於是乎這名派翠克・弗格森（Patrick Ferguson）少校便使出了恐怖威脅的手段。他於一七八〇年九月公開對愛國者陣營的軍官喊話說若他們堅持繼續與英軍作對，那他將會率軍翻山越嶺，將他們的帶頭者吊死，然後用火與劍讓這片土地淪為廢墟一片。弗格森並不是個天生的暴君，事實上他平日生性溫和悲憫。他十四歲從軍，當時是他家中替他在皇家蘇格蘭灰騎兵（Royal Scots Greys）軍中捐了一個旗手（cornet）的基層軍官職。在學習過比國標舞跟義大利歌劇要更具技術性的軍事科學後，他發明可以快速發射的後膛裝彈步槍，射速可達每分鐘四發，射程可達兩百碼。做為一種比英軍手中任何武器都還有效率的裝備，這款步槍自然沒有被採用；且最終只有兩百把被造了出來。弗格森是少數願意與美國親英派平起平坐的英國軍官，這樣的弗格森會與他們促膝長談數小時，就局勢與美國反叛的嚴重負面效應交換意見。作為偏鄉民眾心目中的英雄，他被挑中率領要去撲滅愛國者之火的行動，惟他上述的強硬措詞果然產生了這類失言理應會有的反效果。具體而言，這句話被游擊隊領袖拿來作為反文宣，藉以號召「山另一頭」的民眾推翻壓迫者的鐵蹄，以捍衛他們的家鄉與土地，結果成功吸引了逾千手握狙擊槍的勇者策馬前來響應。身穿鹿皮馬褲的他們集結在田納西的梧桐淺灘（Sycamore Shoals）。察覺到危險氣息的弗格森向率軍紮營在北卡夏洛特的康瓦里斯要求增援，其距離僅在三十五英里外。弗格森在告急訊息上寫著「情況不容坐視」，但援軍並未前來。此時沿著某名為「國王山」之高山山脊踏上逃往夏洛特之路的弗格森產生了跟一般人一樣，美國人應該還不至於是他們對手的想法，於是就在再兩個小時就可以與康瓦里斯會合的節骨眼上，他決定了要在山脊上與身後的追擊者正面交鋒。看著從山腳到山頂都茂密長滿高大松樹的山坡，他選擇了在山脊頂端一塊橢圓形空地上擺下陣勢，創造出了一個他心目中固若金湯的據點。那些拓荒的美國人在經由細作告知英軍的位置後，便連夜冒雨帶著包裹住來防水的步槍，豎起雙耳展開了偷襲前的急行軍。隨著天氣放晴，他們在午後三時趕赴了國王山，並下馬開始在山丘底部打轉。原本沒有首領的他們選出了威廉·坎貝爾上校（Colonel William Campbell）指揮眾人。有人帶頭之後，他們就開始一邊吼叫一邊放槍朝山上衝鋒而去，而沿路的樹幹就是他們途中的掩蔽。由下而上仰攻原本感覺是一種巨大的劣勢，但事實證明美國人反而因禍得福，主要是居高臨下的英國人在往山下射擊時，往往會「射過我們頭上，沒騎馬的人幾乎都毫髮無傷」。弗格森麾下的親英分子亮出了刺刀，頂著拓荒者的致命步槍子彈朝山下衝鋒，但結果是成排地倒下。這一幕讓紅衣英軍開始動搖並後退。想要重整旗鼓的弗格森一馬當先乘著一匹白駒，一刀砍斷了自家部隊在倉皇中已經舉起的兩支白旗。身為五十支步槍的活靶，他被子彈萬箭穿心，破碎之身在墜馬後成了地上一攤了無生息的血肉。山脊由美國人拿下，前後不到三十分鐘的國王山之役就此結束。弗格森那匹如今染了血而少了主人的座騎，拔腿逃離了弗格森殞落的激戰山丘。國王山新敗的消息在當地快速傳開，造成了親英派如驚弓之鳥一哄而散。被康瓦里斯親口評為「卑鄙而膽小」的這些親英分子在國王山之役後便不肯再助英軍一臂之力，而叛軍則更加展現出「根深蒂固的敵意」。七百名與弗格森並肩作戰的親英分子成了俘虜，當中二十四人以叛國罪嫌遭到美軍戰地法庭的簡易軍法審判，九人被定罪後吊死，而此事也讓親英派與愛國者之間更加勢不兩立。

在這種狀態下，康瓦里斯被說服了他必須放棄北卡的戰事而撤回到南卡過冬。據此他開始動身前往大約在國王山南方的五十英里處的溫斯伯勒（Winnsboro），當地距離他的福地康登有三十英里。這次轉進的路程雖然不遠，但事實證明確是可怕的噩夢一場，而在溫斯伯勒的冬天也宛若是他的福吉谷。在連日的降雨中行軍，他的人馬沒有帳棚，食物也稀少到只能搜刮田間的蕪菁與玉米，其中玉米每兩個人一天只能分到五穗（根）。蘭姆酒與牛肉都付之闕如的他們只能拖著傷患搭乘的馬車，在崎嶇的土地上一路顛簸。真正可怕的是河流，因為處於半飢餓狀態的馬兒只能很勉強地度過湍急而冰冷的河水。最後的挫敗，則是他們丟掉了一棟作為據點，用強韌原木蓋在山丘上的木屋，那座山丘已經由親英派民兵的魯吉利上校（Rugeley）要塞化，主要是他用土石夯實了基底，然後外圍插上一圈尖木樁來阻卻砲轟以外的任何攻勢。美國騎兵軍官威廉・華盛頓上校（Colonel William Washington）用樹幹做了一門假火砲，將之立起在了一個遠遠看不清楚的地方，成功唬住了木屋裡的人員。魯吉利上校一槍未發就投了降。

對愛國者而言，國王山的小勝只能開心一下，因為他們馬上就要面對的艱鉅挑戰是如何做好過冬的準備，才不至於重蹈莫里斯頓與福吉谷的覆轍。賓州有五千頭骨瘦如柴的角牛根本上不了餐桌。不過反正愛國者也宰不了這些牛，因為他們沒有硬通貨可以買鹽來醃肉，而商家根本不收紙錢幫人鹽漬。要什麼沒什麼的狀態絲毫沒有改善——缺錢不在話下，其他像衣服、鞋子、毯子、彈藥，還有更抽象但也更重要的民意支持，也都少得可憐。在富饒的維吉尼亞，民心的暮氣沉沉讓人想不注意到都很難。雖然他相信「廣大民眾的看法與心願都與我們同在」，葛林寫信給時任維吉尼亞總督的傑佛遜說，「但除卻少數人發揮著影響力以外，他們基本上就是毫無朝氣、要死不活的一群，一點都看不出有目標或意願要用出他們具備的手段去維護自身的生命財產安全」。華盛頓感覺很難為情的是讓法國盟友看到了自家軍隊的一窮二白，乃至於「徵兵人數的慘澹」。看著法國人發現原來「我們就只有那寥寥無幾的人數可以擺上戰場，」他怕的是法國人會「揚帆而去」。華盛頓感到悲從中來，是因為他發現同胞們的意志力竟如此孱弱不堪。「這是一件很讓人難過的事情，」他寫道，「看著公共道德的敗壞，乃至於美好未來蒙上一層陰霾，只因一群貪得無饜的齷齪小人為了牟取一點蠅頭私利而不惜賠上這片大陸的美好河山，令其陷入無可挽回的毀滅……我們只能期待各州的主事者能發憤圖強，否則我們的努力將盡付東流。」只不過這只是恨鐵不成鋼的氣話，實際上他從未須臾感覺到建國大業事已不可為。從頭到尾，他都「未從懷疑那曾經在各式困難中解救過我們的同一種豐饒天恩，終將使我們得以超脫這所有挑戰，為我們的奮戰戴上成功的王冠」。面對堆積如山的挫折與失落——內部的一次次譁變、對外信譽的衰滅、軍官的信心動搖與軍隊的士氣崩解——華盛頓仍能在從勞倫斯處得知德．葛拉斯正在率其部分艦隊赴美途中時，用華盛頓之所以是華盛頓的獨特自信對一名大陸會議成員表示，「這場競賽仍握在我們手中……我們頭頂或許會有烏雲飄越，個人或許會遭到毀滅，廣大的鄉野或特定的幾州可能會暫時歷劫，但我堅信我們有能力為這場戰爭畫上美滿的句點」。若說是所謂的時勢造英雄，讓歷史上出現了如此目標明確而信仰堅定的一號人物，那還有待同一片時勢去創造的，就是一支能配得上華盛頓的民族了。

康瓦里斯固然近期受到一些挫敗，但擊潰葛林的部隊，讓南線戰場失去叛亂的引擎，仍是他放在第一位的目標。進入有許多決定被做成的一七八一年，塔勒頓做為康瓦里斯軍中的前鋒在元旦當天奉將軍之命，要他「把（葛林軍中的）摩根趕盡殺絕，片刻不得耽擱」。塔勒頓手下有紀律嚴明的龍騎兵、輕步兵與五個營的英國正規軍跟一小支砲兵，合計兵力為一千一百人。丹尼爾．摩根（Daniel Morgan）將軍麾下則有大陸軍步兵加上馬里蘭、維吉尼亞各州民兵共一千六百人，外加維吉尼亞來福槍兵兩百人，還有一支直屬他的騎兵共一百六十人。在經由地方游擊隊警示塔勒頓來犯後，摩根選在南卡北境的布羅德河（Broad River）河灣處的一個稀疏林地中安營紮寨。不似阿拉莫（Alamo）或阿爾貢（Argonne）這些地名有英雄軼事可以追溯，這片林地有個家常的名字叫做考彭斯（Cowpens，拆開就是cow〔牛〕與pens〔牛圈〕），原因是等著要被送去市集的牛群會常態性被圈於此處。飽受關節炎之痛而行動不便的摩根將營地設在兩側均為林木的丘麓上，是為了避免遭到突擊滲透。料想著他訓練不足的民兵會一看到令人聞風喪膽的龍騎兵衝來就一哄而散，但也知道他們無處可逃，畢竟他們左右是密林而身後只有一條渡不過去的河，摩根一瘸一瘸地巡視於營火之中幫弟兄打氣，希望他們明早可以堅守陣地，且至少完成三輪射擊。「挺起頭來，孩子們，射完三發你們就自由了。」然後摩根告訴他們說等他們回到家鄉，女孩們都會上來親吻他們，老人家則會誇獎他們。隨著第一波英國步兵挾著重重的步伐跟氣勢十足的喊聲朝他們行進而來，摩根告訴子弟兵說「他們那是英式的問候，我們這廂也不能失禮，上天為證，給他們來個印地安式的招呼吧！」語畢他自家的陣線便對摩根報以狂野的歡呼與叫囂。在指示了要手下瞄準軍官的肩章開槍後，他上馬騎向了部隊栓馬的地點，並看到有群民兵已經在朝那裡逃離。於是當這群逃兵抵達停馬之處，摩根將軍赫然站他們面前揮舞著佩劍，並同時大喊著「回去列陣！再賞給英國人一輪射擊，這天就是屬於我們的了！」在戰線的後方，維吉尼亞的狙擊手們正大展身手，一個個從馬鞍上挑掉塔勒頓的騎兵。就在此時，換成英國龍騎兵被威廉·華盛頓上校率領的美軍騎兵殺了個措手不及，後者揮舞著手中的軍刀，氣勢絲毫不遜於敵軍。在被美軍追擊了近一英里後，英軍戰線出現了破口。「再射他們一波，」華盛頓上校下令，「我就對他們發起衝鋒。」於是在山丘底下，步槍兵與大陸軍開始對英軍步兵瘋狂射擊，然後在「上刺刀！」的一聲令下，同一批美軍朝敵人一撲而上。而眼看著自家的步兵四散逃竄，塔勒頓的騎兵不顧他氣急敗壞的連番號令，無論如何也不肯重新發起衝鋒，甚至還轉身開始加速逃離，逼著他們的指揮官也在不久後加入了他們臨陣脫逃的行列。在復仇心切而殺紅眼的叛軍包圍下，他的主要兵團、龍騎兵、輕步兵、正規步兵紛紛投降——唯一堅決打到底的砲兵為與砲共存亡，最後死的死，被抓的被抓。英軍在考彭斯這一敗的代價是一百一十人死、七百人被俘，被美軍奪走的則除了八百管火繩槍與一百匹馬以外，還有塔勒頓足足三十五馬車，上頭裝著彈藥的行李車隊。除了掉頭就跑的那三百騎兵以外，塔勒頓的部隊基本不是被殺就是被俘——而這也讓康瓦里斯的兵力元氣大傷。「最近的事件，」他後來寫道，「讓我傷心欲絕。」葛林將軍則更加意氣風發。「經此大捷，」他說，「世間再無難事可言。」

說什麼也不想看叛軍為考彭斯的勝利而得意洋洋的康瓦里斯氣急攻心，滿腦子想的都是如何追擊敵軍、全殲敵軍，從敵軍手中回收己方這一敗讓對方振奮的士氣。康瓦里斯軍的意圖，如康瓦里斯的副手查爾斯·歐哈拉准將（Brigadier General Charles O'Hara）在寫給諾斯政府掌璽大臣葛拉夫頓公爵（Duke of Grafton）之信中所說，已然幾近於瘋狂：「在官兵都沒有行李、必需品或任何補給的狀況下，身在北美洲至為荒涼、惡劣、最不利於人居的地帶，僅憑著一槍熱血與一把刺刀去面對最野蠻兇殘而不講信義的敵人，這支軍隊一心一意要追殺葛林的叛軍到天涯海角。」康瓦里斯急需一場勝利不光是顧及顏面與士氣，更是為了要確實控制該地區，畢竟只要葛林繼續盤據在作為反抗力量中心的南北卡羅萊納，那麼叛軍的力量就不會有能被斬草除根的一天。摩根也同樣急於帶著部隊暨戰利品與戰俘甩掉追擊的英軍。仍舊一心想消滅葛林並光復南部戰場的康瓦里斯在很短的時間裡，就與由柯林頓派來，萊斯利將軍（General Leslie）所部的一千五百名援軍會師，主要是柯林頓剛收到召募自愛爾蘭的充員兵來可用以戍守紐約。有了援軍加持，康瓦里斯打算一路追擊到北卡羅來納境內。

此時近期的暴雨讓河水水位高漲，也讓滿是泥濘的

美軍在考彭斯戰役（Battle of Cowpens）中大勝英軍，扭轉了南方的戰局。本圖作者為十九世紀美國畫家William Ranney。圖片來源：Wikimedia Commons

道路巴著靴子，拖慢了行軍的速率。摩根忍著一身病痛只能勉強跨在馬背上前進，無法讓馬兒跑起來。葛林因為意識到摩根的狀況，便急於讓他脫離險境。行事一向小心謹慎的他下令準備了有輪子的平台，平台上可以擺放臨時拼湊出的簡易浮橋，讓軍隊拖著走，這樣過河就不成問題了。靠著這樣的先見之明，葛林順利讓摩根比較輕鬆也比較快速地脫身，更讓美軍渡過了已經過深而無法涉水而過的氾濫河流。康瓦里斯的大軍踏著被摩根一路上攪和過的泥濘，步伐愈來愈沉重，而且每來到一條河就得耽擱一會兒。他們並沒有放棄追擊，只是在持續不斷的雨雪交加中，他們每天只能至多推進六英里。體認到這樣下去他追不到他要的狐狸，康瓦里斯判斷他必須減輕車隊的重量才能加快速度。於是乎在屬於隆冬的一月二十五日，距離距離最近的補給點——北卡羅萊納的威爾明頓（Wilmington）——還有兩百五十英里的地方，他下令拋下內行的古羅馬人稱為「累贅」（impedimenta）的各式輜重，只留下最起碼的物資與彈藥。其餘所有的「奢侈品」，包括帳篷、毯子、個人行李、還有最讓官兵們內心淌血的好幾豬頭桶蘭姆酒，都在熊熊大火中付之一炬，彷彿這樣就能把英軍自薩拉托加以來的奇恥大辱一舉燒盡。算是以身作則，康瓦里斯把自己的行李也扔進了火裡。在這前不著村後不著店的荒郊野外把事情做到這麼絕，簡直是自掘墳墓。那就像某種對結局的預感化身為蔽日的烏雲，使大地陷入寒冷的陰影之中，也讓康瓦里斯感到自身的前途只剩一片黑暗。初擺脫沉重車隊的拖累，縱隊確實加快了速度，但暴漲的丹河（Dan River）還是擱住了他們去路，因為那裡的河岸只剩一片光禿，所有的船隻都已經被美國人拖走。拋棄輜重的絕招成了徒勞無功，不得不撤退的康瓦里斯只能寄希望能於鄉間的親英人士，希望他們的支持能供他撐到最近的補給點。就這樣在搜刮了鄉間的資源，宰殺了人家拖拉用的牛隻當肉吃下肚後，康瓦里斯帶著精疲力盡且飢腸轆轆的軍隊回到了希爾斯博洛，也就是當時的北卡首府，理論上的親英派大本營。他在那兒舉起了皇家旗幟，號召公民們拿起武器助他一臂之力。憑著一副好像什麼事都先講先贏的心態，他額外宣布了北卡羅萊納已經重回英國王室的治下。但這些話並沒有什麼說服力。回應號召而拿起武器的人數之少，到讓歐哈拉將軍震驚於他的政府如何能昧於事實至此，「這種執迷不悟太要命了！政府何時才能不被蒙蔽地看清事實？我看恐怕是很難有那一天了。」時間來到一七八一年的二月，英軍離在南方立足或離那場「讓美洲歸我們所有」的戰爭還是一樣遙遠，惟康瓦里斯既未放棄這些目標，也沒放棄與透過一場決戰來剷除葛林這個南方反抗力量的支點。葛林那「野火燒不盡，春風吹又生」的力量對於康瓦里斯來講，就如同高盧人之於羅馬的凱撒：征服是唯一的選項，而這不光是因為他有一箭之仇要報，更是因為他必須成功收復南方來為收復全美奠定基礎，如此他的一切行動才有意義。唯有如此，英軍陣亡將士之死才會重如泰山，康瓦里斯才能告慰國王山與考彭斯的英魂，讓他們在天之靈知道自己不算枉死。

隨著援軍補滿了編制的員額，康瓦里斯再度燃起了鬥志。

追擊過程中，他固然遭到了叛軍游擊隊與沼澤之狐梅里恩的騷擾，還因為情報上的缺失而讓他無法大顯身手，但康瓦里斯始終保持精神抖擻。在地的親英分子沒有施予他任何援手。「我們在這一帶的朋友，」他寫信給塔勒頓說，「是如此膽怯而愚昧」，管不上半點用處。理應要從紐約經查爾斯頓運抵的補給經常是一場空，原因是路上總會遇到打游擊的。一整天又冷又濕的行軍完沒有蘭姆酒，最是令人空虛惆悵，還搞的很多虛弱的瘧疾患者只能靠鴉片苟活。馬匹時不時會因為營養不良而拖不動砲，發燒在打擺子的人只好親自下去「做牛做馬」。他們的將軍一方面要保持行軍的進度，一方面還得組織對補給線的保護，以及設法有所突破去與葛林的部隊交鋒。他們得設法涉過因為冬雨而水位上漲的河水。有回在河岸邊被洪流般的河水耽擱了兩三天，康瓦里斯在火冒三丈之餘也只能枯等水位消退。其中來到既寬又深且水流湍急，外加水中滿是「巨大岩石」的卡托巴河（Catawba），康瓦里斯因為被錯誤或虛假的情報所騙，所以選擇了可以「游泳渡過的」馬車渡口過河，而沒有去到水位較淺的馬匹渡口過河，結果就是連隊伍中最強壯的人跟馬都被急流沖到下游。率領著前鋒部隊的康瓦里斯騎的是一匹活力十足的馬兒，牠遇河一躍而入，結果在河中央成了對岸渡口樹木後的北卡民兵活靶。身為將軍的座騎，頗有其主之風的這匹馬直到勉力爬上對岸才甘心倒地。歐哈拉將軍這邊則是連人帶馬絆到石頭，被急流一波帶走了四十碼。整條河道上，手忙腳亂的紅衣英軍擠成一團，當時的場面按某親英派目擊者所述，英軍們「罵聲連連、嗤之以鼻、然後載浮載沉；接著又重複起罵聲連連、嗤之以鼻、然後載浮載沉」。因為裝著火藥與砲彈的背包很重，加上火繩槍斜背在肩上，所以紅衣英軍根本無法開槍還擊，所幸在河面上濃霧掩護下，北卡民兵也只能亂槍打鳥，談不上大開殺戒。

葛林深知只要考彭斯的一箭之仇未報，也只要被俘的英軍還在美方手中，康瓦里斯決不會善罷干休，所以他死命不讓對方追上。他的計畫是不讓康瓦里斯停下腳步，並引誘他一路北上，讓他距離補給站愈遠愈好。畢竟在沒有補給車隊的狀況下，康瓦里斯一行人只會持續累積疲憊且愈來愈成為一支孤軍。葛林自身已經獲得了來自施托伊本將軍派來的援軍，由此他的總兵力來到約莫四千人，當中有三分之一的民兵。他固然有想掉頭與敵軍進行會戰的想法，但對方也是支有所補強的軍隊，所以他不會容許自己被動陷入敵軍選擇的時與地來決戰。面對一支比他們訓練扎實的軍隊，他所能做的就是按自己的節奏把兵力部署在自身能占得優勢的地點。輕裝簡從的他讓士兵帶上小份量的牛肉乾與玉米與鹽巴在行囊中，並且由深諳沼澤與森林小徑的游擊隊員擔任嚮導，由此葛林得以始終領先康瓦里斯一個安全距離，直到三月初，他來到了位於北卡羅來納中央的吉爾福德（Guilford），這個他曾經勘查過，位於南北幹道上，且與沿森林稜線呈東西向走勢之另一條道路以直角相交的地方。在這兩條路的交會點上，有著吉爾福德的縣府矗立於一道緩坡的基底，而那兒有條幹道會一路通到稜線頂端。緩坡的中途有一塊寬廣的空地兩側分別是稀疏的樹林，而此空地的開闊已足以讓步槍火力獲得足夠的能見度。這個地點近似於考彭斯，於是葛林決定在此地建立他的據點。他十分想念已經被他派轎子抬回維吉尼亞老家的摩根，但摩根的身影仍依稀存在於考彭斯戰後，他寫給葛林的一份詳細報告中。早料到康瓦里斯會窮追上來想決一死戰，摩根建議葛林的佈陣是把北卡羅萊納那群最靠不住的民兵置於最前線的中間，當中再穿插一些精挑細選過最可靠的部隊成員，然後在最前線後方安排另一條由大陸軍老兵構成的戰線來負責「制裁臨陣脫逃者」。最前線的左右兩邊會各擺上維吉尼亞步槍兵與六十人編組的小隊騎兵，而與他們同時存在斜坡上的還會有葛林共四門火砲中的兩門，為的是確保沒人敢沿主幹道輕舉妄動。

經由探子的回報，康瓦里斯得知他夢寐以求的時機已到。接下來的衝突，如教科書一般示範了什麼叫做十八世紀那看似莫名其妙的戰法，也就是由一身光鮮制服的步兵組成井然有序的方陣，然後整齊劃一朝敵軍火槍的槍口邁去。這種戰術的效果一如預期，發生在交戰兩方身上。刺刀的鐵光無情地向他們推進，讓心聲畏懼的守軍如鳥獸一般四散奔逃，但英國人也如活靶一般吸收了來自維吉尼亞步槍兵的近距離射擊。在雙方對射的排槍隊當中，訓練有素的衛兵與擲彈兵一個個倒下，但幾乎沒有因此脫隊。在槍彈如風雨交加的兩個半小時中，排槍隊的各單位移前、挪後、重整、反擊，戰至精疲力盡，然後看著戰線瀕臨崩潰的雙方指揮官才幾乎同時下令退兵，吉爾福德縣府之戰至此告終。康瓦里斯得到了戰場與技術上的勝利，但他承認的傷亡達到五百三十二人，佔他兵力的大約四分之一，足足比葛林這邊死傷二百六十一人多出一倍還有剩。康瓦里斯體認到這是一場「無用的勝利」，因為沒有補給的他們根本守不住這裡。不是軍人，所以也不用在前線與鮮血與子彈為伍的查爾斯·詹姆斯·福克斯（反對鎮壓革命的英國輝格黨）曾在之後很不厚道地評論說：「這樣的戰事再打贏一場，英軍就完蛋了。」

不論這算不算是場慘勝，吉爾福德縣府之役的結局都不足以壓抑康瓦里斯的攻擊天性，也不足以遏止他想揮軍維吉尼亞的衝動。他依舊如在給柯林頓的信中所寫，認為揮軍維吉尼亞是「唯一可行的計畫，即便那必須以放棄紐約為代價，因為除非維吉尼亞能以某種形式被拿下，否則我們也很難坐穩南北卡羅萊納」。雖然很難奢望得到親英陣營的支持，但他還是打算替因為熱病而垂死的菲利浦將軍把他被交付的任務完成，那就是建立一個對美國而言比查爾斯頓更加居中而核心的海軍基地，那將是英國在美的戰事推展所必須。

歷經了哈特福會議，美國人在一七八〇跨到一七八一年的冬天並沒有轉運，只不過英國人並未全盤掌握到叛軍的低潮有多低。軍中四起的譁變，加上大陸會議的財務信用開始崩潰，眼看著貨幣就要如羅尚博所預期地貶到「毫無價值」的程度，在在都讓美國的前景更加黯淡。在維吉尼亞，班乃迪克·阿諾作為英美雙方公認最善戰的將領，正率（以南方親英分子為主的）兩千兵力以「雷霆之勢出擊」，一路上以美國之敵的身分展現破壞力，而美國作為守軍的力量正在日漸衰落。在各項鋪天蓋地的連番厄運中，大陸會議毅然決定派約翰·勞倫斯上校（Colonel John Laurens）為特使趕赴法國王廷，由他「清清楚楚地告知這個國家當前的困境」。為了救革命於將頹，法國的援手不可或缺。當時大陸會議已有班傑明．富蘭克林駐法，但他們總覺得一股新的聲音可以與班老的哲學家手腕碰撞出火花。較年輕的勞倫斯除曾與同袍在戰場上一起體驗過什麼叫掀不開鍋，還額外有私人的理由要與英國拚個你死我活，主要是他父親（亨利．勞倫斯）在海上被俘後，便因為身上所攜的荷美草約而獲罪，如今人還被關在倫敦塔中不見天日。他身為人子，自會不辱使命在法國高聲疾呼。約翰．勞倫斯曾先後與華盛頓在布藍迪萬、蒙茅斯（Monmouth）等地並肩作戰，後來也多次銜華盛頓之命執行了多次秘密任務。由大陸會議任命為上校後，他曾經不甘華盛頓受辱而與唯恐天下不亂的查爾斯．李（Charles Lee）決鬥。說起查爾斯．李這人，他在一七七八年紐澤西戰役中曾下令從蒙茅斯撤退，華盛頓當時為之氣結。而那之後他就不斷詆毀身為總司令的華盛頓，希望能取而代之。自從決鬥之事以來，勞倫斯就一直擔任華盛頓的秘書，華盛頓給他的評價是個性「無畏到幾近魯莽」，而這一點很適合用來切穿由富蘭克林建立在他與韋爾熱納的關係之中，那些個外交上的繁文縟節。沉迷於女色與巴黎對他的崇拜中，富蘭克林作為駐法公使算是頗出風頭，但卻沒有為美國爭取到太多實質上的幫助。

在勞倫斯出發之前，華盛頓替他進行黑暗而坦白的情勢分析。他認為危機已經成形。大部分美國人已經失去了信心，官方強徵物資讓民眾感覺到「負擔與壓迫」。體制所激發出的是「不容小覷的民怨」與「官逼民反的警訊」。軍中歷經了「慘烈的磨難」，他們的耐心「幾已用罄」。接下來若能籌得財源，那美法同盟或可以「奮力出擊」贏得美國的自由與獨立；但倘若爭取不到援助，「我們就只能孱弱無力地作出困獸之鬥，標記下我們最後的一搏」。在四月九日一封寄到巴黎給勞倫斯的信中，華盛頓也再不諱言他們身處的絕境：「我們已是山窮水盡，援助要來此即時也，因為援助再不來，之後也不用來了。」

富蘭克林明明還在任，美國卻為了擴大求助的音量而派了一個功能重疊的特使前來巴黎，這件事讓他深感受辱也深受刺激。於是不論是通郵或當面，他都對韋爾熱納重申了華盛頓所說的「此即時也」。富蘭克林告訴這位法國外長的是他必須認清一個殘酷的現實是除非美國得到「盟友們的鼎力相助，尤其是財務上的挹注」，否則她就只能投降求和，讓英國「重掌美洲大陸而成為歐洲各國的噩夢」。他直搗黃龍地問要法國針對幫不幫大陸會議，給一個說法，不讓韋爾熱納有機會打哈哈。而這位外長的回答是法王已經準備好一口氣撥款六百萬里弗爾，作為在第二支海軍艦隊上失信於美國的補償。

勞倫斯一到法國，就展開了如子彈般絕不拐彎抹腳的作戰。他一開口就向韋爾熱納索討一筆兩千五百萬里弗爾的現金貸款（約當六百萬美元），外加武器、彈藥、服裝、裝備與帳篷。韋爾熱納回覆說國王無法代表法蘭西王國提供貸款，但作為友誼的象徵，他可以自掏腰包贊助六百萬里弗爾給美國。因為知道這六百萬早就是韋爾熱納許給富蘭克林的事情，所以勞倫斯直言補給一樣都不能少。他表示法國如果不想讓之前對美國的援助前功盡棄，上述的要求就要通通到齊。這場會面根據勞倫斯通法語的秘書威廉・傑克森（William Jackson）所記載，嚇壞了富蘭克林。人也在現場的富蘭克林向國內匯報說勞倫斯過度「頂撞」了法方，但其實勞倫斯何止頂撞，他頂撞完還語不驚人死不休地說「我的佩劍是用來捍衛祖國，也是用來捍衛法國，」但要是你們不幫忙，「那就是逼著我當英國人，逼著我以英國子民的身份對法國拔劍」。對自身如此驚天之舉仍不滿意的他隔日直闖早朝，期間他步向法王呈遞了一卷寫有他全數要求的文書。面對朝堂上這位不速之客，法王未發一語，只是將書卷轉給了隨侍在側的戰爭部長賽居爾伯爵（Comte de Ségur）。隔天早上，盤算著自己會變成拒絕往來戶的勞倫斯竟受邀成為法國財政部長聶克（M. Necker）的座上賓，而且對方還在晤談中把大部分的補給要求都答應了下來，還表示有可觀的現金可以緊急撥款。有了部長這句話，勞倫斯順利取得了價值兩百萬里弗爾的軍需跟兩百萬里弗爾的現金，並得以安排四艘運輸艦將補給運回美國，甚至最後還由法國擔保，讓他跟荷蘭談到了一筆金額高達一千萬里弗爾的貸款。

在勞倫斯出使法國的同時，羅尚博經過一番步步為營的操駕，終於用一艘巡防艦穿過英軍的層層防線，將他的兒子羅尚博上校送至了法國。小羅尚博帶上了哈特福會議的討論結果，還有對所需部隊、船艦與金錢的完整報告。只不過為免途中被捕洩密，這些報告全由小羅尚博強記在腦裡。在與德・葛拉斯將軍的書信往來中，羅尚博沒辦法給他什麼太好的消息，但這似乎並沒有讓將軍或他的法國同胞有所退卻。

從勞倫斯與富蘭克林那兒聽聞北美殖民地恐退出與英國的鬥爭，法國人嚇壞了。在此之前，他們總以為想擊敗英國人，他們可以從周邊去進佔其產糖島嶼，進而突破英國的貿易。但如今他們發自內心相信要真正給予英國重擊，就是要援助美國獨立，讓美洲大陸從英國手中失去。在勞倫斯來法遊說期間，法國終於下定了決心要放手一搏，包括大舉投入法國海軍，讓北美戰爭得以「畢其功於一役」。在意欲侵略英國未果之後，重整旗鼓的法國決定雙管齊下，將攻擊目標同時鎖定美洲與安地列斯群島，包括前往後者解放兩千名被困於巴貝多的法國戰俘，並且從英國人手中奪取聖露西亞。

作為被歷史挑中的代理人，馮斯瓦．德．葛拉斯將軍銜路易十六的聖命要率領一支強大的補給艦隊前往背風群島，並在交付完西班牙人根據波旁家族盟約而要求的援助之後，繼續前往美國與革命將領們合作，配合他們從事計畫中的任何軍事行動。這堪稱路易十六在其統治期間最積極的作為。

事實上正是為了強調這次行動的重要性，德．葛拉斯才於此時被拔擢為海軍少將，而這個少將缺還附帶陸軍中將的頭銜。在此同時，年輕的聖西蒙侯爵克勞德—安作為日後法國社會主義創辦人的堂兄以及路易十四御用史官聖西蒙公爵的親戚，通知了羅尚博說他已準備好要帶著三個兵團從聖多明哥去美國與他會合，而德．葛拉斯也捎話給羅尚博說他已經奉王命要前往美國參戰，還說他最快可以在不久後，於一七八一年夏天的七月十五日抵達美國沿岸，屆時他會帶上錢跟全付武裝的士兵。德·葛拉斯還補充說由於法國有言在先要幫助西班牙，因此他依令只能逗留六週。

憑藉過人的精力，德·葛拉斯每日清晨五點就會出現在布雷斯特的兵工廠，屬於他的角落，為的是監督他的船艦有沒有好好獲得為維修與補給，並確保每個人都能勤快俐落地忙碌一整天。生於一七二二年——所以他比華盛頓年長十歲，比羅德尼年輕三歲——德·葛拉斯生於一個在十六世紀被封為貴族的家庭。十一歲的時候，他被指定成為海軍軍官候補生（Garde de la Marine），也由此獲得了在土倫的海軍學院接受教育的機會。年輕貴族會在這裡接受欲成為海軍軍官所需的訓練，包括在海堤的邊緣熟悉水岸活動的一切。從學校的窗戶望出去，他們看到的是茂密如林的桅杆，還有上頭不計其數的索具與迎風拍動的旗幟，以天空為背景構成五花八門的圖案，此外就是成排的黑色底架（spokes and felloes）將砲鼻推出了船側的開口。在學院待上了一年之後，德·葛拉斯也跟羅德尼一樣以十二歲的年紀，第一次出了海，同時他在船上的第一個任命也跟羅德尼類似，是擔任馬爾他騎士團團長的侍從。成員中有不少人是海軍軍官的馬爾他騎士團主掌著一支活躍的地中海艦隊為商船護航，主要是保護它們不被竄出自突尼斯、阿爾及爾與摩洛哥的海盜船襲擊。因著這些護航任務，少年德·葛拉斯得以從生涯開端就初體驗了實戰的方方面面，而這樣的磨練也最終得以開花結果在芬尼斯特雷之戰中，他人在光榮號上英勇抗敵的表現。一七八一年作為在這段歷史中，非常戲劇性的一年，見證了他被任命為法國駐西印度群島的海軍總司令，而兩年之前，羅德尼才剛被任命為英國在背風群島的海軍總司令。身形與嬌小的羅德尼形成對比的德．葛拉斯是個高壯的傢伙，站著就有六尺二，指揮作戰時在甲板上更感覺有六尺六，至少一名把他當偶像的年輕軍官是這麼說的。他被認為是「當代的一位美男子」，惟根據卡爾．古斯塔夫．童恩奎斯特（Karl Gustaf Tornquist）這名在關鍵那幾年於他船上服役過，日後也將那段經驗寫成回憶錄的瑞典上尉所說，德．葛拉斯的俊美不妨礙他在氣頭上「一臉肅殺」，也無損於他行事作風「狠勁十足」。

正當法美的計畫在哈特福醞釀成形，並在往返於大西洋的函文中獲得確認之際，一七八〇年九月的羅德尼已經身在紐約，但他受阻於兩件事情而無法出擊，一件是柯林頓完全不肯抽調出紐約的守軍，另一件是他與阿爾巴斯諾特將軍為了誰是誰的長官爭論不休。羅德尼的結論他在這樣的掣肘下難有作為，由此當務之急是他應該要率艦隊回防背風群島，省得法國人趁虛而入。隨著他著手準備離開，失去一名強大戰友的柯林頓望著他的背影感到十分悵然。為此柯林頓寫了信去與他道別，表示希望後會有期，並感慨地在結語中說，「願上帝恩賜，讓你不只是在西印度群島，也能在此處被任命為總司令的人選」。但上帝此時並沒有站在英國這一邊。在這片西方大陸即將從英國指間溜走的關鍵時刻，他們寧捨活力十足且積極進取的羅德尼，而讓老態龍鍾而雞腸鳥肚的阿爾巴斯諾特去主掌美國水域。這在英國於北美戰爭中病入膏肓的管理表現上，在其一長串輕則言思慮不周，重可謂愚蠢至極的差勁決定中，可說不名譽地又多添上了一筆。結果就是互看不順眼而無法協同作戰的柯林頓與阿爾巴斯諾特紋風不動，而膽識過人且用兵如神的羅德尼則被拉到了西印度群島，畢竟西印度群島在英國心目中份量，還是略勝美洲一籌。帶著他有著十五艘風帆戰艦的艦隊，羅德尼在一七八〇年十一月離開了紐約。在他南行期間，一連四十八小時的強風吹散了他的船艦，但風兒並未順帶告訴他兩件事情：一件是在背風群島等著他的，是令人怵目驚心的滿目瘡痍，另一件是他家鄉的政府正與荷蘭人吵得不可開交，原因是阿姆斯特丹竟背信忘義地跑去跟北美叛軍簽起了商貿與友好協議。十二月六日抵達巴貝多，他才赫然發現背風群島從頭到尾被破壞殆盡，簡直就像是有支與之不共戴天的軍隊前來趕盡殺絕。只不過這一回，犯下慘案的兇手不是人類，而是十月份一個有史以來最可怕的颶風。十月九日起，巨大風勢掀起的海嘯席捲了牙買加，使其淪為水鄉澤國；接著在猛烈吹拂了一天一夜後，強風掀掉了聖露西亞島上的屋頂，下錨在當地的船隻要麼擱淺，要麼被毀。挾著無情的傾盆大雨跟閃電雷擊，這廝肆虐了一整夜，風雨直到早上八點才稍歇，期間牆垣與窗戶遭到轟炸，牛隻拔地而起，罹難者被捲至屋頂、民宅經不起打擊而化為廢墟，受困其中的無助人群喊破喉嚨，你也無法在土石的碎裂與牆垣的坍落中聽得他們的呼救。樹木被連根拔起，強風如手扒掉了樹皮。羅德尼在紐約外海被吹散的部分艦隊於此時抵達，但已深受重創而「不良於行」，而他在巴貝多的十二艘戰艦裡有八艘全滅，船上人員僅十人獲救；巴貝多的四百居民均未能倖存。島上的水資源與食物原本就不充足，如今更是稀少到要出人命的地步；難民的收容與照料、道路、水井、民宅與各種基礎設施的修復，對艦隊構成了不亞於島上聚落所肩負的沉重負擔。心想颶風應該不會特別放過這一帶的要塞與砲臺，所以英國人特別選在了颶風過去兩個月的此時對荷蘭宣戰，並附帶下令由羅德尼拿下聖佑達修斯與其他他們評估已無力地抗的島嶼。

一於一七八一年一月二十七日在巴貝多外海收到命令後，羅德尼就立刻讓船艦以聖佑達修斯為目標備戰，並與馮恩將軍協調起了聯合作戰的事宜。他計畫在三日後出航，並打算於二月三日出現在奧蘭治堡的下方，也就是四年多一點之前安德魯·多利亞號獲得對方向大陸會議旗發砲致意的地點。這之後，羅德尼假馮恩所部之手大肆沒入財產而將居民驅離，進而導致了柏克與福克斯對他的指控，也算是正中了國會中托利黨的下懷。費德列克·麥肯齊（Frederick MacKenzie）上尉——作為柯林頓麾下觀察最敏銳，動筆也最勤的一名日記作者——記錄下了一份報告說在羅德尼來之前，聖佑達修斯島上的倉庫裡共有六千九百豬頭桶的煙草，價值三萬六千鎊，為此麥肯齊話說得幸災樂禍，「這只要損失半數，就足以讓美洲的叛亂商人萬劫不復。」

拿下聖佑達修斯的戰功，讓身在海軍這個破衙門中的羅德尼身價大漲。不確定是為了要看住他還是真的要助他一臂之力，海軍部給他配發了一名副手是塞繆爾·胡德將軍（Admiral Sir Samuel Hood）。這人曾在羅德尼早年的地中海護航任務中擔任過他的見習生，後來又在勒阿弗爾之戰陪羅德尼一起把入侵的法艦燒個精光，那時他已經是海軍上校。兩次並肩作戰加上相識四十年，他們已經非常熟——或許有點過熟。沒了距離的兩人有點忘卻了人與人之間的相互尊重。現如今他們將聯手在關鍵一役中力阻德·葛拉斯跨海前來增援美國。互信原本可以在戰爭中發揮大用，但這兩人的關係再怎麼往好處想，也有點一言難盡。

在被徵詢要不要在老長官麾下作戰時，胡德先是寫了封信給海軍部婉拒，但過了兩天，他又在第二封信中表示他改變了心意，希望還來得及。至於在另外一邊，羅德尼則是在信中說，「我再怎麼絞盡腦汁，也想不到比老朋友塞繆爾·胡德更合我心意的人選了」。這話聽起來無懈可擊，但他據稱曾於私底下對一名參謀發過牢騷，「他們幹麼不乾脆給我派個賣蘋果的老太太過來算了」。這再次凸顯了從這麼一場被高層搞得烏煙瘴氣的戰爭裡，將官之間就是這樣的你仇視我，我看不慣你。

羅德尼的輕蔑態度讓人吃驚，主要是納爾遜日後會對胡德在拿破崙戰爭中的表現讚不絕口，說他「是我見過最優秀的海軍軍官，在將領得面對的任何處境中都如魚得水」。考量到胡德將在日後的大小事件中扮演要角，這種出自兩名直屬長官的兩極評價就很耐人尋味了。

納爾遜是出了名的慈父型長官，所以他上述的評價應屬對胡德的過譽，不能照搬到胡德在美洲戰場的表現，畢竟胡德在北美戰爭中不只一次的表現都不僅僅是不夠傑出，而是根本不及格。

「要找個合適的海軍將官來伺候你，還真不容易，」桑德威治向羅德尼說起了大白話，只不過這種找人的困難，按桑德威治所言，問題並不出在羅德尼主觀的偏好，而在於某些軍官在客觀上不具備適合的政治屬性（桑德威治稱之為「他們的派系背景」），而其他軍官被排除則是因為其「太過軟弱或能力不夠，由此我們最終不得不破格晉升一些人員，事情才好往下辦」。羅德尼如我們所見，口口聲聲說他很歡迎塞繆爾・胡德爵士的加入，只不過長年的交情終究不敵兩人日益緊張的關係，而這也讓英艦隊在關鍵時刻失去了將帥間的人和。

胡德初來乍到，就以為自己可以率軍遠征去奪取蘇利南跟古拉索這兩個荷蘭殖民地，並從中斬獲豐厚的戰利品，但由於情資報告誤稱有法國艦隊在大舉前往西印度群島途中，羅德尼於是認為他有必要把全數軍力保留起來，作為固守西印度群島之用。蘇利南——古拉索遠征因此臨時取消，胡德也第一次在內心產生了不滿。至於他們第二次不愉快，則是關乎海軍兩個開缺的人事問題。胡德的認知是其中一個位子已經由羅德尼許諾給他屬意的一名上尉，但羅德尼卻說他必須先處理他對答應一名貴族子弟的事情，畢竟對方出身「英國首屈一指的名門望族」。胡德措辭嚴厲地去函向海軍部投訴羅德尼的「反反覆覆」，以及他一心想留在聖佑達修斯島保護自身戰利品的私心。這兩名英國軍官此時的嫌隙之大，就連那些文化差距甚大的法國與美國組合都自嘆弗如。

真正麻煩的是羅德尼身上背著一條責任是要把沒入於聖佑達修斯島上的財產處理好，包括將之裝上三十艘運輸船，還有安排適當的船艦來將之護送回英格蘭，但得為此勞心勞力的他卻同時苦於痛風跟尿道狹窄，誠可謂禍不單行。在這麼不舒服的狀況下，他一心想要放下公務返英調養。為此他數次致函桑德威治請假而未果。「長期的身心勞頓，」他在三月七日寫道，「讓這一年來的我心力交瘁，由此除非我能暫別這種氣候，否則我確信一旦雨季來臨，我將無法繼續秉持初衷，一如既往地為陛下與國家效命。」他懇求桑德威治代為向國王陛下說明「萬一在這次作戰結束，我的健康必須在北方的天氣中調養才能恢復，我希望陛下能恩准我在三個月的雨季期間回到大不列顛」。他說他百般不願「請求哪怕是片刻的空檔而無法戮力從公，但我真是因為公務繁忙與過度操勞而身體微恙，必須按照醫囑暫離熱帶……」夏季月份的溫暖潮濕氣候，堪稱疾病的溫床。成百上千病懨懨的官兵與水手連動都動不了，而羅德尼則被警告說尿道狹窄的毛病如果放著不管，惡化起來也能要命，由此我們不難理解他的歸心似箭。桑德威治在五月回覆說他已經將羅德尼所請製成公文，且顯然已經獲得了國王准假，但桑的希望是「你不要在這個勝敗關鍵的節骨眼上開始休假而讓部隊群龍無首。整個政府，還有社會大眾，都會非常樂見你能繼續盡忠職守」。關於這場戰爭，桑德威治作為一個對戰場與敵人都一無所悉但又不肯學習的大臣，用不知哪來的自信說「是能再打多久」。關於法國的介入，桑德威治一派輕鬆地分析說「現存於你那兒（西印度群島）的法國艦隊極可能在颶風季節前往北美……」這話一聽就知道他對時節沒有概念，因為颶風季還在五個月後，何況已知美國告急的法國人根本沒必要等那麼久——事實上他們也真的沒等那麼久。「至於追趕他們究竟明不明智，」桑德威治的結論是，「沒人能判斷得比你更好，」於是他讓羅德尼「跟著感覺走」。而羅德尼的感覺若根據他在三月十八跟妻子私下所講，其實並不複雜：「我最晚必須在六月離開這個國家。」他提到的理由除了自己嚴重的痛風，還有「一種非常折騰人的症頭」（攝護腺的毛病）。趁著這個機會，他也順便抒發了對聖佑達修斯島上那些賣國商人的怨憤：「關於在這座島上所歷經的艱辛，我實在不知道該從何說起。要是我人不在，那些真好意思叫自己英國人的傢伙就會壞事做絕。」於是就在這他病痛纏身的此時，羅德尼怒氣沖沖地撂下了狠話，說是他要讓這座島嶼變成「空蕩蕩的一片沙漠」。他還在此補充說明了他很快就會化為一場幻夢的悲願：「如果我護送的可觀戰利品可以平安抵達英格蘭，那我將感到非常欣慰，因為在清償完債務後，我還會有一些東西可以留給我的親愛的孩子們。」

三月二十一日，桑德威治轉發了一份情資報告給羅德尼，當中提到有支二十五艘帆船的艦隊即將自布雷斯特啟航，只不過桑德威治說不準艦隊的目的地是哪兒；他推測此艦隊的第一站多半會是西印度群島，之後則會前往北美，或在加的斯與西班牙人合流後要「阻攔你的征伐」。他這看法或許不夠機警，但還算基本正確，因為那確實是德．葛拉斯艦隊要出發前往第一站的美國，這部分已經是公開的秘密。杜德芳夫人（Mme. du Deffand）作為在法國首都為沃波爾通報各種流言的可靠線人，已經寫信告訴他說有支由聖西蒙指揮的兵團「亦在赴美的陣容之列」。夫人的法語原話是Voilà nouvelles publiques（那是公開的新聞）。不過公開歸公開，這份羅德尼有必要知道的敵軍動態報告畢竟是遲到了。等他收到情報，已經是德．葛拉斯到達背風群島，並與胡德兵戎相見的一個禮拜後了。

英國海軍部派發急報函文，用的是燕子號（Swallow）快艇，而這顯然是因為對於要搶快的軍情而言，這名字給人一種十分討喜的感覺。惟雖然以她的大小而言不能算慢，但燕子號畢竟是單桅的快艇，其用來捕捉風力的帆面比起巡防艦是小巫見大巫。對比之下，美國這邊處理羅尚博與德．葛拉斯之間的聯繫，用上的是法國巡防艦協和號（Concorde），其往返於波士頓與背風群島間的只需短短的十六天或十八天。這交戰兩方的通訊航速差別，不光是因為用的船不一樣。另外一個因素是英國人因為確信他們對海洋無所不知，堅持要頂著墨西哥灣流逆行。因為以一種特殊的環形向北流動，因此此處的洋流會減緩從歐洲前往加勒比海的航速，但同時其加快於大西洋的流速則會縮短從歐洲到美國的郵運時間。這道洋流首先是由南塔克特島（Nantucket；屬於麻州）的漁夫在追蹤鯨魚時所發現，而後來富蘭克林在擔任美國郵政總長的時候，他一名在南塔克特當船長的親戚提摩西．佛傑（Captain Timothy Folger）

把洋流的水道與速度告訴了他，主要是給得跨洋送包裹的郵差一個方便。佛傑解釋了何以從倫敦到羅德島的美國商船船長比起從倫敦到紐約的英國郵包船長，前者的花的時間會比較少。這是因為美國商船船長觀察鯨魚的動態，明白了灣流的位置並設法繞道而行，避免了得一連數日逆流而上。從佛傑用來指點迷津的海圖與文字中，船長們知曉了如何用各種招數來追蹤洋流，這包括定時投下溫度計測溫、包括測量海面泡沫的速度，還包括去觀察海水顏色的變化，由此富蘭克林在戰前的一七七〇年，就把相關資訊提供給了時任英國郵政大臣安東尼·陶德（Anthony Todd），但不覺得自己需要跟美國殖民者與漁民學開船的英國船長們將之當成了耳邊風。富蘭克林本身在一七七六年進行了測試航行，期間他從早上七點到晚上十一點，每天兩到四次投放溫度計測溫。如此做出的灣流報告一直被保密到戰後，直到不會有資敵之虞後才獲公開，但佛傑的海圖作為世上第一份灣流的地圖，早在一七六八年，也就帝國與革命者還沒有公開大打出手之前，就已經出版了。

由於還是把西印度群島放在首位，因此桑德威治再次發函給羅德尼說除非他可以在德·葛拉斯抵達馬丁尼克前攔截到他，否則法軍將享有船隻數量上的優勢，屆時英軍就只能拿出「我方指揮官的技術與表現，乃至於各級軍官與人員的奮戰精神來一搏了」，畢竟增援的可能性並不存在。隨著法軍的來臨進入倒數的階段，羅德尼分出了三艘風帆戰艦給胡德，令他朝上風處巡弋馬丁尼克來從事盯梢。不久之後，胡德朝近岸移動以強化監視皇家堡，免得駐於那裡的四艘風帆戰艦會伺機出港擴大德・葛拉斯一旦抵達後的數量優勢，同時也避免德・葛拉斯有機會進港入主羅德尼口中這一帶「級別最高的良港」。胡德並不喜歡駐防於近岸，並為此多次要求羅德尼讓他回復原本的定位，但羅德尼都沒有遂其所願。究竟該從哪一個位置去警戒並攔截期待中的敵艦，加深了羅胡兩人之間的歧見。

在聖佑達修斯島上，羅德尼任命了一個委員會去監管沒入財物與文件的處理。而隨著他對賣國英商的商業運作了解日深，他的怒火也更不打一處來。他說島上任何的財產「都是我為了國王與國家所沒入，並且我希望可以用來充實國庫。我既不覺得自己有資格，也不打算從中取得分文。只要能為國家所用，掀了惡徒的老巢，讓這夥人獲得應有的懲戒，就是我最大的幸福了。他們就該被鞭，也一定會被鞭。」不論他是不是真如這段話所顯示的如此大公無私，可以確定的是他會在敵人正跨越大西洋朝他而來的整個三月與四月初都死守著聖佑達修斯島，動機就是那股想要鏟奸除惡，讓他們為罪行挨上幾鞭的慾望。

二十艘風帆戰艦、三艘巡防艦，還有壯觀的一行共計一百五十艘運輸艦上攜帶著物資與人員，組成了一支強大的艦隊，並在德・葛拉斯的率領之下，浩浩蕩蕩地在三月二十二日從布雷斯特出發，航向了西印度群島。德・葛拉斯搭乘的旗艦是一艘有著三層甲板，一百一十門艦砲巴黎市號（Ville de Paris），如此龐然大物堪稱是法國艦隊中的王者，也是當時海面上無人可出其右的巨艦。他期待著會與胡德或羅德尼在西印度群島一戰。在給嗷嗷待哺的島嶼補給完後，他將替在古巴的聖多明哥的西班牙軍提供必要的協助，然後在冬天將至時轉戰美國。在加入了東印度公司一支有四十艘緩慢商船，且全部都需要由戰艦來拖行的中隊之後，他在一七八一年四月底來到了馬丁尼克外海的海域。

在美國，德．葛拉斯確實已經在前往西印度群島途中，且第二站就是美國的消息，就像是射穿重重低迷士氣的一支利箭，在五月八日傳到了新港。不過一個月之前，華盛頓才剛坦承「我們已是山窮水盡」，現如今這消息讓美軍的鬥志燃起了新的生氣與希冀。自從羅尚博與他五千七百名步兵在前一年夏天來到新港，但卻因為美軍欠缺陸路機動力，而海路又被港外的阿爾巴斯諾特封鎖，所以只能在原地動彈不得以來，時間已經在美法同盟的不耐與挫敗中經過了十個月。德．忒內作為法國海軍的指揮官，即於此間死於了熱病，而接替者路易斯．德．巴拉斯伯爵從波士頓給華盛頓帶來了德．葛拉斯已經在半路上的好消息。由華盛頓、羅尚博與巴拉斯（後來不克參加）的作戰會議隨即預定要在五月二十一日召開於哈特福附近的威瑟斯菲爾德（Wethersfield；康乃狄克州地名）。在討論的過程中，華盛頓計畫對紐約用兵的計畫看似獲得了接受，但法方有所保留的考量是德．葛拉斯會不會採取合作的態度，調配其所部陸軍與美軍進行協同作戰。雖然法國海軍與美國陸軍的聯合作戰曾在德斯坦的指揮下兩次失敗，但作戰會議成員仍同意了要再試一次。惟羅尚博顯然與二十世紀若干歷史學者有志一同，都認為華盛頓不是好的戰略家（但這派看法忽視了華盛頓更重要的將領風範），由此他立刻就違反了威瑟斯菲爾德的結論，在五月三十一日致函德・葛拉斯，自行提出了攻勢應該由乞沙比克灣發動的建議。羅尚博在信中附上了威瑟斯菲爾德協議的副本，並表示德・葛拉斯必須針對紐約沙鉤的淺灘問題做出獨立判斷，並建議他在抵達美國後先去觀察一下乞沙比克，若他認為那裡不俱備作戰條件，再前往紐約也不遲。另外他還提出等德・葛拉斯抵達美國後，要借用聖西蒙所部的陸軍兵團三個月。

他之後又在六月六日與十一日追加了兩封信，並在信中坦承美軍的狀態處於「深重的危機」中。他說沒有錢也借不到錢的這些人「已經山窮水盡……有件事我不好瞞著你，先生，那就是華盛頓的兵力連他宣稱的一半都不到，同時我相信雖然他對此諱莫如深，但眼下他的實力應該不足六千人，而拉法葉侯爵能用來保衛維吉尼亞的就是一千正規軍加上民兵，此外正在前去增援他的，也大概就只是這個數……由此不論您是要在維吉尼亞助我們一臂之力，還是想先拿下沙鉤之後再協助我們包圍布魯克林，您的當務之急都是要盡量多載些部隊過來，四五千人也不嫌少……先生，這便是你眼前必須考慮的前景，以及這個國家目前的慘狀，但總之無論您如何選擇，我都有信心您會帶給我們在海戰上的優勢」。在結語中他重申了要帶足兵力跟要帶夠錢來支付軍餉的重要性。要說這是份精心設計來慫恿盟友賭上自身命運，陪著別人一起去玩命的報告，實在有點勉強，惟以結果而言，這封信顯然達到了想要的效果。我們不知道德・葛拉斯當時的想法或感受，我們能夠參考的只有他後來是如何為了風雨飄搖的他國事務鞠躬盡瘁，不計自身禍福。說起與盟友跟鄰國的來往，法國往往並不好相處，甚至常把關係搞得極為不睦，但一七八一年那種命運在呼喚的氣氛，讓他們萌生了令人至為感佩的使命感。亦即只要還有一口氣在，他們就無法坐視美國對獨立的奮戰消散在自由的油盡燈枯之中，也消散在他們宿敵帝制的浴火重生中。

羅尚博在給德．葛拉斯的信中所表達對乞沙比克灣的偏好，得到了其它法國駐美使節的背書，他們咸認攻擊紐約是危險且昂貴之舉，同時也懷疑華盛頓在德．葛拉斯走後有無守住紐約的能力。法國王廷如羅尚博之子偕德．巴拉斯返美後所回報，並未準備好要投入所需的兵力與財力去長期圍困紐約。法方對美洲戰爭的期待是能在一七八一年看到結果，所以只安排讓德．葛拉斯駐美六週，那之後他就得回師西印度群島來易地迎戰英國。在與羅尚博共商大計時，關於艦隊要於美國海岸線的何處靠岸，乃至於之後的攻勢要於何處開展的問題，其決定全都開放給了德．葛拉斯自行去決定，而這或許是羅尚博出於對德．葛拉斯的認識，所賦予他的一種信任。但若考慮到勝敗的輸贏之大，此舉形同賭上迄今並不太走運的美國，將其死活交給運氣去發落。這讓跨國的海陸軍協同作戰面臨到很大的出錯空間，一如德斯坦的前車之鑑，而這還沒算進跨洋通訊受制於風向、氣象與敵人干預的風險。這些差錯與風險，幾乎確定會種下讓英將豪伊跟伯格因在薩拉托加因無法相互支應而馬失前蹄的敗因，但羅尚博與德．葛拉斯似乎都不太介意。以結果論而言，這兩人算是賭對了，因為命運之輪——也可說是華盛頓篤信的天命所歸，在他自己也幫了自己一把的狀況下——終於轉到了美國這一邊。無可挑剔的時機與在轉捩點上一次次降臨的好運，將共同成就軍事史上的一次異數——一場所有條件都搭配得天衣無縫，一百次的機遇都沒有一次不利的戰役。

在從布雷斯特前往加勒比還的途中，德・葛拉斯做成了他的抉擇。他寫信通知羅尚博說他銜國王之命前來，而作為開胃菜，他已經派出了一支分遣中隊共三十艘船攜七百名士兵，要前往新港與羅尚博會合。但此外不同於華盛頓的希冀，他出於一名海軍的考量選擇了乞沙比克灣作為行動的起點，主要是從西印度群島到乞沙比克灣的航程較短，灣內較具水深，領航難度較低，再來就是他參考了德・巴拉斯給他的建言。他讓替威瑟斯菲爾德作戰會議送信的同一艘巡防艦掉頭，直接把他的回覆帶了回去，以盡可能別讓美軍高層等得太久。他要求美方派出領航員來引導他入灣，證明了他屬意乞沙比克灣不是說說而已。華盛頓與此同時放棄了以紐約為目標，開始轉念附和起羅尚博對乞沙比克的偏愛。隨著側重之物從船艦變成部隊，他開始思考起要率軍徒步南進。已被康瓦里斯滲透的維吉尼亞於此時稍來了報告，內容讓人「冷汗直流」，同時作為土生土長的維吉尼亞人，華盛頓還因為班乃迪克・阿諾對家鄉發動的襲擊與肆虐而在內心淌血。如果要論比較積極的南進理由，則是美軍看到了將康瓦里斯一舉成擒的機會，由此華盛頓開始相信比起在南北卡羅萊納有一搭沒一搭的歹戲拖棚，決戰維吉尼亞或許會更能讓雙方分出勝負。他警告大陸會議說要是任由康瓦里斯率軍席捲維吉尼亞，那他們北渡波多馬克河就只是遲早之事了。出於對自身安危的擔心，終於有所反應的大陸會議被說服派出賓州、德拉瓦與馬里蘭的民兵前往增援葛林將軍。在給法國駐美大使拉．呂澤納的信中，華盛頓敦促法方自西印度群島發兵，以便「一鼓作氣將敵人從北美大陸上驅除，讓美國的獨立得以就此站穩腳步」。這比起羅尚博左一行「危機深重」，右一句「兵力不足」的愁雲慘霧，無異於打開了一扇正面積極的遠景。這代表革命的總司令已開始策畫在乞沙比克灣與康瓦里斯作戰，也開始思考行軍至維吉尼亞來將他趕至約克鎮。由於德．葛拉斯已經確定會來，加上這位將軍的意圖經由羅尚博之子的報告，也已經確認是要率艦隊在美國水域建立海上的優勢，決戰地的選擇因此倒向了乞沙比克。後續的調查顯示紐約在柯林頓的防守下固若金湯，更讓乞沙比克被再次確認為沒有疑義的正確選項。

美國的戰略計畫，完全是為了卡死英國而設計的。美國也跟英國一樣，認為南方是面對敵人給出致勝一擊的地方。他們希望在乞沙比克作戰中取得的戰果，是將康瓦里斯爵士圍個水洩不通，讓英國在北美僅存的主力可以被由地面盟軍與海上法艦隊構成的鉗形戰術夾住，其中法國海軍將阻斷其海路出口，令其無法獲得來自紐約的援助跟來自海外的補給，同時美法南方盟軍的指揮官拉法葉與葛林將負責堵住康瓦里斯在陸上的逃生之路。簡單講，康瓦里斯的部隊將被圍成甕中捉鱉之勢，只能選擇投降或滅亡。負責海上封鎖的法國艦隊自然勢這個計畫中不可或缺的拼圖。在盟軍高層聚集在威瑟斯菲爾德，將他當成命定的假想敵討論時，康瓦里斯尚未在乞沙比克建立起自己的穩固基地。他當時才正要去那裡就定位，而盟軍要的就是他在那裡寸步不離；他要是走了，盟軍到時就只剩一個空空如也的陷阱。

對英國這方來講想要求勝，很顯然他們需要的是一個比查爾斯頓更加居於美國中心的海軍基地。在撤出新港之後，他們僅剩的軍港就是紐約跟在新斯科舍的哈利法克斯。紐約稱不上良港，畢竟那兒有沙鉤這片從中作梗的沙洲。於是他們的選擇就落到了位於乞沙比克灣南端，維吉尼亞的樸茨茅斯之上。但康瓦里斯身為野戰指揮官，並不青睞他眼中的樸茨茅斯，理由是當地氣候炎熱，不利於駐軍的健康，更不能為下錨的風帆戰艦提供保障。在勘查過樸茨茅斯後，他更傾心於約克鎮這個偏北約莫一百英里，就在約克河寬達一英里的「美麗藍色河口」上，見證約克河於查爾斯角山腳流入乞沙比克灣的城鎮。當時只叫做約克的約克鎮距離維吉尼亞州治威廉斯堡（Williamsburg）僅僅十二英里，鎮上據布朗夏（Blanchard；法軍軍需官）描述有單單一條「既寬敞又美輪美奐」的大街，外加「兩三棟甚具規模的公共建物」。曾為重要商業中心且蓋著喬治時代風格[18]磚樓，立鎮於世紀初的約克，此時已嚴重沒落到只剩三千人口住在三百棟房中。約克鎮之所以會繁華不再，是因為原有的菸草文化已經外移，加上英軍侵擾迫使商人與農民撤離。作為一個三百戶的城鎮，約克矗立於與四面與溪壑相鄰的高原上，遠處有沼澤與一塊占地五百英畝的農場。威廉斯堡的道路則從旁經過。隔著大致與約克河平行的詹姆斯河，是詹姆斯鎮（Jamestown）。作為英國人在美洲建立的第一個市鎮，詹姆斯鎮是童恩奎斯特口中「全世界最優良菸草」的產地。在詹姆斯河的同側與約克隔約克河相望的，是名為格洛斯特角（Gloucester Point）的岬角，而這裡也在康瓦里斯的控制下，成為他防守據點的一隅。約克通往乞沙比克灣的入口，仍為大船提供了唯一的深水港，船隻可以自此直達紐約的大西洋沿岸。由於可以直通敵人的所在地，因此海軍的阿爾巴斯諾特將軍認為乞沙比克有易遭攻擊的隱憂，但老將軍言者諄諄，聽者總是藐藐。

一七八一年五月，也就是羅尚博在威瑟斯菲爾德鼓吹在乞沙比克灣發動攻勢之際，康瓦里斯在其海軍參謀的共同附議下，決定了要把基地設在約克而非樸茨茅斯。他選擇約克，是因為該地區的其他港口水深都過淺，而約克還正好位於區域的勞動力供應中心，畢竟修築要塞少不了需要壯丁。想建立基地，並在其約克鎮的四周圍起一圈土木工事來強化防守，需時三個月，但康瓦里斯有所不知的是對法美的跨大西洋攻勢而言，這三個月正好給了他們詳加規畫的時間。康瓦里斯在八月二日完成了遷往約克鎮的部署，而短短三天後，德・葛拉斯就從西印度群島啟航前往維吉尼亞沿岸。

出於結果論，康瓦里斯選擇約克鎮的決定在歷史上飽受爭議。柯林頓肯定在接受此一

18 譯註：指從十八世紀初到十九世紀中葉，常見於英語系國家的一種建築風格，大致對應漢諾威王朝的前四位英國君主（喬治一世到四世），屬於古典主義的喬治時代建築強調結構對稱，排屋（townhouse）即於這一時期興起。

決定時加上了一個但書，那就是康瓦里斯要分派一部份兵力來協防紐約。而兩人在這一點談不妥，是因為康瓦里斯聲稱他必須用上全副兵力才能守住約克。康瓦里斯這話說得或許沒錯，但要維持部隊滿編，必然會讓補給問題更加浮上檯面。雙方就此問題進行了你來我往的交鋒，結果是責任歸屬變得模糊。最後在他那習慣性有一搭沒一搭的信中，柯林頓在七月份答應康瓦里斯可以為了基地的防衛而想養多大的軍隊就養多大的軍隊，並表示康瓦里斯「有完全的空間可以把如今在乞沙比克的部隊留在身邊——由此我（柯林頓）確信如此徹底的授權，應足以讓閣下體認到我對於在乞沙比克的海軍基地抱持多高的評價」。這個決定的權威，讓康瓦里斯得以率軍在法國艦隊前來鎖門前的一個月落腳約克鎮，而其後續衍生的責任，絕對大到讓這兩個人不需要爭。

11 關鍵時刻

在法國海軍為將的德・葛拉斯伯爵因為受命要為美國提供海上的支援，在北美戰爭中扮演起了關鍵人物。一七八一年，他率領龐大的艦隊從法國出發，第一站是西印度群島，接著則是要去與華盛頓會合，與之在有著重中之重的法美聯合作戰暨華盛頓的最後一戰中，共同採取行動。而他此行剛從布雷斯特出發，就成了航海界中不脛而走的號外。有個程咬金殺來的消息很快就傳到了英國人耳裡。由此羅德尼所面臨的挑戰，就是要在這浩大的艦隊得以赴美左右戰局之前，就在西印度群島將之攔截。羅德尼與德・葛拉斯的海上名將對決，成為了雙方在腦中預期的場面。在桅杆頂端那搖搖晃晃的守望台上，英法兩造的瞭望員一面小心別掉下來，一面繃緊神經觀察海面上的粼粼波光，就怕錯過海平面上任何一點可能是敵艦桅杆的蛛絲馬跡。他們圖的就是在第一時間對交戰提出預警。

當德・葛拉斯在四月二十八日抵達馬丁尼克後，他發現胡德率領僅僅十七艘風帆戰艦與五艘巡防艦的劣勢艦隊，巡弋到了島的下風處，為的是依令攔截法國艦隊、封鎖皇家堡來防止當中的四艘法艦出港加入德・葛拉斯，也為了避免德・葛拉斯趁機進入皇家堡，佔領羅德尼口中「這一帶級別最高的良港」。須知若拿下關鍵的皇家堡，德・葛拉斯就有可能與驍勇的馬丁尼克總督布耶侯爵（Marquis de Bouillé）聯手，一海一陸共同對英國控制下的一到多個島嶼發動攻擊。

當被胡德的人從桅杆頂端望見時，法國艦隊正在上風處，看似朝北航行。因為不確定夜裡他們會怎麼做，胡德選擇先按兵不動等待天明。但很不幸他把命運交給風勢的結果，就是船被吹到更加下風處，漂到了幾近完全無風的地方。於是就在胡德忙著找風的時候，敵人的身影再度出現，這一次他們讓護航的對象緊靠沿岸航行，而艦隊中的戰船則在靠海的一面提供屏障。就在雙方艦隊開始形成戰列的同時，法國近岸的船隊開始往皇家堡港中溜去。戰艦發動了長程砲火。德・葛拉斯努力拉開空間，希望誘敵遠離，好爭取時間讓船隊安全進港。在這過程中他的舷砲對敵施以了重創，造成了英方的嚴重傷亡。胡德的兩艘船在水線下被轟出了窟窿，而經過二十四小時的抽水之後，終於還是難以為繼；至於其它英艦則桅杆被擊碎者有之，失去戰鬥能力者有之。天還沒黑，無畏號的主中桅已經轟然而倒，而羅素號在水泵眼看就要滅頂，岌岌可危的狀況下，接到了前往聖佑達修斯的命令，而她帶到島上的戰情是三十七死，一百二十五傷。延至第二日入夜，雙方艦隊已經距離皇家堡有七十英里之遙，胡德於是決定不再戀戰。第三天晚間，英法艦隊已經不在彼此的視距內，惟法艦已經進了皇家堡。在英國人已經習以為常，木已成舟之後的爭功諉過裡，胡德與其支持者把這一敗算到了羅德尼的帳上，他們控訴羅德尼沒有一開始就讓胡德佔據上風處，但擺在眼前的事實是德・葛拉斯不論鬥志或鬥勇都把胡德比了下去。

病情愈來愈重，脾氣愈來愈壞的羅德尼把船留在巴貝多補給他們亟需的淡水與可以預防壞血病的新鮮蔬菜。巴貝多本身固然無足輕重，但它作為向風群島最東端的成員，距離歐洲最近，屬於英國最久，土地肥沃且久經開發，還是上好蘭姆酒的知名產地。在補給的過程中，羅德尼收到警示說法軍正在入侵南邊兩百英里處的多巴哥。為此他派出了一支由志願者兵團組成的援軍，卻在到達時發現多巴哥早已投降。午後他們目睹整支法國艦隊北上。在決策的關鍵時刻，羅德尼壓下了追擊的慾望，免得被吸引到下風處而無法在脆弱的巴貝多萬一遭受攻擊時前往救援。他趁夜發出燈光，希望能藉此誘使德・葛拉斯於隔日發動攻勢，但法艦隊的指揮官似乎打定了別的主意。羅德尼沒有能遂行追擊的後果，便是德・葛拉斯沒有遭到耽擱，順利地按計畫抵達了美國。

由於羅德尼深知法國海軍插手美洲戰事的嚴重性，所以他之所以沒有不顧一切攔下德・葛拉斯，一方面是他必須回國接受醫療，另一方面則是他認為還有胡德可以代勞。惟比起這些，更關鍵的原因是海軍部本身就不夠重視攔截之事，而這所反映的，正是英政府欠缺一以貫之的戰略思想。

以上這些行動，佔用了一七八一年五月與六月初的時間。在拿下多巴哥之後，德．葛拉斯讓其艦隊回到了皇家堡這個屬於馬丁尼克島的璀璨名港，並在那兒一方面匯集周遭島嶼的船艦，一方面補充淡水、木材、牛隻等各種物資來為美洲之行備戰。他在七月份轉移陣地到法蘭西角（Cap-Français）這個位於海地—聖多明哥島上，因為其優雅氣質而得名「島中巴黎」的港口。在其可容納四百艘船的寬闊錨地中，德．葛拉斯發現在那兒等著的正是應他要求，準備領路帶他前往乞沙比克的三十名美國領航員。此外他還收到了羅尚博寄自威瑟斯菲爾德的信函，當中除明白寫著美國局勢存在「深重之危機」，還一併倡議戰局能如他所盼，就於乞沙比克灣「畢其功於一役」。同一批郵件中還有由德．巴拉斯自新港捎來的消息，當中說到「這裡最需要的東西，是錢」。巴拉斯的信，還有此外好幾名法國駐美使節的信，都強調以南方戰事之危急程度，援救已經刻不容緩。並未因此氣餒的德．葛拉斯連同他麾下中隊裡一名海軍上校夏瑞特（Charitte），都當即自請要以他們在聖多明哥的私產與農園作為擔保，代皇室向當地居民貸款三十萬皮亞斯特（piaster，一皮亞斯特等同西班牙的一元，皮亞斯特即西班牙文的銀圓之意）來做為遠征基金。雖然這些抵押品的價值「遠超過」預定的貸款金額，但官方還是婉拒了德．葛拉斯與夏瑞特的好意。但德．葛拉斯並未因此悶悶不樂，而是不改其志，自掏腰包租了十五艘商船載運他的補給。他對此役的投入就是如此毫無保留。

在法蘭西角，德．葛拉斯做成了兩個將會決定美國革命戰果的兩個決定——其一是他會親率整支艦隊而不會兵分多路；其二則是他會率艦前往乞沙比克。憑藉不遜於他戰鬥意志的談判天分，德．葛拉斯取得了西班牙人的首肯，亦即既然西班牙人不打算在西印度群島採取行動，那麼即使不靠法國幫忙，他們應該也可以自行守住安地列斯島，而這麼一來，德．葛拉斯就能騰出手來，把整批船艦帶往美國。在美國身上用上整支艦隊，是極其大膽且冒險的做法，畢竟在（永遠占多數的）短視者眼中，美國的價值無法與西印度群島相提並論。而且前往美國參戰，就意味著放棄把手上法國貿易船隊護送回歐洲的職責，而這無疑會招致商人作為既得利益者的口誅筆伐。能做出這樣的決斷，代表這個人要麼失心瘋地想要追逐自由的理想，要麼就是比多數歐洲人都更有遠見，都先看到了美國日後的潛力。歷史賦予德．葛拉斯的使命，就是要扛著美國完成獨立，不再與英國藕斷絲連。他似乎也知道這一點，也感覺到天降大任於斯人也，也以一介外國人之姿聽見了在召喚他的《獨立宣言》，所以才願意把生命、財產與榮譽都獻給這樣的理念。理想夠崇高，就能為靈魂注入美好的動機。事實上連西班牙的聖多明哥總督都受到了觸動，所以才同意將把自由之身還給原本要借給西班牙調遣，德．葛拉斯那三個聖西蒙兵團的兩千五百名兵力。話說自由的理念或許並不怎麼受西班牙待見，但英國人更加令他們生厭。

七月二十八日，德．葛拉斯寫成了那封斬釘截鐵，並將於八月十四日送達羅尚博與華盛頓手中的信函，當中表示他將率領二十五六艘戰艦跟三個兵團的兵力前來，且預定於八月三日啟程前往乞沙比克灣。靠著法國巡防艦協和號的快速直送，這封信並未途經尋常的外交渠道，所以被英國收買的特務也無從偷窺或謄抄。美國戰爭部長亨利．史蒂姆森（Henry L. Stimson）曾於二十世紀初反對成立所謂的「黑室」（Black Chamber；指一九一九到一九二九年間，負責破譯加密文件的美國密碼局〔Cipher Bureau〕，黑室為其俗名），因為他認為「偷看彼此的郵件非君子所為」。但在十八世紀，這種事情是家常便飯。各國外交部門都有編制人員在久經接觸後習得了密碼，並開始偷看並謄抄外國官員的書信往來。雖然英國人在短時間內就得知了有支法國艦隊在前往援助殖民地的途中，但他們並不清楚艦隊的規模與兵力強弱，對艦隊的目的地也無從掌握。

羅德尼在遍體鱗傷的羅素號爬進聖佑達修斯港內後，知曉了胡德與德．葛拉斯是如何在海上交鋒。於是拋下了法律上還妾身未明的戰利品，也不管叛英的奸商是如何還沒接受制裁，羅德尼就立刻啟航去安地卡（Antigua）這個位於馬丁尼克以北島鏈上的英屬島嶼與海軍基地接應胡德，並從那裡保護他預期法國會來攻擊的巴貝多。由此北美沿海大戰在即，而其前哨戰的三位主角此刻在背風群島通通到齊——德．葛拉斯一心要趕赴北美，而羅德尼與胡德則奉命要阻止他。由於胡德的旗艦與中隊其他船艦都還脫離戰線未歸，加上德．葛拉斯有來自皇家堡的友艦增援，因此法國此時相對英國有二十四艘比十八艘的數量優勢*，像這樣的艘數差距，一般就不建議挑戰了——更別說法軍還據有在上風處的優勢，這代表如果英軍在下風處被克制住，他們就別想要去馳援無助的巴貝多，而只能任由其被人攻佔了。作為背風群島的英軍指揮官，羅德尼覺得英國的尊嚴與利益，乃至於他自身的尊嚴與利益，都經不起再失去一座島嶼的打擊。再者由於巴貝多島上有兩千名法籍戰俘，法軍會嘗試去營救是再自然也不過的事情。後來羅德尼到了巴貝多，看到了英國國旗仍在飄揚；至於聖露西亞作為被德·葛拉斯帶著馬丁尼克的陸軍排在第二處進攻的島嶼，成功在岸基砲陣地的助陣下擊退了入侵者，原來是守軍憑藉令人吃驚的進取心，拆下了廢船上還能用的艦砲，讓岸砲的火力獲得了升級。

深以多巴哥之投降為恥的羅德尼滿腦子想的，都是只要「他們給我個機會」，他就要「挫挫法國的銳氣」，羅德尼在函文中寫道。但法國人並沒有照辦。當他在六月五日日落發現了法艦隊之時，羅德尼便靠近去數清了對方有二十九艘帆船，包括二十四艘風帆戰艦與五艘巡防艦——對比之下他當下只有二十艘。考量到他必須有艦隊可以捍衛英國的島嶼，還得保護從英國與愛爾蘭前來的商船船隊，於是他決定不進行接戰。跟每一位英國水手一樣，羅德尼也是吸「無風不開戰」的信條奶水長大，由此他只是將若干巡防艦留在原地監視。結果七月

* 船艦數量經常並不精準，一個關鍵在於計不計入巡防艦，例外就是風帆戰艦會在艦隊主體中進進出出。

初，其中一艘在馬丁尼克外海巡弋的英國巡防艦抓住了一艘從皇家堡出港的法國巡防艦，並從艦長口中得知他隸屬由德・葛拉斯伯爵指揮的艦隊，而這支艦隊由二十五艘風帆戰艦跟從各個法屬島嶼集合來的近兩百艘商船組成，並據報要前往聖多明哥。羅德尼給時任英國駐美海軍指揮官，人在紐約的葛瑞夫斯將軍捎了個信，警告他有支二十八艘風帆戰艦的法國艦隊出現在馬丁尼克，且「有部分」艦隊據報會航向北美。他相信該艦隊會在短時間內啟程，但他無從得知對方會不會中途順道去一趟聖多明哥的法蘭西角。「我會盡我所能去監視他們的一舉一動，然後再據此節制我自身的行動，」他寫道。他還補充說胡德將軍帶領十四艘風帆戰艦與五艘巡防艦，將奉命追擊法軍到維吉尼亞沿岸，接著沿海岸線前往德拉瓦角（Capes of the Delaware），最後再從德拉瓦角前往紐約的沙鉤聽候葛瑞夫斯將軍調遣。羅德尼告訴葛瑞夫斯說他應當把巡洋艦派駐在德拉瓦角接應胡德，「如此他們才能結合兵力去攔截從西印度群島出發的法軍」。他表示「即便敵軍真的朝你而去」，葛瑞夫斯也可以放心自己的中隊將獲得增援。對在倫敦的赭曼，羅德尼承諾會「如山貓一般緊盯敵人」；對在紐約的阿爾巴斯諾特，他答應會「盡其所能提供援軍」。他的預期與計畫，按他在這段期間另一封給卡萊爾伯爵的信中所詳述，是不能讓敵人（德・葛拉斯）有「美洲沿岸的海上優勢」可乘，而必須要讓胡德「搶在從法蘭西角出發的法國中隊之前抵達近岸」，完成與美洲原有的英軍（即葛瑞夫斯）會師，藉此「挫敗敵人，讓他們的陰謀詭計盡數落空」。在此同時，羅德尼派出了風帆戰艦與巡防艦各五艘去護送商船前往牙買加進行貿易，並順便命令當地指揮官彼得・帕克爵士（Sir Peter Parker）即刻抽調船艦奔赴北美，與胡德聯手確保英國在美洲沿岸的絕對海優，也讓葛瑞夫斯獲得承諾中的增援。羅德尼一如當時所有人，都認定德・葛拉斯會兵分兩路。至於帕克爵士則原因不詳地沒有執行他收到的命令。

羅德尼未對法國的干預掉以輕心，由此他要胡德若看到法艦，務必要「窮盡各種管道讓我知曉……這一點至關重要」。在似乎只有他一人意識到德・葛拉斯的介入將決定戰局的狀況下，自覺「眾人皆醉我獨醒」的羅德尼認為他必須親自出馬追擊。萌生這想法的他在八月一日出發前，寫了信給妻子說，「敵人一旦離開這片海域，下一站就會是美國。而不論他們去到天涯海角，我都會盯緊他們的一舉一動，那怕他們有個輕舉妄動，我的攻擊決不會稍有遲疑。英格蘭的命運，或許就在此一舉。」

他對於葛瑞夫斯提出的警告，乃至於他在同一段時日中發出的其他函文，都顯示羅德尼胸中掌握了全局，這包括他知道決戰會發生在哪裡，屆時會有什麼問題，同時他心中也想好了因應之計。為免其他人沒有跟他一樣快的腦筋，羅德尼決意要把給予葛瑞夫斯的指示寫得

＊ 此處的戰艦數量隨不同時間的不同人觀察也有所不同。根據可以確定最接近實情的數字，德・葛拉斯的艦隊編組應該是風帆戰艦二十六到二十八艘，外加若干巡防間與武裝商船。

鉅細靡遺，少一點都不行。在七月三十一日一封追加的補充函文中，他明白點出了葛瑞夫斯對戰局該有的預期。在把他得知德．葛拉斯正朝美洲而來的情資又重申過一遍後，羅德尼補充說他已經派胡德前往維吉尼亞角（Capes of Virginia），因為「我判斷那就是法國人打算大幹一場的地方」。這並不是他有天眼通，而是羅德尼掌握了美國領航員在法蘭西角加入德．葛拉斯的事實，並依此（不太尋常的做法）推得一個理所當然的結論：既然德．葛拉斯要求了美方提供熟悉乞沙比克灣的領航員，那他只能是打算往那裡去。

很不幸地對英國人而言，羅德尼的警告因為某些陰錯陽差，而沒有能傳遞給葛瑞夫斯。事實上正是這類「陰錯陽差」，在十九世紀啟發了普魯士兵聖克勞塞維茨（Clausewitz，1780-1831）提出了一項基本原則，那就是所有的作戰計畫都要預期到會發生無法預期的事情。負責替羅德尼去警告葛瑞夫斯的，是燕子號，其船速比不上巡防艦，靈活性也不足以閃避美國三艘私掠船的追捕，結果就是在長島灣（Long Island Sound）被逮住，無法完成警告葛瑞夫斯的任務。由此這三艘無名的私掠船，理應要在史冊中擁有一席之地才是。事實上胡德也發了封警告信，而且下場也是在海上被攔截，由此結果就是葛瑞夫斯既不知道有英軍來援，也不知道有法軍來犯。胡德在八月二十八日抵達紐約後，就在當天划著小船，從他所搭的船艦前去了長島與葛瑞夫斯商議大計，但最終並無結果。他們並沒有如羅德的所計畫的搶在德．葛拉斯之前，聯手駛進乞沙比克灣。其實他們確實在會議中達成了要聯手入灣的共識，但會後他們卻按兵不動，無所事事了三天。話說即便他們會後立刻行動，時間上也來不及在德・葛拉斯於八月三十日抵達前讓乞沙比克灣內滿布英艦，因為下錨在紐約港中的葛瑞夫斯想穿過沙鉤的沙洲出港，照例需要三天，但他們卻直到八月三十一日才有所行動，在那之前他們都只是坐以待斃。

不論是指望胡德—葛瑞夫斯聯軍，還是期待彼得・帕克爵士，羅德尼想在維吉尼亞近海建立優勢的計畫都最終還是垮了，畢竟再怎麼周詳的計畫，也禁不起執行力的缺乏。葛瑞夫斯用他的表現告訴了所有人他一點也不著急，而日後獲得納爾遜盛譽的胡德在美國就是不夠積極。

我們在此例中看到了什麼叫做狀況被成功預期，辦法也有人提及，但最終卻無人去執行。英國人為何反覆將眼前的勝利契機拒於千里之外，成了一道難解之謎。難道是他們因為陷入一場不知道怎麼去贏的戰爭，所以才在恍惚之間放棄了一切作為嗎？被動背後的主因，恐怕是悲觀。

作為唯一一個從頭到尾都知道法國干預美洲戰事不容小覷的英國人，羅德尼為何不聯手胡德在背風群島的主場攔截法軍，而要任由法軍跑到美國之後再大費周章地設法攔截呢？這當中有一段時間是真空。期間羅德尼之所以沒有前去追擊，並不如古往今來都有人指控他是想要盡量多搶點戰利品而捨不得離開聖佑達修斯，因為當時能撈的他早就撈好撈滿；他早就打包好聖佑達修斯的戰利品，在三月時交由霍瑟姆護航返英。他為什麼不派巡防艦去進行偵察，弄清楚德・葛拉斯在離開皇家堡後的準確目的地？帶了多少艘船同行？還有確切是在哪一天啟航（而不是打「不久之後」這種迷糊仗）？要是能掌握這些資訊，羅德尼與胡德的艦隊就很有機會聯手拖緩或阻止德・葛拉斯穿越大西洋。

羅德尼之所以沒有這麼嘗試，一來是因為他覺得自己最主要的職責是保住手上的船艦去固守西印度群島，二者是因為胡德的船隻需要時間修復戰損，所以在能用的船隻數目上居於劣勢，不過最重要的第三個原因，還是身體上的病痛耗損了他的進取之心，否則平日的他應該會在他的勢力範圍周遭主動搜尋並摧毀法國海軍。消極與積極的任務執行，當中的差異就在於前者少了一份提供推力的衝勁。他沒有去搜尋，也沒有與敵交戰。但之後他決定自己必須加入胡德去追擊德・葛拉斯，是因為他懷著殘存的希望，想看看在往北航行的海風之中，自己的微恙會不會自然消退。他在七月二十五日令胡德去搜尋德・葛拉斯，但胡德歷經了十六天後的維修與補給才準備領命出發。此間羅德尼拖著嚴重的病體，終於感覺他可以展開他獲得應許的假期，返鄉治療他尿道狹窄的問題（當時還沒有人用攝護腺腫大去描述這種病症）。在七月二十五日簽署了命令，讓胡德去追擊德・葛拉斯後，羅德尼也隨後於八月一日在艦隊醫師布連恩（Dr. Blane）的陪同下跟了上去，當時他懷抱的希望是在離開熱帶後，他的身體就能恢復到足以繼續前往美國，重新以海軍將領的身分活躍於戰場。算是為了戰鬥未雨綢繆，他帶上了直布羅陀號與凱旋號（Triumph）這兩艘都還有待維修的大型風帆戰艦，外加飛馬號（Pegasus）巡防艦，希望這船能在他健康狀況允准的前提下，將他帶到美國。

但天不從人願，他的狀態並未在旅程中好轉，於是就在他通過了百慕達的緯度而沒有感覺輕鬆一點之後，他意會到自己是時候回家了，而這麼一來，他帶上的兩艘主力艦就無以成為生力軍，加入英國即將在美國水域與法國展開的海上優勢爭奪戰了。心有不甘的他對卡萊爾吐露了心聲，言道就在前往美國的途中，「都已經帶足以為陛下遏制或擊敗敵人的兵力」，卻在最後關頭「被讓我無以指揮艦隊去加入這命運一戰的嚴重不適，剝奪了此等的光榮」。他在九月十九日回到了英格蘭。

除了能與家人團圓以外，他的這趟返鄉並不全然開心，原因是有聖佑達修斯與聖基茨的商人對他提出了六十四宗訴訟，而政壇的反對黨也追隨著柏克與福克斯的腳步，虎視眈眈地準備要在國會殿堂上對他異口同聲地大加撻伐。原本眼看著已近在眼前的貴族身分，開始在各種不利輿論的烏雲罩頂下與他漸行漸遠*，就連他一返國就趕去溫莎堡求見喬治三世，想說明他的苦衷，都被推拖說請他改日再來。雪上加霜的是霍瑟姆的船隊在帶著聖佑達修斯的大批戰利品返英時，竟在途中遭到法國的攔截，結果就是漫天飛舞的責難將落到了成為眾矢

* 後來靠著為英國打贏了聖徒之戰，他在一七八二年擠進了貴族的底層，成為了區區一名最低等的男爵。

之的的桑德威治頭上，眾人都怪他沒有提供足夠的護航船艦來守住要返回國門的寶藏。

對大眾而言，羅德尼身上仍帶有解除直布羅陀之圍與打贏月光之戰的光環。船塢的工人仍在普利茅斯為他歡呼，他在倫敦的家門上也被掛上了花圈。為了身上的毛病，他趕赴巴斯去接受外科手術，而那在十八世紀還是一種不是很溫柔的慈悲，結果就是在接下來的一個月中（橫跨九月到十月），他先是接受了手術然後展開了靜養，完全不問世事，而終極的危機也就在此間，於美國進入了最後的高潮。

外科醫師希澤·霍金斯爵士（Sir Caesar Hawkins）好似把手術開得相當成功，「治癒了他的病人」，羅德尼的作傳者表示，只不過在十一月四日，羅德尼本人寫信給海軍部委員會的傑克森說「我的老毛病並沒有好」。他的精神即便歷經了「開刀的折磨」，仍舊相當抖擻。曾經將他棄如敝屣的英政府，此時卻急切地想徵招他為國效命。十一月，他受邀出任大不列顛海軍副元帥，而且官方還承諾要將有九十門砲跟三層甲板的強固號（Formidable）撥給他當旗艦。他一口答應下來，而身邊的朋友發現他在日益消瘦之餘仍「決心要再度披掛上陣」。桑德威治在給他的信中，口氣幾乎是用求的在說，「少了你的力量，我們將會元氣大傷。」

這就讓人想問一個問題：若他果真是國家眼中如此不可多得的人才，那為什麼海軍部不在他三月二日第一次開口時就准了他的假，讓他可以返鄉治療「這嚴重且痛苦到讓我不得不回家一趟……的嚴重尿道狹窄毛病」？如果他能及早獲得治療，那被派任到美國的就不會是將來會輸掉關鍵「海灣之戰」(乞沙比克海戰)的葛瑞夫斯，而可能是羅德尼了。胡德後來不吝以美言稱許羅德尼說「如果將軍當時能率領著陛下的中隊，從西印度群島來到這片(美洲)海岸的話，那九月五日(海灣之戰的日子)在我看來，就會是對英國來講光輝的一日了」。

如果以相隔一年之後，羅德尼在聖徒之戰痛擊德・葛拉斯的結果來看的話，羅德尼絕對不至於把海灣之戰搞得一蹋糊塗，以至於讓法國控制了乞沙比克灣。而如果英國能繼續把乞沙比克灣抓在手裡，那他們就可以，或至少有機會，能夠救下康瓦里斯。而康瓦里斯要是沒垮，那華盛頓的最後一線生機就會落空，到時候葉卡捷琳娜二世的調停就會成為不得不的出路，而帝俄的影響力一旦介入，再加上在斜對角的敵人是英國，美國獨立與美國憲法就都不太能出現了。羅德尼自身對於海灣之戰的判斷也相當明確。「就我的淺見，」他在十月十九日的信中對傑克森說，「法國贏得了至關重要的一勝，美國的失去已無可挽回」。事實證明他兩件事都對了。他提筆寫信的當天，也正好是康瓦里斯在約克鎮投降的那天，只不過此事要到一個月後才會傳抵倫敦。

七月份在西印度群島，德・葛拉斯完成了他的作戰準備，僅差的東風就是軍費。在從聖多明哥居民處募得貸款的希望落空後，他轉而寄希望於另一群在地的西班牙居民，那就是古巴人。他讓巡防艦送了封快信去給哈瓦那總督，並在信中解釋說他需要一筆約當一百萬里弗爾的金額。相對於西班牙官方擔心革命會對其殖民地產生的副作用，而並未太期待美國叛軍獲勝，哈瓦那民眾則還記憶猶新於不到二十年前，英國是如何他們的城市發動攻擊，由此他們都很樂見有機會能報一箭之仇。於是靠著來自民間的認募，包括當中不乏古巴女性貢獻出她們的鑽石，德．葛拉斯的軍費據稱在不到四十八小時內就得以湊齊，並急如星火地送到了他的旗艦上。比較不浪漫的版本案如童恩奎斯特所說，是「古巴」開出了七十萬皮亞斯特的現金匯票，然後五個小時內就兌現成現金，送到了德．葛拉斯手上。一七八一年八月五日，距離他預定的日期只延誤了兩天，德．葛拉斯就帶上了錢、三支聖西蒙的兵團，還有整整二十八艘風帆戰艦，從法蘭西角出發前往了美國與乞沙比克灣。

為了不讓英國發現，德．葛拉斯走上了古巴與巴哈馬海峽之間一條不好走所以鮮為人使用的航道，也是條有著重重障礙而只能緩緩前進的海路。雖然有美國人在催促他趕緊的壓力，但事後證明選擇巴哈馬海峽的他非常睿智，或起碼非常幸運。胡德將軍是在八月十日離開安地卡，比德．葛拉斯只晚五天，而他未能在廣闊的洋面上找到他，是因為他走了前往美洲海岸最直接的航路，所以還比德．葛拉斯早抵達美國五天。他望進乞沙比克灣，看不見任何一張外國的船帆，因為德．葛拉斯還在設法從巴哈馬群島脫身上來。英國人因此失去了戒心，他們這下子確信德．葛拉斯就算終究會來，目的地也會是紐約，殊不知比起在此時此地跟他正面衝擊，與他緣慳一面才是真正的不幸。

胡德基於職守，在八月二十八日去跟葛瑞夫斯與柯林頓開了會，而這兩人所關注的都不是德・葛拉斯要來之事。葛瑞夫斯甚至向柯林頓保證法國艦隊將從西印度群島前來美國海岸的傳言，只是「想像力過於旺盛」的產物，至於在截獲的法國信件上看到這件事被提及，他們也只認為那是法國人的gasconading（自吹自擂），須知他們最喜歡用這個字眼去形容法國人的聲明、威脅與承諾。剛跟德・葛拉斯在西印度群交過手的胡德自然知道這不是法國人在吹噓。他知道法國艦隊的規模，而只要稍有戰略思想，他就能如羅德尼一樣判斷出該艦隊的目的地，而雖然在位階上遜於葛瑞夫斯，但他原本仍可以強力爭取由他們共同前去把乞沙比克灣，搶在法國之前將之控制下來。倘若他們這麼做了，戰爭的走向就會改變，但他沒有開這個口，原因很顯然是很不幸，他第一眼沒在灣中看到任何敵艦。觀察他後續在救援康瓦里斯之危機中的無甚作為，他似乎也從踏足美洲的第一時間，就染上了失去行動力的麻痺問題。

柯林頓也跟葛瑞夫斯跟胡德一樣犯了自滿的毛病，只因為赭曼爵士曾向他保證過說德・葛拉斯沒什麼好怕的，理由是羅德尼正帶著優勢艦隊在緊盯著對方的一舉一動。老將軍阿爾巴斯諾特曾在退役之前對葛瑞夫斯說過羅德尼「不論生來警覺性多高」，都不可能「趕在他們（德・葛拉斯）之前」及時派兵到美洲增援，還說德・葛拉斯一旦前來，就會擁有在美洲海域上的優勢，進而威脅到在乞沙比克位置十分脆弱的康瓦里斯。這雙老邁雙眼所預見的前景，後來一一得到應驗，但老人家既已退役，紐約也就不再對他們眼中只有次等重要性的南線戰場過於擔心。他們擔心的是自己，因為所有人都確信法國艦隊如果來到美國，目的地一定是紐約。葛瑞夫斯與柯林頓怕的是巴拉斯的法國中隊會自新港往南撲來，並與德．葛拉斯聯手搶占在美洲英國領海上的霸權。葛瑞夫斯為什麼沒有主動出擊去新港化解巴拉斯的威脅，卻只是坐等對方來攻擊紐約呢？「整場仗打下來，」洛贊公爵在其最稱得上是一種思辨的戰爭評論中表示，「一個個英國人都變得有眼無珠……他們硬是不肯去掌握那些顯而易見的天賜良機」。他舉了一些我們還沒有講到的例子，譬如羅尚博的軍隊之後會離開新港去加入華盛頓的最後戰役，而那就代表「英國人只要（趁此時）去攻擊在羅德島外海的法國艦隊，就可以將之斬草除根。但他們好像都完全沒想到這點似的」。事實上英國人不是沒這心眼，而是葛瑞夫斯因為擔心寡不敵眾而沒敢放手一搏。

在胡德追擊德．葛拉斯無果而進入紐約的當天，傳來自新港的消息表示德．巴拉斯確實已經出航，但目的地不詳。英國設於在加德納斯島（Gardiners Island）外海，距離新港有五十英里的封鎖果然經不起考驗，紐約英軍的恐懼霎時通通醒了過來，只不過他們想像中的戰況跟德．巴拉斯的作戰想定，似乎不是同一回事情。滿腦子只有紐約的他們以為德．巴拉斯是要來紐約之戰湊個熱鬧，但其實德．巴拉斯是帶著運輸艦與整套攻（圍）城設備要去支持法美聯軍朝維吉尼亞挺進，而柯林頓與葛瑞夫斯對此竟然一無所悉。

華盛頓的盟友已在來路之上。他計畫中與他們的會師將是最後的機會。自從薩拉托加大捷讓人熱血沸騰以來，滿懷期待可以靠美洲作戰勝利給英國難看的法國人就很失望於美國在軍事上的積弱不振。他們發現與自己並非在與一名積極主動的盟友並肩作戰，而是被跟一個只想軟爛的傢伙綁在了一起，對方不僅無以建立一個強大的政府，而且還不斷需要兵源與金錢的挹注來避免戰線的崩潰。這場戰爭一如所有的戰爭，都讓波旁王朝感覺到比計畫中要更加燒錢。自與美結盟以來，法國已經讓美國預支了逾一億里弗爾，約當兩千五百萬美元的貸款、物資與餽贈，而直至戰爭告一段落，法國為美洲戰爭付出的成本將累計達到某些人估計的十五億里弗爾。這個史上僅見，幾乎要讓法國國家預算破產的金額，讓他們不得不於一七八九年召開三級會議，而三級會議又導致了法王路易十六被捕跟後續一連串事端引爆的法國大革命。美國收到的通知是法國政府的支出已超過「大陸會議有權期待盟國出於友誼而伸出的援手」。韋爾熱納挑明了說過了一七八一年，部隊或船艦或金錢的援助就會中斷。這一次，華盛頓知道他必須讓增援的盟軍產生效果。問題是要籌組一支具有實力的美國大軍開赴維吉尼亞與法軍會師，可不是可以憑空完成的計畫。軍隊得有飯吃、有靴穿，還得有野戰砲提供火力。

在美國這片樣樣俱無的荒野中，首先跳出來為美國進攻能力提供生息的天使，是勞勃．莫里斯（Robert Morris）這名富商。作為靠戰爭發跡者中的佼佼者，莫里斯一七八一年經大陸會議遴選而出認了財務總管（Superintendent of Finance）之職。出於跟荷蘭人一樣對權力集中的恐懼，大陸會議有長達五年的時間都刻意未曾將國家財政大權給單一的官員。只有到了一七八一年，國家信用慢慢瀕臨崩潰，大陸會議才承認有必要設置財政大吏。莫里斯對於人類的評價「隨著我與他們的交往經驗愈多」而江河日下，他認為當官會讓原本光明磊落之人暴露在羨慕、嫉妒，乃至於「所以專事人格謀殺的卑鄙小人進行的惡意攻訐」，但這樣的他卻還是接下了這項職務，並靠著他所創造出來的資金，在這獨立戰事的危急存亡之秋做出了不輸給任何人的貢獻。有錢人還是有他們的用處的。雖然常不分青紅皂白被認定為無良，但他們也是人，也可以成為國之棟樑。美德與愛國之心並不是凡夫俗子、販夫走卒的專利。憑藉一己的信譽與影響力，莫里斯從不只一州爭取到了捐款、壓低了政府財政支出、奠定了國家銀行（中央銀行前身）的基礎，還說服了費城一群費城銀行家提供了可觀的現金貸款。夯不啷噹，他從羅尚博與費城商界取得了共計四萬美元的貸款，而這筆錢也讓衣不蔽體、食不果腹的大陸軍摸到了入伍以來的第一次現金，降低了逃兵率，甚至還吸引到新兵的加入。更重要的是，這錢讓華盛頓得以轉守為攻。

八月十四日，華盛頓收到就像黑暗中綻放的焰火，一封由德．葛拉斯寄給羅尚博的信，寫自西印度群島的信，內容說的是他將領著二十八艘船跟三千兵力前往乞沙比克。不再繼續糾結於他那個收復紐約來為這場戰爭劃上句點的失落夢想，華盛頓當即開始備戰乞沙比克，打算在那裡收拾掉康瓦里斯。

為免讓困難的決定更加曠日廢時，他二話不說就開始睿智地權衡起利弊得失，畢竟如果他要趕在九月十三日，德．葛拉斯預計會抵達的那天，按德葛拉斯的要求「第一時間進行合作」，那他就只剩下一個月的時間去選兵練兵，去安排沿在地道路前進將是約五百英里長征的行軍補給，去準備各渡口負責接應的運輸船，還有去籌辦地方上的糧草供應，以便讓部隊抵達目的地之後不會斷炊。羅尚博的軍隊在已經從新港跋涉兩百英里，於六月第一週跟他在白原會合後，也必須進行整備。這次行動是一場豪賭，也是一場硬仗。要帶著情緒躁動的部隊頂著熱浪，千里迢迢去到一個不受待見的地方，遑論有內憂是法國人與美國北方佬湊在一起會互看不順眼而同軍相鬩，外患是難保柯林頓不會派兵從側翼攻擊。這樣的孤注一擲賭注不可謂不大。要貨真價實做出「決定性的一擊」，部隊必須在經過一個月的移動後，片刻不差地與遠渡重洋而來的法國艦隊會合，前提是這一海一陸的軍隊都不可以因為一路上的重重險阻與差錯而耽誤了時辰，搞砸了計畫。唯有海陸軍以恰到好處的時機合體，才能避免落單的其中一邊得單獨迎敵，或是讓未被夾擊的康瓦里斯溜之大吉。這當中最大的變數就在於康瓦里斯會不會乖乖待在原地等著掉入陷阱；他要是跑了，那一切的努力就都將付諸流水。這件事一直讓華盛頓放心不下，於是他寫信去給拉法葉，要他無論如何不能讓康瓦里斯撤回北卡羅萊納，對方有一舉一動都要通報於他。

但有個尚未解決的問題是等海陸兩軍就好定位，開始圍困約克鎮後，大軍要靠什麼養活。原本由羅尚博帶來的一千五百桶鹽醃牛肉被存放在了新港，這原本是可以拿來應急的，但德．巴拉斯卻不願意把東西運過來。他悶悶不樂，是因為德．葛拉斯空降為他的長官，讓他失去了獨立的指揮權，也讓他無法從紐芬蘭出海去搶掠戰利品，就像胡德也因為蘇利南與古拉索的遠征取消而與少賺了一筆。此刻是華盛頓與羅尚博的千拜託萬拜託，德．巴拉斯才改變了心意，同意把鹽醃牛肉連同圍城用砲沿著德．葛拉斯應該已經打通的沿岸航道一起送下來，主要是那些砲體過於沉重，無法走陸路運送。

想在乞沙比克開啟戰端，需要的是破釜沉舟的篤定與果敢，是認清這是退此一步即無死所的最後一戰。華盛頓不是那種會讓猶豫不決把自己困在五里霧中之人。他在收到德．葛拉斯來信的當天就下好了決心。「考慮到，」他在那天的日記中寫道，「德．葛拉斯伯爵只答應在我們的岸邊短暫停留，同時他們（法國）的海軍軍官明顯不願意強取紐約港」，再加上其母國對德．葛拉斯招兵的請求「回應地有氣無力」，且「未來更加積極備戰的展望也相當渺茫」，「我不得不徹底死了那天攻擊紐約的心；並轉而將法軍與一支美軍的分遣隊調動至維吉尼亞。」華盛頓另外一個願意放棄紐約的原因，是洛贊公爵於七月時率隊對柯林頓的防線進行了軍事勘查，結果顯示其防務做得非常扎實，要突破之的進攻強度並非華盛頓拿得出手。

長久以來在戰場上有如孤兒的美軍景況堪憐，挨餓受凍又被拖欠軍餉，而大陸會議的那些人卻出門有馬車代步，吃起飯來也是滿桌的菜，心生不滿的美軍因此非領到錢不打算動。

所幸勞勃．莫里斯與法國的資金在此時當起了潤滑油，克服了這項障礙。這些錢進了官兵們的口袋，也讓軍需官終於有活可幹。吃飯終於不再是個問題。比起在同一地安營紮寨度過漫漫長冬，一支軍隊一旦動了起來，每天都有行程要走，那他們就不會再像蝗蟲一樣，把某一處的豬肉與莊稼都吃到一盎司也不剩，讓鄉親父老避之唯恐不及。而這也讓華盛頓得以沿著行軍路線設置肉類、麵粉與蘭姆酒的儲備。法國的白銀與費城銀行家的融資讓美軍動了起來，但他們還需要德．葛拉斯的海軍可以一路無阻地度過大西洋而來，與美軍按計畫會師，才能讓革命大業繼續前進，並讓他們有力量可以發起進攻。光靠自己，一七八一年的美軍既無法在規模上與英軍為敵，種種罩門更讓他們不可能隻手掌控戰局。大陸會議沒有後備力量。而值此同時，英軍的能量也不足以發動成功的攻勢。法國艦隊不來攪動一池春水，英國與殖民地勢必會窩囊地妥協出一個難堪的協議，畢竟雙方私下都有了打算各退一步的情緒。事實上英國股市已經在短短兩天內上漲了百分之六，原因是一七八一年三月傳出的消息是俄羅斯女皇葉卡捷琳娜已經主動要當調人，且各方都已經接受調解，由此約瑟夫．約克爵士即將啟程，並如沃波爾對曼恩所通報的，要「乘風之翼飛向維也納來鎖定和平」。但當這消息被證實並無根據，喬瑟夫爵士好端端在家中坐著之後，股市便在哀戚中跌了回去。同屬謠言的俄國調停之說也在美國引發了一陣熱潮，主要是美國各地厭戰氣氛濃厚。接著到了九月，英國人又一次嗨了起來是因為外傳國王啟用了約克爵士去尋求與荷蘭談和，這樣起碼可以讓英國少一條戰線要應付。輝格黨人固然傾向於和平，但還是免不了對傳聞中的求和之舉冷嘲熱諷，並據沃波爾所說抱怨著「像朝廷這種硬把自己架進戰爭，然後又有失身分，偷偷摸摸地求和，行徑著實讓人不齒」。惟此傳言也同樣被證實了是空穴來風。透過這些甚囂塵上，關於和談的紛紛擾擾，我們看到了輿論希望戰事告一段落的盼望，也看到了民眾能夠接受以調解換得妥協的心態。惟比起老百姓想要的太平，軍事將領要的是「旗開得勝」與「一致勝一擊」的光環，而最後能稱心如意的也往往是拳頭更大的後者，但這樣也好，因為如果當年的戰事以妥協作收，今天的世界上就不會有個美國，民主的發展也不會受到刺激而如此蓬勃。而這一切都可以回溯到一七八一年六月五日的西印度群島，可以回溯到羅德尼那天不去追擊德．葛拉斯，而決定把巴貝多守好。

12 最後的機會：約克鎮之役

約克鎮之役常跟一個字眼被同時提起，那就是「奇蹟」。華盛頓知道想在約克鎮克敵制勝，他唯一的機會就是結合自身陸軍與法國海軍的力量，將英軍合圍在康瓦里斯為自己挑選的陷阱裡。唯有此法，他才能讓這場長期抗戰功德圓滿。但要指揮他的部隊就定位來完成任務，也具有非常高的難度，且一旦失敗，他將賠上的除了他的一世英明、他的子弟兵，還有美國的獨立大計。要達成這項使命，不可少的是漢尼拔決定乘著象群翻越阿爾卑斯山的大膽決斷[19]，而華盛頓也確實面不改色地接下了挑戰。康瓦里斯雖有「英國漢尼拔」之稱，但那個時代的真正的漢尼拔，非華盛頓莫屬，而他的當務之急就是要選定時間地點，為法國海軍與美國陸軍在維吉尼亞沿岸安排一場作戰會議。法美兩軍會師的協調工作除涉及兩國不同的

19 譯註：指在古羅馬和古迦太基之間的第二次布匿戰爭中（西元前218-201年），迦太基主帥漢尼拔曾率數萬大軍偕數十頭大象翻越阿爾卑斯山，入侵羅馬本土。

指揮體系外，還在電話、電報或無線電都沒有的年代隔著一片大海，由此這項工作可以未出差錯地順利完成，只能說是拜一連串的奇蹟所賜。

羅尚博的新港部隊已經在一七八一年七月的第一個禮拜，從羅德島前來加入了在哈德遜河畔的華盛頓。散落在白原地區的聯軍陣地是以在楊克斯（Yonkers）的菲利普斯堡（Philipsburg；即菲利普斯莊園〔Philipse Manor〕）為中心，距離白原四英里，且不到二十英里外就有佔據紐約的英軍駐紮在華爾街區的三一教堂不遠處，國王學院裡原本的美軍軍營中。為了與德．葛拉斯會合，法美盟軍打算發動攻勢，而為了這次攻勢，他們必須自哈德遜河行軍約五百英里，沿各地道路途經紐澤西、賓州、德拉瓦與馬里蘭州，最後抵達維吉尼亞。這將會是一支由兩邊不太熟、語言也不通的盟友所組成的雜牌軍，同時包括吃喝與渡河事宜都得沿路隨機應變。餓了得自行覓食，過夜得露宿野營的他們必須一路上逆來順受。惟即便這趟路有重重險阻，華盛頓只要下定了決心就會堅持到底，不會讓後續的各種質疑動搖他的意念。

雖然得在令人氣餒的挫折與匱乏之中面對某些將領出於嫉妒的嘲諷與想罷黜他的陰謀，也不管他多因為得放棄進攻紐約而感到遺憾失落，華盛頓都還是能讓新的希望帶著自己往前走，為了新的戰役而振作。八月十五日，也就是接獲德．葛拉斯的來信，知道了他選擇乞沙比克的一天之後，華盛頓就知會了大陸會議要做好行軍的預備。也在這一天，他號令大陸軍的全體成員說：「部隊務必為了能隨時出發而做好充分的準備。」他這之後又追加了一封信給羅尚博，讓他知曉第一階段行軍要前往特倫頓的確切路徑，另一封信給德．葛拉斯，則是為了請求他將手中的巡防艦、運輸艦等各類船隻盡數派出來護送部隊南下乞沙比克灣。這些被選出前往的部隊包括四五千名隸屬羅尚博的法軍，且當中不乏屬於傳統勁旅的兵團——聖通日（Saintonge）、蘇瓦松（Soissonnais）、雙橋（Deux-Ponts）、波旁（Bourbonnais）、奧弗涅（Auvergne）的舊部——外加艦隊上的武裝陸戰隊員，還有約莫兩千名美國的大陸軍——會這麼命名是為了賦予讓來自各州的殖民地軍——紐約、紐澤西、羅德島——一種團結的國家意識。法軍之中包含洛贊公爵的騎兵團，他們跨坐在虎皮鞍毯上，身著緋紅色的馬褲，淡藍色的外衣與動物的皮帽。四千民兵與其餘的美軍留守哈德遜河的各個要塞，並掩護主力渡河。長距離行軍必須備有相應的計畫，其中糧草的補給站得以沿紐澤西全境有所安排，靠的是法國的資金。書信被發給了馬里蘭州與維吉尼亞總督，內容是請求他們慨允補給，並協助船舶載運美法部隊沿德拉瓦與乞沙比克灣而下，目的地是他們與法國艦隊的會合點。在還不知道德．巴拉斯會不會帶著火砲、牛肉與額外的海軍前來與德．葛拉斯會師，也毫無兩支艦隊音訊的此時，「你很容易感覺到」，華盛頓寫信給葛林說，「當下是我有生以來最期待也最怕受到傷害的一刻」。

來自新港說德．巴拉斯已經同意要前來的消息，加上有封寄自德．葛拉斯的來函表示他將「為了與你會合而克服萬難地派出」六或七艘吃水淺的戰艦，再帶上巡防艦，以及基本上每一艘適合逆河而上的船隻，外加來自他船上的攻城火砲、一千八百名士兵，還有說好的一百二十萬法郎，以便這合圍的壯舉可以馬到成功。

在紐約的營地，此次發兵的目的地是最高機密，就連盟軍官兵都被蒙在鼓裡，高層怕的是萬一柯林頓知道了美法打算夾攻康瓦里斯的計畫，他就會有動機要派出援軍到約克鎮。雙橋伯爵（Comte de Deux-Ponts）作為法國一名兵團的指揮官，本身對合圍計畫也不知情。我們「完全不知道自己是要去打紐約，還是要去維吉尼亞進攻康瓦里斯爵士，」他寫道。營區因此開出了目標是紐約或維吉尼亞的賭盤。

從盟軍位於大陸邊緣的起點出發，他們首先與最大的阻礙就是如何渡過哈德遜河，須知其深度使人無法涉水，寬度則讓人無法搭橋。人稱宏偉之「北河」（North River）的哈德遜河相對於南河德拉瓦河不同，只能搭乘渡船通過。要在敵方射程內運送帶著裝備、補給馬車、馱獸與火砲的六七千人過河，是脆弱又冒險，沒辦法在一天完成的行動，尤其登船之際更形同毫不設防。法軍與美軍在準備渡河之際繃緊了神經。英國人該不會出現在下紐約，從岸上對著渡船砲轟——甚至更糟糕，對著手忙腳亂在上船的官兵們開砲吧？

如今已變成大班吉橋（Tappan Zee Bridge）的道伯斯渡口（Dobbs Ferry）是其中一個渡河點。另一個被認為比較安全的選擇是較上游處的國王渡口（King's Ferry），那兒正對著西點，有著最窄的河面。一七七八年，國王渡口處拉起了一條鐵鍊來阻卻英艦的通行。

用來載人通過這條泱泱大河的渡輪，是吃水較淺的寬體單桅縱帆船，它們在哈德遜河上是很出名的一種單桅帆船，接駁著南來北往於河面上的交通已逾百年之久。這些荷蘭出品的單桅縱帆船平均為一百噸重，長六十五到七十五英呎，有著圓潤的船尾、寬敞的甲板，大氣的主帆與小些的船艏三角帆。要從此岸過渡到彼岸，須由比英國人更嫻熟於駕船的荷蘭船長將其豐富經驗派上用場。倚著既長且沉的舵柄，他們利用著風向與潮水的切換，乃至於河灣處水流的大小扭轉，並將之全部轉換成船前行的動力。他們往往選擇在入夜後出航，為的是善用月亮的潮汐與徐徐的晚風。

一七八一年的八月十九日，冒著豪雨的華盛頓與羅尚博拔營率軍前往渡口。某兵團首先在河寬達一英里的道伯斯過了河，其餘美軍與負載較重的法軍則盡數帶著馬匹與裝備準備在國王渡口過河。在那兒雖然河面只有四分之一英里寬，但渡輪從東岸佛普朗克點（Verplanck's Point）到西邊史東尼點（Stony Point）走的是對角線，實際航道更長，惟史東尼點有三個登陸處，其中一個可直接連到南下的陸路幹道。

扣除民兵可以提供的掩護，聯軍最大的保證就只剩下眾所周知，柯林頓那差勁的行動力。但這就夠了嗎？華盛頓故佈疑陣地在通往史坦頓島的路上留下了數道足跡，讓人以為他要前往位於哈德遜河河口，哈德遜河於此流入紐約灣的這座島，也讓人以為他是要以史坦頓島為基地進攻紐約城。他下令集結所有沿哈德遜河下游與紐約灣沿岸停泊的船隻，好營造一種他要他要準備攻打紐約的氣氛。此外，他還讓在地的愛國者在酒館中或與鄰人的閒聊中故意提起史坦頓島，然後問些尖銳敏感的問題。

這些暗示經由親英派密探的大肆蒐集與上報，果然讓柯林頓上了勾。他開始在極度自我中心的鬱鬱寡歡中相信他身為總司令與所據的紐約城，正是叛軍在其後院集結所鎖定的目標。他開始在隨時會遭受攻擊的期待中惶惶不可終日，而在如坐針氈的等待中，他根本不敢從防務中挪動一兵一卒或一槍一砲去對付正在集結，且意圖昭然若揭的敵人。此時讓柯林頓更加陷入癱瘓的，還有另外一件令人憂心之事：一支法國艦隊從西印度群島而來的傳言甚囂塵上。海權或將不保的噩夢讓他夜不成眠。他並不擔心維吉尼亞友軍所受到的威脅，因為如他在五月三十日給倫敦的信中所言，「只要康瓦里斯面前不出現一支優勢艦隊，他就可以高枕無憂，只是倘若這事真的這樣發生了，那我對讓這個可憐的國家恢復和平，也就再不抱希望了」。是說他筆下這支讓他提心吊膽的「優勢艦隊」，早就在從西印度群島前來美洲的途中了。

當然柯林頓所說的「恢復和平」，指的是把叛亂「鎮壓下去」，而比起他的海軍同僚，柯林頓更明白萬一海權落入敵軍之手，糧草與補給問題會置英軍於何等險境。英國在北美殖民地的地位有兩條腿，一條是制海的能力，一條是親英派的勢力，且此時已經斷了一條。要是再斷一條，那英國在殖民地的軍事與行政力量就只能喝西北風了。柯林頓對此一變數的感受比誰都深刻，因為你若是去翻看他傳世的食物與酒水訂單，這傢伙日子過得相當之嗨。白蘭地他是一次十加侖在訂，而食材清單從牛肉、小牛肉、羊肉、舌頭、牛臀、魚、蟹、牛肚、胸腺到雞蛋，一點都不委屈。八月二十四日，叛軍正在渡過哈德遜河的同時，柯林頓下訂了四十三磅牛肉、三十八磅小牛肉、字跡潦草所以數目不詳的「鳥禽」、螃蟹與火雞跟兩顆小牛頭（可能他要辦派對吧）。此外他的靴子是跟倫敦訂的，他給小馬伕穿的鞋是在倫敦換的鞋底。他固定由在地供貨的東西有薰衣草香水，有赫米特（Hemet）牌的潔齒劑，還有香粉。在八月二十七日那天，他買了一把梳子。偌大的指揮總部裡有多少人員要上桌吃飯已不可考，但不論這人數為何（一說是一百四十八名將級軍官），可以確定的是他們吃喝的胃口都非常好。我們能否推論就是那以加侖計的白蘭地，造成了英軍統帥的表現丟三落四？難道是酒精鈍化了他們的官能？

相對於部隊住宿在紐約市區，柯林頓的官邸則安排在位於五十二街與東河匯聚處的比克曼宅（Beekman House）。事實上柯林頓一人就占用了四間不同的宅邸，為的可能是避免遭到行刺。「在紐約當地與周遭，」根據一名政治記者表示，「亨利．柯林頓爵士擁有不下四座房舍；這人相當之貪。偶爾在大庭廣眾下，你會看到他馳騁往返在狡兔數窟間；在這一點上，他就像是畫虎不成反類犬的皇族。」他這種囤房的行為，加上跟老相好貝德莉夫人（Mrs.

Baddeley）生了好幾個孩子的事實，都說明了他為什麼這麼堅持要守在紐約。

少了柯林頓礙事，華盛頓軍在從菲利普斯堡拔營一天後就抵達了渡口。

盟軍沿著通往碼頭的鋪石坡道，整隊下到了渡口；補給馬車被拖上渡輪，後頭跟上的是舉在甬道邊上的基層士兵，偵察軍官緊盯著有無紅衣英軍接近。結果並無槍響或騎兵揮舞著耀眼的軍刀影衝過來擾亂「井然有序的登船程序」。最終渡輪上載滿了盟軍士兵，解開的繩索被拋過船側到在岸上等待的人員手裡。帆面升起，渡輪就此滑入了水中

在可俯瞰哈沃史卓灣（Haverstraw Bay）這個河面膨脹到五英裡寬處的一個高原上，法國人為他豎起了一座觀測平台上，而從這平台上，華盛頓看著渡輪一艘艘載著他的士兵渡過河水，朝著想在漫長獨立之戰獲勝的最後，也是最大的希望所繫而去。美軍是在八月二十日開始渡河，隔天早上就已經全數來到哈德遜河彼岸。克勞德·布朗夏（Claude Blanchard）作為法國的總軍需官，於（根據他日記中所說的）八月二十五日站在總司令的身側，陪同指揮官看著部隊過河，而他能感受到長官看似平靜的外表下情緒波濤洶湧。他查覺到華盛頓在看著行伍渡過「在陽光下水光粼粼」的寬闊河面時，其人似乎「望見了即將有所扭轉的運勢，須知戰爭來到這個階段，精疲力竭而又山窮水盡的他亟需一場大捷來喚起勇氣與希望。他在下午兩點要我們告別前，用充滿感情的手勁跟我們握了手，然後便自己也渡河去加入他的部隊了」。「我深感榮幸能稟告將軍閣下，」華盛頓在日期標注為八月二十一日的信中，從國王渡

口的彼岸對羅尚博表示，「我的部隊於昨日抵達了渡口，並於早上十點鐘開始渡河，而到了今天早上日出之際，他們已經盡數來到河的對岸。「他載明的日期與布朗夏對不上，是因為華盛頓顯然在第一次陪美軍渡完河後又掉頭回去，陪法軍又渡了第二次河。他最後一批部隊在晚餐之後，在凱茨基爾（Catskills）山腳下登上了黑暗中的西岸，那兒有山貓的嚎叫迴盪在整片未經開墾的山丘上，而雷電的轟隆聲則代表亨利·哈德森的船員幽靈又在玩滾木球遊戲了。

法軍因為被其前往渡口較長的行軍路程與較重的設備拖緩，所以晚了美軍幾天才開始登船，但他們也同樣平安無事抵達了對岸。哈德遜河的渡河過程原本一直風平浪靜，直到羅尚博下令將多餘的負重卸下儲存在皮克史基爾（Peekskill），結果根據羅尚博的副官路特維格·馮·克勞森（Ludwig von Closen）所言，「基層士兵的大聲抗議此起彼落」。不過克勞森倒是在日記中提到了一件比較好的消息，主要是對戰事關係重大的一則訊息在美軍渡河的當日被從新港返回的某軍官帶了過來，內容提到法國海軍指揮官德·巴拉斯已欣然同意將滿載兵力、肉品與攻城火炮的運輸艦帶下來，而這也讓羅尚博「大大鬆了口氣」。所有的法軍都在八月二十五日完成了渡河。英軍的毫無作為讓盟軍大惑不解。「一名敵將哪怕還有一點勇氣或識得一些兵法，」雙橋伯爵在日記中寫道，「都不會眼睜睜看著我們狼狽度過北河，錯過這建功立業的天賜良機。我不明白柯林頓將軍何至對我們的行動如此無動於衷。這於我而言是怎麼也看不清的謎團。」就連柯林頓的情報官威廉．史密斯（William Smith），也無法不覺得長官未免太過被動。「我看不到一點進取之心，」他在敵軍渡河不久後的九月三日寫道，「任誰心中升起了一絲火花，也能被那鋪天蓋地的沉悶所扼殺……華盛頓眼下由哈德遜河而去的行動，是對此處英軍將領最嚴重的指控」。至於事情會如此發展，一部分的原因是柯林頓在美軍渡河的當時人不在紐約，他去長島跟葛瑞夫斯開了一場結論跟紐約一樣死氣沉沉的會。從西印度群島追擊德．葛拉斯未果的胡德將軍剛在八月二十八日駛進了紐約沙鉤。他划船到了長島去與葛瑞夫斯跟柯林頓會商，而他們都同意葛瑞夫斯應該要帶著共十九艘船的聯合英國艦隊航向乞沙比克灣，尋求在那裡守株待兔地殲滅從新港出發，共計八艘船的德．巴拉斯艦隊，使其沒有機會與德．葛拉斯會合。我們可以合理推測去開會的柯林頓留下了某人在紐約指揮大局，必要時可以發號施令，畢竟他不可能設想自己去開會時一切太平。要說在準備渡河的法美盟軍能把當地人完全蒙在鼓裡，或是說柯林頓的總部遲鈍到連一名幹員都不曾從區區十五英里外處通風報信。事實上英軍總部曾源源不絕地有間諜前來，鉅細靡遺地「實況轉播」叛軍行進的一舉一動，甚至細到有一名女子宣稱她滲透了敵營，確認了華盛頓的住處。由此我們只能推定英軍總部根本因為美軍要遠離紐約而鬆了一口氣，自然不可能去攔著他們，再不然就是委靡的氣息與鬥志的喪失已浸入英軍之骨髓，以至於運籌帷幄者已不再在意這場仗的死活。那股祖國的當權者已不再對這一戰有興趣的感受，重創了第一線的官兵戰意。要說這種質疑是如何滲進了柯林頓這位英軍總司令的心靈，我們可以看看他在給其贊助人紐卡索公爵的信中是如何地直言不諱。這封信抱怨「援助似乎只跳過我們」，並尖銳地追問，「那是因為美洲已經不再是目標了嗎？果真如此，那就請你在把臉丟光之前撤軍！」這是很少人敢冒大不韙說出的逆耳忠言，最後也沒有意外地被置若罔聞。如果柯林頓的「不再是目標」一語指的是英國在這場戰爭中的態度，那這就造成了另外一個謎團，因為這並不符合英國國內某些唱衰者的預測認為失去美洲將啟動大英帝國的衰亡。事實是人鮮少會認真看待預見自身衰敗的說法，英國的戰爭領袖們也不例外。認為失去美洲殖民地就是帝國衰亡之始的嚴峻預言，並沒有深入他們的內心，也沒有讓他們願意更積極地去把美洲戰爭打贏。

總的來講，柯林頓之所以被動消極，是因為他害怕防務的任何一點調動都會導致敵軍有機可乘。日後在他寫於戰後的辯解中，柯林頓宣稱他在盟軍渡河之後就無以再採取攻勢了，理由是他誇張的計算顯示敵軍兵力遠大於他。但事實是在兩千四百名黑森傭兵於渡河前一週多的八月十一日抵達加入英方後，柯林頓手握的兵力要遠大於美法聯軍。更直搗問題核心的是他之所以堅持按兵不動，是因為他被紐約即將遭到攻擊的判斷給嚇到僵住了。一般人會認為那是個該跟敵人比誰快，制敵機先的時刻，但進攻的前題是要敢於快刀斬亂麻，先下手為強，而那顯然不是柯林頓的強項。他正中華盛頓下懷地僵在現場，盟軍因此得以揚長而去且毫髮無傷。當有幕僚建議題應該從哈德遜河的此岸展開追擊時，柯林頓有所保留地婉拒了，理由是「敵軍可能會趁他出擊時讓紐約付之一炬」。密探曾通報他說華盛頓在紐澤西全境囤積了一堆堆的食物，此外還有線人提出證據指出華盛頓行軍的方向不是紐約而是南方，惟當情報與人既定的計畫或成見背道而馳時，要相信其真實性就成了一件困難的事情；柯林頓只相信他想相信的東西，不能證明他客觀知道或主觀相信之事的東西，都會被他拒之於千里。

同一時間，胡德與葛瑞夫斯尚未啟航前往乞沙比克灣。他們兩人都不具備羅德尼那種能感知到敵人戰略輪廓的直覺。很顯然叛軍如此大費周章地渡過哈德遜河，不可能沒有某種重大且值得英軍去挫敗的戰略目的作為其動機，但胡葛兩人似乎都沒想到叛軍打的主意是要與德·葛拉斯在維吉尼亞形成康瓦里斯包圍網。這兩人身為海軍將領，完全沒花心思去判讀陸軍的布局，也沒有意識到該去乞沙比克灣與法軍爭搶海權的必要性。他們把自己困在了兩種成見中：一來是德·葛拉斯的目標是紐約而非乞沙比克，二則為德·葛拉斯頂多會帶來一支不具優勢的艦隊——或許就十二艘船吧。此外，所有人都以為人在西印度群島，勇敢的羅德尼經過在一番信誓旦旦的保證後，必然會在加勒比海處理掉德·葛拉斯，或起碼會及時趕來美洲來與之保持均勢。要比殺傷力，鐵打的成見往往更猛於火砲。關於德·葛拉斯的推測都是機率問題，不是板上釘釘的事情，更不是英軍未能有備無患，不就最佳定位來迎戰法軍艦隊的藉口，那是無關乎羅德尼是否緊追德·葛拉斯其後，英軍都該做的事情。胡德明知羅德尼病到什麼程度，也曾經受命代理羅德尼去追擊德·葛拉斯，所以他明明可以讓同袍知道真相，讓他們不要對羅德尼有不切實際的期許，但他卻沒有這麼做。包括這一點在內，胡德在這段期間多次的不作為，都使人相當費解。

胡德、葛瑞夫斯、柯林頓這三名英軍指揮官會無法預判到美法聯軍跟法國艦隊要在維吉尼亞沿岸對康瓦里斯進行合圍，只能有一種解釋，那就是單純的愚鈍，畢竟華盛頓南下的目的地早就由逃兵之口洩漏，甚至還有傳聞說羅尚博之子的情婦作為一名美國女子，也曾如此透露——希望她是無心之過。一如面對所有檯面下得到的情報，柯林頓與他的參謀都不會輕信，就像他們也會習慣性地輕敵。他們不敢相信華盛頓會如此無畏於行軍至維吉尼亞如此懾人的計畫，也沒想到華盛頓會膽敢讓哈德遜河的要塞唱空城計，帶走美軍主力。如果要跟德·葛拉斯產生交集，柯林頓覺得唯一的可能只有史坦頓島，只能是為了紐約爭奪戰。

事實上當法國艦隊加入戰局後，英軍的指揮中樞曾癱瘓了整整一個月，就好像他們的三巨頭——總司令柯林頓、海軍主帥葛瑞夫斯、人在交戰現場的陸軍大將康瓦里斯——全都被施打了鎮靜劑。事情的開端，是羅德尼一封函文於九月二日送抵了柯林頓手中，當中提及根據他從前去法蘭西角與德·葛拉斯會合的美國領航員處得知，德·葛拉斯的目的地是乞沙比克灣。雖然這消息直接威脅到的不是他自身，而是康瓦里斯，但柯林頓還是意會到了命運的瞬間已經來臨。「局勢似乎正快速朝著一場危機在發展，」他寫信給赭曼說。「由此我們已經無法再與敵人比拚兵力，而應該盡可能在眼前的局勢下設法應敵。我手上有的固然不多，但我仍會我所能去拯救康瓦里斯。」簡單講，他已經體認到康瓦里斯在這個點上需要「拯救」。也在同一天，他從盟軍獲得熱烈歡迎的費城得知了華羅二人進軍的目標不是他以為的史坦頓島，而是能與德．葛拉斯會師的乞沙比克。柯林頓此刻終於明白了敵軍作戰計畫的完整輪廓，而即便他個性是英軍三巨頭中最優柔寡斷的一個，此時也不得不劍及履及地命令葛瑞夫斯帶五千援軍上艦，前往康瓦里斯處救援，預定十月五日啟程，並畫蛇添足地提了一句「路一通就馬上出發」——好像德．葛拉斯要是來了，會識趣地把路讓開來一樣。事實上德．葛拉斯還真到了。在沒被羅德尼或胡德攔截而渡過大西洋，也在透過繞道巴哈馬海峽而避開了胡德的注意後，德．葛拉斯於八月三十日進入了乞沙比克灣，而此時的葛瑞夫斯與胡德還在紐約紙上談兵。葛瑞夫斯下錨在沙洲內的港中，而胡德則下錨在沙洲之外。有三天時間他們按兵不動，直到八月三十一日，他們才揚帆前往乞沙比克，而且看起來還好整以暇，因為他們想著無論如何自己也保有數量上的優勢——前提是他們得攔住德．巴拉斯增援法軍艦隊。但德．巴拉斯早於八月二十五日就離開了新港，如今已在前往乞沙比克灣的路上，這比胡德跟葛瑞夫斯離開紐約早了一大截。

急於準時與德．葛拉斯在乞沙比克灣會合的華盛頓下令讓盟軍一於澤西海岸邊下船，就給自己帶上三天份的口糧，準備好在清晨四點出發，並由紐約第一兵團領頭，後面跟著砲兵與羅德島兵團與法軍的第一師。朝維吉尼亞的進軍就此展開，而羅尚博副官馮．克勞森男爵的日記便是這段行程至為珍貴的史料。

馮．克勞森土生土長於巴拉丁（Palatinate）地區，家鄉是卡在法德之間的萊茵蘭（Rhineland）伯國，而他最後選擇了法國做為其祖國，並以十四歲的年紀入伍從軍，成為了一名「討人喜歡、勤勤懇懇、冰雪聰明，而且消息格外靈通」的年輕軍官。經過一番三級跳，他經任命進入了皇家雙橋兵團，與羅尚博一同在一七八〇年來到了美國。雙橋兵團身穿天藍色制服，搭配檸檬黃色衣領跟滾邊。克勞森在這趟遠征中也屬於外國日記作家的一員，但不同於德．洛贊公爵的是他是真正對美國生活的即景與人物抱持興趣，也因此他非常勤於紀錄下他的觀察。事隔兩百年，他的日記成為一扇窗，使我們得以一窺法軍途經處的美國是什麼模樣，當中不乏許多讓人意想不到的觀點與評論。

由於當時的道路狹窄且路況相當原始，也為了舒緩必須要在鄉間覓食的壓力，加上想讓柯林頓對於他們的目標更加沒有頭緒，盟軍兵分二路踏上兩條平行的路線。步兵第一天走了十五英里，而這也是之後兩週的日均前進距離。軍官騎馬，包括那些把愛駒帶來美國的法國人。華盛頓的部隊成三路縱隊，分不同時間抵達預定的目的地。一路上華盛頓為了進一步讓人誤認他要去史坦頓島，做了兩件事情，一件是下令在紐澤西的查塔姆興建烤硬餅乾[20]用的

20 譯註：Hardtack，一種極硬的餅乾，別名「船上的餅乾」（Ship's Biscuits），因為這種餅乾會被捆好送上船給水手食用。

爐子，好讓人以為他要建立永久性的營地，另一件則是蒐集三十艘附輪子的平底船，這一方面是南下時遇河可用，一方面是掩人耳目，讓外界解讀為為他們要渡海到史坦頓島。

馮．克勞森走的路線會通過殖民歷史悠久且飽經開墾的紐澤西，那兒有老僧入定的牛兒在長瘤的蘋果樹下慵懶地抬頭盯著經過的騎士。他發現那裡的草原圍欄設計跟法國的一樣，「由上而下共有五條橫板」。他描述沿著查塔姆與伊莉莎白鎮的河畔道路上有一「美極了的小山谷」，讓他直覺這裡是個「奶與蜜之地，當中盛產獵物、魚類蔬果與鳥禽」，那兒（他認為是荷蘭裔）的居民「將之打理得整整齊齊、乾乾淨淨」，不像紐約州那樣「把堪憐的境遇寫在了住民的眉宇之間」——這是馮．克勞森如今已無法考據其含意的其中一句奇妙發言。騎士持續沿著「美麗的路徑」前往龐普頓（Pompton），途中經過了好幾座大宅與精壯的牛隻。在惠帕尼（Whippany）的「一棟豪宅裡」，他們獲得的接待是一頓「豐盛的晚餐」，但隔天在貝斯金脊（Basking Ridge）的金條酒店（Bullion's Tavern）就沒有這麼好運了，這兒端上來給他們吃的是一頓「普通到不能再普通的晚飯」，但取而代之給予克勞森安慰的是他得知這晚有床可睡，但就是要與史密斯上校這名華盛頓的副官共享就是了。他們下一站來到普林斯頓（Princeton），該地在布朗夏的日記中是個「一家家客棧都美輪美奐又極其乾淨的美麗村莊。那兒還能看到一間賞心悅目的學院，（內有）五十名院生，（外加）可容納兩百人的空間」。關於普林斯頓他言盡於此。在一頓「非常美好的美式早餐後」，他們推進到了特倫頓，累積當日的行程為四十五英里。他們與華盛頓共進了晚餐，聽取了他對於之前戰役的描述。距離德拉瓦僅半英里的特倫頓是個「即使遭（讓人恨之入骨的）黑森傭兵蹂躪過，亦無損於其魅力的處所」。這一區仍滿滿的是大型村落，一個個都令他想起故鄉巴拉丁的風土，就差沒有萊茵的美酒。但無妨，因為這裡的鄉親有種可口的「佩里酒」（Pery），那是用梨子發酵製成的西打酒。

在部隊行軍通過澤西的過程中，一名信差在八月二十九日帶來的消息引發了深沉的焦慮。一名觀察者在沙鉤——這人是紐澤西民兵中一名信譽卓著的將軍——回報說他看到一支十八艘船的艦隊，看旗幟是英軍。後來船數被修正為十四艘，但不論十八或十四艘，這支被推定是羅德尼自西印度群島帶來的新艦隊一旦與葛瑞夫斯的艦隊會合，難保不會讓英軍掌握盟軍最害怕的武器，那就是比預期中德．葛拉斯所率更多的船艦，乃至於由此得到的制海能力。當然這些被觀測到的船並不屬於羅德尼，而是屬於胡德，且其如今已是葛瑞夫斯艦隊的一部份。由此在葛瑞斯斯的率領下，你很難期待他能用多大的鬥志去感召這支艦隊。

盟軍在九月一日渡過德拉瓦河，隔天抵達費城，至此他們一共前進了一百三十三英里。在費城，比部隊早三天進城的將領們受到了圍觀民眾的熱烈歡呼，還在於城市酒館（City Tavern；美國開國元勳常前往共商國是的地方，距離簽署獨立宣言與美國憲法的費城獨立廳不遠；第一跟第二次大陸會議時，城市酒館都是與會者駐足交換意見的處所）稍停時獲得起立鼓掌。此外看著法軍身穿亮白色軍裝與白色羽飾從其面前經過，那耀眼的一幕也讓鄉親父老忘情地鼓掌。用身上粉紅、綠色、紫色或藍色等不同顏色的翻領與領子去標誌其所屬兵團的法軍，稱得上是放眼歐洲，士兵的派任最具巧思的一支軍隊。勤務兵制服滾邊與帽子上的金銀絲，乃至於他們有著金色頂部的手杖，都讓他們看上去一個個都有將軍的氣場。砲兵穿的是灰色制服搭配紅色天鵝絨翻領。在剪裁縫製上如此講究派頭，除了好看還有其實務上的作用：這能給讓敵人產生一種對方手握財富與權柄的印象，讓他們感受到穿著者的自豪。現代人很難想像這種心理作用，是因為我們已經習慣生活在唯恐做不到平等的時代。至於當年法軍是如何做到在揚塵或泥濘路上行軍一兩天後還保持白色制服潔淨如新，只能說是個謎。隨軍並沒有女性可以替他們洗滌衣物，因為華盛頓三令五申禁止平民隨營前進，這他不准車隊騰出空間給平民搭乘，也不准官兵把軍糧配發給他們。話說到底，所謂的清洗可以靠把滑石粉或任一種能夠遮瑕白粉完成，就像法國人會用白粉去把假髮弄白一樣。賈斯帕・嘉勒廷少校（Major Gaspard Gallatin）作為皇家雙橋兵團的一名參謀，留下了一本寫於紐約戰役中的日記，當中他提到在抵達費城時，法軍「已然停下來擦拭武器，並把白色制服撢弄乾淨」，包括某些單位還特地換上軍禮服，「風風光光地進了城」。相對之下美軍因為沒領到餉而一副臭臉，態度也不親民，甚至被人以為快要叛變了，以至於有人質疑他們到底會不會繼續行軍下去。儘管如此，他們還是在經過國旗時好好地敬了禮，也跟群集在州議會陽台上的華盛頓、羅尚博、呂澤納與大陸會議代表們致了意，而代表們對此也脫下他們的十三頂帽子回了禮。法國兵團帶上的銅管樂器將群眾的熱情炒到了最高點，畢竟他們平日聽慣了的只有菲菲笛跟鼓聲。法軍搭配音樂那無懈可擊的節奏感，加上五彩繽紛的兵團旗幟，讓圍觀群眾喜出望外，為此馮．克勞森驕傲地心想這些人「肯定沒意料到法國部隊可以如此帥氣」。從呂澤納大使官邸觀看閱兵的仕女們「在美妙的音樂中看這些俊俏的官兵看到入迷」。羅尚博與他的參謀由呂澤納安排了像「皇親國戚」一樣的下榻處。偕華盛頓與他的眾將官，他們一同在勞伯．莫里斯的家中盡享了一場「絕佳的盛宴」，席間不乏「各式各樣的異國美酒供他們盡情舉杯致敬」美國，致敬法國與西班牙的國王，致敬美法盟軍，也致敬德．葛拉斯伯爵。這之後，整座費城都為了向華盛頓致敬而燈火通明。

盟軍隔天在這座「巨大的」城市裡觀光，須知費城憑藉其大港，加上有方便的碼頭供沿河而上的船隻裝卸貨，可以說「跟波士頓一樣商業興盛」，許多店家都陳列著滿坑滿谷的精美商品。馮．克勞森提到這座城市的商人因為當前的時局而「大發利市」，主要是所有人都在「囤積東西」。費城有七十二條筆直寬敞且建設精良的街道與人行道。從大陸會議的議事廳向外望，有「你想像得到最棒的景觀」，且此處還有一「頂著大學名號的知名學府」（如今的賓州大學）。在喬瑟夫．里德（Joseph Reed），即「賓夕維尼亞州主席」（原文如此）的家中，訪客們接受了正式晚宴的款待，期間最吸睛的菜色莫過於一道以殼作鍋的九十磅級特大海龜湯。

只不過再多的舉杯致意、鼓掌歡呼，乃至於再多的嘉獎表揚，都無法彌補費城在運輸艦上的欠缺。莫里斯做為一名富商只懂找錢而不懂找船，由此他只提供了寥寥數艘。這些船足夠攜運重型的野戰火砲，但以水路運兵的希望就必須得拋棄了。

從費城出發，盟軍的下一站是賓州的切斯特（Chester），然後目的地是位於乞沙比克灣至北內灣頂端的駝鹿頭（Head of the Elk；一名艾爾克頓〔Elkton〕）。此時就像其身上有某種如影隨形的病痛，我們可以從華盛頓於九月二日寫給拉法葉的信中判讀出某種與他常相左右的焦慮。「我對於德．葛拉斯伯爵會如何懷著難以言喻的焦慮，也害怕英國艦隊會在佔領了乞沙比克灣後……挫敗我們在那裡所有的如意算盤。」他補充說他的另一項焦慮關係到理應帶著火砲跟牛肉來會合的德．巴拉斯。他在信中請拉法葉若「從任何管道得知了任何新的」消息，務必要「快馬加鞭」通知於我，「因為我的不耐與焦躁已經到了巔峰」。這些話語出自在焦慮面前一項堅若磐石，非常人所能及的華盛頓之口，顯示出他在率軍前往維吉尼亞途中是多麼煎熬。一切的規劃、同盟與希冀，會不會到頭來都是一場空？在終點等著他與大軍的會不會是徒勞無功？

九月五日，隨著他引韁進入切斯特，他心頭那顆大石在讓人心跳暫停的一瞬間落了下來，原來是德．葛拉斯遣人快馬來報說艦隊已安抵乞沙比克灣，艦隊規模不下二十八艘船與三千兵力，且已經登岸並與拉法葉取得聯繫。為康瓦里斯準備的陷阱就此設下！在對官兵宣布了這天大的消息後，華盛頓調轉馬頭去通知還在他北邊，正搭著駁船南下的羅尚博。隨著羅尚博的船身慢慢靠近切斯特的碼頭，他與他的參謀看見了驚人的一幕：岸邊一個大高個像是三魂七魄都請了假一樣，跳上跳下地在哪裡又是揮手又是狂轉圈圈，還一手帽子，一手手帕。再靠近岸邊一點，他們看清了那神經病毫無疑問地，是華盛頓將軍，平日裡那個不苟言笑、嚴肅自持的華盛頓。羅尚博從駁船上一躍到了戰友的懷裡，共享這好消息。在這之前，不曾有人看過這麼放得開、這麼喜不自勝，這麼像個孩子般在那兒手舞足蹈的華盛頓。這麼一來，要擔心的就只剩一樣。德．巴拉斯還好嗎？他該不會在灣中遭到了攔截，讓盟軍在決戰前夕損失了食物跟火砲吧？

在華盛頓接獲德葛拉斯通報的當天，同樣的消息也被送至了費城。信差進了大廳，適逢呂澤納大使在招呼軍需官布朗夏與另外八十名賓客。文件一由信差遞到呂澤納手中，賓客全數陷入一片鴉雀無聲，而大使在匆匆瞄過一遍內容後，便以不遜於華盛頓的興奮之情對現場宣佈德．葛拉斯已率（他誇大的）三十六艘戰艦抵達乞沙比克灣，三千兵士也已登岸加入拉法葉的麾下。現場聞訊陷入了一片瘋狂，信差就此被喜出望外的賓客們團團圍住。在市區，當消息由呂澤納公開之後，民眾高呼「路易十六萬歲！」的聲音此起彼落，還有人攀上鷹架或高台去悼念康瓦里斯，宣讀托利黨人的輓詞。

就像是不想讓切斯特的眾人好好開心放鬆一下似的，華盛頓與羅尚博在往南的馬上就聽得灣中遠遠傳來砲火的轟隆聲，而那傳遞的是一個讓人心驚膽跳的訊息：德．葛拉斯與英國艦隊已經在乞沙比克灣狹路相逢且大打出手。在情況未明中忐忑不安的兩位將軍只能面面相覷，誰也不敢大聲說出他們心中的問題：哪一支艦隊輸？哪一支艦隊贏？

事實上這場海戰的結果，可以說不僅僅是北美戰爭的轉捩點，更應該說是整個十八世紀歷史走向的轉捩點，因為事實證明這場海戰的結果，為反英的盟軍奠定了約克鎮之役的勝基。

話說在乞沙比克灣中，法英兩支艦隊各據於不同的岬角底部。在八月三十日抵達的德．葛拉斯讓艦隊主力下錨在亨利角外海的林恩海文灣（Lynnhaven Bay）；九月五日進入乞沙比克灣的葛瑞夫斯艦隊則停靠在查爾斯角的下方，而那兒也正是約克河與詹姆斯河在流經約克鎮後，河口朝向乞沙比克灣敞開的地方。

葛瑞夫斯在進入乞沙比克灣時一陣詫異，因為他眼見看到的不是他以為德．葛拉斯會帶來的十二到十四艘船，而是大陣仗的二十八艘風帆戰艦外加若干巡防艦與砲艇。面對數量佔上風的敵方，葛瑞夫斯有的是位置上的優勢，主要是他正以整齊的編隊讓風從背後推著她的艦隊前進，而德．葛拉斯因為稍早得大費周章讓士兵登陸好由拉法葉接收，此刻落得得利用各種操駕來讓船出港進入開放的海域，因為開放海域才有她可以形成戰列的空間。在尋求接戰時，他的目標是不讓英國海軍有機會控制住乞沙比克灣，以免他們形成一股能支援或救助康瓦里斯的力量。至於葛瑞夫斯的目標則剛好相反：保持康瓦里斯對外的航向暢通。他想要撼動法軍的機會若根據海軍評論者的專業分析，其實相當理想。他順風順水地走在風勢的前面，而敵人卻亂成一鍋粥，咬著牙要從並不友善的通道中找路繞過亨利角，進入開闊的水面。要是能趁法艦尚且各自為政之際各個擊破，他早已將德．葛拉斯的艦隊全殲於灣內，只可惜《作戰指示》不是這麼教的，而葛瑞夫斯又是盡信書本而不懂變通，皇家海軍自廢武功後的產物，須知自從他們處

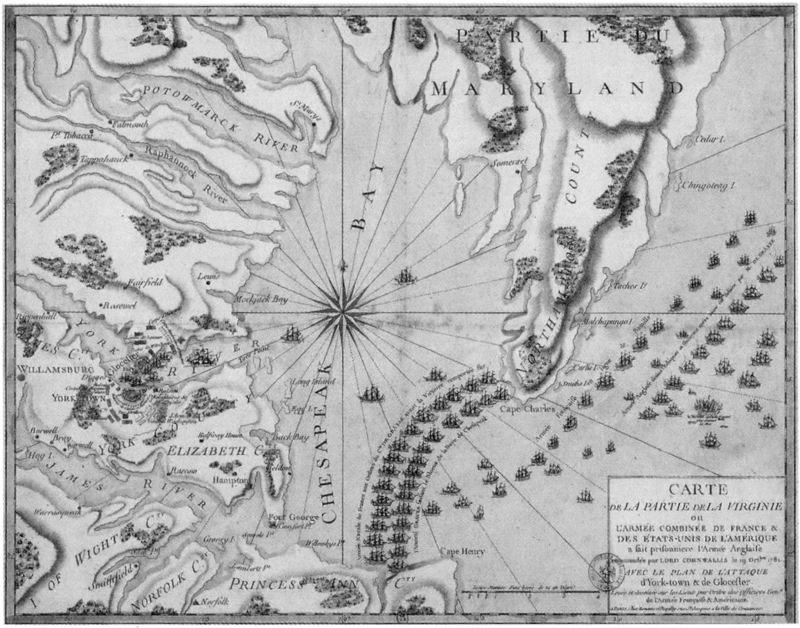

描繪約克鎮戰役的海灣地圖，圖的右方可以看見法軍的艦隊已經封鎖了乞沙比克灣。圖片來源：Wikimedia Commons

決了拜恩又軍法審判了馬修斯之後，海軍將領的自主性就已當然無存了。葛瑞夫斯的理解是按照《作戰指示》，他的職責所在是形成與敵軍編隊平行的戰列，而由於敵軍此時東一艘西一艘，沒有編隊去跟他形成兩條平行線，他便不知道該怎麼做才好了。從午後一點到三點半，隨著風向瞬息萬變，一下有利於法軍，一下又有利於英軍，葛瑞夫斯掙扎著要把作戰公式套在自己身上，只不過等他終於滿足了各種條件，升起了接戰的旗號時，自身的優勢早已消失殆盡。當他升起旗語為「進逼」的藍白棋格旗幟時，意思是各艦船長都應該朝敵人前進，並攻擊與之最為接近的個體，但就在同一時間，他又還沒把仍飄揚在後桅杆上的「保持戰列」旗號卸下，而保持戰列的旗號又在位階上高過一切。也就是說，「進逼」的旗號要人放棄戰列在海上衝鋒，而至高的旗號又要人繼續待在戰列裡不動。被搞糊塗了的艦長們選擇遵守至高的旗號，繼續在戰列裡待著，結果是他們與法國戰列的對峙不是兩條平行線，而是有一個角度，而這造成的結果是只有帶頭的幾艘船——葛瑞夫斯的部分而非整支艦隊——有辦法與法軍接戰。一番互轟之後，法國的砲擊產生了效果。葛瑞夫斯有四艘船被重創到隔天無法再戰。後續的兩天，也就是九月六日與七日，就在木匠與索匠盡可能在海上進行維修時，這兩支艦隊只是相互觀望但沒有接戰。翌日，雙方就在勝敗無法一刀切的狀況下解除了對峙。這一回合的交手雖說難分軒輊，但其重大的意義已足以讓乞沙比克灣一役躋身歷史上最具決定性的海戰之列。葛瑞夫斯的艦隊遭到毀損與沖散；德．葛拉斯的艦隊則控制了乞沙比克灣。

信號的「誤解」這名累犯——誤解是葛瑞夫斯在之後向國會解釋時的用語——又一次壞了海戰的大事，只不過事實上，問題應該是出在艦長們對信號的理解太過正確。

九月九日，德．葛拉斯以迅雷不及掩耳之勢讓戰局底定，主要是他讓艦隊駛入乞沙比克灣，使其成為了他的勢力範圍。在此同時，德．巴拉斯作為這場海上角力的關鍵變數，也載著他的攻城火砲、牛肉與八艘新船，從新港悄然而至。

又一此陷入迷茫的葛瑞夫斯以高階海軍軍官的身分，召開了作戰會議，而集思廣益的結論是以其眼下船隻受損跟敵軍數量佔優勢的狀況，他無以對在約克鎮的友軍提供任何「有意義的援助」。作為下屬的胡德將軍在倉皇中促請葛瑞夫斯親自重返灣中來挑戰法軍的控制權，只不過他的倡議既不夠雄辯滔滔也不夠鏗鏘有力，最終沒有產生任何效應。

面對任何一名指揮官都會在困局中遇到的徬徨，亦即是否「知所進退」才是勇氣的最高境界，葛瑞夫斯最終給出了肯定的答案，由此他判斷回軍紐約進行休整後再重返約克鎮，於他才是正途，而他這麼做的結果就是不論在海上或陸上，法軍都封鎖了康瓦里斯想獲得援助或自行求生的所有通路。

康瓦里斯對敵軍登陸在自己門口的漠然反應，簡直跟柯林頓在哈德遜河的表現如出一轍。幾乎可以用懶散去形容的戰意低下，成為了兩地英軍的共通點。德．葛拉斯一到達乞沙比克灣，還未與葛瑞夫斯海戰前，他的第一項行動是將三千陸軍接駁到上游處登陸，以便讓拉法葉軍有更多兵力面對與約克鎮隔河相望，駐紮在格洛斯特角之英軍。康瓦里斯目睹了在灣中那被派來對付他的艦隊有多大，結果他高估成對方有三十到四十艘船。這時只見法艦一艘艘脫隊並逆流而上去放部隊上岸，法軍士兵則為了設法登陸而手忙腳亂。照講這時的法軍幾乎沒有自衛能力，但康瓦里斯不知是出於懈怠，還是過度自信到難以想像，竟然沒有出手攻擊。「這對我們在登陸的部隊是一項驚喜，」卡爾・古斯塔夫・童恩奎斯特身為在德・葛拉斯麾下服役的瑞典中尉，於他的回憶錄中如此談及，「康瓦里斯連一點點去妨礙他們的舉措都沒有，但其實那怕是一門砲打過去，便足以在那狹窄且許多地方十分蜿蜒的河道上造成嚴重的傷害。但他卻只滿足於朝約克（鎮）逼近，然後一路上趕盡殺絕，就連手無存鐵的婦孺也不放過」。就算是德・葛拉斯帶來的援軍加上拉法葉原本的五千人，康瓦里斯有七千八百人的兵力也大致可與法軍棋鼓相當。他在這個節骨眼上的不作為，是因為他相信柯林頓在信中保證的援軍會從紐約前來，只不過即便如此，他眼看著敵人陷入泥淖而只做壁上觀的行為，仍舊太不積極到令人費解。

因為沒有讓預設好信號意思的觀察員駐於岬角上，因此海角之戰（海灣之戰的別名）的結果在音信全無的四天中都是華盛頓與羅尚博心中的一個謎，最後是探子來通報，兩人才曉得法國艦隊仍安然浮於海面，而英國艦隊則已經消失在地平線。但即便是這時，兩位將軍也還是想著英國艦隊會去而復返的可能性而無法安心，畢竟萬一英艦隊調頭來犯，那才剛剛升起於他們心中的希望——以陸攻壓迫康瓦里斯投降不再是夢想，而那將為美國帶來勝利，也讓盟軍達成所有目標——就可能毀於一旦。

上了岸，這支盟軍仍得在顛簸的幹道上踽踽前行。還得一個星期，他們的先鋒部隊才能抵達威廉斯堡，走完能站在約克鎮之前的最後十里路。

在這段關鍵的日子裡，康瓦里斯也感染了近來橫掃他同袍們，而他自己原本非常陌生的「被動」怪病。在得知了海灣之戰的結果之後，他原本有時間可以趁著敵軍推進緩慢而開啟以陸路撤退的行動，避免掉部隊眼看要被合圍的結果，但他卻沒有這麼做。那怕稍微派人去偵察一下拉法葉在格洛斯特與他隔河相望的那點兵力，他都會明白對方其實不足為懼。只要奮力一擊，他就可以成功突圍。但他連試一下都沒有。一如威廉・史密斯（William Smith），柯林頓在紐約的情報官所感受到的，火花已經熄滅了，至於澆熄它的是什麼則很難說，頂多你可以說那是一種油然而生的感覺，彷彿美國正在從英國的掌握中溜走，想攔都攔不住。康瓦里斯令人意外的無所作為，或可歸咎於柯林頓再三保證會派出救兵，而軍事上的一個傳統是援軍未到，主帥不出，以免兵鋒不盛。在得知華盛頓已途經費城後，柯林頓修正了他一開始錯誤的假設，原來華盛頓不是要取道史坦頓島去攻擊紐約。他再度於九月二日致函康瓦里斯表示如今擺在眼前的事實是有支南進的軍隊鎖定了約克鎮。「你可以安心」，柯林表示萬一約克鎮遭到攻擊，「我會要麼會窮盡各種辦法，竭盡所能地增援你麾下的軍隊，要麼會無所不用其極地牽制敵軍來創造有利於爵士您的局面。」比這更具體的承諾，出現在標記寫成於九月六日，並以快艇送來的信中。「我認為要援救於你最好的辦法，就是盡快把我這能騰出來的全數約四千兵力送去與你會合」。他讓這些援兵登上葛瑞夫斯的船上，是因為他在八月收到了整船共兩千四百名的黑森傭兵，而這除了讓他對紐約防務的執念稍獲紓解，也使他使人吃驚地願意大方提供四千名自身的兵力。「他們已經上了船，」他寫道，但他沒提到的是船還在港中。他追加的保證不論誰聽了，都沒有理由不覺得事情穩了，問題就出在說這話的不是任何一名指揮官，而是優柔寡斷的柯林頓。事實是葛瑞夫斯一通知他說「我們可以前往一搏了」……英軍才「在十月五日帶著大批增援」啟航。

這些承諾前面都看不出任何遲疑，也未曾加上「也許吧」這類字眼的但書，由此不論康瓦里斯多不信任柯林頓是一名果敢或勇於冒險的將領，他都沒有理由不期待著支援會來得又快就強大。明知柯林頓易於反反覆覆，康瓦里斯過於把這些承諾當真或許也是一種誤判，但即便在他收到這些從紐約送來要兩禮拜的保證之前，以鬥志昂揚跟氣魄過人著稱的軍人康瓦里斯也還是很詭異地沒有發動或籌備任何攻勢去對付在慢吞吞前進的敵人，更不曾有未雨綢繆，為可能發生的圍城戰開闢一條轉進的退路。

當自費城南下的盟軍於九月六日行至馬里蘭州的駝鹿頭時，他們又一次看到了空空如也的碼頭。沒有任何一艘船在等候他們的到來。華盛頓曾經預先致函馬里蘭的友人與官員，請他們蒐集漁船或任何可用的水上交通工具，但來到現地，他得到的消息卻是英國的巡洋艦早已將大小適合在乞沙比克灣中使用的船隻掃蕩一空。經過會議中的一番爭吵，將軍們同意了讓手邊僅有的船隻搭載大約兩千名士兵，包括一千兩百名法軍與八百名美軍，然後讓其餘的部隊沿路步行到五十五英里外的巴爾的摩。比船隻更要緊的資產是金錢。勞伯．莫里斯送來了他以個人信用擔保而貸入自友人與法方，並從波士頓與費城運來的硬通貨（信用好而幣值穩定的貨幣）。刻意讓官兵看著眼前的半克朗英鎊銀幣從桶中嘩啦啦的滾出來，果然安定了在譁變邊緣的軍心，看著這一幕的馮．克勞森寫道，「也提振了士氣到了所需的水準」。根據紐約兵團的一名威廉．波凡姆（William Popham）少校表示，「這一日將留名青史，因為美軍官兵破天荒領到了用硬幣支付的足月薪餉」。靠著在這段路程中以日行二十英里的速度推進，盟軍在九月十二日抵達了巴爾的摩，並終於在此獲得了水路運輸的支援——德．葛拉斯派了船來，此外在（距巴爾的摩不遠的）安那波利斯（Annapolis）也有一些。就這樣，五艘巡防艦與九艘運輸艦帶著他們沿海灣而下，並讓他們在隔著詹姆斯河與約克鎮相望的詹姆森鎮上岸。

到了此時，累積了數日乃至於數週的壓力終於讓華盛頓受不了了。明知此時趕路是重中之重，畢竟他們晚一刻到，康瓦里斯就難免不會逃跑或（早就該）想起要進攻拉法葉，但華盛頓還是忙裡偷閒，給了自己一天假去維農山莊（Mount Vernon）探望六年半不見的妻子，而維農山莊就是他沿波多馬克河而上六十英里，珍愛的舊居與土地。他抗拒不了這股妻子與家園的召喚，只不過這樣的耽擱還是讓他益發憂心忡忡康瓦里斯會在陷阱觸發前逃之夭夭。那是最讓華盛頓焦慮的事情。他從維農山莊寫信給拉法葉說，「我希望你能確保在我們到達之前，康瓦里斯爵士不會收到任何的補給或糧草」。拉法葉由此持續著封鎖，只不過他這廂「有備」，康瓦里斯那邊卻「無患」。在這個他原本有機會，甚至有一份指揮官的責任要嘗試突圍的關鍵時刻，康瓦里斯卻沒有去讓拉法葉接受挑戰。之所以回家，華盛頓也是想要讓法國朋友見識他的住處有多美，並回報一下法方在新港設宴款待的熱情。換成是別人，去回都要六十英里（約九十六公里）肯定太拚，但華盛頓是何許人，他的昂揚意志讓這不再是難事。於是帶著貼身僕役與一名附官，外加羅尚博與其參謀的陪同，華盛頓在九月八日離開了駝鹿頭，全程快馬加鞭，當天就到了巴爾的摩。隔天起了個大早，將軍與他的兩名隨從在薄暮中抵達了山丘上那棟在微光中顯得黯淡的白色住屋，也就是他們的目的地。而因為跟不上華盛頓的速度，所以法國朋友稍晚才抵達。在華盛頓招待了法國朋友兩天之後，他們一同策馬歸隊，途中在費德列克斯堡（Fredericksburg）歇息了一夜。九月十四日，他們抵達了威廉斯堡，在那裡會合了拉法葉與聖西蒙的法國兵團跟美國紮營在那裡的一支大陸軍先鋒，還聽聞了德．葛拉斯已經控制住乞沙比克灣，而英國艦隊已經撤離的好消息。當然照例事情不會一切都那麼順利，美軍物資匱乏仍是甩不掉的老問題，包括糧食與彈藥都幾乎見底。已經見怪不怪的情況是步兵得餓著肚子為美國獨立拚搏，或是眼看著他們不能斷了對英軍的猛轟時，砲火卻因為短少了彈丸與火藥而陷於沉默。馬里蘭州與維吉尼亞其實都有豐收，但運輸的規劃不良與軍需官的能力不足造成了糧食依舊補給不上。童恩奎斯特在途經形容威廉斯堡時描述該處的鄉間「非常肥沃，一般的收穫就能讓地主來年吃飯不用犯愁。事實上若非靠著這點庇蔭，居民根本熬不過六年的戰事；雖說這一帶一點二萬英畝的土地年年因為欠缺人手而休耕，畢竟農家成員年滿十五就得入營，但如今遇上附近有激烈的圍城，他們依舊能有充足的補給可供應一萬五千人的大軍跟一支四十五艘帆船的艦隊過活，而這還是在他們被行軍路過的死敵大肆蹂躪過後」。

童恩奎斯特看到的所謂「大肆蹂躪」，其可怖程度就跟任何一場戰爭一樣令人怵目驚心。「在一處美輪美奐的莊園內，一名身懷六甲的女子陳屍在自家的床上，死因是好幾處刺刀的刀傷；行兇的蠻人在她的左右胸部上各開了個口子，並在床幃上寫下：『汝等不可生育叛賊』。另一個房間中也是一幅駭人的光景：五顆頭顱被陳列在櫥櫃上，上頭原本的石膏像已經在地板上摔得粉碎。不通人語的牲畜也難逃厄運。青草地上散落著死去的馬匹、還有或公或母的牛隻。一處倉房內有經年累月收集自維吉尼亞、馬里蘭與卡羅萊納的極品菸草，數量達到一萬豬頭桶，現已化作一堆灰燼。我們登陸這片處境堪憐的鄉間，第一眼看到的就是這些畫面。我們找不到一絲居民生活的痕跡，因為逃不了的都已經倒在地上，成為了敵人不信上帝的證據。」殺害孕婦的暴行，自然而然在鄰近區域快速傳開，而另一個版本中顯然有著慘到童恩奎斯特不忍啟齒的插曲，那就是未出世的嬰孩被從母親子宮中扯出，懸掛在了樹上。童恩奎斯特雖未直指誰是手上沾著血的兇手，但不是沒有給出暗示，畢竟回憶錄中的他才剛講完上述的見聞，就緊接著提到康瓦里斯的部隊在前往約克鎮的途中摧毀了「沿路的一切，就連無力自我捍衛的婦孺都趕盡殺絕」。

對於盟軍的一個好消息是古巴人慷慨解囊的黃金由德．葛拉斯帶來之後，他們手上就有錢可以花在農家馬車上來從事在地運輸了。在此同時，華盛頓頒令禁止了各式船舶主與「所有人等」從事「牛肉、豬肉、培根或穀類——包括小麥、玉米、豌豆、麵粉或以這些原材製成的餐食……的陸路或水路出口」，並設有明定的罰則。火炮會在關鍵時刻無用武之地的恐懼仍折磨著盟軍的將領。

但比起這個，更讓他們擔心害怕的是「決定性的一擊」還沒完成，德．葛拉斯能待在美國的期限就要到了。為此華盛頓要求與這位法國將軍會面磋商。能與美國這位受到敬重的總司令見面，十分欣慰的德．葛拉斯派出夏洛特皇后號（Queen Charlotte）這艘被捕的英艦來示好。他以這艘船載送華盛頓與羅尚博沿詹姆斯河而下，然後到他下錨於亨利角腳邊的旗艦巴黎號上相見歡。九月十八日，美法這兩名將軍連同美國砲兵指揮官諾克斯將軍與他們各自的副官，陸續爬上了宏偉法軍旗艦的梯子，見到了在甲板上身穿藍色與緋紅雙色制服，胸前斜著聖路易勳章[21]的寬大紅色緞帶，恭候著他們的艦隊主帥。德．葛拉斯面對華盛頓這位幾乎跟他一樣高大挺拔的美國客人，先是給了一個歡迎的擁抱，親吻了兩次臉頰，且據報還熱情親切地喊了他一聲Mon cher petit général!（我親愛的小將軍！），搞得諾克斯在一旁幾乎為了忍住爆笑而噎到。畢竟這位相當於美國版羅馬貴族的雄主上一次被人叫做是「我的小（任何東西）」，恐怕已經是他母親對在襁褓中的他這麼說。

訪客們從德．葛拉斯處得到的消息只能算是差強人意。習慣使然，華盛頓事前寫下了要問的問題。他留過學而通曉法語的副官譚奇．提爾格曼（Tench Tilghman）上校負責記下德．葛拉斯的回應。先行雲流水地陳述了讓他們投身其中的是「轟轟烈烈，牽繫到他母國和平獨立，以及歐洲整體安定的大事業」後，華盛頓開始切入正題地說起法國艦隊何以萬萬必須留在現地成為河口的屏障，直到「康瓦里斯爵士的據點確定能被我們收復」。他問將軍所銜之命是否包括要離開美洲的時限，若有可否據實以告；還有就是他是否必須在特定時間之前將聖西蒙的兵團歸還，若有，那他是否可以派支分艦隊去護送兵團回返，但同時將艦隊主力留在灣中來「為我們的行動提供足夠的掩護，防止敵人由水路獲得運補，也避免外部英軍妄圖

21 譯註：聖路易勳章是由路易十四創建於一六九三年四月五日，是對傑出軍官的一種表揚，也是第一次授予給非貴族的勳章。聖路易勳章一八三〇年七月革命後廢除。

救援康瓦里斯爵士」。他接著問了德・葛拉斯能否以優勢軍力強行沿約克河而上，將約克鎮以上的河段沿岸收歸其控制下，以藉此「將封鎖涵蓋所有敵軍的哨點」，還有最後一個問題是「閣下能不能出借一些重砲等火力裝備——包含火藥——若可則數量各為多少」。德・葛拉斯的答覆算是部分回應了華盛頓要求的重點。他同意了將停留的時間延長到十月底，而既然他的船艦要到十一月一日才會離開，華盛頓「可以放心」聖西蒙兵團「能在那之前支援約克鎮的收復」。至於火炮與火藥，由於他在與葛瑞夫斯的海戰中也用了不少，所以接下來他只能撥出「少量」出借。至於要控制約克河上游的問題，他沒辦法答應下來，畢竟這牽涉到風勢與潮汐的變數，再者他也不認為這麼做有什麼太大的意義。他之所以拒絕最後一點，那個沒說出口的真實理由是他沒有足夠的小船能夠優游在溪流與河川上游之中——那兒若用一名美國船夫的說法，就叫做一個「扭曲如運動中的蛇身」。但他會留下一陣子，這才是重中之重。只要他在，圍城就有時間慢慢發揮效果。

在回程途中，華羅兩名將軍發現夏洛特皇后號的運氣似乎不太好。首先她在灣中因為無風兒一動不動，後來又被強風吹到偏離航道，然後等好不容易開始沿河而上，她又被風勢與水流拖緩到乘客只能換到小船上，並徵用水手划著船帶他們往上游走。最終他們踏上威廉斯堡的岸邊，已經是九月二十二號的事了，而這一來就耽擱了五天。這是場與時間的賽跑。所幸等他們登岸後，等著他們的竟是難得令人振奮的好消息，主要是華盛頓與羅尚博看到有船來自巴爾的摩，甚至有幾艘來自費城，而它們都把費勁在行軍的部隊帶了來與指揮官們會合。

如馮．克勞森所記載，他的分遣隊抵達了德拉瓦首府威爾明頓，這個「這片大陸上甚為舒服、宜人的處所」。在此他們走訪了一七七七年的布蘭迪萬河戰役的戰場，並從一名軍官口中得知了當德．葛拉斯來到乞沙比克灣的消息一傳開，民眾的回應曾如何熱烈到「難以想像」。如此充滿美好希望的瞬間很快就被戳破在駝鹿頭這個「讓人意興闌珊的小地方」，在此包括紐澤西、紐約與賓州的三路部隊都要求要把積欠的軍餉結清才願意繼續往前。羅尚博拿出他僅剩全數現金的三分之一，贈與了五萬里弗爾給華盛頓，才一舉驅散了記憶中軍隊叛變的惡夢，讓部隊打起精神來恢復行軍。華盛頓緊急寫信給莫里斯表示他急需至少一個月份的軍餉，而且兩萬元是遠遠不夠。

來到薩斯奎哈納（Susquehanna），行進中的部隊必須在一處寬闊的渡口進行一次馮．克勞森口中的「惡魔級的過渡」，設法通過「巨石間非常湍急的水流」，而雖然河水本身僅有一英尺半的深度，馬兒的每一步踏出都非常抖，但牠們最終還是把人都平安帶過了河。在巴爾的摩的河畔因為看不到水運的載具，他們決定「靠我們馬兒的力量」自立自強地往下走，不等船來了。而這也是麻煩的開始。因為前行的過程沒有嚮導，他們迷路在森林中，一會兒誤闖進刺藤與荊棘裡，一會兒摔進籬笆或溝渠中，弄得人衣服到處被勾破還渾身瘀青，而正當在黑夜中失去方向時，他們巧遇了一戶姓沃克的好心人家。沃克一家不僅照顧了他們的馬，兩個女兒替官兵準備了晚飯，讓他們有地方過夜。隔天早上發生了一件更令人驚訝的事，那就是沃克先生除了馬兒吃的燕麥算了幾先令以外，不收他們任何錢。這一點根據馮．克勞森所寫，非常難能可貴，「因為偶爾都會有很敢要的美國人讓他們大失血」，包括有些帳單會在讓人跟馬吃飽的費用以外，在額外加上四到六克朗（相當於二十到三十先令）的「叨擾費」。

一路上他們也能找到不錯的客棧裡有乾淨的床褥，但像沃克先生這樣的好心人就不復見了。有家店在結帳時收了他們足足二十一元。

九月十六日，他們以「無比歡欣鼓舞」的心情聽說了德．葛拉斯在乞沙比克灣傳來捷報並持續控制住該水域的喜訊。十八日，他們抵達了威廉斯堡並與拉法葉相見歡。二十二日，他們迎回了五天前去與巴黎號與德．葛拉斯見上第一面的華盛頓與羅尚博。

在得知聲勢更壯的敵軍已在來路上之後，康瓦里斯也開始把勇氣放在天平上，與天秤另一端的「來日方長」來比較衡量，畢竟他如今指揮的是英國在美洲最後一支還有戰力的部隊，而英國恐怕再也籌建不出這樣的軍隊了，所以他不得不懷著「留得青山在」的心思為英國留下這支兵力。問題就在於如何在被包圍前脫離約克鎮。如果他可以突破德．葛拉斯用一艘風帆戰艦跟兩艘巡防艦在約克河口構築的封鎖線，那英軍就不無可能趁夜用他們繫於約克鎮的運輸艦避過盟軍的眼線，駛過敵人的身邊，穿越乞沙比克灣抵達另一端的維吉尼亞海岸。而要突破封鎖，他們能拿出的辦法就是使用火船這種殺器。以空船裝上淋了焦油的薪柴，用燒紅到幾乎要熔化的砲彈點燃，然將將船釋出於水面，任其隨風與潮流沿河而下。作為移動的火炬，這些船會把河口的敵艦點燃燒毀，令在船上的法軍陷入慌亂，屆時他們的艦長就會為了逃離而把封鎖的纜繩砍斷。這作為康瓦里斯的如意算盤，真的只是被視為是無稽之談；惟儘管如此，英軍還是在九月二十二日嘗試了這樣的孤注一擲。四艘雙桅縱帆船被改裝成火船，交給了四名志願者指揮，其中一名是親英派私掠船的船長。一名船長的日記中寫道在風勢的幫助下他們沿河而下，「看起來情勢一片大好」，惟就在這時，私掠船把船點燃得太早了，於是看到火光移動的法艦就「朝我們開砲了二三十回」，然後才「一頭霧水地猛然」撤退。隨著其他火船也陸續燃起，這場火焰風暴愈演愈烈；「整片河面此時亮如白晝」，宛若看得到肌理的火舌舔舐著天空。隨著船帆與旗幟熊熊燃起，其中一艘火船轟然爆炸，那股熱浪強到其經過的伴行船隻都極為有感，逼得船長不得不掉頭。最後算起來，英國白白損失了四艘船，康瓦里斯要的突破還是沒有著落。

九月二十八日，匡啷的轡頭撞擊聲、達達的馬蹄聲，還有行軍的腳步聲，聯袂傳進了約克鎮的英軍陣營，宣告了來自威廉斯堡的敵軍到了。隔天晚上，康瓦里斯把自家人嚇了一跳地將部隊從外圍前線撤回，為的是集中兵力來強化防禦力。他認為援軍很快就會到來，所以沒必要為了守住外圍而犧牲弟兄的性命。

這是個既合理又悲憫的，但也十分不智的決定。遭到放棄的堡壘——那些建來是為了吸收砲彈衝擊力，也可以阻礙來犯部隊，狀如牆垣的土推——很快就被一早發現那兒空無一人的盟軍給不客氣地收下，並打造成可供其火砲使用的掩體，而火砲又很快就會主宰攻城戰的勝敗。這再配合盟軍終於開始走運，等到了德．巴拉斯從新港帶來了攻城火砲、一千五百桶鹽醃牛肉，還有一支法軍，原本的這些英軍堡壘便成了美軍砲陣地的現成基礎。因為登岸處在詹姆斯河上游方向六英里處，因此德．巴拉斯的火砲必須既拖又拉地越過溪流與泥濘，才能以龜速抵達約克鎮就定位。但等它們被安裝到令工兵們點頭的程度後，這些火砲將成為不輸給在乞沙比克灣中的德．葛拉斯船艦，決定這個局面走向的「主人翁」。

在他們由康瓦里斯餽贈得來的嶄新前進據點上，盟軍的將軍們得以一方面把地形跟英軍的防務看得更清楚，一方面開始興建他們自身的圍城工事。

但總是學不乖的命運之神仍在此時等著要給盟軍一記新的打擊。在兩名主將去見德．葛拉斯而缺席的期間，一份已經傳開的報告提及有支來自英國本土艦隊的援軍已經在迪格比少將（Rear Admiral Digby）的率領下前來助葛瑞夫斯一臂之力。這消息讓德葛拉斯緊張到不輸華盛頓。此事「讓海軍這些經不得一點風吹草動的先生們有如驚弓之鳥，」馮．克勞森寫道。事實上馮克勞森在把關於迪格比艦隊的報告送去給德．葛拉斯時，就確實發現他的反應令人相當不安。因為受的訓練是法國那一套要在有損失船艦之虞時避免海戰的哲學，因此德．葛拉斯並無意在這待著與來犯的迪格比將軍短兵相接。乍看之下，馮．克勞森男爵從這次會面中帶回了令人膽顫心驚的壞消息。就在這個勝利看似水到渠成——海上有法國艦隊，路上有美法盟軍——「決定性一擊」的條件已然滿足，不再如夢想遠在天邊，反而如伸手就能觸及的關鍵時刻，德．葛拉斯卻宣稱他準備要揚帆而去，撤離他對約克河的封鎖線。在盟軍滿懷希望的此刻，這個打擊就像婚禮上被扔了一顆手榴彈；在初始的驚嚇反應後，事情獲得了澄清，原來德．葛拉斯並非打算一走了之或放棄封鎖。在一封給華盛頓的函文中，他解釋說「敵軍的兵力正逐漸與我們拉平，而我要是讓自己處於一個無法與之（有效）接戰的位置上，那我就太不夠謹慎了」。具體來說他將留下兩艘船（兩艘！）固守約克河口，然後把其餘的艦隊拉到「視野內的附近海面上，如此若英艦隊想要硬闖進（乞沙比克灣），我便可以在不那麼不利的位置上與他們接戰。我將在風勢許可的第一時間出發」。但因為稍早已經被「揚帆而去」四個字嚇到了，所以華盛頓與羅尚柏幾乎沒注意到，或注意到但不敢輕信德．葛拉斯宣稱他會在「視野內近海守著」來與妄圖進灣的敵軍接戰的說法。德．葛拉斯提議的做法不論怎麼看，都像是要開小差。華盛頓馬上寫了一封以他的脾氣而言非常激動的回信，當中提到自己在得知德．葛拉斯的安排後是如何「飽受煎熬」，須知在他的認知中，德．葛拉斯此舉就是要在「進行了極其昂貴的準備且付出了非比尋常的努力與操勞」之後……放棄這番事業。此外他還在信中苦諫「若您真要將海軍從我們講好的位置上調離，則未來將再無能讓我們捲土重來，重新發動決定性一擊的可能性」。他補充說迪格比的意圖不太可能是要「與一支比其強大的艦隊全面開戰」。被盟友看似要抽腿的行為給嚇到後，華盛頓與羅尚博的共識是只有一個人能勸回德．葛拉斯，那就是還在從讓他打擺子跟發燒的瘧疾中恢復的拉法葉。身懷華盛頓的親筆信，還因為身體微恙在發抖的他待著巡防艦前往亨利角外海的林黑文灣，為了就是跑這一趟只許成功不許失敗的任務。但到了目的地，他驚恐地發現那裡的錨地空空如也，連一支桅杆或一片船帆都看不見。巡防艦艦長向他保證說他將軍不可能就這麼帶船一走了之，否則他一定會收到通知。在灣中搜尋了十二個小時後，德．葛拉斯被發現下錨在一個他封鎖住約克河口，但面海那一邊的乞沙比克灣入口仍對可能來犯的英艦隊開啟的地方。事實證明德．葛拉斯自身的旗艦艦長們也不滿意這個要撤遠一點的提案，由此他們在與將軍開會時說「這麼做似乎不符合我們設定的目標」，並因此拒絕，或看來這個意思要拒絕揚帆。至此德．葛拉斯將軍同意留下來，並在九月二十五日致函華盛頓與羅尚博，確認他將從善如流，繼續下錨在亨利角的下方扼守乞沙比克灣的入口，並同時維持約克河口的封鎖。這封信在九月二十七日送達了華羅二人之手。

九月二十八日抵達約克鎮，華盛頓在勘察過據點後，於開枝散葉的桑樹下露宿了第一夜。隔天他展開完成的兵力部署。法軍與其砲兵被放在左翼來控制約克河與約克鎮之間的地面，而美國步兵與砲兵則進駐右翼。剩餘的法軍砲陣地被架設在同屬右翼，可以俯瞰約克鎮的制高點。洛贊的兵團與維吉尼亞民兵負責貫穿格洛斯特角一段內陸的走廊上，用以圍困格洛斯特角突入約克河的角尖上，那些與約克鎮隔閡對望的英軍，使他們無法移動。康瓦里斯坐鎮在約克鎮的後方，而華盛頓與羅尚博各自的總部則都直接面向約克鎮。在兩人的總部前，盟軍預定挖出兩條相隔二至三百碼的平行壕溝來容納圍城的兵力。康瓦里斯至此僅有的反應完全是採取守勢。在得知盟軍朝維吉尼亞而來，也獲悉海灣之戰的結果後，康瓦里斯便著手努力建設堡壘來強化他的陣地周圍。

九月間，英軍工兵開始鞭策其勞動力——包含數千名倒戈至英方，希望能藉此獲得自由之身的黑奴——不間斷地揮汗建造堡壘。

九月三十日，盟軍感覺到約克鎮已然「合圍完畢」，且圍城的兩大戰術目標——使守軍獲得無法獲得援助，也無以外逃——都已經達成。所有的出路都已經被圍了個水洩不通，除非英軍想往上游進入美國內陸。雖說康瓦里斯估計不會這麼做，但那總歸是一則隱憂，誰也說不準他會姑且一試，就希望能率軍突圍穿過封鎖線，一舉通過馬里蘭與賓州的田野，返回到英軍基地紐約。華盛頓仍放不下對上游這一段破口的疑慮，並試著說服德・葛拉斯派船去佔領。萬一康瓦里斯真的循此路脫身，華盛頓苦心執導的戰局就會毀於一旦，而這也讓華盛頓擔心到如坐針氈，並讓他出於壓力而傾巢而出地展開了猛烈轟擊，因為他知道自己唯一的勝算就在於讓重砲走在前面，然後再押出準備周全的地面部隊，稍微一點折扣都可能讓他功虧一簣。由此他按捺住自己強烈的求勝慾，絕不能沉不住氣。

在德・葛拉斯進入乞沙比克灣來完成合圍的當天，柯林頓在紐約的情報頭子威廉・史密斯斷言，「大英帝國是亡是興，將在一週之後得見分明」。果然在那一週中，海角之戰產生了結果——但但無關乎英帝國的興亡，而是讓一個最終將在國際事務上取代英國地位的新強權，有了成長的空間。柯林頓並不如天生異稟的史密斯善於預言。「法國人並不足懼，」他在九月二日的信中對康瓦里斯保證說。雖然手上已經有相關的情資，但他仍覺得乞沙比克灣會落入法國之手的想法匪夷所思。他跟所有人一樣，都沒想到德・葛拉斯會為了美國之故丟下安地列斯島與護航商船的職責。事實上，海角之戰所應當引發的憂慮與其該傳達出的嚴重性，還有待葛瑞夫斯在數日後寫下的一封親筆信，因為那當中出現了關於在英國主權下的海域，英國人從未想像過會聽到的可怕語句：「敵人在乞沙比克灣中的海軍實力是如此強悍，該處的進出已徹底由他們主宰。」輝格黨所做出的一切慘澹預言，都可以用「徹底由他們主宰」這幾個字總結。儘管這些話語從未離開柯林頓的桌面，信中承載的想法仍能說明何以要營救康瓦里斯的任務會如此洩氣。

那股勁，大多早已一天天褪去。九月十三日，也就是葛瑞夫斯那封看壞信件送至的前一日，紐約英軍召開了又一場將軍級的作戰會議。在遲遲無法前去救援的氣餒氣氛中，作戰會議只能每隔幾天召開一遍。威廉・史密斯私下覺得參謀們「只會溜鬚拍馬……勇於任事或想有所作為者，一個都沒有」。在九月十三日的作戰會議中，紐約的武官總督詹姆斯・羅伯森

（James Robertson）少將強烈要求採取行動，而這讓主要定位是文官而非武將的他在那些馬屁精中成為了笑柄，誰叫他竟如此把這會議當一回事，如此認真去討論這個他們開會要討論的議題。為了能分秒必爭把讓援軍派到敵後，羅伯森提議捨棄運兵船，直接讓五千兵力都擠上紐約僅有的一艘風帆戰艦勇壯號（Robust）。

對於這個不按牌理出牌倒甚至有點危險的想法，柯林頓或作戰會議成員只覺得驚世駭俗，並一起否決了提案。但羅伯森隔天將將之形諸於書面。他主張要是毫無作為而導致康瓦里斯有失，美洲大業將一起陪葬。反之要是能有效投入援軍，康瓦里斯便可請全力對敵發動攻擊。以身犯險尚有一線生機，坐以待斃則必死無疑。

那一日，羅伯森畢竟孤木難撐大局。柯林頓在九月十四日又開了一場作戰會議，席間他朗讀了葛瑞夫斯的信件來破題，並以此引出了一個答案呼之欲出的問題：以「我方目前海軍的劣勢」，冒險前往救援該與不該？或者說考量乞沙比克灣已落入敵手，且近期從約克鎮回返的軍官在應答時斷定康瓦里斯可以撐到十月底，且期間上萬英軍的該領到的東西一樣也不會少——事實上，柯林頓聲稱這些軍官認為康瓦里斯可以硬扛「兩萬來犯者」來守住陣地——那麼比較好的做法是不是掀等葛瑞夫斯將軍處傳來「更好的消息」或等他與迪格比將軍會師，再派出援軍？深諳揣摩上意之到的會議成員都宣稱他們傾向等待。

康瓦里斯自身的意志也有所消沉。海灣之戰讓他明白了法軍已控制住灣岸，而他獲得救援的前景十分不利，於是戰後整整十天，康瓦里斯針對如何搶在華盛頓—羅尚博聯軍到達來關他後門之前從他所處的口袋中突圍，完全沒有進行任何準備。當灣區確定拱手讓人後，他仍有窗口可以從陸上殺出一條生路——能不能一路殺回紐約不好說，但起碼可以取道馬里蘭去到德拉瓦河口。除非他篤定柯林頓的援軍說什麼都會來，否則由塔勒頓在前方切出一條路，然後在半敵對的鄉間行軍，至少還是九死一生，不至於會如被合圍那樣萬劫不復。自九月六日始，也就是華盛頓的部隊通過切斯特與駝鹿頭時，除非情報工作徹底失靈，否則康瓦里斯肯定知道他們已經在來路上。康瓦里斯究竟是哪一天知道，我們無法考證，但海戰結果激發葛瑞夫斯將軍寫出那份乞沙比克灣「徹底由他們主宰」的報告，是九月九日，而康瓦里斯知道美法盟軍前來，無疑與此大約在同一個時候。認知到即將被圍，康瓦里斯在九月十六或十七日以主帥身分寫信給柯林頓說，「你再不趕快來救援我，就等著收最壞的消息吧」。什麼叫「最壞的消息」，這裡沒有說破。如果「最壞的消息」指的是吞敗或投降，那就代表得不到補給的康瓦里斯無意從陸上尋求突破口。當這封信在九月二十三日寄抵後，紐約英軍於隔日召開作戰會議，討論起局勢的急轉直下與這能告訴他們什麼訊息。

天性模稜兩可的柯林頓認為所謂最壞的意思就是撤退，而這可就能讓他心中放下一顆大石頭了，因為康瓦里斯一旦撤退，就代表他可以放下重擔，不用再想著如何冒險突破德葛拉斯的防線去救援約克鎮了。一如他在戰後開誠布公的自我辯護中所承認，他「絕對不會因為聽說康瓦里斯爵士只拿著拿得了的東西逃到卡羅萊納，就有什麼不開心」。柯林頓身為總司令，竟然沒在這個時間點上命令康瓦里斯逃跑，後來也被康瓦里斯拿來當成自己沒有這麼做的理由。

葛瑞夫斯也不急著重返乞沙比克灣去第二次挑戰德．葛拉斯。帶著好幾條在海灣之戰後不良於行的戰船，他在九月二十四日抵達紐約進行維修，而此時距離海戰已經相隔十九天，當中五天花在設法避開沙鉤的沙洲。如今看是要把艦隊整頓好去與德．葛拉斯一戰，還是要設法繞開德．葛拉斯，把援兵帶到約克鎮給康瓦里斯，就都要看葛瑞夫斯的了。但在紐約，有十艘船被判定需要修理的他頑固地拒絕出海，除非這十艘船通通從船身到纜繩都修理完畢，包括每一根損壞的桅杆都要換新、每一艘船艦都要進入可加入中隊的適航狀態。一開始他還一臉精神抖擻且躍躍欲試地跟柯林頓說他會盡力盡快把船修好，還說他已經準備好要突破法國的阻礙，把援兵帶到約克河口上岸。他甚至提出一套戰法是考量德葛拉斯的船艦位於潮汐較強處而難以迴旋來發射舷砲，所以他可以利用潮汐與夜色的掩護來下錨在約克河，並於該處下船。這種空中樓閣總歸是幻夢一場。

參考來自船塢的報告，葛瑞夫斯說他會在十月五日做好出海的準備，也就是還有十二天，但這不過一個開端，因為這之後還有會許許多多期限悄悄地來了又走，也不見葛瑞夫斯出海。有三週的時間，部隊與組員就這樣待在毫無動靜的船上。一次次的耽擱與拖延，讓基層在不耐與困惑中產生了咕噥了起來。陸軍將官沒有加入他們的兵團，海軍將領也沒有登上他們的戰船。他們的缺席讓隸屬軍務部（Adjutant General's office）的費德列克・麥肯齊上尉這名觀察入微的軍官，說出了足以代表英軍在美洲戰爭整體表現的一句評論：「我們的陸軍與海軍將領，似乎都沒有認真看待這事。」

這就是當一個帝國從腳下的立足處開始不穩時，會出現的問題，而這個問題還表現在瑕疵程序跟損壞零件的湊合使用上，表現在船艦旗號的誤讀上，表現在《作戰指示》那無用的僵化上，表現在會引發壞血病的飲食上，表現在作戰軍官之間的政治口水戰上，表現在老朽海軍指揮官的起用上，表現在把保護貿易置於戰略行動之前的錯誤順序上，表現在對敵人行動與議題差勁且往往錯誤的掌握上，還有集以上種種問題之大成，表現在不了解或懶得去了解敵人的本質上，以至於當他們在鎮壓這場非同小可的叛變時，只把對方當成是羅頓爵士（Lord Rawdon）這名備受敬重的英國軍官口中，「一群被沖昏頭的可憐蟲」罷了。

當來到行軍的漫漫長路尾聲，最後一名盟軍官兵也在九月二十六日踏進威廉斯堡後，康瓦里斯僅存的指望就剩下柯林頓信誓旦旦說會派來的援兵，究竟多快才能抵達。此時你在紐約的空氣中嗅不到太多緊張的氣氛，頂多是迪格比將軍的海軍增援有點受到期待。從那些要前去援救康瓦里斯的部隊中，軍官們發出了「迪格比，迪格比！」的歡呼聲。惟根據一艘巡防艦來報，迪格比不過帶了區區三艘船艦前來增援，所以你很難期待他能扭轉乾坤，但據信他能為有十九艘船的胡德—葛瑞夫斯的艦隊錦上添花，使其在數量上取得對德．葛拉斯的優勢。僅僅多出兩三艘船的期許，就讓勝利的光芒迅速重新亮起。「要是我們的艦隊能在海上打贏他們，」麥肯齊上尉寫道，「那我們就有相當的機會可以終結這場叛亂。」

帶著他的三艘船，迪格比如期於九月二十四日抵達，並且還帶來了一個讓士氣為之一振的人物，威廉．亨利王子，國王的血脈，亦即未來的威廉四世。有則很歡樂的政治幻想從羅尚博陣營中傳了出來，說的王子之所以被欽點來出訪美洲，其背後的用意是讓他有朝一日就任為「豐饒繁榮」的維吉尼亞總督。為他接風的二十一響禮砲在轟隆聲中顯得有些空虛，天曉得有多少人聽著那些砲響高興不起來，只因為那提醒著他們這些砲該打在約克鎮才對。王子的蒞臨讓人發現紐約還是有些活力的。這些活力或許不足以激發出一趟救援任務，但招待皇族還是綽綽有餘。原本昏昏欲睡的紐約在猛然爆發的派對、歡迎會與遊行中醒了過來。城市的導覽、德國傭兵與英國兵團的檢閱、與有頭有臉的民間仕紳共進的晚宴，還有一場柯林頓親自出席，由軍樂隊演出於晚間的演奏會，在在都讓人忘卻了康瓦里斯給人帶來的焦慮，而同時召喚出人想要好好在皇室面前表現得忠心耿耿的動機。

正當紐約樂音悠揚，康瓦里斯只能望穿秋水地等待桅杆在水平面出現。來自約克鎮的軍函說明了他是如何「日復一日其帶著英軍艦隊能前來救危扶傾，因為沒有援兵，他著實無望抵擋朝他集結而來的大軍」。紐約的作戰會議在柯林頓的召集下，開了等於沒開，做不成任何決斷。

康瓦里斯一邊苦等說好的援軍，一邊承受著火砲的重擊，但船帆遲遲沒有出現。在紐約，海軍的遲疑與高層的猶豫，乃至於他們讓人心急如焚地遲遲不肯出兵，都是因為他們不想賭上自身的艦隊，因為其木質的船身是英國的海上長城，是日不落帝國的捍衛者。在葛瑞夫斯於海灣之戰後那精神委靡的領導下，英國海軍已經失去了其作用，就像一根沒了火焰的蠟燭。於是就在皇家海軍按兵不動了六週，在紐約空等著風勢與勇氣的時候，一個帝國消亡在了南方那個約克河流入乞沙比克灣的藍色河口。

作戰會議就像秋天的落葉一場接一場開。而在這些會議上，與會者都同意救援的遠征軍必須冒險派出去，也認為他們去程大抵沒有問題，只不過他們質疑奇襲的效果既已不存在，他們要如何能全身而退？在沒有討論明確答案的狀況下，會議只能把十月五日這個說爛了的啟航日再搬出來，而康瓦里斯應該也得到了這樣的通知。事實上正式柯林頓寫了這樣的一封信，康瓦里斯才決心懷著對援軍的期待，在九月二十九日把防線往內縮來夯實兵力。但由於紐約船塢的維修程序遲遲未完成，葛瑞夫斯沒能準時於十月五日出發。這之後的十月八日與十月十二日去了又走，也都沒有船帆升起來。

至此紐約的高層心知康瓦里斯的處境已危在旦夕，再拖恐陷其於絕境。葛瑞夫斯的一拖再拖，讓憂心忡忡的威廉·史密斯致函紐約總督楚萊恩說：「現在對康瓦里斯爵士來說是分秒必爭。」有艘蒙塔古號（Montague）如麥肯齊上尉所表示，還缺一根桅杆，而就算一切於十月十日就緒，她也需要三天時間繞過沙洲，七天後才能有效地救援到康瓦里斯。麥肯齊上尉在日記中質疑起艦隊到底要不要出發，由此他希望其他方面能採取別的行動來「抵銷我們這邊的有失」。他甚至還不小心說了一句耐人尋味的真心話，亦即他很懷疑這些其他的行動能否讓「敵人對和平的渴望與我們旗鼓相當」。葛瑞夫斯如今說他們要十月十二日才能啟航，而他手下的艦長們則說還得十天。「要是十天後還走不了，」麥肯齊寫道，「他們就算想再拖十個月也沒差了。」柯林頓在把作戰會議結論告知康瓦里斯的信中寫道若無「不可預見的意外，則「我們將於十月十二日通過沙洲」，惟約克鎮在他心目中的份量顯然不是第一位，因為他筆鋒一轉就提起了他鍾愛的計畫，表示如果他若無法及時趕到約克鎮，「我就會立刻嘗試轉進費城」來牽制掉「一些你周遭的華盛頓部隊」。這話聽在每天被十六寸臼砲轟炸的人耳裡，實在不是太大的安慰。風暴來襲讓十月十三日的起程日又再度被錯過，甚至葛瑞夫斯的兩艘船還因此互撞，造成船首斜桅斷裂。癱瘓變得無所不在。

十月六日晚在約克鎮，工人開始挖掘盟軍面對敵方的第一條平行戰線。從美軍陣地沿伸到法軍負責的陣地，支持盟軍的有四座堡壘，美法陣營各有兩座，外加一處砲陣地鎖定「以火力掃蕩」沿河而上的敵艦。守軍對施工人員進行了只造成兩人輕傷，聊勝於無的砲擊。

十月九日，約克鎮的美軍對英軍的防禦工事打響了第一砲。這之前有三天，工兵都在指示砲兵如何建立砲陣地，而夜班有工人則負責挖掘戰線，直到白天再由聖西蒙兵團接手，而他們打造出的是一條連向砲陣地，蜿蜒曲折的通訊壕溝，還有用來確保這些壕溝的鹿砦。所謂鹿砦，就是把削尖的樁條捶進土裡來形成圍籬，以向上的尖刺阻止敵軍爬過戰壕前的胸牆（當作射擊掩體的土垛）。施工過程中的傷亡很是輕微：一死七傷。惟隨著工事的持續進行，軍官與工人的死傷數字也不斷往上加。

按照習俗，圍城第一條戰線的啟用儀式是要由部隊在菲菲笛與鼓聲的伴奏下進駐壕溝，升起旗幟。這項榮幸落在了由亞歷山大・漢彌爾頓上校（Alexander Hamilton）所統領的分隊身上，結果愛出風頭的上校下令讓他的部隊在胸牆上表演了一套莫須有且狂妄的步兵操典。如此置生死於度外的舉措讓英軍嚇了一跳，他們忖度這要麼是刻意在挑釁，要麼是上校發瘋了——所以沒有開火，讓找死的上校得以苟活。盟軍陣線上有五十門砲開始了轟擊，當中大部分是德・葛拉斯用船從巴爾的摩帶下來，隸屬聖西蒙兵團的火砲，其餘則是在諾克斯將軍指揮下從白原用人力拉來的野戰砲。當時有人敦促華盛頓把火砲留著等船來載，但諾克斯的這批火砲曾如何走陸路被從提康德羅加拖來並拯救了波士頓，讓記憶猶新的華盛頓堅持把這批砲帶上。帶著這些砲走過滿布車轍的爛路，還得渡過沒有上頭沒有橋梁的溪流，其難度拖緩了速度，也讓他們更加焦慮於康瓦里斯可能趁隙脫逃或加強防務來讓他們難以突破。但最終華盛頓白擔心了，因為這兩條路直到火砲就定位，康瓦里斯都沒有走。

歐洲人從反覆的實戰中琢磨出一套攻城的科學與正規的儀式，而那是美國人在一馬平川的大陸上與由木材建成的城市中生活，一無所知的。他們很快就在教官馮．施托伊本男爵（Baron von Steuben）那充滿喉音的歐洲腔調跟粗曠豪邁的滿口髒話中，習得了這門技術，至於他這個真假難辨的男爵爵位是有或無，都無關乎他受到的歡迎。一整日，兵團裡那些傷沒好全的官兵或未輪到當班的工人，都在手作兩種分別叫做蛇籠（gabion；直譯是「大籠子」）與柴捆（fascine）的奇妙製品——分別是填滿土石的柳條籃子跟乾樹枝綑——來厚實土建工程。為了清出射程空間而在整個約克鎮砍下的樹木，正好成了這兩種製品的材料。至此英國的砲火回擊開始減弱，主要是體認到自己是當真在被圍困的康瓦里斯下令要節約彈藥。

在康瓦里斯捱住了來自盟軍第一條戰線的開場砲轟後，他在十月十一日通知柯林頓說「現在想救我只剩一個辦法，就是直接派海軍過來在約克河口打一場勝仗」。英國皇家海軍的巴賽洛繆．詹姆斯上尉（Lieutenant Bartholomew James）也是一名日記作家，而他描述十月十一日由十六寸臼砲所進行的砲轟是如此「恐怖」，「你會感覺天好像要塌了」。伴隨砲擊產生的轟雷巨響，「使人幾近崩潰」。詹姆斯中尉目睹「幾乎無一處不倒著砲擊的受難者，他們的頭手腳都被炸掉了。傷者的痛苦哀號，還有在地居民無辜受到波及，其家園大都陷入一片火海的可憐遭遇」，都讓這更加稱得上是場屠殺。

隨著攻城的包圍圈愈縮愈小，最後一波毫不手軟的強攻發生在了十月三日，地點在河對岸的格洛斯特角，參戰的兩方則是同樣鬥志昂揚的騎兵隊長塔勒頓與洛贊公爵。為了將格洛斯特角封鎖起來，不讓其成為康瓦里斯可能的陸路出口，華盛頓在那安排了一支一千五百人，但平日強碰英國龍騎兵都跑比較多的維吉尼亞民兵，還有洛贊公爵的六百人兵團跟八百名武裝陸戰隊。在格洛斯特角的英軍陣營這邊，率其騎兵團出外採集的塔勒頓帶著一車車的玉米，在返程中狹路相逢了洛贊配備有長矛的兵團。這時有匹馬被長矛刺傷而跟塔勒頓的坐騎相撞，他被拋飛出去。龍騎兵趕忙上前搭救，讓他跨上另一匹馬，並在步兵來福槍齊發的掩護下逃離。人數不及對方的他們奉塔勒頓之命撤退，而洛贊的人則窮追不捨，並輪到他們把維吉尼亞民兵的穩定火力輸出當成保護傘。塔勒頓的龍騎兵成功撤回了格洛斯特角，此後就被法軍指揮官德・舒瓦西侯爵（Marquis de Choisy）團團包圍。兩名英豪的碰撞就這樣結束而沒有改變戰爭的走向，但維吉尼亞民兵倒是算一雪前恥地堅守了一回，贏回了尊敬。

在十月十一到十二日，盟軍繼續往前挺進並展開了第二條戰線的設置，這次距離英軍最大的堡壘與防線的樞紐「角堡」（Hornwork）只有三百碼。新的戰線也位於英國第九號與第十號這兩個最礙事堡壘的攻擊距離內，所以除非能先剷除這兩個威脅，否則在其砲陣地的轟擊下，盟軍陣線很顯然不可能再有進展；對這兩個堡壘發動猛攻，由此勢在必行。攻擊命令在十月十四日發下，並將以刺刀攻擊的方式進行。因為預期會將有徒手肉搏，所以氣氛在挑選連隊受命的時候變得非常緊繃。尤其當華盛頓對即將出征的官兵進行簡短的打氣演說時，空氣更是無比凝重，畢竟他鮮少這麼做。華盛頓說兩處堡壘都得拿下，才算成功，因為如果英軍搶回了其中任何一座，他們都可以把兵力與砲火集中在一處，屆時盟軍陣線依舊無法推進，圍城也只能延續下去，更別說會有讓英軍等到皇家海軍來援的風險。帶著被激發到頂點的一腔熱血，法美士兵在拉法葉的指揮下衝進戰鬥。皇家雙橋兵團的法軍負責衝擊九號堡壘，而由漢彌爾頓跟史提芬·歐爾尼上尉的羅德島輕步兵團則負責攻擊十號堡壘，其中前者的戰情更為激烈，主要是九號堡壘的鹿砦並未如十號堡那樣被攻城砲火清除乾淨。近在咫尺的刺刀與火繩槍子彈不斷製造出傷亡，拼命要翻越木樁的盟軍被一而再再而三擊退。他們的攻勢之激烈，詹姆斯上尉還以為敵人「由右至左有一萬七千人在進攻」。在強烈的主觀印象作用下，目擊者的日記有時不見得那麼符合實情。在付出了法軍十五人跟美軍九人死亡的代價後，兩座堡壘都在上午十點被拿下。讓進攻一方感到驚訝的他們原以為對方會戰到最後一兵一卒，沒想到最後卻抓了七十三名英軍俘虜，當中甚至有九號堡壘的主官。這名麥克佛森少校（Major McPherson）據抓到他的人說是雙方才一開火，就帶著三十人撤離了駐地，幾乎可說是直接棄守。這究竟是反映了康瓦里斯軍中的失敗主義，還是個體悲劇性的人格缺陷，永遠會是死無對證。但總之堡壘一易幟，賓夕維尼亞的官兵就立刻扔下手中的槍，抓起鐵鎬與鏟子，繼續向前挖起了戰壕。在英軍砲陣地持續的轟擊下，法軍最終累計有一百三十六人負傷。

英軍的九號與十號堡壘被拿下後，搖身一變成了盟軍的砲陣地，而這也讓華盛頓得以控制住約克鎮英軍與格洛斯特角的交通，須知格洛斯特角如今已是他們最後的出路。康瓦里斯也是相同的想法，因為在痛失九與十號堡壘之後，他內心也已經默默放棄了。他給柯林頓寄出了一封非比尋常的信件。這是一場對其祖國，乃至於他不見得有意會到，但對歷史發展也非常重要的關鍵戰爭，而作為在這樣一場戰爭中的關鍵時刻坐鎮關鍵據點的主將，他的這封信在軍事史冊中可以說是僅見的奇葩。在這樣一封坦誠以告、不顧左右而言他，也不打迷糊仗的信中，康瓦里斯寫道，「我的處境如今十分危殆。我們不敢對他們的舊砲陣地開砲，而我估計他們的新砲陣地明早就會啟用；經驗顯示我們的新土建工事經受不住他們強大的火砲，所以我們很快就得在毀棄的防禦工事中，以不利的位置與被削弱的人數面對對方的進攻。此地已可以說是危如累卵的險地，因此我不建議艦隊與陸軍冒著天大的風險前來拯救我們。」他直視著事情的終結、不怨天尤人，也不為己身開脫。

惟即便如此，內心的軍魂仍不容許康瓦里斯算坐以待斃。圍城戰的慣例是守方起碼得嘗試突圍一次才好投降。在九與十號堡壘丟失後不到二十四小時，康瓦里斯就下令讓精選的三百五十人進攻盟軍的第二條戰壕，目標是把刺刀插進盟軍的砲管裡，讓他們的火砲失效。就在十月十六日的黎明前，一整夜最安靜的時分，他發起了攻勢，並成功讓七門火砲失效，但也在這個過程中激發了法國擲彈兵在諾瓦耶子爵（Vicomte de Noailles）指揮下與盟軍工兵的猛烈反攻。就像為了保護骨肉而被激怒的禽獸，他們驅走了英軍，並冒著在頭頂呼嘯而過的子彈，移除了插在砲管中的尖刀。破曉時所有的火砲都又能如常運作。

隨著約克鎮在盟軍砲火下震動，康瓦里斯軍持續累積傷亡，人員也因為熱病而倒下，康瓦里斯決定最後一次嘗試逃離約克鎮。十月十六日晚，他計畫使用渡輪，分三趟將部隊送到約克河對岸的格洛斯特角，如此他要麼能與柯林頓說會來的救援船艦在海上會合，要麼能在必要時往北方的陸路挺進。十六日的晚間，在漆黑夜色的掩護下，行動正式展開。但最終壞了康瓦里斯好事的，並不是盟軍的砲火。沒有間諜、逃兵或叛離的親英派去給華盛頓通風報信，而是大自然再次演繹了什麼叫人算不如天算，在混雜的人事中做成了無心插了的仲裁。原來，那天夜裡來了場狂放的風暴，傾盆大雨浸濕了逃命的官兵，讓他們冷到渾身發抖，也讓他們分不清東西南北的船隻與岸邊的岩石相撞，登陸自此無望。等到天一亮，多數人一邊躲著知道了狀況的盟軍子彈，一邊回到了起點，更別說有不少人被風暴吹入了乞沙比克灣。

十月十七日晝間，盟軍以設於原英軍堡壘的砲陣地對敵發動有著雷霆之勢的轟擊，掀掉了英軍僅存還能反擊的火砲。隨著脫逃的希冀破滅，康瓦里斯召開在角堡的作戰會議只剩下一條路還有討論的空間，那就是投降。

十月十七日上午十點鐘，一陣在轟隆砲聲的背景音中顯得若有似無的鼓點，傳自一名站在角堡胸牆上，身著紅色英軍制服的少年，接著一名高大的軍官揮舞著用來代替白旗的手絹，從角堡隱現，並在仍奮力打著鼓的少年陪同下，走向了美軍戰線。隨著這鬼魅慢慢從只有聲音變得也看得見身形，盟軍停止了砲擊。對比約克鎮的滿目瘡痍，那片突然降臨的靜謐比起其六年半以來聽到的任何聲音，都更加如雷貫耳。那一刻，有著讓人幾乎無法置信的重大意義。手裡還握著手絹的英國軍官被陪同前往了美國營地，而他身負的康瓦里斯親筆信被跑著送到了華盛頓的帳中，信中如是寫道：

先生，

我提議雙方中止交戰二十四小時，並分別指派兩名軍官前往摩爾先生的公館，就約克與格洛斯特兩據點的投降事宜進行議定。

寥寥數語敬稟，言盡於此，康瓦里斯

當「投降」二字映入眼簾，抑或當他在提筆回信時，華盛頓的內心有何波攔起伏，並無日記供述。只是經過這許多年的飢寒交迫與打擊失落，經過那些他給不了弟兄們像樣的鞋穿，而讓他們在雪地上留下血腳印的日子，如今終於等到這一仗畫下圓滿的句點，等到了敵人投降，他內心絕不可能靜如止水，而只能是感觸極深，深到無法用眼淚，也無法用言語表達，由此他不曾就此向任何人，也不曾在任何的書面上傾吐過。在回覆投降通知時，他寫下的是，「出於對不要再流血的熱切期許，我願意就約克與格洛斯特兩地陣地與軍營的投降事宜，盡可能聽取您合理的提議。」這之後他又補充說康瓦里斯所提條件應在雙方特使開會前，以書面送往美軍陣線。在僅有的回覆時間內，康瓦里斯所用的「中止」二字在約翰·勞倫斯的建議下，於美方的回函中被改成了「暫停」，須知他最近才由法國回來加入羅尚博與華盛頓的參謀陣容。此外華盛頓對於停火太久會給英國時間等到海軍救援一事仍抱持疑慮，所以將停火的時間從二十四小時改成了兩小時。

對於向叛軍與他眼中這些可鄙的敵人投降，康瓦里斯的感受也同樣沒有紀錄傳世。在當天一封寫給柯林頓的有趣信中，他的第一要務是為自身辯駁。戰鬥既已告一段落，他信一劈頭就是找理由跟推卸責任。而沒有意外地，他委婉但明確地把事怪到了柯林頓的頭上。在此同時，康瓦里斯似乎也意識到他對自身的被動必須有個說詞。

先生，

我必須滿懷煎熬的通知閣下，我已不得不放棄約克跟格洛斯特這兩處據點，率我指揮下的部隊以戰俘身分向美法聯軍投降，並自十九日起即刻生效。

他接續說到他「從未看好過（約克鎮）這處據點」，並在發現他將於此處遭到勁敵襲擊時——「能讓我有動力去嘗試防禦的唯有能獲得援救的希冀；因為那代表我可以要麼在華盛頓將軍的部隊抵達威廉斯堡的第一時間（這是他首次稱呼華盛頓將軍而非敵人），就設法以急行軍取道格洛斯特並逃往紐約，要麼我可以在開闊的戰場上對他們發動攻擊，但（他的指控要出鞘了）就是因為閣下在一封封信中保證有海陸軍會竭盡所能來救援我們，所以我才不敢貿然採行上述兩種險招的任何一招……」但為何不敢呢？以非常手段置死地而後生，不該是將軍所務之事嗎？康瓦里斯可是個必要時可以火中取栗的狠角色，但卻不是個能在勝算有限時把後勤跟前線組織起來，好好進行一場大戰之人。他在英國畫家庚斯博羅（Thomas Gainsborough）繪製的肖像中有張上頭看不到苦思、蹙眉或發笑留下的皺紋——或應該說什麼折線都沒有——光滑至極的臉，而這就說明了一切。那是一張生來養尊處優，要什麼有什麼，從來不知道什麼叫困獸之鬥的臉。

如我們所知，康亞里斯沒有採用他對柯林頓提到的任何一條險招。在盟軍於九月二十六日抵達威廉斯堡的同時，他什麼都沒有做，他只是在三天後下令將前線朝約克鎮的中心內縮。此外他也沒有在還不算太晚前朝格洛斯特逃跑，更別說他絕對沒有表現出任何要在「開闊的戰場」上放手一搏的跡象。

康瓦里斯會如此表現，我們或可從他一開始就認為對美國人來硬的是個錯誤，因為這麼做不會成功這一點，看出些端倪。海陸軍中但凡與他所見略同之人，都拒絕了為這樣一個錯誤出征，但康瓦里斯沒有。相反地他還請纓上陣，理論是因出於食君之祿，擔君之憂的責任感。但也或許就是因為他對這場戰爭的複雜感受，始終在他內心潛伏停留，才導致他打起仗來三心二意。他在戰事最後一個月中的行徑多少令人費解。或許就如莎翁筆下的哈姆雷特，他大可對我們說：我的謎團之心，豈是你們可以摘得。

面對被迫縮短的停戰期，康瓦里斯在兩小時內提出了投降提案，而當中的條款多與流程跟禮制有關，對軍務較少著墨，而這也導致了雙方在見面時產生了長達數小時的爭議。

談判的盟軍代表是約翰．勞倫斯與諾瓦耶子爵，其中後者是拉法葉的小舅子，而他們的談判對手是代表康瓦里斯的兩名副官，湯瑪斯．鄧達斯中校（Lieutenant Colonel Thomas Dundas）與亞歷山大．羅斯少校（Major Alexander Ross）。

事實證明康瓦里斯提出了一些讓人無法接受的條件。他要求在受降典禮上，自家的駐軍要能享有榮譽的戰爭待遇，具體而言包括英軍要有權執旗參加典禮，且可以用自選的進行曲入場。出於歐洲習俗中某種不可考的奇妙緣由，投降者若能獲准演奏勝利一方的民族曲調乃至於國歌，那就代表他們也雖敗猶榮地打出了漂亮的一仗。但華盛頓不這麼想。在給馬里蘭州總督希姆．李（Sim Lee）的一封信中，他表達了他的認知是康瓦里斯的行徑「至此都被動到令人無法理解」。華盛頓秉持的信條是危險的存在，就是讓人去克服的。遑論在十八個月前的查爾斯頓圍城戰後，英軍也未曾讓投降的守軍享有戰爭的榮譽待遇，而是要求他們把軍旗裝盒——也就是摺好收起。勞倫斯當時人就在現場，因此他非常堅持不能給英軍自選進行曲進場且軍旗飄揚的禮遇。當被羅斯少校告知說這「條款太過苛刻」時，勞倫斯要他別忘了在查爾斯頓，守軍也曾在開放的戰壕中奮戰了六星期，但當地的英軍也沒有給予少校要求的待遇。羅斯回答說「查爾斯頓又不是康瓦里斯爵士打的」，而勞倫斯則堅定地告訴他，「這裡沒有個人，只有國家。這一條就得這麼寫，不然我這代表就不幹了。」接著英軍又想要為格洛斯特軍團爭取禮遇，但勞倫斯堅持不能有特殊待遇。最終雙方總算達成了妥協，騎兵可以拔刀在號角聲中前進，但步兵絕對得把軍旗收好。

不久前還在戰鬥中出生入死這些男人，轉過頭來就口沫橫飛地爭執起這雞毛蒜皮的所謂禮遇，是一件確實很詭異，但在當年不算罕見的事情。這些人之前一邊為帝國而戰，一邊為了國家獨立而戰，難道他們以為在談判桌上吵得不可開交，就能扭轉在戰場上做成的裁決嗎？

英方所提出一個比較實質性的問題，是他們希望被俘虜的英國與德國軍隊可以在承諾不再參戰的前提下假釋回到母國。之前在英將伯格因投降時，類似的條款曾准許戰俘在歸國後去填補其他部隊的空缺，結果繞了一圈又被派回美國作戰。這一次美方把這個漏洞給賭上了。至於最棘手的，還得算是美洲親英派的處置方式。對於這些為了英國而戰的親英分子，勞倫斯說他沒有權限承諾給予保護，也不覺得華盛頓會給予這樣的授權。遲遲沒有結果的談判讓在外頭等待的部隊躁動不安，但談判依舊一拖再拖，直到午夜時分才終於產生結論。

謄本被送去給華盛頓過目後，他答應會在隔天一早就有調整之處做出批覆，然後再給康瓦里斯兩小時的時間簽字同意，預計大約十一點完成，然後就是兩點的投降儀式。若是屆時流程沒有走完，那戰爭狀態就會回復。所幸最終簽署完畢的文件準時送達，隨即就在一七八一年十月十九日的下午兩點，日後那個為人津津樂道的儀式踏出了頭幾步，一個嶄新的國家就此啟動了誕生的流程。

一字排開在通往威廉斯堡之路某側的，是法軍的十個兵團身著白色制服，手舉上面繡著金色法國皇家鳶尾花紋章的絲質白色軍旗。至於路的另一側則站立著美軍，其中大陸軍被拉到前排，紀律較差，儀表也較不稱頭的民兵則踩著突出大腳趾的破靴子杵在後頭。英軍穿著被擦得啵亮的黑靴，漂白過的綁腿，還有為了不被連同物資被收繳而硬是被軍需官發給他們的嶄新制服，走在夾道的法軍與美軍中間，因為軍旗已經被緊緊裝箱，所以一路上看不到揮舞的旗幟飄揚。如他們所要求，英軍走在本國的音樂伴奏中——根據歷史上一個眾所周知的訛傳，那是一首大家都認為名叫《世界上面翻到下》（The World Turned Upside Down）的歌謠。但事實上，這世間從不曾有過叫這名字的歌曲或旋律*。

在投降的行進隊伍中，一板一眼的德國士兵平靜地一步一腳印，但英軍卻在把蘭姆酒與白蘭地都一滴不剩後，「看起來酒氣沖天」，且一張死人面孔（恨意）與傲慢，更別說還有法軍軍需官克勞德．布朗夏所說，一臉「對美國人的不屑」。敗者對勝者的不屑，看似無法以常理解釋，但那其實就是一種輸不起的情緒——拒絕承認自身的錯誤或不足，並堅信自己是時運不濟才被奪走了應得的勝利，就像運動比賽中會有一陣強風吹來，把傳出去的球給吹歪了，才讓對手撿到了勝利。英軍一路上都只看著法軍那一側，因

描繪英軍在約克鎮投降場景的繪畫，由十九世紀的畫家John Trumbull所作。
圖片來源：Wikimedia Commons

* 搭配著名曲調《德律．唐恩》(Derry Down，Derry是蓋爾語中的橡樹林，但這個歌名只是便於傳唱而沒有意義的名稱）演唱的歌詞有眾多版本，其中一個版本中確曾出現過這個歌名。話說這些配唱版本中最著名的，莫過於一首叫《國王重現君威》(The King Enjoys His Own Again）的歌謠，但那是首詹姆士黨（一六八八年光榮革命後支持英王詹姆士二世復辟的勢力）唱給俊俏王子查理（Bonnie Prince Charlie，斯圖亞特王朝的流亡君主，詹姆士二世之孫，）的小夜曲，跟這裡的情境完全不搭嘎。至於另外一個名為《老嫗苦口婆心》(The Old Woman Taught Wisdom）或《世界上面翻到下》(When the World Turned Upside Down）的版本中則內含以下這些難登大雅之堂的詩句：

如果毛茛花追蜜蜂，四處嗡嗡響
如果船兒跑在路上，教堂在海上
如果小馬騎著人，草把牛嚥下
貓咪害怕老鼠抓，只能洞裡藏
媽媽賣了小寶貝
給吉普賽人，只為半克朗
如果夏天變成春天
春天變成夏
那就代表整個世界，上面翻到下！

《世界上面翻到下》是投降英軍所演奏音樂的這一說，可以追溯至約翰．勞倫斯，他理論上將之告訴了威廉．傑克森（William Jackson）這位勞倫斯在旅法期間的好同事，同時也是勞倫斯與康瓦里斯的副官會商投降條件時的會議紀錄，乃至於日後某戰爭部長的助理。而傑克森據說又將之轉告給亞歷山大．加爾登（Alexander Garden）這名一八二八年出版於查爾斯頓，《美國革命軼事》(Anecdotes of the American Revolution）一書的作者。至於勞倫斯跟傑克森咬耳朵的內容，據說大意是投降的英軍的行起軍來拖拖拉拉要死不活，就像他們覺得「世界上面翻到下」，天翻地覆了一樣，結果傑克森誤以為勞倫斯說的是進行曲裡有這些歌詞。關於那首歌的年份與起源，乃至於那算不算是一首進行曲的各種眾說紛紜——比方說，「6/8拍的節奏不是改給行進用的」(法蘭克．盧瑟〔Frank Luther〕，《美國人與他們的歌曲》〔Americans and Their Songs〕)，或是反之「該音樂極其適合行進使用」(肯尼斯．羅伯茲〔Kenneth Roberts〕，《西北水道》〔Northwest Passage〕)——讓學生們在各種相互矛盾的說法中如陷五里迷霧，也讓我們只能確定一件事情：那就是降軍在約克鎮所演奏的曲調正如賽倫海妖所唱的魅惑之曲，只能在歷史中任人自由想像。

為他們拒絕與原本臣屬於他們的美國人有眼神接觸，最後是拉法葉要求演奏《鄉巴佬洋基》(Yankee Doodle；可追溯到七年戰爭時期的美國愛國歌曲，據信最早是英軍用來嘲笑殖民地軍民衣衫襤褸，但獨立戰爭中反被美軍用來表達愛國的自豪，有美國地下國歌之說)，英軍才整齊劃一地把頭轉向美軍這邊。

投降典禮顯然對英雄氣短的康瓦里斯爵士太過沉重，於是他以身體不適為由沒有參加，只派了他的副手查爾斯·歐哈拉准將代表出席。德·葛拉斯將軍雖然是勝利的大功臣，但也因為氣喘發作而由德·巴拉斯將軍代理出席。

馬背上的華盛頓英挺如塑像，一身他慣常的淺黃褐與藍色，處於美軍隊伍的第一位。當歐哈拉要代表康瓦里斯投降時，他走向的是羅尚博，其用心很明顯是他寧可把作為投降象徵的佩劍交給法國人，但羅尚博只是微笑搖頭，指向了路對面的華盛頓將軍。華盛頓因為不願以總司令之尊接受對方副將的投降，所以就指了指他自己的副手林肯將軍，也就是在查爾斯頓之戰中對英投降的美軍指揮官。林肯究竟有沒有代替華盛頓接下歐哈拉的佩劍，始終沒有定論，但他確實做了一件事，那就是示意讓歐哈拉看相了現場一個叫做「鴿山」(Pigeon Quarter)的小丘，那是給英軍卸除武裝的地方，但也不知道是不是酒喝多了，紅衣英軍都是惡狠狠地把槍砸在地上，一副把槍機砸壞最好的模樣，直到歐哈拉下令停止這種小家子氣的發洩，他們才住手。

這場投降典禮的位置，是在乞沙比克灣中的一個海港，那兒也正好是皇家海軍將領說

THE WORLD TURNED UPSIDE DOWN

TUNE: Another version of "Derry Down"

Library of Congress—Music Division

《世界上面翻到下》
（五線譜）
《德律．唐恩》的曲調傷感多於歡愉，因此不特別適於行進，但這趟路畢竟是要去參加投降典禮，所以太開心好像也不對勁。

出那句「徹底由他們主宰」的地方，由此約克鎮的這場受降，也彷彿在傷口上抹鹽地標誌了對英國海上霸權的顛覆。雖然羅德尼會在不到一年的時間內證明英國海軍寶刀未老，但約克鎮是英國國力下滑的轉捩點則無庸置疑。

十月十七日，也就是康瓦里斯在他嬌小的少年鼓手陪同下要求談條件時，他在紐約那些無緣的救兵，包括創下軍事史上最會拖紀錄的葛瑞夫斯與柯林頓，終於定下了出發的時間，要去執行從柯林頓在九月二日承認康瓦里斯需要「拯救」以來，就一直等到此刻的任務。一支七千人的部隊上了船，船隻揚起了帆，葛瑞夫斯的艦隊就這樣帶著柯林頓，一同緩緩地由哈德遜河而下。他們在十月十九日穿越了沙鉤，而同一天在約克鎮，華盛頓與康瓦里斯已經簽署並接受了降約。五天後的十月二十四日，他們並未如所擔心的在查爾斯角外海遭遇德·葛拉斯的攔截，畢竟為了一場已經打贏的戰爭，德·葛拉斯沒必要冒這個險。英軍派出了小艇在灣中穿梭著打聽消息，結果一艘從約克回來的船讓真相大白。時不我予，門徑已閉。將近六年的開銷與用兵，換來了一場空虛。沒有勝利，無謂榮譽，統治權也沒拿回手裡。作為一場戰爭，它為歷史上的驕兵必敗做了最好的演繹。

一海一陸這精通拖字訣的哼哈二將，在三十五艘戰艦與七千大軍的見證下，無功而返地掉頭回返紐約。

嚴格講這場戰爭還沒有正式結束，美國的主權也還沒獲得承認，因為事情還得經過兩年的漫長和約談判，到一七八三年才塵埃落定。沒有人大張旗鼓地在世界各地為了康瓦里斯的投降開砲慶祝，但這件事有其不假外求的份量，將近六年前在聖佑達修斯接受禮砲致意的美國國格，藉其獲得了確認。當時，美國獨立還不是一項事實，而只是一份新生的《獨立宣言》。德·葛拉夫的禮砲打響後僅僅六個月，第二任美國總統約翰·亞當斯就有言如下：「曾在這片美洲土地上獲得辯論過，最重大的一個問題，已經有了決定，而這樣的一個問題，將在美洲的人群之中，空前且絕後。」這幾句話想傳達的意念，就在約克鎮受降典禮的天際高懸，並告知著舊世界，朝著民主紀元改變的時間，已來到我們身邊。

結語

這天大的消息被帶到北方，靠的是華盛頓的副官譚奇．提爾格曼，他快馬加鞭從約克鎮馳騁到費城，將英軍投降的消息傳遍了村莊與農場，就像方向正好相反的保羅．李維爾（Paul Revere；美國實業家與愛國者，曾星夜策馬南奔只為向美國民兵示警英軍來襲）。提爾格曼這趟騎了四天，並在十月二十四日的凌晨兩點三十分進入費城。千里走單騎的他一閃而過在靜謐的街道上，重重的步伐沿途敲出達達的馬蹄響，嚇壞了以為是敵軍來了的街坊。在目的地下了馬，他使勁把手敲在大陸會議主席托馬斯．麥基恩（Thomas McKean）的家門上。被吵醒的麥基恩下來查看動靜，才替這位不速之客擔保，救下了被守更抓住的他。在漆黑的夜裡，提爾格曼說出了他的驚天消息，得到了令他不枉此行的回應。麥基恩下令敲響獨立廳的鐘樓。這天守更是名操德語的老兵，他二話不說提起油燈展開夜巡，並一邊大呼小叫著 Basht dree o'glock und Gornvallis ist gedaken!（三點了，康瓦里斯被拿下了！）。家家戶戶飛也似地打開了窗戶，民眾激動地探出頭來把話聽清楚，然後便衝上了街頭，奔相走告者有之，緊緊相擁者有之；禮砲聲轟隆響起，焰火燃起在天際，城市瞬時亮若白晝；教堂辦起了感恩禮拜，報紙發出了號外，仕紳為此慷慨陳詞，舞會一場接著一場開；遠在紐約州的紐堡（Newburgh），民眾激動地將英將班乃迪克·阿諾的草人火祭。

迴盪自費城獨立廳的鐘聲，不僅僅是為了軍事上的勝利而響，更是為了一個新世界的即將來到而響，為了從極權與壓迫中獲得的救贖而響，為了一個名為美國的希望與夢想而響，且這些希望與夢想並非僅由掀起革命戰端的美國人獨享，而是也屬於那些義助美國，與其並肩作戰的法國人，屬於荷蘭的異議份子，屬於英國在野的輝格黨人，屬於成長於啟蒙時代，在人類可以臻於完美的樂觀中耳濡目染，每一個角落的每一個靈魂。美國革命的勝利，象徵的是一個起點，而起點朝著的方向，是基於《美國獨立宣言》，對每個人自由的保障。一七八三年，華盛頓在他最後一封致美國各州議會的巡迴信中，提到了「（美國獨立革命）對全體人類的裨益」，君不見那一堆堆熊熊燃起的柴堆篝火，那市民們一次次的緊緊相擁，正是為了這樣的一種裨益——為了美國所代表的偉大希冀。也正是為了這樣的偉大希望，戰後返鄉的拉法葉將軍帶回了足以填滿墓地的美國土壤，並於一八三四年在這些希望的土壤中安葬。

在有所戒備的營地與兵營中把約克鎮的戰俘安置好後，華盛頓原本打算趁勝追擊，一鼓作氣地聯合法軍對威爾明頓與查爾斯頓發動攻擊，但由於法國艦隊已經撤離，所以他只能放棄此舉。奉命要於十一月初前返回西印度群島的德．葛拉斯在十一月四日啟航前往加勒比海，他身負的任務是要盡可能進攻並奪取英國在颶風過後防務遭弱化的島嶼。在德．葛拉斯會鎖定英國最富裕的牙買加島進攻的普遍認知下，海軍部徵召了手術動完沒多久的羅德尼，希望他能不負眾望地堅守住牙買加，畢竟其他的艦隊主帥人選都讓人提不起信心。肯彭斐將軍（Admiral Kempenfelt）曾奉命去攔截法國艦隊，但他卻以自己只有十二艘風帆戰艦為藉口，就避而不與敵方的十九艘船接戰。法軍首先把手伸向了羅德尼認為被他打造得固若金湯的聖佑達修斯，但再堅強的防務也擋不住詭計。法軍派出會說英文的布耶侯爵兵團，身穿紅色制服登陸，「看上去完全就是有著黃色翻領的紅衣英軍」，他們的組成一部分是土生土長的英格蘭人，一部分是領法國薪餉當傭兵的愛爾蘭人。法國用這些偽英軍把守軍搞得一頭霧水，順利在一七八一年十一月收復金礁岩，短時間內再一次打擊了英國在約克鎮被弄傷的尊嚴。一七八四年，法國恢復了荷蘭對聖佑達修斯的主權，荷蘭的國旗因此得以在這個史跡斑斑的島礁上飄揚至今。一七七九年，約翰尼斯．德．葛拉夫以一介平民之身回到了他曾擔任總督的故地。聖佑達修斯並沒有如羅德尼在盛怒下的威脅，被剷平為「一片荒漠」，反倒是每天如常地忙得不亦樂乎，累積著財富。如德．葛拉夫就靠著他的不動產與影響力，賺得盆滿缽滿。他在三十五年後的一八一三年去世之前，都是個大富翁。

在聖佑達修斯失守後，英國在背風群島的另外兩處次要據點也相繼成為法國的囊中物，而德・葛拉斯在與布耶侯爵的強強聯手下，又拿下了聖基茨島，聖露西亞為之震動，而這造成的傷害不光是尊嚴受損，而是英國預算十分倚重的蔗糖收入縮水。在連番打擊下，英國把怒火發洩在了桑德威治身上，眾人責怪他不應該讓肯彭斐像拜恩一樣，帶著不夠充分的力量出征，但同時卻讓「六艘風帆戰艦在英國港中待著」。根據反對黨領袖羅金漢爵士（Lord Rockingham）所說，「眾所周知我們有十艘風帆戰艦，卻幾乎找不到人上船。」要他為皇家海軍積弱負責的糾舉投票遭到否決，主要是執政黨逾二十一席的多數還牢牢握在手中，而此時葛瑞夫斯那更加沒用的表現與美洲戰場的丟失都還不為英國國內所知。桑德威治就此保住了官位。

「願爵爺您永遠不用承受我所經歷的痛苦與折磨，」羅德尼寫信給他說。雖說虛弱的他還在進行術後復健，但正遭受攻擊的皇家海軍與牙買加都迫不及待需要他的救援。事實上新頂著大不列顛海軍副元帥（Vice-Admiral of Great Britain）這個不在正規軍階體系中的榮譽職銜，加上有巨大的強固號（Formidable）作為的旗艦，飽受磨難而疲憊不堪的他有著抖擻的精神，隨時願意奔赴戰場。於是一七八二年一月以六十四歲的年紀，他接下了實戰的帥印，出發前往普利茅斯接管那支即將與他一起在聖徒之戰中大放異彩，為英國拿下在納爾遜將軍的特拉法加之役以前，最關鍵一場海戰勝利的艦隊。他以此役一舉終結了「縱隊前進」戰術的霸權，在一場名留青史的海戰中突破了敵人的戰列，取得了對法國的著名勝利。而做為這場勝利的紀念品，巴黎號作為當時海面上無人能出其右的巨艦，成了英國的戰利品，而其舊主德．葛拉斯也成了英軍的階下囚。

這場壯舉完成在一七八二年的四月，當時羅德尼在獲得十二艘風帆戰艦與自美國前來的胡德中隊補強後，發現了自從美國回返後就駐紮在馬丁尼克島的德．葛拉斯艦隊在往北航行，從皇家堡出發的他們正在往牙買加的路上。算上新加入者，德．葛拉斯共有三十三艘風帆戰艦，而英國聯合艦隊則有三十六艘。有三天的時間，這兩支艦隊就在多米尼克與瓜德洛普之間的通道周旋爭奪風勢，而那條海上通道的名字就叫做「聖徒」，主要是那當中坐落著桑特群島（Îles des Saintes），直譯就是聖徒群島。雙方在海峽中若即若離地以零星的砲火交戰，最近時已經可以掏槍進行近距離射擊，外加有過一次船身的碰撞，期間有人負傷，有桅杆傾倒，也有人陣亡。就在法艦想要形成戰列時，風勢暫緩了下來，由此他們的編隊中出現了一道縫隙，而強固號上的首席艦長（Fleet Captain，功能是在旗艦上擔任艦隊主帥的參謀長，地位較旗艦艦長更高一些，但非正式軍銜）查爾斯．道格拉斯爵士（Sir Charles Douglas）察覺此時若有強順風，強固號就可望穿過那道縫隙。他於是趕忙去找到羅德尼，並對著他大喊，「喬治爵士，只要突破戰列，今天就是屬於你的，我保證會替你拿下勝利」。但因為事前沒有這樣的計畫，同時也不確定其他艦長會不會跟上來，一個弄不好他就會重蹈陷入重圍的覆轍，羅德尼因此拒絕下令改變戰法，因為那等同於違反《作戰指示》，而違反《作戰指示》有可能讓他之後面對跟拜恩一樣，遭到軍法審判或甚至被槍決的命運。道格拉斯不願意扛這個責任，這必須要是將軍一個人的決斷。在道格拉斯再三的敦促下，羅德尼改變了主意。他曾經與之緣慳一面的天賜良機，如今再次被送到了他的面前，就像老天的激將法，讓他熱血沸騰。「這個嘛，好吧，就由著你吧，」他幾乎是隨口這麼一講。他沒犯忘了把「縱隊前進」旗號留著的錯誤，而是將之降了下來，換上了「近戰」的旗號。隨著強固號的船首開始緩緩地朝右舷擺動，見習軍官紛紛跑去警告砲首要準備從舷外開砲。羅德尼忐忑地查看船尾，結果他發現五艘排序在旗艦後的船隻都跟了上來，乾淨俐落地穿過了法國戰列的縫隙。強固號的主要上桅帆已經破破爛爛，而一艘護衛艦喬治王子號則連主桅都沒了。此外有艘船已以每小時三英尺的速度在進水，另有兩艘則已將彈藥用罄，但同一時間，法艦同樣深受重創且擠滿官兵的甲板上則疊著死屍。在不平靜的血紅海水中，鯊魚圍著船周圍撲衝，狠勁十足地啃食著被拋出舷外的死去水手。在索具已經斷裂，桅杆已經躺平的狀況下，不少法國軍艦已經在海面上無法動彈，只能任由戰列的漏洞不斷增多。英軍艦長們在感染到主帥的用意後也開始欲罷不能起來，開始抓緊機會猛攻。他們乘風而進，讓拍動的船帆帶著他們穿越了法艦戰列的另外三個破口。戰列已然千瘡百孔的法國艦隊自此遭到包圍與火砲的兩面圍殲。在向晚的暮色中，抓著幾絲微弱風勢的法艦開始對準南方逃竄，而英軍則在後頭緊追不捨。法艦開始一艘艘降旗投降，任由強大的巴黎號自求多福，而巴黎號上的德．葛拉斯仍在設法重整旗鼓，包括令人把拖繩扔給失去行動能力的友艦。甲板上可以望見他孑然挺立的高大身形。英軍的窮追不捨讓法艦無法騰出時間修繕，最後一艘艘被佔領。被護衛艦捨棄的旗艦巴黎號先是遭英艦羅素號（Russel）縱射，然後又被胡德的巴爾弗勒號（Barfleur）以一枚巨大的砲彈集中舷側，最後則是成為周遭英軍集中火力涉及的眾矢之的。巴黎號的甲板起火，索具、船帆與船舵也無一倖免。最後在自羅德尼扭轉艦艏朝法軍戰列突破算起，九個半小時的激戰後，德．葛拉斯的旗幟終於慢慢停止了飄揚而垂下，而法國國旗也同步從船尾旗桿上被降下。英國軍官划著小艇過來接受了投降。

在強固號上，一張扶手椅被帶到了船後方的軍官甲板上，那兒有羅德尼坐在月光下思索他巨大的勝利，並時不時咕噥著自己竟能成功突破敵方的戰列，真是有兩下子。天明之後，德．葛拉斯親自被陪同登上強固號投降，且「此刻就坐在我艦尾的廚房裡」，羅德尼在寫給海軍部與家人的勝利報告中如是說。「陛下的武裝，果然戰勝了敵人，」他在信中對兒子說。「牙買加將因此得救。我想法國艦隊如此一敗塗地，恐怕很難再在這場戰爭中讓我們出手了，甚至可以說他們受到的重創，已經到了無法修復損失的程度。」

這些話，大半都是事實，但就是晚了。如果早六個月，美洲殖民地就不會丟了，而那如胡德在一封把消息告知某通信者的函件中說，堪稱是「大不列顛有史以來最悲慘的消息」。

這件事的震撼力，引發了政治上的動盪，也將假以時日導致英國政府的下台。倫敦是在十一月二十五日從法國處得知約克鎮發生的事情，而那已經是英軍投降的五週後。羅尚博派了兩名信差——洛贊公爵，還有率軍浴血拿下九號堡壘的與雙橋伯爵——分別乘不同的巡防艦去把相關宣布通稟法王。這一好消息對法國皇室可為是雙喜禮門，因為同一天瑪麗·安托瓦內特（路易十六的瑪麗王后）產下了「海豚」（le Dauphin；法國自十四世紀以來授予王位繼承人的稱號，相當於英國的威爾斯親王），也就是法國王太子，在當時看似確保了皇家後繼有人。但事實證明這名男嬰永遠與王座無緣，而法王與這位王后也將在不到十年後不僅丟掉自己的王位，也丟到自己的腦袋。雖然大手筆花了近十五億里弗爾的錢支持美國反叛英國皇室，但革命成功給路易十六自身換來的卻不是什麼好預兆，而這點他要是對政治因果的敏感度可以更高，就應該早有預料。

很快地，康瓦里斯慘敗的消息就經由探子帶過了英吉利海峽，並首先傳進了喬治·赭曼爵士的耳裡，而赭曼爵士又將之帶給了人在唐寧街的諾斯爵士。他展開了雙臂「就（像）他要把一顆球抱個滿懷」，喊出了有可能是這整場戰爭中被引用最多的一句話，「喔，天啊，終於結束了！」然後「狂野地」開始重複著這句話，在房裡走來走去。但把壞消息帶給英王喬治的並不是身為首相的諾斯爵士，而是赭曼，但堅定的國王仍一心一意令赭曼去計畫以最可行的模式將戰爭延續下去，但除了內閣中繞著赭曼與桑德威治打轉的那些死硬派以外，英國議會與民情中的支持寥若晨星。多數人都體認到了這是場無效的戰爭，而繼續按赭曼所提的方式轉攻為守並拉長戰線，並無望打贏戰爭，頂多是拖點時間讓美國晚些獨立，並能在與美國的談判中態度強硬一點罷了，於大局無益。繼續打除了舊有的戰爭費用需要支付，還得犯眾怒去以鉅資來徵募充員兵給康瓦里斯。在不輸給之前在戰場上那種無動於衷，一種鋪天蓋地的悲觀氣氛中，輿論的結論是承認美國的獨立，在赭曼那很糟糕的看法中，就等於帝國的「毀滅」。同樣極端的英王也堅持認為承認美國獨立會讓英國面對「無可避免的毀滅」，他寧可遜位也不願參與其中。他會如此激動地反對美國獨立，真正的理由在於他極不願看到自己有一天得送走作為戰爭贊助者的諾斯政府，召進他恨之入骨的反對黨。由此他只能暴跳如雷地跳針：「我寧可失去王位，也不想召見一群想讓我變成奴隸的人。」但他不樂見的狀況仍不可避免地在靠近。諾斯此時告訴赭曼說收復美洲已然不可能，對一場除了能讓英國在和談時有塊地能把立場踩硬一點，此外別無意義的戰爭，他不可能繼續資助下去。但由於美國似乎非常堅持獨立，因此要讓他們願意和談，好像除了讓他們稱心如意以外，就只剩下繼續用戰爭狀態來施壓了。

有趣的是沃波爾在一封給荷瑞斯．曼恩的信中記錄下「康瓦里斯所受之辱並沒有引起軒然大波，在國會裡更是無人聞問，但對於已經滿到邊的容器來說而言，一滴水也可以使之傾覆。我們的狀況絕對會算得上糟糕，而且只會愈來愈糟。」他寫信給朋友說戰爭已經接近尾聲，但戰爭的後果還遠遠沒有結束。「在某些方面，」他帶著一股不似在閒談的歷史感預言，「這些後果正開著一個新的年代，而這個年代將繼我們之後存在許久。」此時的英國議會，已經到了沃波爾所謂的邊緣。約克鎮的新敗、聖佑達修斯的丟失，還有法國會繼續進攻西印度群島而讓英國失去更多製糖產地與營收的預期，在在都讓一股壓抑感在英國軍中生根。求勝的意志，從來在英國都沒有形成過舉國輿情的主旋律，如今更是淪為背景音。倫敦城因為敏感於戰爭會成為看不到頭的軍費黑洞，民眾紛紛訴請國王能終兵戎。國內的集會迴響著這樣的情緒。敦促停戰的議會動議一次次被政府否決，但否決的多數也不斷在縮水。十二月十二日，一名普通議員（無閣職的議員）詹姆斯·勞瑟爵士（Sir James Lowther）在動議中說「此後任何要鎮壓判斷殖民地的舉措，都與此一王國的真實利益背道而馳」，結果此議只被四十一席的票數否決，還不到二月時否決票數的一半。隔年二月，前內閣大臣亨利·西摩·康威（Sir Seymour Conway）動議說美洲戰爭「不應繼續進行，因為其想以武力使殖民地居民屈服的目的未能切合實際」，而此議只以一票之差遭到否決。又相隔一週，康威的第二次換湯不換藥的動議獲得了通過。不肯被摸頭的康威在三月四日第三次動議要上告國王「任誰建議將在北美的攻勢戰爭繼續執行下去，誰就會被本院視為陛下與本國之敵」。這人有點殺得人措手不及的提案未經表決，就直接通過了，而爭議也就此落幕，因為抗拒議會的意見是違憲的行為。喬治三世既非一名敢視法律為無物的君主，自然知道他只能按規定治國。要是再執迷不悟下去，就是要與國會過不去了；他僅有的選擇只剩下照辦與退位。事實上他還真的起草了一份遜位聲明，當中表示由於立法機構已「徹底使他既無法繼續有效進行戰爭，也無法取得無損於英國貿易與核心權利的和平……朕只能深感遺憾地意識道他已無能再為祖國效力，並不得不踏出痛苦的一步，從此自絕於國政」。由此，「朕宣布辭去大不列顛暨其各附屬自治領的王位」。

惟最終他並沒有讓事情走到那一步，而是在權衡輕重後捨棄了諾斯，開始朝和談方向進行。一七八二年三月二十日，在「上下議院歷來最座無虛席，氣氛也最緊繃的議程中」，伴隨著議院外街頭上的萬頭鑽動，當朝首相在十二年來主持大局，帶英國平安無事度過自「火藥陰謀」（Gunpowder Plot；一六〇五年，天主教極端分子密謀炸毀國會大廈，意欲刺殺出席國會開幕的英王詹姆士一世，但行動以失敗告終。）以來最動盪的年代後，終於被解除了職務。也算遂了他長年希望但或許如今感受有些複雜的心願，諾斯爵士辭去了官職。反對黨組成了新的政府，其成員包括羅金漢、薛爾伯恩、福克斯與小威廉·彼特。四月二十五日，內閣同意了在不以投票否決美國獨立的前提下與其進行和談。

在此同時，聖徒之戰提振了英國的民心士氣，期間甚至還打擾到了荷瑞斯·沃波爾爵士的清夢。他抱怨自己被喧鬧的遊行震破了窗戶，只因為「那個虛榮的傻蛋沒事找事去擴大他的勝績」，而這也反映了輝格黨人對羅德尼的看法。聖徒之戰對法國海軍聲威的打擊，確保了法軍無法重返美洲去繼續援助華盛頓，同時由羅德尼贏回的國家自信，也讓英國人在和談時的腰桿挺了一點。在此同時，美國人的背脊也變硬了，而他們靠的是荷蘭的正式承認，主要是荷蘭的各省小心翼翼地，一一表決通過了約翰·亞當斯擔任美國外交公使的身分，而其聯合省議會也在一七八二年確認了這個投票結果，讓荷蘭成為繼法國之後，第一個正式承認美國的國家。由薛爾伯恩提議的英國談判代表——一名在政壇名聲並不顯赫，自由派的蘇格蘭商人，理查·奧斯沃德（Richard Oswald）——獲選被派駐到大陸議會。有待雙方談妥的議題千頭萬緒且都非常棘手。加拿大與西北地區，還有佛羅里達的西班牙領地與南部地方的疆界問題，如何處置美國親英份子的老問題，與印地安人的關係，貿易的權利，還有戰爭對於土地財產造成損害的爛攤子，樣樣都可以討論到天荒地老。在一七八二年十一月三十日，草約有了雛形後，未竟的事項被移往巴黎，由富蘭克林與約翰·傑伊（John Jay）擔任美方談判代表，而這兩人之間早在大陸會議中就跟他們所屬黨派一樣屢見不鮮的意見分歧，讓英美之間的磋商變得十分冗長，更別說還有法國外長韋爾熱納為了維護法國利益而不斷插手想控制合約內容。各種疑難雜症讓討論過程一拖就是十個月。結束戰爭狀態與承認美國獨立的合約定稿完成簽署，已經是一七八三年九月三日的事了。

但即便白紙黑字的合約有了，也不等於新國家已經從陣痛中誕生。想要把利益與習俗的差異之大不輸給荷蘭各省的十三個殖民地湊在一起，讓他們在單一財政的立足點上創建一個單一主權且眾人同意遵守同一套法律的國家實體，是一條崎嶇程度不下於革命本身的路徑。在障礙與衝突之間跌跌撞撞的這個襁褓中的國家，時而幾乎要被各股力量拉扯撕裂，但最終總算活了下來，並將有朝一日以聯邦之姿躋身主宰世界命運的強國之列。雖然在成長過程中，這副身體也冒出了各種缺點與不完美處，但畢竟那是一副如此地大物博的身體，更重要的是那些有毅力離鄉背井來到這片處女地，初來乍到者用不完的精力。這些得天獨厚的條件，讓這個國家成為日後地表強權的命運板上釘釘。

早在巴黎條約簽訂前的一七七七年，英美還打得不可開交，英國仍沿美國海岸線封鎖各港口的期間，曾代表美國獲得第一響禮砲的安德魯．多利亞號在德拉瓦由她的船員放火燒毀，為的是不讓她落入英國人之手。作為她在美國首支海軍中隊中的同伴，曾與她共同第一次出戰的友艦哥倫布號（Columbus）與天佑號（Providence），也都同病相憐地被船上組員親手燒毀或炸毀，原因也都是不想任由船艦被敵人捕獲。率先升起大陸會議旗在費城的卡伯特號與阿弗列號，雙雙為英國人所擒。天佑號在美國海軍建軍的原始成員中，是活到最後的一艘；她在一七七九年被摧毀於緬因的佩諾布斯科特（Penobscot）。在一七七五年開始服役時，有人稱這支中隊是「全世界最瘋狂的想法」；如今化為破敗的木材散落在德拉瓦岸邊與納拉甘西特灣暨乞沙比克灣的海濱，這些船艦的焦黑殘骸訴說著隱於人事無常中的一縷哀戚。

一道屬於他私人的哀戚，也縈繞在華盛頓心裡直到他人生的終曲，那就是他沒有子嗣延續他的生命。但他不曾意會到的事實是一個獨立自治的美國，就是他的孩子。他看待美國就像看待自己前途無量的兒子，是何等的自豪與充滿信心，那股心情其實早已宛若一名父親。在他當年喜不自勝，而今人回首前程或許難免心碎的美國願景中，也就是於其發表於一七八三年六月，最後一封致美國各州議會的巡迴信中，華盛頓提到美國「彷彿得天獨厚地要為上蒼示範人類的偉大與幸福。此外上天還加諸了美國其他的福氣，包括使之擁有其他國家所不曾有幸獲得，追尋政治上幸福的天賜良機，而其造就的國家必然對全體人類有所裨益」。

在他的號召下，十九世紀的歷史學者懷著對進步的信仰，在筆下描繪起他們的祖國的歷史是一段穩步地朝著自由前行的進程，而革命的勝利作為庶民軍事史上一場咸認漂亮的勝仗，就是一切的開端，同時這一仗所創造出來的國家，則被認為肩負著上帝交付的任務要去建立一個正義、平等與自治的政治國度典範。到了二十世紀末，我們在那令人驕傲的政治藍圖上看到了陰沉的一面，那些往事裡有美洲原住民被不公不義地從家鄉土地上被驅離，有人因為出生的膚色與信仰不同就受到不平等的對待，有政府非由賢能者為之，反而落到了一群卑劣邪佞者的手中，所幸在這樣一種無能與腐敗的不肖政府裡，總也不乏有人為了改革而捲起衣袖或勇於夢想。

自安德魯・多利亞號的旗幟接受禮砲致意以降，兩百年間的美國歷史有許多值得慶讚的事情，這包括我們敞開了雙臂接納那些來自其他土地，渴望呼吸自由空氣的處境堪憐之人，包括我們以法治確保了恰當的勞動條件，包括我們採取了措施去扶助那些飢寒交迫之赤貧之人，但華盛頓相信「必然會誕生自美國主權」的「人類幸福」並未繼而出現。人類兩千年來的攻伐、貪婪與對權力的瘋狂，其劣跡斑斑除了玷汙了那一夜在費城的歡欣鼓舞，也提醒了我們美國「裨益」世界的步伐是如何的緩慢，乃至於我們手握華盛頓、葛林、摩根、等先烈與他們衣不蔽體的官兵在「蓋不到半條毯子」的條件下挺過寒冬所打下的戰果，做出的成績是多麼乏善可陳。

若是克雷夫克（Crévecoeur，法國人米榭——紀窯姆・瓊・德・克雷夫克〔Michel-Guillaume Jean de Crevecoeur〕於一七五九年來到紐約，歸化成美籍，並寫成多篇信件與散文描寫美國的邊疆生活與社會動態）重新來到美國，重新問出他那知名的大哉問：「此一新人，這所謂的美國人，究竟是什麼人？」，他會有什麼樣的發現？他設想中那個活在新世界裡，自由且平等的新人，只能偶一獲得實現，只不過這種新人要成立的條件，也就屬美國最接近滿足了，至於其他遭到顛覆的社會，將永難企及美國之項背。新人不會在法國享有自由、平等、博愛的天賦；受壓迫的他不會在俄羅斯人推翻沙皇之際得到解放；一九四九年的中國共產革命也創造不出一個建構來「為人民服務」而不為自己服務的新人。不論什麼革命，終究只能產出另一批人，而造就不出新人。就在「真理與無盡謬誤」這兩端的半途中，人類這物種的模子是永恆不變的。而那，便是地球必須負起的重擔了。

16. 喬治三世，草擬的遜位聲明: Brooke, 221; Valentine, North, II, 310.
17.「上下議院歷來最座無虛席，氣氛也最緊繃的議程中」: Valentine, North, II, 315.
18. 諾斯在一七八二年三月二十日引咎辭職: ibid., 315-16.
19. 安德魯多利亞號等軍艦被毀: Morison, Jones, 100n.
20. 最後一封致美國各州議會的巡迴信: Fitzpatrick, Writings, XXVI, 485 (in part).

92. 亞當斯，「最重大的一個問題」: Smith, John Adams, 1, 270.

結語

1. 提爾格曼帶來投降的消息: Stone, 487.
2. 「康瓦里斯被拿下了！」: Johnston, 158.
3. 華盛頓，「對全體人類的裨益」: q. Smith, People's History, III, 21-2.
4. 拉法葉帶回足以填滿墓地的美國土壤: Woodward, 451.
5. 會說英文的布耶侯爵兵團: Tornquist, 78.
6. 聖徒之戰: all the Rodney biographies; also Lewis, C. L., 225-54; Whipple, 56-61; Mahan, Influence, 485-93; Anonymous, 126.
7. 「喬治爵士！只要突破戰列」: MacIntyre, 232; Spinney, 398-9. 這條防線的攻破在日後發展成一段冗長的爭議，當中道格拉斯的角色是爭論重點；詳見Spinney, 427-9.
8. 羅德尼坐在甲板上的扶手椅上: Jesse, II, 396; Wraxall, 307.
9. 胡德，「最悲慘的消息」: q. Freeman, V, 400n, from letters of Lord Hood, 39.
10. 「喔，天啊，一切都完了！」: Wraxall, 264; Walpole, Last Journals, II, 474.
11. 喬治三世，「我寧可失去王位」: Morison, AP, 266; cf. Brooke, 188:「我寧可失去如今戴著的王冠，也不要忍受在他們的枷鎖下為王的恥辱。」
12. 沃波爾，「 我們的狀況絕對會算得上糟糕」: to Mann, December 4, 1781, Corres., XXV, 213.
13. 「正開啟著一個新的年代」: to Mann, Walpole, Corres., XXV, 213.
14. 詹姆斯・勞瑟爵士在一七八一年十二月十二日提出的動議: q. Valentine, North, II, 281.
15. 康威在二月二十日、二十七日與三月四日分別提出的動議: ibid., 302-7.

起雄兵進軍澤西，甚至最好能拿下費城。」: MacKenzie, 611.

73. 康瓦里斯在十月十一日通知柯林頓，「現在想救我只剩一個辦法，就是直接派海軍過來」: Clinton, 581.
74. 詹姆斯中尉，「傷者的痛苦哀號」: James, B., 122.
75. 洛贊與塔勒頓的騎兵決戰: Wickwire, 372-4.
76. 對第九與第十堡壘的猛攻: James, B., 121-6; Gallatin, 41-4; Freeman, V, 369-71. 對此波攻勢的完整描述見Deux-Ponts, My Campaigns, 142-9.
77. 華盛頓演說為將士打氣: q. Freeman, V, 369.
78. 麥克佛森據傳直接棄守: Fleming, 289.
79. 康瓦里斯對柯林頓在一七八一年十月十五日說，「我的處境如今十分危殆」: Cornwallis, Corres., I, 125; q. Wickwire, 382.
80. 康瓦里斯的降書: q. Freeman, V, 377.
81. 華盛頓的回函，「熱切期許」: Fitzpatrick, Writings, XXIII, 236-7.
82. 康瓦里斯對柯林頓說，「我必須滿懷煎熬」: October 20, 1781, Clinton, 583.
83. 投降談判: Freeman, V, 379-85.
84. 華盛頓談及康瓦里斯，「被動到令人無法理解」: to Governor Thomas Sim Lee, October 11, 1781, Fitzpatrick, Writings, XXIII, 210.
85. 華盛頓秉持的信條: Freeman, V, 106.
86. 勞倫斯，「這一條就得這麼寫」: q. Fleming, 322.
87. 投降的場面: Blanchard, 141; Stone, 472-4, from the Journals of James Thacher and John Conrad Doehla.
88. 「世界上面翻到下」: cf. Freeman, V, 388, n. 47.
89. 英軍「看起來酒氣沖天」: q. Freeman, V, 390, from two eyewitness diarists, Major Ebenezer Denny and Lieutenant Williams Feltman.
90. 英軍一臉「對美國人的不屑」: Blanchard, 152.
91. 拉法葉要求樂團演奏《鄉巴佬洋基》: Fleming, 328-9.

葬」: Willcox, AHR, 28.

57. 柯林頓在九月十日四的作戰會議上問冒險前往救援該與不該: Fleming, 219; partial minutes in Clinton, 569-70.
58. 康瓦里斯在九月十六或十七日的信件中說,「你再不趕快來救援我……」: Clinton Cornwallis Controversy, II, 158.
59. 關於在紐約的各種耽擱與拖延還有作戰會議的研議: Willcox, Portrait, 427-36; Willcox, AHR, 28-31.
60. 「我們的陸軍與海軍將領,似乎都沒有認真看待這事。」: MacKenzie, 641. RAWDON, "INFATUATED WRETCHES": q. Miller, 164.
61. 「迪格比,迪格比!」: q. Willcox, Portrait, 432.
62. 麥肯齊,「要是我們的艦隊能在海上打贏他們」: Diary of September 24.
63. 威廉・亨利王子來訪: Willcox, Portrait, 433; MacKenzie, 64.
64. 謠傳王子將成為維吉尼亞總督: Rochambeau, Memoirs, 67.
65. 康瓦里斯「日復一日其帶著英軍艦隊能前來救危扶傾」: MacKenzie, 664, 671.
66. 紐約的作戰會議在九月二十三與二十四日(去程大抵沒有問題……要如何能全身而退?): Willcox, Portrait, 435.
67. 史密斯對楚萊恩說,「分秒必爭」: ibid., 432.
68. 麥肯齊,「需要三天時間繞過沙洲」: MacKenzie, 653.
69. 史密斯,「敵人對和平的渴望」: q. Fleming, 224.
70. 麥肯齊,「他們就算想再拖十個月也沒差了」: MacKenzie, 653-4.
71. 柯林頓,若無「不可預見的意外」: Clinton Cornwallis Controversy, II, 172.
72. 柯林頓提議以聲東擊西之計來牽制費城: 根據麥肯齊上尉所言,「如果法軍帶來了有顯著優勢的艦隊到沿岸,並全力對付康瓦里斯的部隊……那我們除了打贏海戰以外就幾乎沒有從陸上馳援的可能性了。如果華盛頓通過了德拉瓦……英軍想救康瓦里斯的僅存選項就剩下圍魏救趙,

38. 童恩奎斯特形容威廉斯堡的鄉間「非常肥沃」: Tornquist, 75.
39. 童恩奎斯特談到被殘殺的孕婦: ibid., 57.
40.「敵人不信上帝」: ibid., 58.
41. 未出世的嬰孩被從母親子宮中扯出，懸掛在了樹上: Anonymous, 78.
42. 華盛頓去會見德・葛拉斯: Tornquist, 64; Lewis, C. L., 172-5; Freeman, V, 334-6.
43. 我親愛的小將軍: q. Stone, 410, from George Washington Parke Custis, Recollections.
44. 與德・葛拉斯與晤談: Scott, Corres., 36-41.
45. 渡過薩斯奎哈納河: Von Closen, 125.
46. 沃克先生不肯收錢: ibid., 128.
47.「火船」: James, B., 116-17; Tornquist, 64-6.
48.「讓海軍……有如驚弓之鳥」: von Closen, 133.
49. 德・葛拉斯決定離開: Doniol, V, 544; Scott, Corres., 45-7; von Closen, 134; Freeman, V, 340.
50. 華盛頓在信中提到自己「飽受煎熬」: Scott, Corres., 48-50; Fitzpatrick, Writings, XXIII, 136-9.
51. 德・葛拉斯自身的旗艦艦長們，「這麼做似乎不符合我們設定的目標」: Scott, Corres., 51-2; q. Freeman, V, 343.
52. 德・葛拉斯同意留下: von Closen, 136, and 136 n. 9; Scott, Corres., 51, 53.
53. 史密斯，「將在一周之後得見分明」: Smith's diary of August 31, q. Fleming, 214.
54. 葛瑞夫斯的可怕語句，「敵人在乞沙比克灣中的海軍實力是如此強悍: to Clinton, September 9, 1781, q. Willcox, AHR, 28.
55. 威廉・史密斯，參謀們「只會溜鬚拍馬」: q. Fleming, 218.
56. 羅伯森將軍宣稱毫無作為而導致康瓦里斯有失，「美洲大業將一起陪

18. 馮・克勞森，一名「討人喜歡、勤勤懇懇……」: von Closen, intro., xxii-xxiii. VON CLOSEN, "A VERY BEAUTIFUL SMALL VALLEY": von Closen, 109.
19. 關於普林斯頓: Blanchard, 134.
20. 一支艦隊的出現: Freeman, V, 3, 15.
21. 盟軍進入費城: Royal Deux-Ponts, My Campaigns, 26 ff.; von Closen, 120-21; Gallatin, 126.
22. 在勞伯・莫里斯家中飲宴: von Closen, 117.
23. 在喬瑟夫・里德家飲宴: ibid., 119.
24. 華盛頓九月二日對拉法葉說，「我……懷著難以言喻的焦慮」: Fitzpatrick, Writings, XXIII, 77.
25. 德・葛拉斯艦隊遣人快馬來報: Freeman, V, 321.
26. 在切斯特，華盛頓一手帽子一手手帕地在揮著手: von Closen, 123; Freeman, V, 322.
27. 軍情傳到了費城的宴會上: Gallatin, 27, 31; Scott, 16-17. "LONG LIVE LOUIS SIXTEENTH:": ibid.
28. 海灣之戰: Lewis, C. L., 156-69; Larrabee, 184-223; James, W. M., 288-96; Tornquist, 58-61.
29. 葛瑞夫斯，「有意義的援助」: q. Lewis, C. L., 169.
30. 童恩奎斯特，「這……是一項驚喜」: Tornquist, 57.
31. 柯林頓在九月二日對康瓦里斯說，「你可以安心」: Clinton, 563.
32. 柯林頓在九月六日對康瓦里斯說，「我認為……最好的辦法」: ibid., 564.
33. 「他們已經上了船」: Letter of September 6, 1781, q. Wickwire, 362.
34. 「提振了士氣到了所需的水準」: von Closen, 124.
35. 「這一日將名留青史」: q. Davis, 82.
36. 華盛頓偷閒前往維農山莊之行: Freeman, V, 324-7; Gallatin, 36-7.
37. 華盛頓對拉法葉說，「我希望你能確保……」: q. Davis, 87.

Writings, XXII, 500.

2. 洛贊公爵的騎兵團: Davis, 6.
3. 華盛頓對葛林，「「當下是我有生以來最期待也最怕受到傷害的一刻」: q. Lewis, C. L., 148.
4. 德・葛拉斯「克服萬難」一將派出運輸艦艇: ibid., 155.
5. 雙橋伯爵，我們「完全不知道」: Deux-Ponts, My Campaigns, 126.
6. 柯林頓，「只要康瓦里斯面前不出現一支優勢艦隊」: Clinton to William Eden, May 30, 1780, q. Willcox, AHR, 5.
7. 柯林頓傳世的食物與酒水訂單: Document headed House Expensing [sic] New York and His Excellency Sir Henry Clinton, 250:20:22 and 250:20:30, Clinton Papers, Clements Library.
8. 柯林頓指揮總部裡的各種人員: Manual of the Common Council of New York, Clinton Papers, Clements Library.
9. 柯林頓這人「相當之貪……你會看到他馳騁往返在狡兔數窟間」: q. Stevens, October, 1880, 1139, 出自倫敦一本政治性雜誌引用了（紐約市公司的）共同會議手冊
10. 華盛頓在克勞德・布朗夏的陪同下看著渡輪過河: Blanchard, 129, 130.
11. 華盛頓對羅尚博提到過河一事: Fitzpatrick, Writings, XXIII, 25.
12. 雙橋伯爵，「一名敵將哪怕還有一點勇氣或識得一些兵法」: Deux-Ponts, My Campaigns, 123n.
13. 威廉・史密斯，「我看不到一點進取之心」: q. Fleming, 99.
14. 柯林頓對紐卡索，「美洲已經不再是目標了嗎？」: q. Willcox, Portrait, 355-6.
15. 柯林頓，「敵軍可能會趁他出擊時讓紐約付之一炬」: q. Wickwire, 355.
16. 柯林頓，「局勢似乎正快速朝著一場危機在發展」: to Germain, September 7, 1781, q. Willcox, AHR, 26.
17. 柯林頓對葛瑞夫斯，「路一通就馬上出發」: September 2, 1781, ibid.

16. 羅德尼對卡萊爾，被「剝奪了此等的光榮」: September 17, 1781, Mundy, II, 151.
17. 霍瑟姆的船隊遭到攔截: James, W. M., 305-6; Mundy, II, 61.
18. 「決心要再度披掛上陣」: q. Spinney, 383.
19. 胡德，「如果將軍當時能率領著」: q. Spinney, 382.
20. 羅德尼對傑克森，「就我的淺見」: ibid.
21. 童恩奎斯特談到在古巴所募得的款項: Tornquist, 53.
22. 德・葛拉斯選擇走巴哈馬海峽: Lewis, C. L., 140; Mahan, Influence, 388.
23. 胡德在乞沙比克灣看不見任何一張外國的船帆: Lewis, C. L., 152; Willcox, AHR, 25, n. 90.
24. 葛瑞夫斯，「想像力過於旺盛」: q. Willcox, Portrait, 417.
25. 羅德尼不可能及時派兵到美洲增援: q. Miller, 604.
26. 洛贊公爵，英國人變得「有眼無珠」": Lauzun, 200.
27. 已超過「大陸會議有權期待盟國出於友誼而伸出的援手」: q. Miller, 592.
28. 華盛頓決定備戰乞沙比克灣T PLAN FOR CHESAPEAKE: "I WAS OBLIGED": August 14, 1781, Fitzpatrick, Diaries, II, 254; Gallatin, 21.
29. 英國股市已經在短短兩天內上漲了百分之六: to Mann, March 13, 1781, Walpole, Corres., XXV, 139.
30. 俄羅斯女皇葉卡捷琳娜與約瑟夫・約克爵士表示願意調停: ibid.
31. 沃波爾「乘風之翼飛向維也納來鎖定和平」: ibid.
32. 「偷偷摸摸地求和」: September 30, 1781, Walpole, Last Journals, II, 374.

第十二章：柯林頓文件由克萊門茨圖書館提供的柯林頓文件；關於《世界上面翻到下》的資料來自國會圖書館（Library of Congress）的顧問群。

---

1. 華盛頓知會了大陸會議要做好行軍的預備, AUGUST 15: Fitzpatrick,

83.「美麗藍色河口」: Gallatin, 41.

84. 康瓦里斯選擇了約克鎮與柯林頓的命令: Wickwire, 328, 349-52; Willcox, AHR, 19-20; Mackesy, 410-12.

第十一章:

1. 胡德與德葛拉斯在馬丁尼克外海交戰: Lewis, C. L., 109-13; Spinney, 370-72.
2. 守著巴貝多的羅德尼未能逕行追擊: Spinney, 374; MacIntyre, 178-80.
3. 羅尚博寄至海地的信件中通報了「深重之危機」: Tornquist, 49; Lewis, C. L., 133-5.
4. 德・巴拉斯對德・葛拉斯,「這裡最需要的東西,是錢」: Tornquist, 53.
5. 德・葛拉斯自請以財產擔保借款但遭拒: Lewis, C. L., 138; Anonymous, 151-2; Larrabee, 155.
6. 決定親率整支艦隊: Lewis, C. L., 138-9; Larrabee, 156; Mackesy, 419.
7. 德・葛拉斯七月二十八日那封斬釘截鐵的信函: Lewis, C. L., 138; Mackesy, 414.
8. 羅德尼捎信警告葛瑞夫斯: Larrabee, 173-4.
9. 給卡萊爾伯爵的信: Mundy, II, 151.
10. 給彼得・帕克爵士的命令: Mackesy, 423; Willcox, AHR, 22.
11. 羅德尼對妻子,「英格蘭的命運,或許就在此一舉。」: Mahan, Types, 233; Mundy, II, 139.
12. 判斷維吉尼亞角就是法國人打算「大幹一場」的地方: q. Larrabee, 179, from Graves Papers.
13. 給葛瑞夫斯的警告信均未能送抵: James, W. M., 284.
14. 胡德與葛瑞夫斯在長島與柯林頓共商大計: Willcox, Portrait, 421.
15. 羅德尼準備展開他獲得應許的假期: Mundy, II, 143 ff.

62. 勞倫斯對韋爾熱納，「我的佩劍」: q. Fleming, 17-18.
63. 路易十六命德．葛拉斯將軍馳援美國: Corwin, 293; Lewis, C. L., 99.
64. 德．葛拉斯指揮作戰時在甲板上感覺有六尺六: q. Whipple, 47, from Tornquist.
65. 柯林頓對羅德尼，「願上帝恩賜讓你……被任命為總司令」: q. Spinney, 355.
66. 颶風造成的災害: Spinney, 354-7; Gri th, 615; Mundy, I, 448 ff.
67.「損失半數」: March 29, 1781, MacKenzie, 497.
68. 胡德對羅德尼，反之亦然，「我再怎麼絞盡腦汁，也想不到……更合我心意的人選了」: q. Spinney, 359.
69. 納爾遜評價胡德: DNB.
70. 桑德威治，「還真不容易」: q. MacIntyre, 158.
71. 胡德措辭嚴厲地去函: Larrabee, 171-2.
72. 羅德尼，「勞心勞力」: Mundy, II, 47-9.
73. 桑德威治對羅德尼，「整個政府，還有社會大眾」: Mundy, II, 104.
74. 桑德威治，戰爭「是能再打多久」: ibid., 105.
75. 羅德尼要讓聖佑達修斯變成「空蕩蕩的一片沙漠」: ibid., 97-8.
76. 桑德威治關於法國艦隊的報告: ibid., 59-60.
77. 杜德芳夫人對渥波爾（一七八〇年三月十三日）: Walpole, Corres., VII, 212.
78. 提摩西．佛傑船長與灣流: A. B. C. Whipple, Restless Oceans, Alexandria, Va., 23 ff.
79. 羅尚博在威瑟斯菲爾德建議進攻乞沙比克灣: Rochambeau, Memoirs, 50; Larrabee, 243-4; Lewis, C. L., 121, 133.
80. 羅尚博提到「深重的危機」: Larrabee, 152-3; Lewis, C. L., 119-25.
81. 德．葛拉斯的信選擇了乞沙比克灣: Lewis, C. L., 138-9; Mahan, Influence, 388.
82. 華盛頓對呂澤納，「一鼓作氣」: Fitzpatrick, Writings, XXII, 206.

39. 華盛頓，「我們就只有那寥寥無幾的人數」: q. Freeman, V, 177.
40. 華盛頓，「那曾經在各式困難中解救過我們的同一種豐饒天恩」: q. Freeman, V, 250.
41. 華盛頓，「這場競賽仍握在我們手中」: to John Matthews, June, 1781, q. Freeman, V, 295.
42. 塔勒頓奉命要把摩根的部隊趕盡殺絕: q. Dupuy, 378.
43. 在考彭斯: ibid., 379-88.
44.「抬起頭來，孩子們」: q. Davis, 99.
45. 康瓦里斯，「讓我傷心欲絕」: q. Wickwire, 269.
46. 葛林，「經此大捷，世間再無難事可言」: q. Bass, 162.
47. 歐哈拉，「官兵都沒有輜重……一心一意要追殺葛林」: O'Hara to Duke of Grafton, April 20, 1781, Wickwire title page.
48. 康瓦里斯拋下各式輜重: Wickwire, 276.
49. 歐哈拉，「這種執迷不悟太要命了」: ibid., 285.
50. 康瓦里斯，「我們在這一帶的朋友……是如此膽怯而愚昧」: q. Wickwire, 243.
51.「罵聲連連、嗤之以鼻」: q. ibid., 280.
52. 摩根，「制裁臨陣脫逃者」: q. Dupuy, 395.
53. 吉爾福德之戰: Dupuy, 394-404.
54. 詹姆斯・福克斯，「這樣的戰事再打贏一場」: q. ibid., 405.
55. 康瓦里斯對柯林頓，「唯一可行的計畫」: q. Wickwire, 320.
56. 勞倫斯「清清楚楚地」告知法國: Rochambeau, Memoirs, 32-3 [1838].
57. 勞倫斯「無畏到幾近魯莽」: q. Encyc. Brit. on Laurens.
58. 華盛頓，「慘烈的磨難」: Fitzpatrick, Writings, XXI, 106-7.
59. 華盛頓對勞倫斯，「我們已是山窮水盡」: Fitzpatrick, Writings, XXI, 439.
60. 勞倫斯的出使: Aldridge, 217-20.
61. 勞倫斯過度「頂撞」了法方: van Doren, 626.

20. 柯林頓,「我從來無法對這樣一個人推心置腹」: q. Larrabee, 104.
21. 柯林頓,「我被漠視,被不公平對待」: q. Miller, 597; 原始資料來源在克萊門茨圖書館被認為是一封柯林頓寄給赭曼的信(該館柯林頓文件館策展人寄給本書作者的信件, March 25, 1988)。
22. 杜林軍事學院的課程: Wickwire, 25-6.
23. 康登爵士談《公告法案》,「絕對的非法」: February 24, 1776, GB Parl., I, 364-7.
24. 康瓦里斯自告奮勇: Wickwire, 79; Valentine, Establishment, I, 207.
25. 康瓦里斯對菲利浦少將,「如果我們認真想要在美洲發動攻勢」: April 10, 1781, Cornwallis, Corres., I, 87-8.
26.「一場勝仗,或許就能讓美洲歸我們所有」: ibid.
27. 阿諾以六千鎊的代價把自己賣給了英軍: Willcox, Portrait, 341, n. 6; Morris and Commager, 122.
28. 英軍以他要出賣的西點駐軍,一個人頭給兩幾尼算出來的: Griffith, 600.
29. 塔勒頓還忙著把牛群、豬隻、家禽趕進穀倉中付之一炬: Wickwire, 258.
30. 瓦克索大屠殺: Dupuy, 347.
31. 葛林,「我們出戰……被打倒」: on the campaigns in the Carolinas, letter of June 22, 1781, to Luzerne, q. Dupuy, 411.
32. 沼澤之狐「左右了民眾的想法」: q. Wickwire, 191.
33. 弗格森的公開喊話: Wickwire, 208.
34. 弗格森的訊息,「情況不容坐視」: Dupuy, 368.
35. 國王山: Wickwire, 195 et seq.; Dupuy, 367-70.
36. 親英派「卑鄙而膽小」: q. Wickwire, 221.
37. 俘虜被以叛國罪論處掉死: ibid., 218.
38. 葛林對傑佛遜說,「廣大民眾的看法與心願都與我們同在……他們基本上就是毫無朝氣、要死不活的一群」: November 19, 1780, q. Malone, 232.

Library）中柯林頓文件（Clinton Papers）的策展人，這話是柯林頓時不時會掛在嘴上的口頭禪，詳見柯林頓之Papers #133:8; q. Mackesy, 385.

3. 赭曼，「我們的優勢是如此明顯」: q. Miller, 612.
4. 莫瑞，「我判斷敵人……的軍費壓力之大」: q. Mackesy, 384.
5. 荷瑞斯・曼恩，「除非決定性的一擊」: Walpole, Corres., XXV, 83.
6. 柯林頓，「陸軍三次陷入了斷糧之危」: Clinton, 99.
7. 華盛頓，海上優勢「配合上金援: to Laurens, January 15, 1781, Fitzpatrick, Writings, XXI, 108.
8. 華盛頓，「蓋不到半條毯子」: to Fielding Lewis, July 6, 1780, q. Freeman, V, 177.
9. 葛林，「拿條小魚就要打發鯨魚的肚子」: ibid., 99.
10. 華盛頓，「我幾乎已經不抱希望了」: q. Miller, 528.
11. 洛贊「使美國士兵都為他所折服」: Rochambeau, Memoirs, 28.
12. 華盛頓在給弟弟塞繆爾的信中流露出失望之情，「若非身歷其境，誰也無法想像我的窘迫」: August 31, 1780, Fitzpatrick, Writings, XIX, 482.
13. 亞歷山大・漢彌爾頓談到蓋茲的撤退: Dupuy, 366.
14. 柯林頓，「再好好補強兵力打個幾仗」: q. Willcox, AHR, 5. "THESE COUNTRY CLOWNS": q. Miller, 156.
15. 在童謠裡，法王（如BARTLETT所引用）:有些童謠裡用的不是法王，而是約克公爵，但本書作者從小耳濡目染的是法王的用法，Bartlett應該也是一樣。
16. 拉法葉，「部隊的……行將用罄」: Idzarday, S. J., ed., Lafayette in the Age of the American Revolution, Ithaca, N.Y., 1980.
17. 哈特佛的戰略會議: Sparks, VII, 110, 130, 137, 171.
18. 鮑爾福上校，「變節」投美的案例在南卡羅萊納是「如此之氾濫」: q. Fleming, 58.
19. 康瓦里斯身負作為其繼任者的「休眠任命」: Wickwire, 107.

九月十八日）: PRO Clinton papers, document 30/20/12 102388.

44. 柯林頓，「所幸有您來到此處岸邊」: ibid.
45. 柯林頓談阿爾巴斯諾特，「這個老爺子」: q. Griffith, 596.
46. 羅德尼的行為「一如以往地值得讚賞」: q. Spinney, 353.
47. 棄守羅德島這個「致命之舉」在阿爾巴斯諾特的「強烈」建議下做成: Mundy, I, 429; Spinney, 348.
48. 阿爾巴斯諾特說羅德島「對海軍毫無用處」: Clinton, 145.
49. 「因為我們家將軍恨死了那位海軍的（羅德尼）將軍。」: q. Willcox, Portrait, 332.
50. 羅德尼提議佯攻來把法軍誘出羅德島: Clinton to Rodney, September 18, 1780, Clinton Papers, PRO, 30/20/12; Spinney, 348.
51. 羅德尼，這場仗的進行「在各方面都鬆散到讓人無法想像」: Mundy, I, 428.
52. 華盛頓，「我眼見革命的前景毫無底線地比開戰以來的任何時節都更壞: Fitzpatrick, Writings, XVII, 272.
53. 配給的口糧仍只有正常量的八分之一: Morris and Commager, 121 under May 25, 1780.
54. 賓州各兵團譁變: Griffith, 618-20; Miller, 542-5.
55. 馮・施托伊本將軍，「凱撒跟漢尼拔」: q. Miller, 562.
56. 華盛頓在五月一日的日記，「兩手空空的我們」: Fitzpatrick, Diaries, II, 208.

第十章：

---

1. 諾斯爵士，「若是美國真能長成」: q. Miller, 585.
2. 柯林頓，「我有的是希望」: 根據克萊門茨圖書館（William L. Clements

22. 華特・楊恩攬下功勞: MacIntyre, 105.
23. 桑德威治的恭賀: Mundy, I, 265.
24. 約翰・羅斯爵士，「我們的遠征」: Sandwich Papers, III, 204.
25. 沃波爾給威廉・科爾牧師的信，「我有種幾乎稱得上是系統性的想法」: February 27, 1780, Walpole, Corres., II, 84.
26. 亞當斯，「海戰的勝利讓他們如癡如醉」: q. Miller, 596.
27. 羅德尼的退休金: MacIntyre, 143.
28. 「人脫離了議會」: q. Spinney, 343.
29. 馬漢，「他從來就一直死盯著的目標」: Mahan, In uence, 378.
30. 信號系統: MacIntyre, 111-12, 120; Hannay, 125; Spinney, 321.
31. 一七八〇年四月十七日的戰鬥: Hannay, 129-35; Mahan, Influence, 378-80; Lewis, C. L., 86-93; MacIntyre, 177 et seq.; Spinney, 320 et seq.; James, W. M., 198, et seq. 關於「悍然抗命」: to Germain, q. Spinney, 329.
32. 羅德尼給海軍部的報告: Mundy, [1836], 102 ff.
33. 羅德尼，「我的視線變得比敵人的火砲更令人生畏」: Sandwich Papers, III, 215; Mundy, I, 295.
34. 連著十四天十四夜海上追逐，並睡在艙房甲板上: MacIntyre, 137.
35. 羅德尼率艦隊前往美國沿岸: MacIntyre, 149; Hannay, 144.
36. 柯林頓，「天啊，大人，」: q. Willcox, Portrait, 269.
37. 柯林頓「央求」國王陛下: Clinton, 137.
38. 懇求已經變成了「祈求」: ibid., 149 and 173.
39. 康瓦里斯，「我們的計畫是什麼？」: April 10, 1781, to Major General Phillips, Cornwallis, Corres., II, 87.
40. 莫瑞將軍，「每星期吃你一場敗仗」: q. Mackesy, 407.
41. 羅德尼「乘著民族主義熱情的雙翅翱翔」: q. Spinney, 346.
42. 阿爾巴斯諾特「連基本的海軍戰術素養都沒有」: DNB on Arbuthnot.
43. 柯林頓，將叛軍「推入不知所措的漩渦中」(對羅德尼說於一七八〇年

3. 比隆公爵提議「我的錢包供他差遣」: Rodney letter to his wife, April, 1779, ibid., 177 ff.
4. 比隆引發的風波: Spinney, 283-8.
5. 「我真希望想到這點子人是我」: q. Spinney, 286, from Comte R. de Gontaut Biron, Le duc de Lauzun, Paris, 1937.
6. 洛贊的宅邸成了今天的麗思酒店: Whitridge, 128.
7. 洛贊公爵的花費: Manceron, 253n.
8. 債主鬧到「不可開交」: Spinney, 284.
9. 關於查爾斯·哈迪爵士,「老家的人是覺得英國現在高枕無憂嗎?」: Kampenfelt to Sir Charles Middleton, letters of July 2 and August 6, 1779, q. James, W. M., 174-5.
10. 吉瑞將軍「官能徹底退化」: q. Mackesy, 355.
11. 西班牙與法國嘗試侵略(英國): James, W. M., 177-84; Mackesy, 280 et seq.
12. 德奧維利耶,「屬於庸才的船長」: q. James, W. M., 177.
13. 英國民眾陷入了恐慌: Gri th, 556.
14. 「無知與反反覆覆」: q. James, W. M., 181-2.
15. 羅德尼在樸茨茅斯,「欠缺該有的熱誠與幹勁」: Mundy, I, 203.
16. 多位反對黨在議會上發言痛陳,「不忍卒睹的慘況」: amendment to King's speech from the throne on November 25, 1779, q. Gri th, 572-3.
17. 桑德威治,「天啊,快給我出海去吧」: q. Martelli, 215.
18. 羅德尼除了沒有錯過這陣風,也沒有錯過讓時勢在風的那一頭將他造為英雄: Walpole, Corres., XXVII, 46, n. 27; Hannay, 104.
19. 「精彩的衝鋒」: Hannay, 100.
20. 荷瑞斯·曼恩,「如野火燎原」: March 11, 1780, Walpole, Corres., XXV, 24.
21. 羅德尼妻女關於月光之戰的來函: Mundy, I, 259, 262.

17. 諾斯爵士的政府來了個一百八十度的政策大迴轉：英國於此時向殖民地提出了談和的條件: Willcox, Portrait, 219 ff.; Griffith, 469 ff.
18. 約翰史東因為失手殺人與以下犯上罪名遭到軍法審判: Valentine, Establishment, II, 499.
19. 約翰史東意圖以金錢賄賂跟爵位來進行收買大陸會議成員: Miller, 332, 333n.
20. 一七七八年的《卡萊爾宣言》: Miller, 333.
21. 大陸會議論及和平委員會的「陰謀詭計」: Carl van Doren, Secret History of the American Revolution, New York, 1951, 114.
22. （一七七八年九月二十九日的）未公開初稿: Stevens, B. F., V, 529.
23. 楚萊恩宣言: Townshend, 24.
24. 楚萊恩偷襲康乃狄克: ibid., 37-8.
25. 班傑明・英格里許遭到殘殺: The Connecticut Journal, July 3, 1779; q. Townshend, 27.
26. 納夫塔利・達格特牧師的反抗: Townshend, 74-5; DAB.
27. 沃波爾，一個與丹麥或薩丁尼亞一樣無足輕重的淒涼小島: to Henry Seymour Conway, January 3, 1781, Corres., XXXIX, 354.
28. 英國國勢將「跟迦太基一樣」一落千丈: unidentified q. Miller, 339.
29. 德斯坦的遠征: Clinton, 99; Mahan, Influence, 359-63.
30.「被以最卑鄙的方式拋棄了」: q. Miller, 330.

第九章：

---

1. 桑德威治對國王稟報說海軍部的委員會在場監督喬治・羅德尼爵士的採購行為：September 17, 1779, Fortescue, IV, 448.
2. 羅德尼，「事情拖著比死還不堪」: Mundy, I, 173.

uence, 350-3.

2. 帕利澤—凱佩爾的爭議: Miller, 336-7; Mackesy, 239-43; James, B., 135-42.
3. 用「國會中歷來僅見的猛烈嚴詞抨擊」指控桑德威治: Jesse, II, 241.
4. 凱佩爾的無罪判決……倫敦的暴民在慶賀聲中搶掠了帕利澤的住家: Spinney, 292; Gri th, 542.
5. 諾斯爵士……爬上了屋頂: Miller, 336.
6. 堅拒在桑德威治的任內出戰: Spinney, 292.
7. 「他手下艦隊中的政黨與派系思想是如此激烈」: Wraxall, 306.
8. 胡德談到「艦隊中的這種軍紀敗壞」: George A. Billias, ed., George Washington's Opponents: British Generals and Admirals in the American Revolution, New York, 1969, p. 297.
9. 貝靈頓,「那我迄今看到的一切內幕會把我逼瘋」: q. Mackesy, 354.
10. 現代歷史學者: Callender, 15- 16; q. Lewis, C. L., 67-8.「(英軍)一場在韋桑島的勝利可以讓世界史徹底改觀。那將把法軍徹底封鎖在他們自身的港內,讓法軍無法出手協助美國。法軍一旦束手無策,歐洲態度就會一併變得被動,英國就不需要跟世界打群架。如果英國可以關起門來教訓她幾個叛逆的兒子,沒有外國勢力介入,她就很有機會可以讓他們關關聽話。那麼再接下來,她就能把兒子們要求的具體甜頭賞給他們,那麼今天這個偉大的北美共和國就會是她世界帝國中不可分割的一部分。」關於同樣的理論,可見Kennedy, 109.
11. 「漏洞百出的前提」: Willcox, Portrait, 143.
12. 「智力有缺陷」: ibid.
13. 史托蒙,「我們完全被蒙在鼓裡」: Walpole, Last Journals, II, 355.
14. 赭曼談及對使用武力的基本信念,「舉此王國全力」: Miller, 338.
15. 里奇蒙公爵給凱佩爾建議: q. James, W. M., 121.
16. 皮特(查塔姆爵士),「你無法征服美國」: November 20, 1777, GB Parl.

66. 邱吉爾，「皇家海軍的職業階級制度」: Hough, 247.
67. 布雷斯特外海戰役與芬尼斯特雷之戰: Spinney, 75-84.
68. 喬治二世談到羅德尼的年輕: Mundy, I, 43.
69. 沃波爾，「我們首都的街道—大海」: to Mann, May 18, 1782, Corres., XXV, 277.
70. 馬漢，「大不列顛王國自此蛻變成了大英帝國」: Mahan, Influence, 291.
71. 基伯龍灣被稱為「無敵戰艦以來最偉大的勝利」: Valentine, Establishment, I, 429.
72. 羅德尼在勒阿弗爾: Mundy, I, 54-5; Spinney, 153 et seq.
73. 代表海軍將領之不同階級的旗幟顏色: 英國國防部海軍歷史博物館寄給本書作者的信函, London, November 2, 1987.
74. 喬治三世，「我們的眾離島……一定要守下來……若失去糖島」: Sandwich Papers, III, 163.
75. 桑德威治，背風群島的艦隊狀態在一七七九年時「極為慘澹」: ibid., 164.
76. 羅德尼在一七六一年的馬丁尼克島，「讓沿岸的碉堡一個個閉嘴」: Mundy, I, 69-70.
77.「級別最高的良港」: ibid., 73.
78.「從那一瞬間起」，羅德尼的立傳者寫道，並藉此預測了獨立運動的走向: ibid., 99.
79. 關於海軍少將與中將等階級與羅德尼的軍旅生涯發展: Spinney, appendix XI.

第八章：關於皇家海軍中的政治論戰：Wraxall, Spinney。**關於卡萊爾和平特使團：**Townshend, McDevitt.

---

1. 韋桑島之役與後續影響: James, W. M., 124-42; Gri th, 518-19; Mahan, In

43. 羅德尼從布雷斯特海戰中分得了八千一百六十五英鎊: Spinney, 80.
44. 自哈瓦那以來的戰利品: Lewis, C. L., 69.
45. 皇家海軍的預算撥款被砍: Kennedy, 109.
46. 法國海軍的理論，引用葛里福將軍的話: q. Mahan, Influence, 289.
47. 納爾遜的勝利需要用上兩千五百顆樹: Whipple, 17.
48. 發砲流程: Morison, Jones, 41-2.
49. 訓練有素的砲組可以每兩分鐘跑完一遍發砲流程。: Whipple, 30.
50. 帆的管理: Morison, Jones, 58; Larrabee, 7.
51. 莫赫帕，拼拼砰砰: q. Martelli, 215.
52. 馬修斯與勒斯托克在土倫海戰時爭吵: Mahan, Influence, 265-7; Lewis, C. L., 22; MacIntyre, 20-1.
53. 馬漢，「心存芥蒂」: Mahan, Influence, 267.
54. 《作戰指示》: MacIntyre, 21; Encyc. Brit., 11th edition: "Toulon"; Whipple, 13.
55. 馬修斯-勒斯托克的軍法審判: MacIntyre, 22-3.
56. 「縱隊前進」: Whipple, 45.
57. 路易十六，「但誰能讓為了我而犧牲生命的英勇水手們死而復生呢？」: Mundy, II, 273.
58. 海軍部針對皇家海軍「大艦隊」中三十五艘風帆戰艦提出的報告: James, W. M., 122; Mahan, Influence, 341.
59. 凱佩爾，那雙「水手的眼睛看得很不順眼」: ibid.
60. 關於海軍裡的種種亂象: MacIntyre, 35-6, 74-6.
61. 拜恩，「我絕不會重蹈他的覆轍」: q. Mahan, Types, 571-3; 關於拜恩將軍的案子, Mahan, Influence, 286-91.
62. 拜恩因為怠忽職守被定罪: MacIntyre, 37.
63. 羅德尼加入聲援拜恩的陣營: Spinney, 131.
64. 愛丁堡的學童，約翰，柯勒克: Whipple, 53-4.
65. 將敵方陣式轟出一個斷點: Mahan, Influence, 381.

國造成的傷害，卻比她最強大的敵人的所有武器加起來都多」，APRIL 23, 1781: Mundy, II, 97.

26. 或許名氣不算響亮，但總算是代代相傳的古老家族形象: Hannay, I.
27. 國王喬治一世是羅德尼家之子的教父: Hannay, 4; Spinney, 19, 宣稱這說法是個迷思。
28. 烏克拉索，「兩種讓他心神不得安寧的熱情」: Wraxall, 130.
29. 沃波爾，亞美莉亞公主與「小阿什公主」: to Montagu, June 23, 1750, Walpole, Corres., IX, 106, n. 13; Wraxall, 130.
30. 羅德尼，「老羅賣瓜自賣自誇」: Wraxall, 130.
31. 「他這人之優雅」: ibid.
32. 「最進取、最急躁」": Valentine, Establishment, II, 747.
33. 金恩將軍: Hough, 219.
34. 海德・帕克將軍、勒斯托克、馬修斯、德斯坦等一干脾氣暴躁之人: Lestock and Mathews, MacIntyre, 20; Hyde Parker and d'Estaing, Lewis, C. L., 71-80.
35. 德・葛拉斯把他的艦長罵了個「狗血淋頭」: Tornquist, 42.
36. 桑德威治，「要說世上有哪種人最不擅於處理這種事情，應該就是海軍軍官了」: q. Martelli, 23.
37. 「海上男兒迷人的倔脾氣」: Anonymous, 63.
38. 馬漢將軍論及教育的必要性: Mahan, Influence, 267.
39. 哈克盧伊特，查理五世「極富遠見」: Richard Hakluyt, The Principal Navigations, Voyages, Traffics, and Discoveries of the English Nation, Glasgow, 1903, I, 34-5.
40. 英國在芬尼斯特雷角戰利品: Lewis, C. L., 24-7; MacIntyre, 27.
41. 在芬尼斯特雷角的光榮號之戰: Lewis, C. L., 24-6.
42. 戰利品法對於戰利品如何在軍官之間分配的規定: MacIntyre, 26; Morison, Jones, 68.

6. 「更大的傷害」: Rodney to Sandwich, February 7, 1781, Sandwich Papers, IV, 148.
7. 羅德尼進港之際，船上飄揚的是法國國旗: Miller, 591.
8. 羅德尼沒收財務: Hartog, chap. 9; Jameson, 700 et seq.; Augur, 323; Larrabee, 165.
9. 鎖定了當中的猶太人: Hartog, 88; Jameson, 705; Hannay, 154.
10. 羅德尼談到德・葛拉夫是「羞辱了英國國旗的第一人: to Stephens, March 6, 1781, q. Mundy, II, 46.
11. 德・葛拉夫以戰俘身分被遣送到大不列顛: Mundy, II, 46.
12. 與敵人貿易: Augur, 53.
13. 英商帳房的文件被送回英國給喬治・赭曼爵士: Spinney, 420; MacIntyre, 163.
14. 戰後文件消失不見: Augur, 325; Larrabee, 168.
15. 他的妻子寫道，「希望你的喜悅，我親愛的喬治爵士」: March 17, 1781, Mundy, II, 50-1.
16. 亞當斯通報「這事件讓荷蘭陷入了愁雲慘霧與無邊恐怖」: Adams, Works, VII, 523.
17. 羅德尼，「對荷蘭而言……是難以想像的損失」: Mundy, II, 15-16.
18. 柏克在演講中談到羅德尼的「殘酷與高壓」: debate November 30, 1781, GB Parl.
19. 赭曼為羅德尼辯護: ibid.
20. 查爾斯・詹姆斯・福克斯的演說: ibid.
21. 蘇格蘭總檢察長的辯詞: ibid.
22. 羅德尼，「毒蛇巢穴」: Mundy, II, 29.
23. 羅德尼，「他們理應接受重懲」: to Germain, q. Jameson, 702.
24. 羅德尼的敗仗: Larrabee, 167-8; Jameson, 707, 708n.
25. 羅德尼與馮恩想讓這座島嶼「變成區區一片荒漠……這塊岩礁……對英

52. 一場諾斯爵士在議事過程中睡著的內閣會議: Mackesy, 378-9.
53. 馬姆斯伯里，「忘恩負義、汙穢而忘了長腦子的蠻人」: to Sir Robert Keith, November 29, 1780, Malmesbury, Diaries, I, 345.
54. 德・諾夫維爾的條約被勞倫斯掉到船外落海: Blok, V, 168; Schulte, 148.
55. 史托爾蒙對約克說，「與實際攻擊無異的敵意行為」: q. Schulte, 149.
56. 勞倫斯的文件可以「讓戰事走向一個最恰當的方向」": ibid.
57. 這檔事一旦公諸於世，情勢就不可能「不順利讓荷蘭國內風聲鶴唳」: ibid.
58. 約克要求凡・伯克爾與其共犯必須受到懲戒: Schulte, 150; Blok, V, 168.
59. 亞當斯重申「傲慢的英國人對待阿姆斯特丹的態度，與他們看待波士頓如出一轍」: q. Schulte, 150.
60. 亞當斯，荷蘭共和國籠罩在「以暴制暴」的氣氛之中: to Congress, December 25, 1780, Adams, Works, VII, 346-7.
61. 荷蘭加入了中立聯盟: Blok, V, 168-9; Madariaga, 238.
62. 諾斯爵士的宣戰演說: January 25, 1781, GB Parl.

第七章：出自羅德尼將軍之手或與他有關的書信往來或發言若未列於參考書目中者，均來自於Mundy and Spinney所著傳記；關於在船帆下的生活狀況：Whipple; Mahan, Types; Morison, Jones.

---

1. 羅德尼在一七八一年一月二十七日受命拿下聖佑達修斯島: Mahan, Types, 217.
2. 「首波攻擊鎖定」: Spinney, 360, q. from Sandwich Papers, IV, 128.
3. 極大「數量的補給與各種備品被存放在那裡」: Mundy, II, 8.
4. 對聖佑達修斯的攻擊，「保持最高機密」: ibid., 15.
5. 羅德尼要求「立即投降」: ibid., 12-13.

（Desnoyers）對法國外長韋爾熱納所說, September 10, 1776, q. Edler, 22, n. 1.

32.「一小撮無視於秩序、紀律、法律與政府的狂熱分子在為了洩憤而小打小鬧」: September 25, 1780, q. Smith, John Adams, I, 483.

33. 布豐，「天無好日，地無可植」: q. Schulte. 包括這話在內許多由當時的歐洲旅行家跟偽科學家所發表對美國人跟美國的看法，可見於 Schulte, 133-40.

34.「護航不設限」: Boxer, 112-15; Blok, V, 164-8.

35. 沃居庸，在政策上持盈保泰: Edler, 20, n. 1.

36. 費爾丁—白蘭特之戰: Blok, V, 165-6.

37. 海洋委員會為瓊斯量身訂做的遠大計畫: Morison, Jones, 76-7.

38. 好人理查號與塞拉比斯號的戰鬥: Whipple, 48-9; Lorenz, 288 et seq.

39. 約克能掌握到秘密通訊委員會成員杜馬與法國外長韋爾熱納的書信往來: Edler, 17, n. 3.

40. 被稱為「世紀第一諜」的艾德華・班克洛夫特: Augur, 136.

41. 瓊斯在報告裡說荷蘭人民是同情我們的: q. Schama, 62.

42. 約克抗議瓊斯待在荷蘭: q. Schulte, 72-3; Lorenz, 320.

43.「昨兒個我靈光乍現」，約克寫信給海軍部說: q. Lorenz, 327.

44. 瓊斯，「吊橋要拉起或放下都依我們的判斷」: q. Schulte, 73.

45. 德・諾夫維爾條約或美荷密約: Augur, 322; Bemis, 289 ff.

46. 威廉五世寧可辭去荷蘭省督之職也不肯接受條約: Schulte, 63.

47. 密約遭到公開: van Loon, 221, 252 ff.

48. 俄羅斯女皇葉卡捷琳娜二世與武裝中立聯盟: de Madariaga, 383-5.

49.「新娘美成這樣，他們一定有事沒告訴我。: q. Haslip, 278.

50. 班傑明・富蘭克林，「歐洲每個國家」: Committee of Secret Correspondence, March 12, 1977, q. Edler, 9.

51. 五條中立原則: Bemis, 152 ff.

9. 《秘密輔佐法》: Schama, 36.
10. 關於布朗斯威克，「我鮮少看到」: Wraxall, 78.
11. 奧蘭治親王兼荷蘭省督的「嗜睡體質」: ibid., 75.
12. 關於弗烈德莉卡・索菲亞，「受過良好教育」: Blok, V, 152.
13. 「寧可連天堂也放棄」: Malmesbury, II, 95.
14. 關於威廉五世，「他對世事的理解，看得出素養」: Wraxall, 75.
15. 威廉五世說自己要是沒有一位當上荷蘭省督的父親，那該有多好: Schama, 57.
16. 「我好想去死」: q. Schulte, 14.
17. 一支二十四艘風帆戰艦的艦隊，沒完沒了地討論了七年: Blok, V, 61-2.
18. 關於荷蘭在走下坡: Blok, V, 146 ff., and VI, 188-92; Schulte, prologue, 3-17.
19. 約克，「將本求利的商人，滿腦子都是撈錢」: q. Schulte, 6.
20. 約翰・赫德，「荷蘭正在被自己的重量拉著往下沉」": ibid., 7-8.
21. 幻滅的約翰・亞當斯，「這個國家確實處境堪憂」: Adams, Works, VII, 418-19.
22. 赫曼・柯倫布蘭德不諱言賺錢的衝動: q. Schulte, 6.
23. 沃波爾，「人間天堂」: to Mann, May 18, 1782, Corres., XXV.
24. 關於凡・德・卡佩倫: van Loon, 200; Schulte, 21-31.
25. 「好比拉法葉，但腦袋更加輕浮的傢伙」。: q. Schulte, 22.
26. 蘇格蘭旅團: Schama, 37; van Loon, 185; Blok, V, 158.
27. 凡・德・卡佩倫關於蘇格蘭旅團的演講: Schulte, 26; Edler, 32.
28. 科波伊司抗議美國船艦獲得回禮: Clark, 586-8.
29. 雙桅橫帆船斯邁克號、貝希號與其所承載的貨物: Augur, 23.
30. 約克，「讓英國把他們理當擁有的面子給拿回來」: to Suffolk, May 29, 1778, q. Edler, 101.
31. 「像沙子一樣繁殖」: 這句話是由法國駐海牙代理公使德斯諾耶

13. 約克對聯合省議會說話的口氣，跟英國曾對波士頓摺話的口氣並無二致: Adams, Works, VII, 329.
14. 布朗斯威克公爵，「最無禮也失態的發言」: q. Edler, 50.
15. 「欠缺實力的憤慨」: q. Schulte, 43.
16. 約克「掀起了（荷蘭）舉國激烈的情緒發酵」: to Sir William Eden, March 7, 1777: Edler, 51; Schulte, 21.
17. 不設限的護航: Schulte, 70-2.
18. 荷蘭所有有權有勢的人物「似乎都在瑟瑟發抖」: Adams, Works, VII, 523.

第六章：關於荷蘭的狀況，主要的資料來源是 Schulte**；其中關於荷蘭政治體系的架構部分，尤其參考了** Blok. Personalities of William V and the Duke of Brunswick are drawn by two observers, Malmesbury and Wraxall.

---

1. （荷蘭）憲法是「如此複雜而天馬行空」: Adams, Works, VII, 507.
2. 凡・布里斯維吉克: Schulte, prologue; van Loon, 297; Adams, Works, VII, 618.
3. 「市民既已出身卑微」: q. Boxer, 33.
4. 德・維特，「完美荷蘭人」": ibid.
5. 威廉・卡爾，「放眼全世界的城市都無一能出其右」: q. Haley, 156.
6. 威廉二世反對明斯特條約的獨立條件: Blok, IV, 142.
7. 麥考利對於西利西亞的立場: Macaulay, "Frederick the Great," Critical and Historical Essays, II, 117.
8. 布朗斯威克宣言: James Robinson and Charles Beard, Readings in Modern European History, Boston, 1908, I, 292-4.

15. 比德爾接獲命令要對其他要塞行禮: Clark, 1210.
16. 美國海軍在海上的行動規定: Morison, Jones, 38.

第五章：說明同第四章。

---

1. 巴爾的摩英雄號逮住了五月號: Hartog, 73; Maclay, 133; Schulte, 45.
2. 葛雷海德、楊恩、凡・畢伯關於巴爾的摩英雄號的書信往來: Melville, 62; Prescott, 2; fully documented in Edler, 245; Clark, 673; Schulte, 41-5; Young to de Graaff, December 14, 1776, Clark, 486.
3. 葛雷海德的指控: Melville, 62 et seq.; Clark, 507-9.
4. 德・葛拉夫「嚴重暈船」: Schulte, 13; PRO, Admiralty, 1/309, 31/336.
5. 「一種得不到同情的疾病」: Anonymous, 32.
6. 德・葛拉夫在聽證會上對指控的回應: Clark, 501, 524-5; Schulte, 41-5.
7. 楚特曼的證詞: Clark, 485.
8. 調查委員會接受了他的自我辯護: Jameson, 695.
9. 十三個月裡有三千一百八十二艘船駛離: ibid., 686.
10. 約翰・亞當斯談及美荷貿易量增加: August 4, 1779, Adams, Works, VII, 104; Edler, 61-2.
11. 兩艘私掠船分別以德・葛拉夫總督與總督夫人命名: MUNDY, II, 46.
12. 克雷根委託製作了德・葛拉夫的肖像: 作為捐贈者，克雷根已美國駐巴拉馬利波（Paramaribo；蘇利南首都）領事的身分居住在蘇利南。這幅出自不知名畫家之手的德・葛拉夫肖像是由他的手足保羅・克雷根（Paul Cargin）委託繪成，並於一八三七年贈與新罕布夏州，克雷根土生土長的家鄉。資料來源是位於新罕布夏州首府康科德的州議會大廈遊客中心寄給作者的信件（Letter to author from Visitors Center of State House, Concord, N.H.）。

第四章：關於美國海軍的起源，資料來源為：Morison, Jones; Morison, History; and Bancroft, V, 410 ff。**關於葛雷海德的書信往來：**Schulte, Edler, and Clark。**關於大陸會議旗：**Lorenz, Burch。**關於巴爾的摩英雄號、葛雷海德、科波伊斯與詹姆斯・楊恩將軍的抗議，以及德・葛拉夫出席荷蘭西印度公司聽證會的過程：**Melville, Schulte.

1. 華盛頓建立海軍: Morison, Jones, 35.
2. 華盛頓請求派遣一艘武裝船艦到百慕達: Fitzpatrick, Writings, III, 386.
3. 塞繆爾・柴斯，「全世界最瘋狂的想法」: October 7, 1775, Journals of Continental Congress, I—III, 485.
4. 喬治・懷特，「沒有哪個靠海的強權」": October 21, 1775, ibid., 500.
5. 「你們已經開始燒毀我們的家園」，班傑明・富蘭克林對威廉・斯特拉漢（William Strahan）所說，一七七五年七月五日: The Papers of Benjamin Franklin, XXII, New Haven and London, 1982, p. 85.
6. 艾賽克・霍普金斯，「一群天殺的蠢蛋」: q. Morison, Jones, 34.
7. 瑪格麗特・曼尼接獲四十九碼的寬旗布: 製作紅白條紋旗的訂單在詹姆斯・沃頓的逐日帳本中被保留了下來，現存於康乃狄克州哈特福的州立圖書館: State Library, Hartford, Connecticut; Lorenz, 58.
8. 瓊斯升起了新旗: Lorenz, 58.
9. 與格拉斯哥號作戰: Morison, Jones, 47-52.
10. 「狼狽的格拉斯哥號開始落荒而逃」: q. Lorenz, 70.
11. 比德爾船長，「（他們覺得）很可惜沒能狠狠大幹他一場。」: q. Morison, Jones, 52.
12. 羅賓遜船長所銜的彌封密令: Burch, 4; Melville, 59-60. 關於如何獲得奧蘭治堡的鳴炮致意, Melville, 71-3.
13. 羅賓遜船長以旗幟向碉堡「點頭」致意: Hartog, 71.
14. 拉維尼後得到指示回禮: Burch, 4; Melville, 61.

1. 「我如今身在的這個國家」: to Abigail, letters of September 14, 15, 1780, Adams, Book of Abigail and John.
2. 全世界最強大的貿易國家: Boxer, 27, 69.
3. 海軍名將德・魯伊特……曾做過一件讓法國軍官看傻眼的事情: Haley, 37.
4. 上萬艘船: Palmer, 138; Mahan, In uence, 96.
5. 彼特，「蔗糖嗎？」: Mintz, 156.
6. 「一群臭要飯的」: Motley, I, 160.
7. 血之議會: Boxer, 9.
8. 「面目可憎的傢伙」: q. G. P. Gooch, History and Historians in the 19th Century, Boston, 1965, p. 387.
9. 「不靠希望，我們照樣可以堅持。」: 引用自哈佛大學政府學系（Department of Government）某委員會獻給已故教授卡爾・費德列克（Carl Friedrich）的一處紀念碑，Harvard Gazette, February 7, 1986。這則驚人的聲明是哈佛大學費德列克教授的最愛，他總喜歡以此對教授班級侃侃而談。作者找到唯一出版的版本有在遣詞用字上的些微差異，出處是The Oxford Book of Quotations, p. 1489。
10. 萊登之圍: Motley, II, 363-582. (這與荷蘭反叛西班牙的其他大事件都可以在該時期的好幾部和蘭史書中找到)
11. 奧蘭治的威廉提議決堤: Davies, II, 10.
12. 選擇了大學: Davies, II, 15.
13. 「誓絕法案」: Geyl, 183; Davies, II, 100 ff.
14. 弗里斯蘭省的一名議員在宣誓儀式中沒了氣息: Davies, II, 111.
15. 把雙手放在十字架上: see the picture by Ter Borch reproduced in Haley, 112-13.
16. 關於皮耶・貝爾: Palmer, 276.
17. 「一個理想的社會」: Haley, 172.

20. 亞伯拉罕・拉維尼，「在一旁的總督堅持不願收回成命」: Melville, 61.
21. 羅賓遜船長，「受到來自總督閣下跟民眾不分三教九流的熱烈歡迎」": Jameson, 691.
22. 德・葛拉夫在向羅賓遜船長致敬的禮砲後設宴: Clark, 616.
23. 由某美國報刊—亞歷山大・普迪辦理的美國刊物《維吉尼亞公報》—報導了出去: December 27, 1776, ibid.
24. 詹姆斯・楊恩將軍，痛心疾首地在每日的報上聽聞並確認一項令人震驚的事實: Clark, 485-8.

第二章：第二章主要的資料來源，除了第一章所提及的之外，還有針對金礁岩商貿部分者，Boxer，針對凡・畢伯的部分，Maryland Archives。

---

1. 據說是全世界最富有的島嶼: Miller, 591.
2. 柏克的演講，那裡「與眾不同」: GB Parl, XXII, 220-21.
3. 四萬九千磅的火藥: Jameson, 688.
4. 一七七三年的某一天，四艘來自殖民地的船: q. Schulte, 35, nn. 36 and 37.
5. 約克，「美國人的革命早就堅持不下去了」: q. ibid., 36-7.

第三章：關於荷蘭在十六與十七世紀的宏觀歷史：Blok, Davies, Haley, Schama；關於荷蘭在貿易上的崛起與擴張：除上述之外還有Boxer, Blok。關於尼德蘭的反叛（西班牙）：除了整體的歷史以外，特別值得參考的是Davies, Geyl, Motley, Blok, Part 3, Schama.

---

1. 「開始受到懷疑」: Malmesbury introduction, 18.
2. 「歐洲歷史上最風起雲湧的多事之秋」: ibid.
3. 羅斯福銘牌，「美利堅合眾國的主權在此」: The New York Times, December 9, 1939, p. 6, col. 7. 那些字句仍可在紀念碑上讀到。
4. 「一人最多就是九顆子彈」: Sparks, I, 146.
5. 華盛頓，「我們只能任由敵人砲火幾乎是天天伺候」: Fitzpatrick, Writings, IV, 27.
6. 在邦克山，火繩槍的槍托: Jesse, II, 107.
7. 英國的紐約副總督卡德瓦拉德・柯爾登，「此地與荷蘭之間的違禁品貿易」": q. Schulte, 35.
8. 約克，「我們引以為傲的海上帝國」: ibid., 36.
9. 英國海軍部的秘書長塞繆爾・皮普斯: full transcript, ed. Latham, Robert, entry of June 12, 1667, VIII, 261-2.
10. 荷蘭統治者對其臣民宣布了為期六個月的北美出口禁令: Edler, 26.
11. 英國軍艦已經奉命要自此「提高警戒並降低顧忌」: q. Schulte, 39.
12. 荷蘭內部提議要管制喬瑟夫・約克爵士的使館進出來作為報復: Edler, 84.
13. 英王喬治三世下令海軍部增加軍艦值勤的數量，理由是「各方情資都證實了」": Sandwich Papers, I, 103.
14. 黑林格抗議，「不合常規的行為，其誇張的程度」: q. Schulte, 38.
15. 妻子「吝嗇到簡直在犯罪」: q. ibid., 38.
16. 聖佑達修斯港被「毫無保留地開放給所有美國船隻」，科波伊斯船長抗議: Clark's Naval Documents, VII, 500.
17. 我跟總督閣下的關係好到不行: letter of November 19, 1776, in Maryland Archives, XII; Jameson, 690-91.
18. 荷屬安地列斯向風群島: Hartog, 168 and passim.
19. 易幟了「傲人」的二十二遍: ibid., 23.

參考資料

Reference Notes

縮寫

AHA（American Historical Association）美國歷史學會

AHR（American Historical Review）《美國歷史評論》美國歷史學會會刊

DAB（Dictionary of American Biography）《美國傳記辭典》

DNB（Dictionary of National Biography [English]）《牛津國家人物傳記大辭典》

GB Parl（The History, Debates and Proceedings of the Houses of Parliament）《英國上下議院的歷史、辯論與會議流程》

Morison, AP（Morison, Samuel Eliot, History of the American People）塞繆爾．艾略特．莫里森著，《美國人民史》

PRO（Public Record Office [London]）英國國家檔案局（倫敦）

第一章：《安德魯多利亞號》最完整的歷史，乃至於從聖佑達修斯供應軍火給美國叛軍的紀錄，出自J. Franklin Jameson in "St. Eustatius in the American Revolution," in AHR, July, 1903. 另見Nordholt Schulte, The Dutch Republic and American Independence, 36-46; Melville; Edler; de Bruin; and Clark's Naval Documents，這部分對本書全數的內容都有清晰的陳述。

———, *A New Age Now Begins; A People's History of the American Revolution*, 3 vols. New York, 1976.

SPINNEY, DAVID, *Rodney*. Annapolis, 1969.

STEPHENSON, O. W., "The Supply of Gunpowder in 1776," *American Historical Review*, vol. 30, no. 2, January, 1925.

STEVENS, JOHN, A., ed., *Magazine of American History*. New York, 1877-1917.

STIRLING, A. M. W., *The Hothams*, 2 vols. London, 1918.

STONE, EDWIN MARTIN, *Our French Allies*. Providence, 1884.

VALENTINE, ALAN, *The British Establishment, 1760-1784; An 18th Century Biographical Dictionary*. Norman, Okla., 1970.

———, *Lord North*, 2 vols. Norman, Okla., 1967.

VAN DOREN, CARL, *Benjamin Franklin*. New York, 1938.

VAN LOON, HENDRICK WILLEM, *The Fall of the Dutch Republic*. Boston and New York, 1913.

WARD, CHRISTOPHER, *The War of the Revolution*, vol. II. New York, 1952.

WHIPPLE, A. B. C., *Age of Fighting Sail*. Alexandria, Va., 1978.

WHITRIDGE, ARNOLD, "Two Aristocrats in Rochambeau's Army" (Chastellux and Lauzun), *Virginia Quarterly Review*, vol. 40, winter 1969.

WICKWIRE, FRANKLIN AND MARY, *Cornwallis, the American Adventure*. Boston, 1970.

WILLCOX, WILLIAM B., "The British Road to Yorktown," *American Historical Review*, vol. 52, no. 1, October, 1946.

———, *Portrait of a General* [Sir Henry Clinton]. New York, 1964.

WINGFIELD-STRATFORD, ESME, *The History of British Civilization*. New York, 1930.

WINSOR, JUSTIN, ed., *The American Revolution*. New York, 1972.

WOODWARD, WILLIAM, *Lafayette*. New York, 1938.

MERLANT, JOACHIM, *Soldiers and Sailors of France in the American War for Independence.* Trans. New York, 1920.

MILLER, JOHN C., *Triumph of Freedom 1775–1783.* Boston, 1948.

MINTZ, SIDNEY, *Sweetness and Power; The Place of Sugar in Modern History.* New York, 1985.

MITCHELL, HAROLD, *Europe in the Caribbean.* Edinburgh, Stanford, Calif., 1963.

MORISON, SAMUEL ELIOT, *History of the American People.* New York, 1965.

———, *John Paul Jones: A Sailor's Biography.* Boston and New York, 1959.

MORRIS, RICHARD B., AND COMMAGER, HENRY S., *Encyclopedia of American History*, 6th ed. New York, 1953-82.

MOTLEY, JOHN LATHROP, *Rise of the Dutch Republic*, 3 vols. New York, 1875-78.

MUNDY, LIEUTENANT-GENERAL GEORGE B., *The Life and Correspondence of the Late Admiral Rodney*, 2 vols. London, 1830. New ed. 1836 (in 1 vol).

NAMIER, LEWIS, *The Structure of Politics.* London, 1957.

NORDHOLT, JAN WILLEM—see Schulte.

PALMER, R. R., AND COULTON, JOEL, *A History of the Modern World.* New York, 1962.

PARRY, J. H., *Trade and Dominion; European Overseas Empires in the 18th Century.* London and New York, 1971.

PRESCOTT, BENJAMIN F., "The Stars and Stripes. When, Where and by Whom was it First Saluted?" Republican Press Association, Concord, N.H., 1876.

SCHAMA, SIMON, *Patriots and Liberators; Revolution in the Netherlands 1780-1813.* New York, 1978.

SCHULTE, NORDHOLT, *The Dutch Republic and American Independence.* Chapel Hill and London, 1982.

SCOTT, JAMES BROWN, *de Grasse at Yorktown.* Baltimore, 1931.

SMITH, PAGE, *John Adams*, 3 vols. New York, 1962.

JOHNSTON, HENRY P., *The Yorktown Campaign and the Surrender of Cornwallis, 1781*. New York, 1881.

KENNEDY, PAUL M., *The Rise and Fall of British Naval Mastery*. New York, 1976.

KING, LESTER S., *The Medical World of the 18th Century*. Chicago, Toronto and Cambridge, 1958.

LARRABEE, HAROLD A., *Decision at the Chesapeake*. New York, 1964.

LEWIS, CHARLES LEE, *Admiral de Grasse and American Independence*. Annapolis, 1945.

LEWIS, MICHAEL ARTHUR, *England's Sea Officers*. London, 1939.

———, *History of the British Navy*. London, 1957.

LORENZ, LINCOLN, *John Paul Jones*. Annapolis, 1943.

MACAULAY, T. B., *Critical and Historical Essays*, 2 vols. London, Toronto, New York, 1907.

MACINTYRE, CAPTAIN DONALD, RN, *Admiral Rodney*. New York, 1963.

MACKESY, PIERS, *The War for America 1775-1783*. Harvard, 1964.

MACLAY, EDGAR S., *A History of American Privateers*. New York, 1899.

MADARIAGA, ISABEL DE, *Russia in the Age of Catherine the Great*. New Haven, 1981.

MAHAN, ALFRED THAYER, *The Influence of Sea Power upon History*. Boston, 1890; 12th ed., 1918.

———, *Types of Naval Officers*. Boston, 1901.

MALONE, DUMAS, *Jefferson and His Time*, 3 vols. Boston, 1962.

MANCERON, CLAUDE, *Twilight of the Old Order*. New York, 1977.

MARTELLI, GEORGE, *Jemmy Twitcher* [Sandwich]. London, 1962.

MEJEAN, JACQUES, "Address to the Huguenot Society of America 13 April 1978," *Proceedings*, vol. XIII. New York, 1978.

MELVILLE, PHILLIPS, "Eleven Guns for the Grand Union." *American Heritage*, October, 1958.

DUPUY, R. ERNEST AND TREVOR N., *The Compact History of the Revolutionary War*. New York, 1963.

EDLER, FRIEDRICH, *The Dutch Republic and the American Revolution*. Baltimore, 1911.

FLEMING, THOMAS J., *Beat the Last Drum*. New York, 1963.

FREEMAN, DOUGLAS SOUTHALL, *George Washington; A Biography*, 7 vols. New York, 1952.

GARRATY, JOHN A., AND GAY, PETER, *Columbia History of the World*. New York, 1972.

GEYL, PIETER, *The Revolt of the Netherlands*, 2nd ed. London, 1958.

GOTTSCHALK, LOUIS, AND LACH, DONALD, *Toward the French Revolution; Europe and America in the 18th Century World*. New York, 1973.

GRIFFITH, SAMUEL B., *In Defense of the Public Liberty*. New York, 1976.

GRUBER, IRA D., *The Howe Brothers and the American Revolution*. Williamsburg, Va., 1972.

HALEY, K. H. D., *The Dutch in the 17th Century*. London, 1972.

HANNAY, DAVID, *Rodney*. Boston, 1972. First published London, 1891.

HARRIS, JAMES—see Malmesbury.

HART, FRANCIS RUSSELL, *Admirals of the Caribbean*. Boston and New York, 1922.

HARTOG, J., *History of St. Eustatius*. U.S. Bicentennial Committee of the Netherlands, 1976. Aruba, Netherlands, Antilles.

HASLIP, JOAN, *Catherine the Great*. New York, 1977.

HOOD, DOROTHY, *The Admirals Hood*. London, 1942.

HOUGH, R., *The Greatest Crusade*. New York, 1986.

JAMES, CAPTAIN W. M., *The British Navy in Adversity*. London, 1926.

JAMESON, J. FRANKLIN, "St. Eustatius in the American Revolution," *American Historical Review*, vol. 8, July, 1903.

1965.

AUGUR, HELEN, *The Secret War of Independence*. New York, 1955.

BANCROFT, GEORGE, *History of the United States of America*, 6 vols. Boston, 1876.

BASS, ROBERT D., *The Green Dragoon* (life of Banastre Tarleton). New York, 1957.

BEMIS, SAMUEL FLAGG, *A Diplomatic History of the United States*. New Haven, 1936.

BLOK, PETRUS JOHANNES, *History of the People of the Netherlands*, 5 vols. (parts); Part III, *The War with Spain 1568-1648*. London and New York, 1912.

BOULTON, WILLIAM B., *Sir Joshua Reynolds*. New York, 1905.

BOXER, CHARLES, *The Dutch Seaborne Empire 1600-1800*. New York, 1965.

BROOKE, JOHN, *King George III*. New York, 1972.

BRUIN, FRED DE, *St. Eustatius "A Golden Link with the Independence of the United States," De Halve Maen*, Quarterly Journal of the Holland Society of New York, vol. 58, no. 2, New York, 1984.

BURCH, JR., LUCIUS E., "The Guns of Statia." Pamphlet, 1966.

CALLENDER, GEOFFREY, *Sea Kings of Britain: Keppel to Nelson*, vol. III. London and New York, 1911.

CARMER, CARL, *The Hudson*. New York, 1939.

CARTER, ALICE, "The Dutch as Neutrals in the Seven Years War," *International & Comparative Law Quarterly*. July, 1963.

CLOWES, WILLIAM LAIRD, *The Royal Navy*, vol. IV. London, 1899.

CORWIN, EDWARD S., *French Policy and the American Alliance of 1778*. Princeton, 1916.

DAVIES, C. M., *The History of Holland and the Dutch Nation*. London, 1851.

DAVIS, BURKE, *The Campaign That Won America*. New York, 1970.

DONIOL, HENRI, *Histoire de la Participation de la France à L'Etablissement des Etats-Unis d'Amérique*, 5 vols. Paris, 1890.

Sandwich Papers, 4 vols. Barnes, G. R., and Owen, J. H., eds. London, 1932-38.

SCOTT—see Washington.

SPARKS—see Washington.

STEVENS, BENJAMIN F., Facsimiles of mss. in European archives relating to America, 25 vols. London, 1889-95.

TORNQUIST, KARL GUSTAF, *The Naval Campaigns of Count de Grasse*. Trans. Philadelphia, 1942.

TOWNSHEND, CHARLES HERVEY, *The British Invasion of New Haven, Connecticut*. New Haven, 1879. Contains contemporary material from the *Connecticut Journal* of July, 1779, about the raid.

WALPOLE, HORACE, *Correspondence*, 48 vols. Lewis, W. S., ed. New Haven, 1937-83.

———, *Last Journals (during the reign of George III, 1771-1783)*, 2 vols. Stewart, A. Francis, ed. London, 1910.

WASHINGTON, GEORGE, *The Correspondence of General Washington and Comte de Grasse*.

Scott, James Brown, ed. Washington, D.C., 1931.

———, *Diaries*, 4 vols. Fitzpatrick, John C., ed. Boston, New York, 1975.

———, *Writings*, 39 vols. Fitzpatrick, John C., ed. Washington, D.C., 1931-44.

———, *Writings*, 12 vols. Sparks, Jared, ed. Boston, 1831-37.

WRAXALL, SIR N. WILLIAM, *Historical Memoirs of My Own Time*, 1772-1784. Philadelphia, 1837.

二手研究

ALDRIDGE, ALFRED OWEN, *Benjamin Franklin*. Philadelphia and New York,

GREAT BRITAIN, PARLIAMENT, *The History, Debates and Proceedings of the Houses of Parliament of Great Britain, 1743-1774.*

GREENE, NATHANAEL, *The Papers of General Nathanael Greene*, 4 vols. R.I. Historical Society, 1976 et seq.

HARRIS, JAMES—see Malmesbury.

JAMES, BARTHOLOMEW, REAR ADMIRAL, *Journal of 1752-1828*. London, 1896.

JESSE, JOHN HENEAGE, *Memoirs of the Life and Reign of George III*, 3 vols. London, 1867.

LAUZUN, ARMAND LOUIS DE GONTAUT, DUC DE, *Memoirs*. Trans. Scott Moncrieff, C. K. New York, 1928.

MACKENZIE, FREDERICK, *Diary of*, 1775-81, vol. II. Cambridge, Mass., 1930.

MALMESBURY, FIRST EARL OF (James Harris), *Diaries and Correspondence*, 4 vols. Ed. by his grandson, the third, earl. London, 1844.

MARYLAND, ARCHIVES OF, vols. 11 and 12, in *Journal and Correspondence of the Maryland Council of Safety*, August 29, 1775, and July 6, 1776. Browne, William Hand, ed. Maryland Historical Society, Baltimore, 1892.

MCDEVITT, ROBERT, *Attacked: A British Viewpoint, Tryon's Raid on Danbury*. Chester, Conn., 1974.

ROCHAMBEAU, COUNT DE, *Memoirs of the Marshal Count de Rochambeau Relative to the War of Independence of the United States*. Trans. Paris, 1809 and 1838; New York, 1971.

———, *The American Campaign of Rochambeau's Army*; vol. II, *Itineraries, Maps and Views*. Trans. Rice, Howard, and Brown, Anne S. K., eds. Princeton and Providence, 1972.

RODNEY, GEORGE, LORD (see Mundy), *Letter-Books and Order Book of George, Lord Rodney, 1780-1872*, 2 vols. New York, 1932.

———, *Works*, 10 vols. Adams, Charles Francis, ed. New York, 1850-56.

ANONYMOUS, *Operations of the French Fleet Under the Count de Grasse Two Contemporaneous Journals in 1781-82*. New York, 1864.

BIRON, ARMAND LOUIS—see Lauzun.

BLANCHARD, CLAUDE, *Journal of 1780-83*. Trans. Albany, 1867.

CLARK, WILLIAM BELL, ed., *Naval Documents of the American Revolution*, vol. 7. Washington, 1976.

Clinton Cornwallis Controversy, 6 pamphlets, 2 vols. Stevens, Benjamin F., ed. London, 1888.

CLINTON, SIR HENRY, *The American Rebellion* (Sir Henry Clinton's narrative of his campaign). Willcox, William B., ed. New Haven, 1954.

CLOSEN, BARON LUDWIG VON, *The Revolutionary Journal of 1780-83*. Trans. Chapel Hill, 1958.

Continental Congress, Journals of (Index to papers of), 34 vols. Ford, Chancy, ed. National Archives, U. S. Government Printing Office, Washington, D.C., 1921-26.

CORNWALLIS, CHARLES, FIRST MARQUIS, *Correspondence*, 3 vols. Ross, Charles, ed. London, 1859.

CRÈVECOEUR, J. HECTOR ST. JOHN, *Letters from an American Farmer*. First published 1782; Modern edition, London, 1912.

DEUX-PONTS, COUNT WILLIAM DE, *My Campaigns in America*. Boston, 1868.

FITZPATRICK—see Washington.

FORTESCUE—see George III.

GALLATIN, GASPARD (Etat Major of the French army and Colonel of the Deux-Ponts regiment), *Journal of the Siege of Yorktown in 1781 of the Royal Deux-Ponts*. U. S. Government Printing Office, Washington, D.C., 1931.

GEORGE III, *Correspondence* from 1760 to December, 1783, 6 vols. Fortescue, John, ed. London, 1927-28.

關於約克鎮之戰本體，兩本基於透徹研究且在引用參戰者所言上精挑細選的傑作分別是Thomas J. Fleming的Beat the Last Drum與Burke Davis的The Campaign That Won America。

關於美法盟軍從哈德遜河到約克鎮的長征，現有六部具有特定立場的目擊者記錄：除了法軍軍需官Claude Blanchard、羅尚博將軍的副官Baron Ludwig von Closen的記錄、法軍參謀Gaspard Gallatin三人所記以外，羅尚博將軍自身有一本回憶錄，還有特別值得一提的是Karl Gustaf Tornquist這名在德·葛拉斯將軍麾下服役的瑞典中尉，他有一本研究此役不可或缺的手札，再來就是有一本無名作品出自兩名法國軍官之手，標題是Operations of the French Fleet Under the Count de Grasse。

關於美洲戰爭整體，英語中不存在第一手描述，而這就戰爭結果而言也是可以理解的，但例外是Sir Henry Clinton那哀戚的戰後感言。惟相對於一手資料的失之東隅，可供我們收之桑榆的有專攻康瓦里斯美洲作戰的深入縝密研究，作者是Franklin與Mary Wickwire，還有由已故教授William Willcox對亨利·柯林頓爵士進行的心理狀況描繪。在英方人員的日記中，最引人入勝的是Captain Frederick MacKenzie所寫，目光銳利的他手握一支健筆，提供了來自英軍大本營的觀點。

關於社交生活而與不直接涉及戰爭的英語日記眾多且珍貴，當中包括Sir N. William Wraxall的回憶錄、英國駐海牙與聖彼得堡使節James Harris, First Earl of Malmesbury的日記、John Heneage Jesse的回憶錄，還有最重要的Horace Walpole的書信與Last Journals。

一手資料

ADAMS, JOHN, *The Book of Abigail and John*. Butterfield, Lyman, ed. Harvard, 1963.

就我寫作本書所涉及的歷史時期，實用性遠遠超乎其他作品的是Nordholt Schulte的The Dutch Republic and American Independence，這本書在每個主題上都能沾到一點邊。

針對羅德尼將軍的部分，他一共有四本傳記，首先出版於一八三〇年並內含有書信資料的奠基之作是出自羅德尼的中將女婿George B. Mundy之手，而此書據其編輯George Bilias表示，在其書信部分「的遣詞用字不是很嚴謹」（一九七二年版的前言到第一冊第ix頁）。Mundy版傳記之後是在羅德尼還在世時，由一名海軍作家David Hannay所寫的版本，出版於一八九年。這之後還有兩本現代的傳記，分別是一九六三年出版的Captain Donald MacIntyre版，還有一九六九年出版的David Spinney版。

關於整體的海戰事宜，必然的入門書是Alfred Thayer Mahan的The Influence of Sea Power upon History；甲板上生活的重要參考書是Tobias Smollett的小說Roderick Random，而關於船帆與艦砲有最多資訊可攝取的作品是Admiral Morison的John Paul Jones。關於我研究期間內的海軍事件，最能派上用場的歷史著作包括Captain W. M. James的The British Navy in Adversity與Charles Lee Lewis的Admiral de Grasse and American Independence。一本不錯的補強用延伸閱讀是A. B. C. Whipple的Age of Fighting Sail。涉獵的主題較有限但可讀性極高的是Harold A. Larrabee的Decision at the Chesapeake on the Battle of the Bay。

當時美洲陸戰的軍事指南是The Compact History of the Revolutionary War，作者是Colonel Ernest與Trevor Dupuy。在一般讀者中，若有興趣對本書涵蓋歷史時期進行廣泛且生動之瞭解者，我推薦John C. Miller的Triumph of Freedom 1775–1783與Samuel B. Griffith的In Defense of the Public Liberty。幾本堪稱中流砥柱的參考著作包括：共七卷，由Douglas Southall Freeman所著的George Washington；共三十九卷，由John Fitzpatrick編輯的Writings of Washington；共三卷，內容有約翰．亞當斯生平與書信往來的John Adams，作者是Page Smith；最後則是可列入專家研究領域的A Diplomatic History of the United States，作者是Samuel Flagg Bemis。

參考書目

本書涵蓋的歷史時期如果不算進岔開去談荷蘭的部分的話，大抵是一七七六到一七八一年。

關於構成這整個故事的各線主題，包括安德魯．多利亞號獲得的禮砲致意，包括荷蘭共和國的二三事，包括以羅德尼將軍為楔子所牽引出，那個年代的海戰介紹，美軍在南方戰線進行的陸戰，乃至於以約克鎮圍城戰畫下句點的漫長行軍，都有一個共通點是我在動筆之初所沒想到的，那就是其付梓或未付梓之資料的過於充沛，是標準的書目篇幅所無法承載的。我在此有限度提供了我作為資料來源使用的書目，外加對我寫書乃至於對每一位對延伸閱讀有興趣的讀者而言，均可受益良多的作品選輯。

資料來源可以在參考資料中根據頁碼與作為指示的內文節錄找到。個別的書籍名稱可以在書目作者姓名的下方找到，且若該作者或參考的著作不只一本，則不同筆資料所使用的書名也會一併列出。

字母q代表內容引用自第二資料來源。英國國會的議事流程可以在相關的大不列顛國會議事紀錄中根據本書提供的年月日找到。

關於安德魯．多利亞號，內容最完整的書籍是J. Franklin Jameson的"St. Eustatius in the American Revolution"，而關於美國海軍的濫觴，見William Bell Clark's Naval Documents of the American Revolution and Admiral Samuel Eliot Morison's John Paul Jones: A Sailor's Biography。

關於荷蘭共和國，除了經典必讀的John Lathrop Motley以外，論及尼德蘭反叛與其國家成長主題較現代的優異作品有Petrus Johannes Blok's History of the People of the Netherlands; C. M. Davies' The History of Holland and the Dutch Nation以及Charles Boxer's The Dutch Seaborne Empire。

THE WAR
大戰略
04

第一響禮砲：美國獲得外交承認的獨立故事

The First Salute: A View of the American Revolution

作者　芭芭拉・塔克曼（Barbara W. Tuchman）
譯者　鄭煥昇

執行長　陳蕙慧
總編輯　張惠菁
責任編輯　吳鴻誼
行銷總監　陳雅雯
行銷企劃　余一霞、林芳如
封面設計　莊謹銘
內頁排版　宸遠彩藝

社長　郭重興
發行人兼出版總監　曾大福
出版　遠足文化事業股份有限公司 廣場出版
發行　遠足文化事業股份有限公司
地址　23141 新北市新店區民權路 108-2 號 9 樓
電話　02-22181417
傳真　02-22180727
客服專線　0800-221029
法律顧問　華洋法律事務所　蘇文生律師
印刷　呈靖彩藝有限公司
初版　2022 年 5 月
定價　620 元

ISBN　978-986-06936-5-2

有著作權・翻印必究　（缺頁或破損的書，請寄回更換）
特別聲明：有關本書中的言論內容，不代表本公司 / 出版集團之立場與意見，文責由作者自行承擔。

Copyright© 1988 by Barbara W. Tuchman
Published in agreement with Russell & Volkening, Inc., a subsidiary of Massie & McQuilkin Literary Agents, through The Grayhawk Agency.
Traditional Chinese edition copyright:
2022 Agora Publishing House, a division of Walkers Cultural Co., Ltd.
All rights reserved.

國家圖書館出版品預行編目(CIP)資料

第一響禮砲：美國獲得外交承認的獨立故事/芭芭拉.塔克曼(Barbara W. Tuchman)著；鄭煥昇譯. -- 初版. -- 新北市：遠足文化事業股份有限公司廣場出版：遠足文化事業股份有限公司發行, 2022.05
面；　公分
譯自：The first salute : a view of the American Revolution
ISBN 978-986-06936-5-2（平裝）

1. 美國史　2. 美國獨立戰爭

752.23　　111005662

AGORA
廣場出版

Email　acropolismde@gmail.com
Facebook　www.facebook.com/acrolispublish